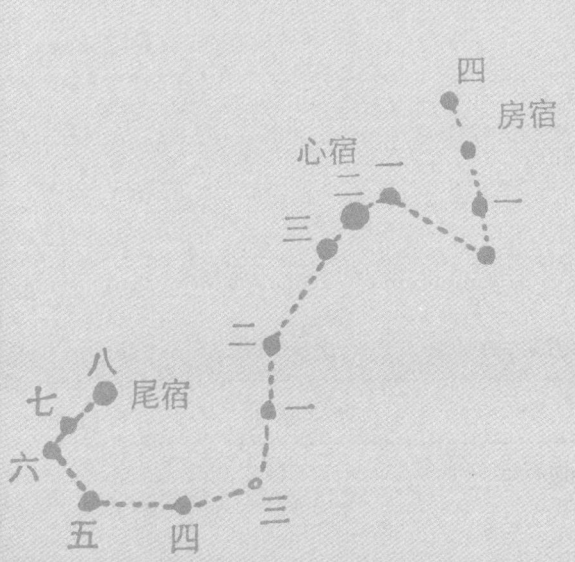

尹荣方 ⊙ 著

《山海经》与中国上古天象学

上海社会科学院出版社
SHANGHAI ACADEMY OF SOCIAL SCIENCES PRESS

图书在版编目(CIP)数据

《山海经》与中国上古天象学 / 尹荣方著. -- 上海：上海社会科学院出版社，2025. -- ISBN 978-7-5520-4596-3

Ⅰ．K928.626；P1-092

中国国家版本馆 CIP 数据核字第 2024N9C237 号

《山海经》与中国上古天象学

著　　者：尹荣方
责任编辑：陈如江　包纯睿
封面设计：周清华
出版发行：上海社会科学院出版社
　　　　　上海顺昌路 622 号　邮编 200025
　　　　　电话总机 021-63315947　销售热线 021-53063735
　　　　　https://cbs.sass.org.cn　E-mail：sassp@sassp.cn
照　　排：南京理工出版信息技术有限公司
印　　刷：上海万卷印刷股份有限公司
开　　本：710 毫米×1010 毫米　1/16
印　　张：22
插　　页：1
字　　数：372 千
版　　次：2025 年 1 月第 1 版　2025 年 8 月第 2 次印刷

ISBN 978-7-5520-4596-3/D・745　　　　　　　　　　定价：98.00 元

版权所有　翻印必究

自　序

中国古代典籍汗牛充栋，但没有一部书如《山海经》那样，引发那么多的好奇与争议。书中的山川国土及相应的奇禽异兽、神人仙国，很多怪异到超乎人们的想象，所以被很多人视为荒诞，连博学的司马迁似乎也不相信《山海经》的图像及叙事，留下了"余不敢言"的名言。但《山海经》怪诞神奇的图像及其叙事，也容易给人留下深刻印记，激发人们探究的兴致。这部奇书能够经历如此长远的岁月流传至今，或许并不偶然。

一

我从小喜欢读神话传说、民间故事，《山海经》的一些神话很早就印在心间，但真正投入研究已是大学毕业后的事了。一次读贾祖璋《鸟的故事》，其中一篇说大雁渡海，口中衔着树枝，为的是迁飞途中可以落脚休息，感到有趣，联想起《山海经》精卫填海神话，觉得两者之间或有关联，写成《精卫填海与大雁衔枝》一文，发表于《求索》1991年第6期。

但《山海经》奇禽怪兽、神异山水及国度的光怪陆离、发想天外，绝大部分根本无法与现实世界的对象比拟，只要稍具一些生物、地理等学科的常识，就会发现书中描摹的奇禽异兽等绝非现实时空中所能存在，它们显然都是虚拟的，则书中相关的山水、国度自然也非真实的了。如四足九尾的坐落于青丘山的九尾狐，生有六个头的"树鸟"，国人皆生有三个头的三首国等，是无法与现实中的对象比附的。此后，我渐渐转换了研究思路，慢慢将目光投向天上。

我将地上的动物与天上星宿作关联研究，始于探究十二星次鹑首、鹑火、鹑尾的命名。南方朱雀取象于鹑，引起很多学者的关注，包括宋代大学者沈括。他们都将"鹑"理解成鹌鹑，我发现此"鹑"非指鹌鹑，当为一种夏候鸟,是三趾鹑科的黄脚三趾鹑,此夏候鸟夏有冬无,古代《月令》类文献常用来指示时节,所以就用它来象征主夏的南方朱雀,由于它只生有三个朝前的脚趾,因此"火凤凰",即有名的日中三足乌的原型大约也是三趾鹑。我写成《火凤凰与三足乌》一文,发表于《华东师范大学学报》1995年第4期。

而以"鹑"象征南方朱鸟,已见《山海经·西次三经》等,我开始有意识地从星象角度去理解书中的图像,后来注意到的是"王亥",《大荒东经》云:"有人曰王亥,两手操鸟,方食其头。"《海内北经》则有"王子夜(夜是亥字形伪)之尸"的记载:"王子夜之尸,两手、两股、胸、首、齿,皆断异处。"这个怪异的王亥引起我的强烈兴趣,《左传·襄公四年》保存的一个传说,可能也来自王亥,即"亥有二首六身"。此"亥",古今学者解释者甚众,王国维认为是殷商高祖,且与甲骨卜辞、《山海经》、《竹书纪年》、《楚辞·天问》等书的记载印证,其说被很多人认可,但《山海经》中王亥"两手操鸟,方食其头"之图像描述,王国维则避而不论。郭沫若认为王亥原型是十二宫之射手座(箕斗)。郑文光认为王亥象征毕、昴两宿。我好奇于他们的不同理解,于是搜罗了王亥的大量材料,特别是对《山海经》中有关王亥的记载进行了分析研究,以为王亥作为一种"象"或曰符号,所象征者乃天上的营室及其附星离宫六星,室宿两星,离宫六星分布室宿左右,其形状与二首六身之王亥完全一致,且王亥的"两手操鸟,方食其头"等奇异举动可以用室宿所昭示的时令节气解释,于是写成《王亥故事与星辰传说》,发表于《华东师范大学学报》2005年第4期。

两篇论文的责任编辑都是博学高才的胡范铸,彼时他尚未任学报主编。虽然我俩都毕业于华东师范大学中文系,但分属不同年级,当时我与他并不相识,直到2021年才有机会和他会晤,我谈起上述两篇论文,他说三趾鹑那篇记得,而王亥那篇印象不深。我说王亥文发表前他曾提修改意见,具体而到位。他说意见事已全然忘却。2021年后,他在任执行主编的《文化艺术研究》杂志上,又刊发了拙稿多篇。我对《山海经》等上古文化的研究持续不断,范铸兄起到了推动作用,我十分感谢。

以后一段时间,我更多地致力于从宏观上把握《山海经》,由于此书有大禹命竖亥步天的叙事,步天即观天测天;而《山海经》的主题前人或谓大禹治水。我意识到《山海经》叙事具有创世神话的内涵,洪水或是混沌的象征。有一次偶与徐中玉先生谈及《山海经》此旨,徐先生极感兴趣,当即邀我作文。于是我花了约三周时间,写成《〈山海经〉创世神话考论》一文,发表于《文艺理论研究》2010年第2期。徐先生之善诱掖后学,于此可见。

大约在2015年间,读到吴晓东先生《〈山海经〉语境重建与神话解读》一书,他论证《大荒经》东南西北的"大荒之中"共二十八座山峰,可以与天上二十八宿对应。①受吴先生此说启发,我认识到《书·禹贡》中禹导"二十八山"之说,必源自《大荒经》。《禹贡》导山,以地上名山对应于天上二十八宿星,实际上是以二十八宿星为蓝本,以地上一座山对应天上一星宿,形成天地相应的格局,就是所谓分星、分野。则大禹的治水导河,亦必关乎天文学上的考量。这时我悟到,禹的导河治水,固然是开辟鸿蒙之举,而禹所治之"河",亦关乎天上银河(又名天河、星河、河汉等),禹"导山"的顺序与天上银河起没行径一致。《晋书·天文志上》有"天汉起没"的内容,"天汉起没",以二十八宿作为天球上的坐标,来明确银河在天上的起没行径,亦包括它的长度、阔度等。银河与二十八宿等一起,构成古代星家测天明历、建立分野的重要依据。如此一来,我发现《山海经》中有些怪兽乃星座象征已较易判定,如坐落于青丘的九尾狐,《海外东经》说"青丘国在其北,有狐四足九尾",天上的箕宿四星组成,尾宿九星组成,箕宿亦名狐星,则箕、尾两宿显然是"九尾狐"的原型。于是我写成《"九尾狐"与"禹娶涂山女"传说蕴意考》及《大禹治水祭仪真相》两文,分别发表于《文化遗产》2017年第1期、《中原文化研究》2018年第1期。《大禹治水祭仪真相》一文,还被主编闫德亮先生收录于《中华文明探源论丛》(社会科学文献出版社,2023年)。《中原文化研究》接连发表拙文,闫先生及责编姬亚楠等对拙稿的不弃及认真辑校、一丝不苟的作风,让我万分感佩。

二

2017—2018年间,尽管我发现《山海经》叙事多有"言天"的内涵,但彼时尚未将《山海经》与星图联系起来,真正意识到《山海经》古图是星图还有些偶然。《山海经》研究史上,西汉的刘歆是绕不过去的人物,他不仅编成十八卷本的《山海经》,还在《上〈山海经〉表》中说:"孝宣帝时,击磻石于上郡,陷得石室,其中有反缚盗械人。时臣秀父向为谏议大夫,言此贰负之臣也。诏问何以知之,亦以《山海经》对。其文曰:'贰负杀窫窳,帝乃梏之疏属之山,桎其右足,反缚两手。'上大惊。朝士由是多奇《山海经》者,

---

① 吴晓东:《〈山海经〉语境重建与神话解读》,中国社会科学出版社,2013年,第54页。

文学大儒皆读学，以为奇可以考祯祥变怪之物，见远国异人之谣俗。"①此故事颇有传奇色彩，从此改变了人们对《山海经》荒诞的看法，造成当时人们争相学习《山海经》的局面。但似乎也并未真正改变人们对《山海经》一书本质的认识。

这个故事也经常萦绕于我的心头，挥之不去。我喜欢看星图，某晚，展读北斗及其附近星图，发现其星名多与《山经》人（神）名或人（神）所持物重合，如玄戈星与"把戈"的大行伯，天棓星与操"杯（一作棓）"的神人，狗星、狗国星与"犬封国"，织女星与戴胜（胜是织布机的主要标志）的西王母。而贰负之臣是被绑缚者，不就是犯人的形象吗！而"贯索"九星正是天上的牢房，则贰负之臣不就是天上贯索九星的象征吗！念及此不觉大喜，立即翻开《海内北经》一一对照，惊奇地发现《海内北经》所载与北斗附近星象可以一一对应，这种对应的天衣无缝让我当时激动得手舞足蹈，连夜动笔，花了几天工夫写成《〈山海经〉"贰负之尸"神话与"贯索"星座》一文，发表于《神话研究集刊》第三集。

从此大悟《山海经》所图画之奇禽异兽、神人异国等，应该全部是天上星辰象征，《山海经》古图必上古星图，《山海经》地理则是分野地理。于是一发而不可收，陆续写成《〈山海经〉"黑齿国"与"箕宿"星象》《〈山海经〉"建木"与"河鼓"星象》《〈山海经〉"开明兽""陆吾神"原型为北斗九星考辨》《〈山海经〉"女子国""素女"原型与轩辕星象》《〈山海经〉"相柳"与"天纪"九星星象》等一系列论文。我很感谢《神话研究集刊》的周明先生，发表了我的多篇论文。他曾任袁珂先生的助手，是一位出色的神话研究学者，他2019年出版的《山海经集释》，成了我的案头书。

《山海经》的一些奇禽异兽为天上星象象征的发现，大大增强了我对《山海经》具有创世神话性质的认知，同时反过来，《山海经》是创世神话的认知使我确信《山海经》古图当为我国最早的星图，《山海经》所叙地理，其实是分野意义上的地理，所谓的"地平天成"，就是完成了天地对应关系的系统安排，这就为古星家通过占星来预测地上祸福提供了某种依据。上古时候的天象观测具有强烈的星占色彩，那时的观天者都是星占家，这几乎是可以肯定的。

其间，我发现另一部奇书《穆天子传》也是受《山海经》影响而完成的。《穆天子传》中几乎所有的地名都来自《山海经》，此书叙事，也是以穆王巡

---

① 袁珂：《山海经校注》，上海古籍出版社，1980年，第478页。

狩而隐喻天事。这个看法的确立与形成同样具有偶然性，《穆天子传》最激动人心的内容是穆王驾八骏会见西王母的故事，唐代李商隐诗"八骏日行三万里，穆王何事不重来"，使穆王的这个故事成为家喻户晓的佳话。天上有"王良星"与"造父星"，各有星五颗，从前星家以"王良""造父"各主一星，为御者，各御驷马所驾之车，则为八天马也。西王母是织女星之象，王良、造父驾驭的天马，行走在天上的"阁道""附路"及"辇道"上，可以直达辇道边的明亮的"织女星"。《开元占经》卷六十九引甘氏曰："辇道五星，属织女西足。"①而赫赫有名的"西王母"，正是织女星之"象"。然则穆王之御八骏，西见王母，正是对此种天象的神话描述了。

《穆天子传》的作者，当是战国时代熟悉天文的"史官"或"星官"，他糅合早期的一些穆王传说，以穆王巡狩为主线，运用"隐喻"的手法，曲折地展示"天象"。作者创作这样一部"巡天"奇书，当然不是为了消遣，而可能是出于传播他的天文、历法以及分野思想的需要。

三

很多人将《山海经》看成地理书，包括伟大的地理学家郦道元，我以前也持这样的看法。翻开《山海经》，首先读到的是《山经》，《山经》以南山、西山、北山、东山、中山为序，依次介绍五方之山，一般先叙山名、位置，然后介绍此山的物产如金玉、草木、动物等，同时说明这些物产的特点。在介绍了相邻的同一山系的一系列山后，则会附有关于其距离及神像、祭品等的陈述，如《南次一经》末云："凡䧿山之首，自招摇之山，以至箕尾之山，凡十山，二千九百五十里。其神状皆鸟身而龙首，其祠之礼：毛用一璋玉瘗，糈用稌米，一璧，稻米、白菅为席。"较详细地记载了祀神所用牲、玉、精米等，祭祀之地还有其神像，形状为"鸟身而龙首"，学者皆将此看成山神之象，祭祀对象为山神。是不是山神？当然是。但我要指出的是，这里的祭祀对象同时是相应的天上的星座，上古星家是将人间的山与天上的星象视作一体之物的，而且重点更在于天上的星座。祭祀天上的星象意味着对日月星辰等的观察，这是确定季节、制定历法，建立人间生产、生活次序的基础，较之某一座山的物产等的调研，它自然显得远为重要。中国古代所谓的"望祭"，也被认为是祭祀山川，但《左传·僖公三十一年》"犹

---

① 瞿昙悉达：《开元占经》，九州出版社，2012年，第687页。

三望"杜预注:"三望,分野之星、国中山川,皆因郊祀,望而祭之。"①《公羊传·僖公三十一年》"天子有方望之事"何休注也说:"方望,谓郊时所望祭四方群神、日月星辰、风伯雨师、五岳四渎及余山川,凡三十六所。"②《五藏山经》的祭山(星)仪式,应该是后世望祭的原型。

中国上古肯定存在祭祀星辰的礼仪并设置专门的祭祀人员,如专司大火、鹑火的南正等。而从一些文字可见上古星祭礼仪的制度化,如"布"字,《尔雅·释天》:"祭星曰布。""祂"字,《说文》"示"部:"祂,以豚祠司命也。从示,比声。《汉律》曰:'祠祂司命。'"关于"祂"所祭祀的对象"司命",据应劭所说,司命是文昌星,司中是文昌下六星,即三台六星。这与郑众所说相同:"司中,三能三阶也。司命,文昌宫星。"而郑玄则认为:"司中、司命,文昌第五、第四星,或云中能、上能也。"③还有"翌"字,《说文》"羽"部:"翌,乐舞,以羽自翳其首,以祀星辰也。"

祭星有专名,祭星之所也有专名,如"禜"字,《礼记·祭法》云:"幽宗,祭星也。"郑玄注云:"宗当为禜,字之误也。幽禜,亦谓星坛也,星以昏始见,禜之言营也。"④

天上的星星呈现的是晶亮的圆点,要将它们符号化并不容易,我们的先民将相邻的几颗或者十几颗星组合起来,用动物或器物命名之,于是天上的星辰变得次序化,可以辨识了。《山经》的用五方不同之山所示意、次序者当为天上的星象,某山所产之奇特的"怪物"常常糅合相应星象的特点,用来象征星象,上古盛传的大禹或黄帝"成名百物",大约就包括这种文化创造。

值得注意的是,据马昌仪先生统计,《五藏山经》共载山四百四十一座。⑤而《淮南子·墬形训》载:"昆仑虚以下地……旁有四百四十门。"无疑,《淮南子·墬形训》所说的四百四十门与《山经》的四百四十一座山的内涵一致,其说都包蕴天上的星星。三国时吴太史令陈卓将甘、石、巫咸三家星官,综合编成具有二百八十三个星官、一千四百六十四颗恒星的星表,形成了以"三垣二十八宿"为代表的中国传统星官体系。《五藏山经》

---

① 杜预:《春秋左传集解》,凤凰出版社,2010年,第208页。
② 《十三经注疏·春秋公羊传注疏》,北京大学出版社,1999年,第267页。
③ 《十三经注疏·周礼注疏》,上海古籍出版社,2010年,第1297页。
④ 《十三经注疏·礼记正义》,北京大学出版社,1999年,第1296页。
⑤ 马昌仪:《〈山经〉古图的"山神"与"祠礼"》,见刘锡诚、游琪主编:《山岳与象征》,商务印书馆,2004年,第418页。

从山次分,分为二十六次,虽与《大荒经》"大荒之中"为"二十八山"差别微小,据此可以推断,殷代后期编成二十八(或二十六)宿总共四百四十一颗的星表是完全有可能的。

《山海经》所展现的天象图,是我国后来天官体系的雏形,将它与希腊天文学作些比较饶有趣味,如全天最明亮的天狼星,希腊名大犬星,狼、犬是同类。希腊神话中有个伟大人物叫卡戎,大英雄赫拉克勒斯、伊阿宋、卡斯托尔等都是他的学生,卡戎死后成为人马座星神。无独有偶,中国文化中有位赫赫有名的"箕子",他深通"洪范九畴"这样的治国大法,"洪范"据说是天赐予大禹的,禹据以完成了治水大业,周武王在灭商后曾亲临门下向他请教。箕子是箕宿的象征,而构成人马座的星座主要也为箕、南斗等。箕斗之间是银河始流处,是大禹"治水"的起始处。西方人又把人马座看成一把大茶壶,大茶壶不断流出的水成了天上的银河。这些神话传说的契机在于箕、斗等星座在上古测天明时中所起到的重要作用,蕴含的是人间智者测天明历、建立秩序的智慧。

《海外北经》《大荒北经》皆载禹杀九头蛇怪"相柳(相繇)",与希腊神话中赫拉克勒斯杀"许德拉"类似。我相信"相柳"是天纪九星的象征,都是九头怪蛇的形象,都生活在卑湿低下的沼泽地带。许德拉捕捉牲畜活人为食,相柳同样,它的存在使得"百兽莫能处",也就是说,其他动物都无法生存,给当地人们的生活带来巨大困难。中西这两则神话还都关注九头蛇的蛇血,"许德拉"的故事强调了蛇血的毒性,给大地与生命造成危害,相柳的血腥也造成无法种植五谷的严重后果。只是《山海经》叙事太过简略,不能像希腊神话那样尽情展开。我们可以想象"相柳"神话还应包括:被杀的九头怪蛇升到天上成为"天纪"九星等内容。《山海经》神话是星空神话,在本质上与希腊神话正相一致。

四

关于《山海经》古图产生的时代,大约在殷代中晚期,晚期的可能性更大。甲骨文的发现在很大程度上可以证明此书与殷人的联系。胡厚宣在其名文《甲骨文四方风名考证》中发现甲骨文"四方风"名与《山海经·大荒经》之"四方风"名一致,说明两者之间具有紧密的关联性。从殷人"亚"字形的庙宇结构看,与《山海经》的编排亦一致。甲骨文中的"四亚"可以读为"四方",确定方位与时间在彼时具有远为重要的意义,因此,"亚"字初义为四方、四极的说法为更多人认同。"亚"形所象征的大地可以分成五部分：中央和四方。《山海经》的《山经》包括"南山经""西山经""北山经""东山经""中山经"五经，这自然表示世界分为五部分，与"亚"形结构一致。《海内经》《海外经》《大荒经》，都按东、南、西、北的方位编排，也是按照"亚"形结构处理的。《诗·商颂·长发》有"洪水芒芒，禹敷下土方"，《殷武》有"天命多辟，设都于禹之绩"，以及《玄鸟》中"奄有九有"等说法，都可以肯定是与禹神话中治水以及开辟"九州"的内容有关，禹的开辟神话在《山海经》中占有重要地位。过去有人觉得奇怪，怎么殷人将夏人的开国"宗神"作为自己的"宗神"来颂扬，不知禹的神话本来就是殷人的神话。

《山海经》传说禹、益所作，当然是不可能的。《山海经》古图创自殷人，作为星图自然为星家所作，所以合乎逻辑的推断是，《山海经》古图当为殷之星家所作。《史记·天官书》历数上古星家云："昔之传天数者：高辛之前，重、黎；于唐、虞，羲、和；有夏，昆吾；殷商，巫咸；周室，史佚、苌弘；于宋，子韦；郑则裨灶；在齐，甘公；楚，唐昧；赵，尹皋；魏，石申。"张守节《正义》："巫咸，殷贤臣也。"重黎、羲和、昆吾云云，全出于传说，未必真实存在，唯有巫咸，文献多有记载，尤其是《庄子·天运》中的"巫咸祒"谈"九洛之事"，与大禹治水内涵相通。庄子是宋人，殷人后代，他也是一个天学家，其说必有根据，当为殷人传承，所以我在本书中提出《山海经》古图的作者是巫咸。巫咸一般被认为是殷中宗朝的贤相，但也有人认为巫咸可能是类名，即在朝任巫史者皆可名巫咸。

巫咸也可能是武丁朝某位天官的称名，除了中宗太戊时代，武丁朝肯定也有修订历法之举。武丁时出了一个大名人——傅说，古今学者都相信傅说是真实的历史人物，他死后升上天空成为傅说星。傅说绝非真实人物，傅说星处于东方苍龙尾宿、箕宿之间，这里正是天上银河始流之地，也是禹"治水"的开始处，同时这里又长有赫赫有名的"扶桑树"。尤其诡异的是，傅说之说又作"兑"，兑有土的意思，则傅说之义与禹"敷土"之义同。观测天象制定历法是巫咸的职责，对星象的命名大约也是巫咸所为。

巫咸对天象的观测一定取得了很大成功，从而使殷太戊朝或武丁朝的历法得到修订，这自然十分有利于殷王朝的施政，所以《尚书》才郑重加以记载。巫咸肯定是善于著述者，他是彼时最好的星家，现存的与甘、石并列的巫咸星官，恐是后人托名所为，但这也恰可证明巫咸曾有星图之作。巫咸将他在王家灵台观测天象及以此为基础修定的新历法著成"图书",自然是顺理成章的事,而流传后世的《山海经》古图及部分解说文字很有可能就是他的著作。

五

人类文明的产生与人们抬头观天关系密切,作为我国早期测天成果的《山海经》,其重要性自然难以估量,由于过去长时期不理解《山海经》一书的本质,因此它的意义也被大大低估,好在《山海经》文本早已渗透于我国最早最有影响力的典籍之中,包括儒家的六经甚至春秋战国时期的诸子百家,使我们今日尚能一定程度捋清并明白《山海经》作为纸上的中国文化之源的伟大地位。这里我想就《尚书》与《诗经》为例略作说明。《尚书》尤其是其中的《虞夏书》叙事,显然是接着《山海经》而来,而《尧典》中的尧命羲和四子观测"四仲"中星,历象日月星辰,敬授民时。我们很容易在《山海经·大荒南经》中记载的羲和浴日、生十日的叙事中找到其原型。《禹贡》所载"禹敷土,随山刊木,奠高山大川"之举,也源于《山海经》的"禹布土";《禹贡》禹所导之山恰恰是二十八座,源头应即为《大荒经》二十八座山峰,《禹贡》二十八山是二十八宿的象征。布土,是在分野的意义上,将天上的星宿与地上之山川土地作对应性安排的概念,并非单纯的对所谓"九州之地"的划分。《海内经》说得很明白:"禹、鲧是始布土,均定九州……洪水滔天,鲧窃天之息壤以堙洪水,帝乃命禹卒布土以定九州。"《海内经》又说:"共工生后土,后土生噎鸣,噎鸣生岁十有二。""噎鸣生岁十有二",不就是说他制定了一年为十二个月的历法吗!"定九州"说的是山川的命名、分野等工作,大地的混沌状态从此也就结束了。《书·大禹谟》中所谓的"地平天成"也是这个意思,其前提是对天象的观测与历法的制定。

《诗经》的情况略微复杂,但它与《山海经》的关系同样极其紧密。这种紧密性首先表现在《诗经》中的五首《商颂》,著名的《玄鸟》诗云:"天命玄鸟,降而生商,宅殷土(社)芒芒。古帝命武汤,正域彼四方。方命厥后,奄有九有。"玄鸟生商,不知有多少人诠释过,且不说,而"古帝命武汤,正域彼四方",是对舞容的描述,古帝指天帝,"武汤",传统解释皆谓指"商汤",但从舞容的角度,证之上古典籍关于商汤之记载,此当是古人误读。此"武"训"舞","汤"就是"汤谷"(或称旸谷)之略称,即神话中所谓太阳升起的地方,其实是对测日制历之地的神化。"武汤"者,舞于汤也。在"汤谷"这样的圣地行仪式,什么仪式?"正域彼四方",通过立圭表测影,确定历元,制定颁布历法及确定四方分野(九州)的仪式,也就是前人盛传的"封禅"。《玄鸟》诗所反映的汤谷仪式乐舞,与《山海经》禹汤谷步天的内蕴完全一致。《商颂》中的《那》《长发》《殷武》也产生于对封禅巡守仪式的描述,封禅不限于祭祀天地,封禅巡守是一体所行之礼,包括祭祀天地祖先、测天授时、颁布月令及统一的度量衡、辟地、狩猎、习武、选才、封建、立庙等整套礼仪制度,是上古所谓的"王制"。《礼记·王制》《荀子·王制》《周礼》的有些篇章,包括《尔雅》等,对这套制度有所陈述,但也带有一些后世的理解。封禅和巡守的区别在于,封禅专指巡守至某"岳山"时的测时祭祀,巡守则是于封禅所确定之时节后行颁历及教戒等事。后人盛传封禅必于泰山,事实上封禅必在测天之山,不必定是泰山。

当然,《诗经》与《山海经》的紧密关联性并不限于《商颂》。清末的廖平于光绪年间曾作《〈山海经〉为〈诗经〉旧传考》一文,认为《山海经》并不荒诞,而是解释《诗经》等经书的传注。廖平洞察《山海经》与《诗经》两者在内在意义上的关联,极为难得,但他认为《山海经》晚于《诗经》却值得商榷。笔者的意见,《诗经》(《商颂》除外)晚于《山海经》,《诗经》用以起兴之"象",每每非指现实中的鸟兽草木虫鱼,而出于《山海经》,是具有象征意义的仪式中道具性质的"象"。

《诗经》《尚书》等上古典籍与《山海经》一脉相承的事实,使我相信《山海经》具有巨大的研究价值,它作为我国文本文化源头的图像及其叙事应该得到更多更广泛的关注与探讨。现在我将本人的研究成果结集出版,一方面希望人们对《山海经》的本质的认识可以不必停留在传统的层面上,另一方面抛砖引玉,希望以此激发读者的兴趣,使《山海经》及相关的研究不断深化。由于《山海经》的古老怪异,所关联的学科之众,都是其他古书难以比拟的,而它在传承过程中文字的衍、缺、讹变等更不知凡几,它的难读,一望可知。要完全揭开《山海经》之谜,还有很长的路要走。

2024年初,中央电视台纪录频道导演金明哲先生采访了我,他说他在制作《山海经奇》的过程中,读到我论九尾狐与涂山女的一篇论文,觉得很有意思,辗转联系到我。后来播出的节目称"九尾狐"为"来自星星的你"。金先生和他的团队包容不同学术观点,所显示出的阔大视野与胸襟令人赞赏,同时我对《山海经》古图是星图的新说可以被读者接受这点也更有了信心。

本书得以问世,得到我大学时代的同学、上海社会科学院出版社原副总编陈如江的鼎力帮助。在接洽出版事宜的聚会时,他说起1979年在华东师范大学文史楼走廊"学生墙报"上,读到我"论《诗经·卫风》许穆夫人"的习作。我45年前的习作尚有同学记得,虽然如他所说,或许他是唯一记得此文者,仍然使我颇为激动。四五十年来,我对《诗经》《山海经》两书的探究兴趣从未消减,就像如江兄的浸淫诗词鉴赏学,我知他好学不倦,笔耕不辍,练就不凡功力慧眼,写出一篇篇"指瑕"式的诗歌"鉴赏"文章,自出机杼,境界颇高。他的《古诗指瑕》一书,20年后得以再版,不是偶然的。似乎也算共同具有的"说诗"趣味,或者也有某种"灵犀"的相通,所以我将我的《山海经》研究成果交由如江兄了。

感谢上海社会科学院出版社出版拙著,感谢如江兄及责任编辑包纯睿老师,他们周到而又高效的工作,给我留下了难以忘怀的印象。

目 录

第一章 《山海经》一书的性质、写作年代与作者 / 1
 一、《山海经》一书的性质 / 2
 二、《山海经》的写作年代与作者 / 11
 三、殷太戊、武丁朝"桑、穀之祥"传说与巫咸测天 / 17

第二章 "贰负之尸"神话与"贯索"星象 / 26
 一、"贰负之尸"乃天上"贯索星"之象 / 27
 二、"西王母"是"织女星"之象 / 31
 三、"犬封国""鬼国"是"狗星"（或"狗国星"）与"鬼宿"之象 / 33
 四、"窫窳"是"大角星"西沉后之象 / 34
 五、"狌狌"是"斗星"之象 / 39
 六、"疏属之山"与"开题" / 44

第三章 "开明兽""陆吾神"原型与北斗九星 / 48
 一、昆仑神兽"开明兽""陆吾神"与北斗九星 / 48
 二、《西山经》所云昆仑丘"鸟兽"原型为星象考 / 51
 三、《西山经》"开明兽"四方图像为"星象"考 / 65

第四章 "女子国""素女"神话与"御女"星象 / 71
 一、"女子国"是轩辕十七星之"御女"星象的地上分野 / 72

二、"女子国""女子民"地望考辨 / 75

三、《海内经》"素女"与"御女"星象 / 81

四、余论 / 83

第五章　"黑齿国"与天上"箕宿"星象 / 84

一、"黑齿国"为"箕宿"之象 / 84

二、"竖亥把算"于"黑齿"与"青丘"之间与"银河起于箕、尾" / 86

三、姜姓"黑齿国"与其分野之"太岳" / 90

四、"雨师妾"是"龟星"之象 / 93

第六章　"大蟹""姑射国""女丑"与"龟星""鳖星"星象 / 97

一、姑射国"大蟹"为"大龟"，为"龟星"之象 / 97

二、"姑射国""列姑射山"意为"龟国""裂龟山"，喻指龟星 / 99

三、"女丑之尸"亦为"龟星"之象 / 102

四、"并封""登葆山""巫咸国"与鳖星、龟星 / 103

五、"鸥龟曳衔"与"灭孟鸟"及夜间太阳的运行 / 107

六、《书·禹贡》"九江纳锡大龟"与龟星 / 109

第七章　"驳兽"与"王良""阁道"星象 / 114

一、《山海经》及古代文献中的"驳兽" / 114

二、"驳兽"原型是"王良"等星象 / 116

三、北海诸"兽"与天上星象考辨 / 120

第八章　"女娲之肠"与天上"太微"及"五帝坐"星象 / 125

一、"女娲之肠（腹）"之原型为"太微"十星 / 125

二、"女娲补天"神话与"太微"内"五帝坐"星象 / 128

三、《西次三经》"崟山"与"五帝坐"星象 / 132

四、"钟山"与"轩辕"十七星 / 134

五、"女娲造人"神话与"五帝坐"及"司民"星象 / 136

六、"狂鸟""淑士""长胫""西周""后稷"与天上星象 / 139

第九章 "相柳"神话与"天纪"九星星象 / 145

一、"相柳(相繇)"及"巴蛇"原型为"天纪星" / 145

二、"天纪"九星之分野与"九河"地域 / 150

三、临近"相柳(相繇)"的诸"国"原型为星象考 / 157

四、"相柳"神话与希腊神话的比较 / 164

第十章 神兽"吉量(乘黄、鸡斯之乘)"与"天鸡""天狐"星象 / 168

一、神兽"吉量(良)""乘黄"之原型为天上星象 / 169

二、"天鸡"之神话传说与"天鸡"星象 / 172

三、汉画像石"鸡首人身像""牛首人身像"与天上斗、牛星象 / 174

四、"鸡次之乘"及"鸡斯之乘"与"天鸡"星象 / 180

五、正月习俗与"天鸡"星象 / 183

第十一章 "交胫国""不死民""穿胸国""岐舌国"与"南方朱鸟"星象 / 185

一、"交胫国"与"七星"星象 / 186

二、"贯胸国"与"鬼宿"星象 / 190

三、"不死民"与"井宿"之属星"老人星" / 191

四、"载国"与"弧矢"星象 / 192

五、"反舌国"与"柳宿"星象 / 195

六、"羿射凿齿"与古人的北斗观察 / 198

七、"欢头国""厌火国"与"翼宿""爟星"星象 / 205

第十二章 "建木"与"河鼓"星象 / 208

一、"建木"原型为"牵牛星" / 209

二、建木"其叶如罗"之"罗"当指建鼓之飘带;"其实如栾",
则是形容"鼓"之圆形之状 / 212

三、"大暤爰过,黄帝所为"的"建木"与河鼓星的"星纪"
地位 / 213

四、《海外北经》之"拘缨之国"为"天弁星"之象,"寻木"为
"建木" / 216

五、《大荒东经》"夒兽"为"河鼓星"之象 / 217

六、"建木"及"都广"之地望考辨 / 219

第十三章　"蜮民国"与天上"土司空"星象 / 223

一、前人对"蜮民之国""蜮人射蜮"的误读 / 223

二、"蜮人"射"黄蛇"与"南方朱鸟"之"轩辕"星象 / 225

三、"蜮人射蜮"与上古司空(司徒)"制域" / 227

四、"宋山枫(封)木"与上古建国立社及"天社"星象 / 230

五、"后稷葬所"与"天稷"星象 / 234

六、"祖状之尸"与上古建国立庙及"天庙"星象 / 234

七、"焦侥国""小人国"与"积卒"星象 / 236

第十四章　"王亥"故事与"室宿"星象 / 240

一、《山海经》等文献中的"王亥"形象 / 240

二、"王亥"原型与"营室"星象 / 241

三、王亥"食鸟头"与室宿的"营胎阳气" / 243

四、王亥"托于有易""仆牛"与室宿 / 245

五、"豕韦"传说与"室宿"星象 / 247

第十五章　"刑天"神话与"觜""参"星象 / 249

一、"刑天"神话与"觜""参"星象 / 249

二、"一臂国""奇肱之国"与"座旗"星象 / 251

三、夏后启"舞九代"与夏启"巡守"测天 / 253

第十六章 "蚩尤"传说与"天蜂"星象及商周器物之"饕餮纹" / 259
  一、"万"与"万舞"及"天蜂"星祭 / 259
  二、"祸""貉"与上古"天蜂"星祭 / 261
  三、"蚩尤"传说与"天蜂"星象 / 262
  四、蚩尤是《山海经》也是鼎上之图像,其原型是
    "天蜂"星象 / 266

第十七章 "禹敷土"本义考辨及对大禹治水事迹的重新认识 / 275
  一、前人对禹"敷土"的解释 / 275
  二、"布土"与上古的天象观测及分野确定 / 276
  三、禹"随山刊木"与上古圣王的"巡守"礼制 / 282
  四、垦辟山林荒地与经营"沟洫" / 286
  五、余论 / 293

第十八章 《穆天子传》之"穆王巡行"与古代星象 / 296
  一、早期文献关于穆王"出征"的记载及穆王"出征"(巡守)
    的真实蕴意 / 297
  二、《穆天子传》所述穆王巡行之地关乎天上星象 / 301
  三、从《穆天子传》所用历法看穆王之"巡守" / 327

主要参考文献 / 330

第一章
《山海经》一书的性质、写作年代与作者

《山海经》一书,《汉书·艺文志》著录十三篇,但有迹象表明,《山海经》古本为三十二篇,汉代的刘歆校订为十八篇,刘歆在《上〈山海经〉表》中说得很明白:

> 侍中奉车都尉光禄大夫臣秀领校、秘书言校、秘书太常属臣望所校《山海经》凡三十二篇,今定篇为一十八篇,已定。①

而《隋书·经籍志》地理类录《山海经》二十三卷,这大概是东晋郭璞根据刘歆所定十八篇,附加了单独流传的《大荒经》以下五篇,成了二十三卷的《山海经传》。郝懿行《山海经笺疏叙》云:

> 《汉书·艺文志》《山海经》十三篇,在形法家,不言有十八篇。所谓十八篇者,《南山经》至《中山经》本二十六篇,合为《五藏山经》五篇,加《海外经》已下八篇,及《大荒经》已下五篇为十八篇也。所谓十三篇者,去《荒经》已下五篇,正得十三篇也。古本此五篇皆在外,与经别行,为释经之外篇。及郭作传,据刘氏定本,复为十八篇。②

郝懿行此说大致可信,当然也可以进一步追问:刘歆既将《大荒经》"已下五篇"与其余各篇合校,此五篇又如何"皆在外"呢?《山海经》篇目问题相

---

① 袁珂:《山海经校注》,上海古籍出版社,1980年,第477页。刘歆在上表时已改名为刘秀,故表中自称"臣秀"。
② 郝懿行:《山海经笺疏》,中国致公出版社,2016年,第3页。

当复杂,说法众多。①由于并不影响我们对此书本质的看法,故不详论。

一、《山海经》一书的性质

(一) 关于《山海经》性质的已有认识

《山海经》一书的性质,最为分歧,《汉书·艺文志》列入"形法类",《隋书·经籍志》列在史部的"地理类",《宋史·艺文志》改在子部的"五行类"。一个显然的事实是,《山海经》地理书说法的影响最为巨大,北魏郦道元《水经注》将很多江河与《山海经》的记载相提并论,是最好的例子,可见作为伟大地理学家的郦道元也把《山海经》看成信实的地理著作。但《山海经》地理书的认知肯定问题多多,如果仔细阅读此书,谁都会发现书中记载的所谓山川地理,虚实难辨,掺杂大量的神怪内容,无法解释,更是无法与现实地理比勘,所以到清代纪昀修《四库全书》,就把它改列在子部的小说家类。清代《四库全书总目提要》述改列小说家类的理由主要就是该书地理的难以考据:

> 书中序述山水,多参以神怪。故《道藏》收入台元部竟字号中,究其本旨,实非黄老之言,然道里山川,率难考据。案以耳目所及,百不一真。诸家并以为地理书之冠,亦未为允。核实定名,实则小说之最古者。

虽然由于《山海经》内容的光怪陆离,后人对《山海经》小说的说法,同样并不完全认同,于是又有巫书、方物书、科技史书、神话书、月令书、百科全书等说法。神话书、月令书等说法,给我们认识此书的本质带来不少新的认识,但我们细读《山海经》,仍然觉得这两种说法也都无法概括此书的本质。

《山海经》原来是图,《山海经》古图早已失传,现在流传下来的《山海经》文字,大多应该是对《山海经》古图的解说,我相信《山海经》古图及其

---

① 关于《山海经》篇目,可参阅袁珂:《〈山海经〉写作的时地及篇目考》,见《中华文史论丛》第 7 辑,上海古籍出版社,1978 年;陈连山:《〈山海经〉学术史考论》,北京大学出版社,2012 年;沈海波:《〈山海经〉考》,文汇出版社,2004 年。

文字的古老尚在《诗经》《尚书》等古代文献之上，古今很多学者也持这样的看法。《山海经》古图已经失传，尚存的文字之珍贵不言而喻。通过今本《山海经》的叙述文字，我们知道，《山海经》古图画的是形形色色的奇禽怪兽、神灵物怪，如九条尾巴的"九尾狐"；长有九个头、身子类虎的"开明兽"；长有翅膀的"羽民"；胸部有孔洞的"贯胸国"人；三头一身或三身一头的神人等。

《山海经》记载了那么多奇禽异兽、神灵物怪，有人以为是现实中曾经存在的，是《山海经》的作者见闻后的实录，但是少数几个作者在如此广阔的地域见到了那么多的奇禽怪兽、神灵物怪，并加以图画形容是不可思议的！而且《山海经》中的绝大多数奇禽异兽、神灵物怪的样貌特征，在生物学上找不到存在的根据。也就是说，在生物学意义上，这样的奇禽怪兽、神灵物怪等是不可能存在的。

（二）《山海经》古图乃上古星象图

《山海经》古图以及文字记载流传至今的大量"奇禽怪兽""神灵物怪"绝不是描摹现实中存在的对象，它们所在的神奇国度，如"青丘国""黑齿国""贯胸国"等也非真实地理性质的存在。古人创作这样今天看来光怪陆离的"长卷"，是用以象征天上的星象的，《山海经》古图可以看成是星象图，它当是我国最早的较为完整的星象图。《山海经》中陈述的大量的山、水、国则是天上星象在地上的分野，《山海经》地理乃是分野地理。天上的星星，特别是恒星，都呈现晶亮的圆点，人眼望去，大抵只有明暗的区别，用图画加以区别十分困难。古人最初大约将一些邻近的且较明亮的恒星组合成一星象，用"奇禽异兽""神灵物怪"或生活、生产常用之器具模拟其形状，赋予不同的名字，从而形成星象图，不仅中国古代，西方也有这样的传统。这当然是一种极具文化意义的工作，古代文献所谓"大禹成名百物"，说的大约就是从前"圣人"的这种工作。

从考古发掘的资料可知，我国的天文观测及"星象图"的制作具有悠久的历史，河南省濮阳县西水坡出土的用蚌壳堆塑的龙、虎、北斗图像，其方位关系与六千年前天上的东方苍龙、西方白虎、北斗等星象相符。学者认为这是华夏大地上目前发现的最古天文图。经冯时等研究，蚌图以及墓室结构还能完整地说明古代盖天说宇宙论的内容，说明彼时二分二至的四时观念也已经确立。①冯时又以为我国新石器时代器物上的猪形象是用以象征天上北斗星的。内蒙古赵宝沟出土的约六千年的"神兽纹陶尊","其中五件刻画有神兽纹天象图案。再加上残片上的神兽纹天象图案,原报告说包括有'四灵',即包含了四时天象的内容在内"②。可见用"动物"形象来象征天上的星象在我国历史悠久,青龙、白虎、朱雀、玄武这"四灵"也是这样的存在与传承。

发现《山海经》中某一奇兽异禽、神灵物怪具有星象性质的学者也不乏其人,如《西山经》昆仑山载"鹑鸟",清人吴任臣以为所指乃"南方朱鸟"星象,他在《山海经广注》中说:

> 《天文志》:"鹑首、鹑火、鹑尾三宫,当太微、轩辕之座南面,而承如在帝左右焉,且星主衣裳文绣,张主宗庙服用,皆鹑火宿也。"《周礼》:"轮人鸟旟七斿,画南方鹑火之象,司服鷩冕祎翟诸制。"皆本此意通之。经云"鹑鸟司帝百服",或义取此也。今三式家犹以朱雀为文章采服之神,夫有所受之矣。③

不仅吴任臣,郝懿行也说这里的"鹑鸟"就是"凤凰",并将它与"南方朱鸟"象联系。丁山曾论证《海外东经》青丘"九尾狐"是天上东方苍龙的"尾宿"之象,尾有九星,是"东方"之星,星占上主后宫等,与九尾狐的关联明显可见。④

《大荒东经》有"王亥",学者多以为即《海内北经》的"王子夜之尸",这个"尸象"的形体特点是"两手、两股、胸、首、齿,皆断异处"。结合《左传·襄公四年》(前569年)保存的"亥有二首六身"之说,不少学者也都以为是天上星象的象征,如郭沫若以为象征十二宫中的射手座(箕、斗)。⑤郑文光认为象征昴、毕两宿。⑥营室星"二星相对出"以及旁缀的"离宫"六星"两两而居"的形状特点,与"二首六身"的王亥完全相合,而营室星的"用事",在

---

① 冯时:《河南濮阳西水坡45号墓的天文学研究》,《文物》1990年第3期。
② 陆思贤、李迪:《天文考古通论》,紫禁城出版社,2005年,第20页。
③ 周明辑撰:《山海经集释》,巴蜀书社,2019年,第78—79页。
④ 丁山:《中国古代宗教与神话考》,上海文艺出版社,1988年(影印本),第298—299页。刘锡城先生也认为丁山的九尾狐即天象上"尾为九子"的论断不无道理(见刘锡城:《象征——对一种民间文化模式的考察》,学苑出版社,2002年,第110—111页)。
⑤ 郭沫若:《甲骨文字研究》,大东书局,1931年,第60页。
⑥ 郑文光:《中国天文学源流》,科学出版社,1978年,第132页。

月令时代与"亥"代表的时令相通,我据以判定它是营室二星及其属星"离宫"六星的象征。①

吴晓东则论证《大荒西经》的"屏蓬"是"奎宿"的象征,《大荒东经》的"大人之国"是"大角星"之象等。②他还试图证明《大荒经》四方的二十八座"大荒之中"的高山与二十八宿可以相应,将《山海经》一书与天上星象直接联系,拓深了人们对《山海经》一书本质的认识。

把目光投向天上,将《山海经》古图所展现的"奇禽异兽""神灵物怪"作为天上的星辰的象征,还只限于甚为少数的研究者,他们也只是将《山海经》中个别"神怪"与天上的星辰相联系,所以研究成果也零碎而不成系统。

其实,合理的逻辑推理是,既然《山海经》古图及其文字所表现的某些"象",如九尾狐、鹡鸰之类,大致可以确定分别是天上"尾宿""箕宿""南方朱鸟"等的象征,那么,书中与九尾狐、鹡鸰等处于同一画面的其他"奇禽异兽""神人物怪"等,自然也应该是天上星辰的象征了。事实正是如此,《山海经》古图,用星象来解释,很多问题都能够迎刃而解。

不可否认,《山海经》记载了大量的山与水,记载之山,蒙文通说有五百五十座,③马昌仪说《五藏山经》共载山四百四十一座。④明白《山海经》言天象及星占的本质,则会清楚《山海经》所载之山、水乃是分野意义上的产物,汉代张衡《灵宪》云:

> 水精为汉,汉周于天。……地有山岳,以宣其气,精钟为星,星也者,体生于地,精成于天。列居错峙,各有迫属。⑤

---

① 尹荣方:《王亥故事与星辰传说》,《华东师范大学学报》2005 年第 4 期。又参见本书第十四章。
② 吴晓东:《〈山海经〉语境重建与神话解读》,中国社会科学出版社,2013 年,第 250、260 页。
③ 蒙文通:《略论〈山海经〉的写作时代及其产生地域》,见蒙文通《先秦诸子与礼学》,广西师范大学出版社,2006 年,第 224 页。五百五十座山,是除了《山经》,也包括《海经》《荒经》所载之山。
④ 马昌仪:《〈山经〉古图的"山神"与"祠礼"》,见刘锡诚、游琪主编:《山岳与象征》,商务印书馆,2004 年,第 418 页。
⑤ 见瞿昙悉达:《开元占经》,九州出版社,2012 年,第 2 页。吕子方指出:"《山海经》叙述各山的出产等物,以山为主向左转的顺次,这是有缘故的。在距今三四千年前,北斗星靠近那时的北极点,旋转于天空是不落土的,即不落在地平线下,却类似以时钟按东南西北的方向旋转。当时,人们经过长期的观察,对此印象极为深刻,认为地上的山系也应像北斗星一样的左转,即是说《山海经》按左转的叙述法,表明它是原始文化的资料。"(吕子方:《读〈山海经〉杂记》,见马昌仪编:《中国神话学百年文论选》,陕西师范大学出版社,2013 年,第 441 页)吕氏敏锐地感受到《山海经》山系的左转和北斗左转的一致,他显然已经认识到《山海经》叙事与天象的关联。只是尚未悟到《山海经》作者是以分野论地上之山的。

人间的山水是天上星象的"精",山水上应星辰,《开元占经》就留下了古老的《二十八宿山经》。《书·禹贡》除了陈述禹"治水",还写禹"导山",禹所导之山也是二十八座,而《大荒经》处于"大荒之中"的"山"恰恰也是二十八座。可以肯定地认为,《禹贡》及《大荒经》的二十八座"山"关乎分野,不仅言山,也言天,是天地相应观念的产物。《山经》中山与山之间距离的异乎寻常的"准确"表述,应该也不会是彼时地理实测的结果,而是星座间"度数"差距在地上的反映。而书中所谓的祭祀"山神"仪式,也不仅仅是祭山,也包括对相应的天上星宿的观测与祭祀。战国时代的星家石申等人留下了出色的观星记录,石申之前,这种观测与记录应该一直存在。

然而,要一一将《山海经》古图与天上星辰对应尚存在一些困难,这不仅是因为《山海经》古图并没有传承下来,传承下来的只是描写古图的文字,这些弥足珍贵的文字,也就是现在《山海经》的文本,似乎成了我们破解《山海经》奇禽异兽、神灵物怪的主要途径,但由于《山海经》文本在传承过程中不可避免地会出现佚文、衍文、错字,或者将后人的解释阑入正文等情况,显然都会给我们的释读带来相当的麻烦。

破解《山海经》星象的不易,还表现在《山海经》一书,取象不一,常出现用不同的兽类神怪"图像"来象征同一星象的现象,如北斗九星,在《西山经》中,以九首虎身的怪兽"开明兽"的形象出现;而在《海内南经》《海内经》等其他地方,它则成了另一兽类"狌狌"。织女星也是如此,在《西山经》中是"其状如人,豹尾,虎齿而善啸,蓬发戴胜"的神人,而在《海外北经》中,则以"跂踵国"人的形象出现。

另外,《山海经》用奇禽异兽、神灵物怪所象征的天上星象,有时并不能与后来已经定型的星座完全对应,《山海经》古图所取象的范围较之后来的星座常常要大一些。如"河鼓"星,后来一般认为由三颗星组成,但《山海经》时代,河鼓星与其邻近的"左旗"九星、"右旗"九星等共同构成一个星象,彼时星家或把它视为"建鼓"之形,名之曰"建木"。又以"夔"兽作为其象征。"九尾狐"所象征的星座也存在这样的情况,它可以象征"尾宿"九星,作为天上的"九尾狐",所象征的星象除了尾宿,还包括相邻的箕宿与"天鸡"二星,"箕宿"与尾宿一样,也有"狐星"之名,这一定是上古星家的传承。"天鸡"两星,与"狐"也有某种关联,在尾、箕两宿之北,尾、箕两宿与天鸡二星可以拟成天上的"天狐"。"天鸡"二星是天狐的两个角,箕四星是天狐的四足或身子,尾九星则是天狐的尾巴。此星区,古人又拟成"天鸡",天鸡二星是鸡头,箕四星是鸡身,尾宿九星是鸡尾等。

《山海经》时代,北斗星已经成为彼时星家极为重要的观测对象,与后世不同的是,那时星家视北斗星为九星,而不是七星。上古北斗为九星不仅有大量文献证据,也有考古学之证据,2015—2017年,考古工作者发掘河南省荥阳青台遗址,出土陶罐九只,作九星状排列,考古学家谓象征北斗九星。旁边有黄土台,是祭祀九星之处。青台遗址属仰韶文化中晚期一聚落,距今约5 500年。又河南巩义双槐树遗址亦发现如九星状排列的九只陶罐,与青台遗址一样,为古人祭祀北斗之处。双槐树遗址距今约5 300年。《山海经》北斗九星之图像所显示的对北斗星的观察,是对上古中原地区星象学的传承。

《山海经》有《五藏山经》《海外经》《海内经》《荒经》之分,以星象图视之,《山海经》古图不是一幅,而是由多幅组成,《五藏山经》与《海外经》《海内经》《荒经》大约是各自独立但有内在联系的星图。清代毕沅说《山海经》的《五藏山经》最早出现,《大荒经》与《海内经》一篇较为后出,是具有解释性质的:

> 《大荒经》四篇释《海外经》,《海内经》一篇释《海内经》,亦有《山海经图》,颇与古异。[1]

毕沅此说,虽然解释了《五藏山经》《海经》《荒经》之间的某种内在关联性,但将《大荒经》的时代延后恐未必合理。笔者认为,《五藏山经》作为星图,似以北斗九星及其邻近的"三能""轩辕"等星座为"中宫",采取的是"五象"模式。而《海经》与《荒经》所采用的是"四象"模式。《海外经》与《荒经》,《海内经》一篇与四篇《海内经》的关系,并非如毕沅说的解释关系,而是所图画的星象有所不同而致。《海内》四经,作为星图,是以图画北斗及其附近之星象而成,用今天的话说,它所图画的大多是"恒显圈"内的星座。

《海外经》四篇与《大荒经》四篇,所图画的星象则及于后世所谓的"四象"二十八宿。《海外经》与《大荒经》也没有解释的关系,而是不同星家所绘制的星图而已,所以两者之间完全可以相互参正。

《山海经》时代的星家,观测日月星辰主要有两个目的:一是制历,二是占卜以预知未来之休咎,如《书·尧典》说的:"历象日月星辰,敬授民

---

[1] 毕沅:《山海经新校正·序》,见周明辑撰:《山海经集释》,第567页。

时。"这里的"历"指制定历法,"象"则为观象,关乎星占。江晓原先生质疑"敬授民时",是用历法为农业服务:

> 所谓"敬授人时",正确的理解应是"人事之时",即安排重大事物日程表。在古代,统治阶级最重要的"人事"是宗教、政治活动,农事安排纵然在"万机"之中有一席位置,也无论如何不可能重要到凌驾于一切别的事务之上,以致可以成为"人时"的代表或代名词。①

江氏之说未必可从。因为观测天象用于星占,所以在《山海经》叙事中,人们发现它们常常与所谓"殷易"的《归藏》相合。值得注意的是,《山海经》有创制两种历法的"神话"记载。《大荒南经》云:

> 东南海之外,甘水之间,有羲和之国。有女子名曰羲和,方浴日于甘渊。羲和者,帝俊之妻,生十日。

又《大荒西经》云:

> 有女子方浴月。帝俊妻常羲,生月十有二,此始浴之。

所谓的"生月十有二",指创造了分一年为十二个月的历法。而"生十日",则是指创造了分一年为十个月的历法。陈久金先生指出:

> 十日是与十二月相对应的,中国远古不但使用一岁十二个月的农历,同时还使用过一岁分为十日(月)的太阳历。所谓羲和生十日,应当理解为羲和创造并使用了十月太阳历,别的解释是没有的。②

---

① 江晓原:《天学真原》,译林出版社,2011年,第119页。《大戴礼记·夏小正》被认为是最早的月令书,其中关于农事及农事相关的事务占了大多数,如"正月……初服于公田。三月……摄桑。四月……取荼。五月……初昏大火中。煮梅"。卢辩注:"大火者,心也。心中,种黍菽糜时也。煮梅,为豆食也。"(方向东:《大戴礼记汇校集释》,中华书局,2008年,第233页)都关乎农事,兹不俱引。又《诗·豳风·七月》性质与《夏小正》类似,亦多述农事,如"蚕(三)月条桑""八月剥枣、十月获稻""九月筑场圃,十月纳禾稼"等,说的都是农事。江氏之说恐不可从。
② 陈久金、张明昌:《中国天文大发现》,山东画报出版社,2008年,第37页。

《虞夏书》既载"羲和"四子观测"四中仲星"定一年为"期三百有六旬有六日",这是《尔雅·释天》所称的"阳历",①又"以闰月定四时",舜则"五年一巡守",舜所使用的是《尔雅·释天》所谓的"阴历"。阴历要制闰,所谓五年二闰,天道大备。阴历月又称朔望月,便于民间掌握与使用。《虞夏书》的"制历"叙事,无疑源自《山海经》。

(三)《山海经》书名的本义

从书名也可窥见《山海经》言天的本质。《山海经》之"经"当然非经典之意,袁珂先生认为《山海经》之"经",取"经历"之意:

> 《山海经》之"经",乃"经历"之"经",意谓山海之所经,初非有"经典"之义。《书·君奭》:"弗克经历。"注:"不能经久历远。"此"经历"连文之最早者也。《孟子·尽心下篇》:"经德不回。"注:"经,行也。"犹与"经历"之义为近。至于由"常""法"之"经"引申而为"经典"之"经"乃较晚矣。②

袁珂说《山海经》之"经",非经典义,是正确的,而以为指"经历",则尚待商榷。叶舒宪等采取章学诚《文史通义》之说"地界言经,其经纪之意也。是以地理之书,多以经名",云:

> 《山海经》的本来意思是"经纪山海"或"山海之经纪"吧。"山海之经纪"就是"山海"之条理、秩序。③

---

① 《尔雅·释天》有"月阳":"月在甲曰毕,在乙曰橘,在丙曰修,在丁曰圉,在戊曰厉,在己曰则,在庚曰窒,在辛曰塞,在壬曰终,在癸曰极。"又有十二月名:"正月为陬,二月为如,三月为寎,四月为余,五月为皋,六月为且,七月为相。八月为壮,九月为玄,十月为阳,十一月为辜,十二月为涂。""月阳"就是将一年分为十个月,所谓太阳历。"十二月"则是分一年为十二个月,所谓阴历。《尔雅》的十二月历,从其命名可知必是农事历。20世纪出土的长沙子弹库楚帛书,其十二月名或亦取自《释天》十二月名。《释天》十二月名用字和楚帛书用字虽多有不同(四月、九月名相同),但它们都是同音通假字,又"余"月见于《诗·小雅·小明》,"玄"月见于《国语·越语》,可见《释天》十二月名必有来历,乃上古通用月名,而楚帛书十二月名,同样是一种农事历。(参尹荣方:《〈尔雅·释天〉十二月名与"农事历"》,《文史知识》2014年第9期)
② 袁珂:《山海经校注》,第181页。
③ 叶舒宪、萧兵、郑在书:《山海经的文化寻踪》,湖北人民出版社,2004年,第121页。

叶氏此说恐亦欠妥,《山海经》是言天象、分野之作,《山海经》之山川地理,是分野意义上的山川地理,与其说《山海经》言地上的山川地理,不如说它更关注的是天上的星象。《海外南经》于此说得十分明白:

> 地之所载,六合之间,四海之内,照之以日月,经之以星辰,纪之以四时,要之以太岁。①

《书·大禹谟》"地平天成"之说,与之略同。古书用"经纪"一词,一般都指规天划地,关乎日月星辰之运行,《管子·版法解》:

> 天地之位,有前有后。有左有右,圣人法之,以建经纪。②

《礼记·月令》"孟春之月"云:

> 乃命太史,守典奉法,司天日月星辰之行,宿离不贷,毋失经纪,以初为常。(郑玄注:"经纪,谓天文进退度数。")③

"经纪"一词,关乎天文度数的测度。《山海经》所言之"海",也非今日大海之意,而是指荒晦极地,《荀子·王制》:"北海则有走马吠犬焉。"杨倞注:"海,谓荒晦极远之地。"《尔雅·释地》:"九夷、八狄、七戎、六蛮,谓之四海。"这里的"四海",也是指四方极远之地。《山海经》可理解为"经山海",即测定天地四极,无远而不届。《海外东经》的具体表述为:

> 帝命竖亥步,自东极至于西极,五亿十选九千八百步。竖亥右手把算,左手指青丘北。一曰禹令竖亥。一曰五亿十万九千八百步。④

又《中山经》篇末云:"天地东西二万八千里,南北二万六千里。"《山海经》的"山海"是通天地而言的,所以,"山海经"三字的意思,可以理解为:通过观测天象以测定天地四方之距离、结构,划分分野体系,制定相应的时令

---

① 袁珂:《山海经校注》,第184页。
② 黎翔凤:《管子校注》,中华书局,2004年,第1196页。
③ 《十三经注疏·礼记正义》,北京大学出版社,1999年,第460页。
④ 袁珂:《山海经校注》,第258页。

历法等。

《山海经》古图及其文字,因为它们原就是对天上星象"立象"的产物,所以无论怎么光怪陆离,无论其图画与解释文字发生多少讹变,其真相还是处处会显示出来,虽然有时显示的只是一鳞半爪。值得庆幸的是,我国古代星家不仅对天象的观测持续不断,而且他们尊重并传承了前代星家的不少观测及星占成果,像《尔雅·释天》《甘石星经》《左传》《国语》等有关占卜叙事,历代史志之《天官书》《天文志》之类的著作,尤其是《开元占经》这样的集大成的星占著作的存在,使得我们今天用它们与《山海经》的"象"比勘有了可能,它们的存在,显然有助于我们认识《山海经》中"奇禽异兽""神灵物怪"的象征本质。另外远古的岩画、彩陶、玉器、青铜器纹饰,帛画帛书上的怪神异兽,也给我们理解《山海经》带来参照,马昌仪的研究带给我们不小的启发。[1]我们相信,随着研究的不断深入,《山海经》一书所蕴含的文化意义,是有可能被真正揭示出来的。

二、《山海经》的写作年代与作者

(一)《山海经》的写作年代

《山海经》之写作年代,今人大多以为在战国时期。但从《山海经》的内容看,其作为星图,与战国星家关于天上星象的认知、命名等大有不同,而且《山海经》中禹、益"治水"从而形成"地平天成"的叙事模式及相应的大量名词,被广泛用于《尚书》的《虞夏书》,说明《山海经》的成书必在《虞夏书》之前,其成图成书应该远早于战国时代。当然也有学者,充分认识《山海经》的古老,将《山海经》的著作年代提早了不少,如日本学者小川琢治相信《五藏山经》是商代山岳记事。《海外》《海内》两经是根据周代荒唐地理图而作。[2]蒙文通认为:《大荒经》最早,部分的写作年代大致在西周前期,部分当在周室东迁以前。《海内经》写作在"西周中期以前";而《五藏山经》和《海外经》时代较晚,作于春秋战国之交。[3]陈连山认为《山海经》成书于西周中后期,不过当时《山经》《海经》与《荒经》可能是各自单行,没有

---

[1] 参见马昌仪:《从战国图画中寻找失落了的〈山海经〉古图》,《民族艺术》2003年第4期。
[2] [日]小川琢治:《山海经考》,见江侠庵编译:《先秦经籍考》下册,商务印书馆,1933年,第9页。
[3] 蒙文通:《略论〈山海经〉的写作时代及其产生地域》,见蒙文通:《先秦诸子与礼学》。

合并。①

　　有迹象表明,《山海经》,严格说是它的前身《山海图》,说的都是殷代之事,应该是殷人的作品。《山海图》的古老性,很有可能被一些学者低估了。前人已指出,《山海经》中"四方风"与甲骨卜辞可以对应,这当然可以认为两者文化具有同一性,《山海经》反映的是殷商文化。而从殷人"亚"字形的庙宇结构看,与《山海经》的编排亦一致。甲骨文多次出现"亚"字,学者或释为"巫",有学者读为"方",甲骨文中的"四亚"可以读为"四方",确定方位与时间在彼时具有极为重要的意义,因此,"亚"字初义为四方、四极的说法为更多人认同。"亚"形所象征的大地可以分成五部分:中央和四方。《山海经》的《山经》包括"南山经""西山经""北山经""东山经""中山经"五经,这自然表示世界分为五部分,与"亚"形结构一致。《海内经》《海外经》《大荒经》,都按东、南、西、北的方位编排,也是按照"亚"形结构处理的。②

　　《诗·商颂·长发》云:

　　　　洪水芒芒,禹敷下土方。

　　《诗·商颂·殷武》云:

　　　　天命多辟,设都于禹之绩。

　　而《玄鸟》中则有殷人"奄有九有"等说法,都可以肯定是与禹神话中治水以及开辟"九州"的内容有关,禹的开辟神话在《山海经》中占有重要地位。过去有人觉得奇怪,怎么殷人将夏人的开国"宗神"作为自己的"宗神"来颂扬,不知禹的神话本来就是殷人的神话。《左传·襄公四年》(前569年)载周武王太史辛甲,命百官,箴王阙,于《虞人之箴》曰:

　　　　芒芒禹迹,画为九州,经启九道。民有寝庙,兽有茂草,各有攸
　　　　处,德用不扰。在帝夷羿,冒于原兽,忘其国恤,而思其麀牡。武不可

---

① 陈连山:《〈山海经〉学术史考论》,北京大学出版社,2012年,第19页。
② 参见[美]艾兰:《早期中国历史、思想与文化》,辽宁教育出版社,1999年。

重,用不恢于夏家。兽臣司原,敢告仆夫。①

辛甲是殷故臣,纣不道,去纣投奔周文王。②《虞人之箴》是周初的作品,辛甲于周初所传禹治水"画为九州,经启九道"的传说,自然非周人的造作而源于殷人。丁山引《虞人之箴》后说:

> 牝牡之牝,不从牛而从鹿作麀,正与卜辞所见牡或从鹿符契;此《虞人之箴》可确定为周初作品。而《箴》首言"芒芒禹迹,画为九州",可知禹平水土,别九州,其故事流传,不始宗周,当数典于殷商以前。③

丁山根据《虞人之箴》,推断禹平水土的故事为殷商,是很有道理的。《山海经》之叙事,常用《归藏》材料,《归藏》被认为是《殷易》,这也绝非偶然。

种种迹象表明,《山海经》反映的是殷商的文化,它的古老恐怕难以否定。《山海经》在长期的传承过程中掺入了不少后世才有的"人名""地名"等,这并不能对《山海经》古图及其文字的古老构成颠覆。笔者以为,《山海经》古图及其原初文字,都是殷人的作品,只是在传承的过程中,掺入了后世的内容罢了。《山海经》古图,大约产生于殷商后期。

(二)《山海经》的作者

《山海经》的作者,从前有"禹、益说""禹鼎说""夷坚说"等,近代以来又有"邹衍说""隋巢子说""楚人说""蜀人说""东方早期方士说"等,都难以成立。

1.《山海经》古图作者可能是巫咸

《山海经》古图之本质既是星图,则《山海经》作者,必当是通天文之星家,《山海经》所反映的是殷商文化,则《山海经》之作者很有可能是殷人,且其人必为一星家。④《史记·天官书》历数上古星家云:

---

① 杜预:《春秋左传集解》,凤凰出版社,2010年,第412页。
② 关于辛甲,《史记·周本纪》集解引刘向《别录》云:"辛甲,故殷之臣,事纣,盖七十五谏,而不听。去之周。召公与语,贤之,告文王。文王亲自迎之,以为公卿,封长子。"
③ 丁山:《古代神话与民族》,商务印书馆,2006年,第183页。
④ 《汉书·艺文志》不提《山海经》作者,而将此书归入数术略形法家。而"数术略小序"云:"数术者,皆明堂、羲和、史卜之职也。史官之废久矣,其书既不能具,虽有其书而无其人。"班固认为《山海经》出于史卜之官,是有得之见。

> 昔之传天数者：高辛之前，重、黎；于唐、虞，羲、和；有夏，昆吾；殷商，巫咸；周室，史佚、苌弘；于宋，子韦；郑则裨灶；在齐，甘公；楚，唐昧；赵，尹皋；魏，石申。（张守节《正义》："巫咸，殷贤臣也。"）

关于殷代的巫咸，文献记载甚多，《晋书·天文志》云：

> 至于殷之巫咸，周之史佚，格言遗记，于今不朽。

《世本·作篇》："巫咸作筮。"《吕氏春秋·勿躬》说同。《世本·作篇》又云："巫咸作鼓。"巫咸是个大巫，也是上古时期的制作圣人。巫咸当是真实存在的历史人物，《书·君奭》云："革于上帝，巫咸乂王家。"谓其为殷帝太戊时人，其子名巫贤，则佐殷王武丁。《史记·殷本纪》陈述为："伊陟赞言于巫咸。巫咸治王家有成，作《咸乂》，作《太戊》。"张守节《正义》："巫咸及子贤冢墓皆在苏州常熟县西海虞山上，盖二子本吴人也。"巫咸大约又名巫戊，王引之《经义述闻》卷四谓：

> 巫咸，今文盖作巫戊，《白虎通》曰："殷以生日名子何？殷家质，故直以生日名子也。以《尚书》道殷家大甲、帝乙、武丁也。于民臣亦得以生日名子何？不使，亦不止也。以《尚书》道殷臣有巫咸有祖己也。"据此，则巫咸当作巫戊。巫戊祖己，皆以生日名也。《白虎通》用今文尚书，故与古文不同。后人但知古文之作咸，而不知今文之作戊，故改戊为咸耳。不然，则"咸"非十日之名，何《白虎通》引以为生日生子之证乎？《汉书·古今人表》巫咸，亦当作巫戊，《汉书》多用今文尚书也。今本作咸，亦后人所改。①

王氏从殷人"生日名子"之俗，推断巫咸原名巫戊，此可为一说。《大荒西经》说到"巫咸"，《海外西经》说到"巫咸国"，大约是巫咸去世后，殷人为了纪念他，让他升上天穹成为星座。《山海经》中"巫咸""巫咸国"所象征的星象，我们将在后文论及。

2.《庄子·天运》中的"巫咸袑"即巫咸

关于巫咸，《庄子·天运》中开头的一段文字最值得注意，《天运》一开

---

① 王引之：《经义述闻》，凤凰出版社，2000年，第99—100页。

始就提出"天运",也即天地与日月星辰的运行问题:

> 天其运乎?地其处乎?日月其争于所乎?孰主张是?孰维纲是?孰居无事推而行是?意者其有机缄而不得已邪?意者其运转而不能自止邪?云者为雨乎?雨者为云乎?孰隆施是?孰居无事淫乐而劝是?风起北方,一西一东,有上彷徨,孰嘘吸是?孰居无事而披拂是?敢问何故?

这一系列问题的提出,使人很容易想起《天问》,而回答此问题的正是巫咸,显然,在庄子眼中,巫咸是通"天数"者:

> 巫咸袑曰:"来!吾语汝。天有六极五常,帝王顺之则治,逆之则凶。九洛之事,治成德备,监照下土,天下戴之,此谓上皇。"

成玄英疏:

> 巫咸,神巫也,为殷中宗相。袑,名也。六极,谓六合,四方上下也。五常,谓五行,金木水土火,人伦之常性也。①

据此疏,则巫咸为殷人,所说"六合""五行"当关乎天象,关乎对天地的认识。"监照下土",成玄英疏:"又齐三景,照临下土。"名以天地对举。而下文"九洛之事",《庄子集释》引俞樾云:"其即谓禹所受之洛书九类乎!"引"家世父"曰:"九洛之事,即禹所受之九畴也。庄子言道有不诡于圣人者,此类是也。"《山海经》星象必有人作,其作者必通天象者,且当是殷人,而符合这些条件的只有这个巫咸,巫咸是殷代通天数者的代表性人物,所以巫咸很有可能是《山海经》星图的作者。巫咸之讲"九洛之事",据《书·洪范》所载,正是所谓《洛书》,为禹所受者,而《山海经》一书,上古传说言禹巡守治水,两者亦相一致。庄子是殷人后代,居于宋国,是殷商故地,故得

---

① 郭庆藩:《庄子集释》,中华书局,1961年,第496页。李零说《庄子》之"巫咸袑":"马王堆帛书《十问》作'巫成袑',但《荀子·大略》作'务成昭',《新序·杂事第五》作'务成跗'。"(见李零:《中国方术续考》,东方出版社,2001年,第48页)马王堆帛书不说,《汉书·艺文志》"小说家"有《务成子》十一篇,其人恐非即巫咸。

闻殷商旧事,《山海经》多言殷事,而《庄子》一书也常引《山海经》论道。①

巫咸有星象著述传世,且影响很大,《晋书·天文志》说:"其巫咸、甘、石之说,后代所宗。"三国时太史令陈卓将甘、石、巫咸三家星官,并同存异,综合编成了具有283个星官、1464颗恒星的星表,形成了以"三垣二十八宿"为代表的中国传统星官体系。瞿昙悉达所著《开元占经》主要收录的也是巫咸、甘、石三家的星官。现存的巫咸星官,当是后人托名所作,但这恰可证明巫咸曾有星图之作。

3. 巫咸与禹的相似

巫咸与禹的"神似",还有很多,巫咸为"巫",而禹传说中也关乎巫,古代有"禹步"之说,《太平御览》卷八二引《尸子》:"禹于是疏河决江,十年不窥其家。生偏枯之病,步不相过,人曰禹步。"《说文》"巫"部:

> 巫,巫祝也,女能事无形以舞降神者也。象人两袖舞形,与工同意。古者巫咸初作巫。

而《说文》"工"部云:

> 工,巧饰也。象人有规榘也,与巫同意。凡工之属皆从工。㠭,古文工从彡。

段玉裁注:

> 㠭有规榘,而彡象其善饰。巫事无形,亦有规榘,而𠬪象其两袖,故曰同意。②

巫、史在上古有测天之责,上古测天用规、矩之类的工具,所以巫字从"工",而《山海经》中,正有禹"步天"的记载,而"禹"字,古音与"矩"同,《周礼·考工记·轮人》:"是故规之以眡其圆也,萭之以眡其匡也。"郑玄注云:"故书萭作禹。"又引郑司农云:"读为萭,书或作矩。"③是"禹"字与"矩"

---

① 参见尹荣方:《〈庄子〉神话与殷人之"社"》,载《泮池集——首届中国古代文学与地域文化学术研讨会论文集》,上海大学出版社,2012年。
② 段玉裁:《说文解字注》,凤凰出版社,2007年,第356页。
③ 见《十三经注疏·周礼注疏》,上海古籍出版社,2010年,第1547页。"郑司农云读为萭"阮元校云:"'云'下当脱'禹'字。"

字可互用。初作"巫"的巫咸,蕴含着测天的隐义,与禹"治水"的内涵相同,巫咸与大禹这两个古"圣人"在功业上的一致性,应该不是偶然的巧合!

三、殷太戊、武丁朝"桑、穀之祥"传说与巫咸测天

(一) 关于殷代的"桑、穀之祥"

巫咸其人,在《尚书》《史记》等古代文献中,关乎古代盛传的所谓殷代的"桑、穀之祥"。先看《书序》之说:"伊陟相太戊,亳有祥,桑、穀共生于朝,伊陟赞于巫咸,作《咸乂》四篇。"孔安国《传》:"祥,妖怪。二木合生,七日大拱,不恭之罚。"①大意是说,伊陟为殷王太戊相国,国都亳出现了不祥之兆,桑树、穀树相拱生长于朝堂。朝堂不是树木所当生长之处,所以是一种不好的征兆。作为相国的伊陟将此事告诉了巫咸,鉴于此事的不同寻常,所以史官写了《咸乂》四篇纪之。孔安国将此不祥解释得似乎更具体一些:朝堂上合生的桑、穀,七天后完全拱合在一起了,这是因为殷王"不恭",上天示警,预示某种责罚。司马迁《史记·殷本纪》载此事云:

> 帝太戊立伊陟为相。亳有祥桑穀共生于朝,一暮大拱。帝太戊惧,问伊陟。伊陟曰:"臣闻妖不胜德,帝之政其有阙与?帝其修德。"太戊从之,而祥桑枯死而去。伊陟赞言于巫咸。巫咸治王家有成,作《咸艾》,作《太戊》。

《史记》对于此事的记载显然更为具体,明确桑穀生于朝是"帝之政有其阙"。殷王太戊勉力修德,朝中的桑穀于是枯死消失了。大臣伊陟将此事告诉巫咸,巫咸开始纠偏,运用正道治理殷商王朝,取得很大成效。于是史官写了《咸艾》,又写了《太戊》。

《史记·封禅书》《汉书·郊祀志》《说苑·君道》《论衡·感类》《论衡·顺鼓》《孔子家语·五仪篇》《帝王世纪》等,亦以"桑穀"为太戊时事。关于殷代桑穀生于朝的奇事,除了上述文献记载发生在太戊朝,又有谓发生在武丁朝与商汤时的。《汉书·五行志》:

---

① 《十三经注疏·尚书正义》,上海古籍出版社,2007年,第327页。

刘向以为殷道既衰，高宗乘弊而起，尽凉阴之哀，天下应之，既获显荣，怠于政事，国将危亡，故桑穀之异见。桑犹丧也，穀犹生也，杀生之秉失而在下，近草妖也。一曰，野木生朝而暴长，小人将暴在大臣之位，危亡国家，象朝将为虚之应也。

《说苑·君道》云：

高宗者，武丁也，高而宗之，故号高宗。成汤之后，先王道缺，刑法违犯，桑穀俱生乎朝，七日而大拱，武丁招其相而问焉。其相曰："吾虽知之，吾弗得言也。闻诸祖己：'桑穀者，野草也，而生于朝，意者国亡乎？'"武丁恐骇，饬身修行，思先王之政，兴灭国，继绝世，举逸民，明养老。三年之后，蛮、夷重译而朝者七国。①

《书·大传》《说苑·敬慎篇》《论衡·异虚》《论衡·无形》等篇皆载武丁朝"桑穀"事。又谓"桑穀"发生在商汤时，见《吕氏春秋·制乐篇》、《韩诗外传》卷三等。清人陈桥枞举上述记载后认为："殷时此祥三见，信有之矣。"皮锡瑞认同陈桥枞之说："陈说是也。殷人尚鬼，盖信祥异之事。汤与大戊、武丁，桑穀当是三见，传者各异耳，不必疑《大传》与《书序》不合。《史记》引《书序》是今文，而亦载桑穀于大戊时，《封禅书》又载之，是今古文说同。"②

殷代真的发生过三次令殷统治者忧心忡忡的朝堂生桑穀之事吗？这很值得怀疑。"桑穀"事显然是传说，传说在传承的过程中会发生变异，"桑穀"事当为后来的一种讹传，但桑、穀等字样的传承，或许保留了此传说的一些真意，很值得玩味。殷代有三个最有名的贤人，分别是商汤时的"伊尹"、太戊时的"巫咸"与武丁朝的"傅说"。

商汤是开国君主，太戊是所谓"中宗"，武丁称"高宗"，已是殷商晚期了。与巫咸赞王室的传说一样，伊尹相汤与傅说相武丁也充满传说色彩，很难说就是信史。而三人的传说，其内涵有相似之处，或许原来是一个传说的分化，这个传说关乎殷人对天象历法的测定，而且似都与《山海经》有密切联系。

---

① 向宗鲁：《说苑校证》，中华书局，1987年，第21—22页。
② 皮锡瑞：《今文尚书考证》，中华书局，1989年，第504—505页。

伊尹的传说,有所谓"负鼎干汤",后来讹传伊尹是厨师出身,其实此"鼎"指鼎图,古代有《山海经》古图即禹"九鼎图"之说,《左传·宣公三年》(前606年)云:

> 楚子伐陆浑之戎,遂至于雒,观兵于周疆。定王使王孙满劳楚子。楚子问鼎之大小、轻重焉。对曰:"在德不在鼎。昔夏之方有德也,远方图物,贡金九牧,铸鼎象物,百物而为之备,使民知神、奸。故民入川泽山林,不逢不若。螭魅罔两,莫能逢之,用能协于上下,以承天休。桀有昏德,鼎迁于商,载祀六百。商纣暴虐,鼎迁于周。德之休明,虽小,重也。其奸回昏乱,虽大,轻也。天祚明德,有所厎止。成王定鼎于郏鄏,卜世三十,卜年七百,天所命也。周德虽衰,天命未改,鼎之轻重,未可问也。"

《山海图》的载体,从《左传》王孙满的关于九鼎的对话可知,可能是鼎。也就是说,古人可能将表示抽象意义的图像刻于鼎上成为鼎图,鼎图描摹的就是《山海经》古图的"神灵怪兽",于是这样的鼎就成了不凡之物。伊尹携鼎俎干汤,所携者原指鼎图,也就是天象历法图之类的"图书",伊尹是当时特殊的"史尹"人才,这从他的名号可知一二。[①]由于鼎在后世主要用于烹饪,因此伊尹之用鼎俎干汤就被讹传成以庖厨干汤,而伊尹在历史上除了贤相,还以庖宰而闻名了。[②]武丁朝的"不祥"之兆传说,也以"鼎"和"图"展开叙事,《书·高宗肜日》序:"高宗祭成汤,有飞雉升鼎耳而雊,祖

[①] 古代典籍中,尹与史所掌者常常相同,"史"字,《说文》"史"部:"史,记事者也。从又持中。中,正也。"此字字形,就是一人拿着"中"的意思,而"中"字,《说文》"丨"部:"中,内也。从口丨,上下通。"与"尹"字之意相同。上古尹、史或不分。《大戴礼记·保傅》:"常立于后,是史佚也。"卢辩注:"史佚,周太史尹佚也。""尹"作为史职,在甲骨文已见,如"三尹"(《甲骨文合集》32895)、"甲尹"(《英国所藏甲骨文》2283)、"多尹"(《甲骨文合集》19838)等。史所拿的"中",有"算筹""简"等说,王国维《观堂集林》卷六将此两说加以调和:"算与策本是一物,又皆为史之所执;则盛算之中,盖亦用以盛简;简之多者,自当编之为篇。""史"无疑是当时掌握文化知识的特殊阶层,他们掌管的主要是天文历法、祭祀、占卜、制禄、命官等国之大事。而这些大事中,尤为重要的是测天以制定历法,王国维对此点似未尝及,然姜亮夫先生却曾明确指出,此"中",为测影定时之"表"。(姜亮夫:《"中"形形体分析及其语音演变之研究——汉字形体语音辩证的发展》,《杭州大学学报》第14卷增刊,1984年)李婷婷以为此"中"为规矩之"规"。(李婷婷:《"史"为以手持规说》,《汉字文化》2012年第3期)

[②] 参见尹荣方:《社与中国上古神话》第十三章,上海古籍出版社,2012年。

己训诸王,作《高宗肜日》《高宗之训》。"①《史记·殷本纪》载此事云:

> 帝武丁祭成汤,有飞雉升鼎耳而雊。武丁惧,祖己曰:"王勿忧,先修政事。"

为什么一只野鸡飞到鼎上鸣叫是不祥之兆,使武丁恐惧?此事同样关乎鼎,鼎是历法的象征,也是政权的象征,具有某种神圣性,野鸡登鼎而鸣,意味着历法及政权出现了某种危机,所以在武丁朝君臣看来,这是不祥之兆,是上天的警示。

武丁朝还有一个流传更为广泛的关乎"图"与武丁得"傅说"的传说,《尚书·说命上》序:

> 高宗梦得说,使百工营求诸野,得诸傅岩,作《说命三篇》。孔注:"使百官以所梦之形象经营求之于外野,得之于傅岩之谿。命说为相,使摄政。"②

《说命上》还说"武丁"三年不言,后来做了个梦云:

> (武丁)"梦帝赉予良弼,其代予言。"乃审厥象,俾以形旁求于天下。说筑傅岩之野,惟肖。爰立作相,王置诸其左右。③

大意是说,殷王武丁夜里梦见天帝赐给他辅弼良臣,醒后就叫人画了梦中人的图像,让百官寻找,结果在傅岩找到了梦中人,是地位低下的版筑的佣工,就任用他为相。我相信这个故事很久以来就被误读,这个传说的结构包括"旧鼎图",飞雉升鼎耳,可能寓示历法错乱及相应的行政危机,于是老天让武丁梦见辅佐自己的贤相,令百工作"图",此寓指历法得到修订,最后据"图"而找到"傅说",殷道复兴。这里"傅说"两字及它作为"版筑"工人之说意味深长。

---

① 《十三经注疏·尚书正义》,第 377 页。
② 《十三经注疏·尚书正义》,第 363—364 页。
③ 《十三经注疏·尚书正义》,第 365—366 页。

(二)"傅说"传说与"禹敷土"传说的内蕴相同

"傅说"两字,与禹"敷土"或是同义,"傅"与"敷"通,禹"敷土"或作"傅土"。傅说为版筑工,版筑就是将土置于两木板之间而成,所以"傅说"之名字,可能即蕴涵"敷土"之意。而"敷土",《山海经》为"布土"。《海内经》云:"洪水滔天,鲧窃帝之息壤以堙洪水,不待帝命,帝令祝融杀鲧于羽郊。鲧复生禹,帝乃命禹卒布土以定九州。"又曰:"禹鲧是始布土,均定九州。"郭璞注:"布犹敷也。《书》曰:'禹敷土,定高山大川。'"①

"布土"前人的注解大抵从禹"治水""别九州"着眼,皆未达其旨。"敷土"的本义为"布土",据《尔雅·释天》:"祭星曰布。"郭璞注:"布散祭于地。"②是将天上的星宿与地上之山川土地作对应性安排,也就是所谓的"分野",这涉及古人对天地的度量和星占,它与《周礼·春官·保章氏》说的"星土"意思略同。上古度量天地主要用"矩",而"矩""禹"音字皆同,说明禹的原型之一正是"矩"。而《山海经》所叙述的禹"步天"之起始处正为天上银河的始流之处,禹的治水,关乎天上的"银河",是以二十八宿作为天球上的坐标,来明确银河在天上的起没行径。天上银河的起源之地,正是"东方苍龙"的尾宿、箕宿之间。扶桑树所在的"汤谷",当是星家所拟之"尾箕之间"的分野,故称为日始出之地。③上古有傅说死后托为星辰之说,《庄子·大宗师》:"(道)傅说得之,以相武丁,奄有天下,乘东维,骑箕尾,而比于列星。"成玄英疏:

> 傅说,星精也。而傅说一星在箕尾上,然箕尾则是二十八宿之数,维持东方,故言乘东维、骑箕尾;而与角亢等星比并行列,故言比于列星也。④

今"傅说"一星列于"尾宿"后,又名"天策星",《左传·僖公五年》(前655年):"鹑之贲贲,天策焞焞。"杜预注:"天策,傅说星,时近日,星微。焞焞,无光耀也。"⑤之所以将"傅说"置于箕尾之间,显然是因为傅说的"功业"主

---

① 郝懿行:《山海经笺疏》,第448页。
② 《十三经注疏·尔雅注疏》,北京大学出版社,1999年,第180页。
③ 参见尹荣方:《大禹治水祭仪真相》,《中原文化研究》2018年第1期。
④ 郭庆藩:《庄子集释》,中华书局,1961年,第251页。
⑤ 杜预:《春秋左传集解》,第134页。

要在于"步天",而他的"步天",起于银河起始处的箕、尾之间,与《山海经》扶桑、汤谷十日神话的内涵一致。《晋书·天文志》云:"傅说一星,在尾后。傅说主章祝,巫官也。"《开元占经》卷六十八引《春秋元命包》云:"傅说主章祝,巫官也。章,请号之声也。傅说盖女巫也。"①

上古星家将"傅说"一星置于箕尾之间大有深意,说明"傅说"测天开始于"箕尾之间"。古人信"天命",以为日月星辰运行,关乎人间命运,所以《尚书》的《说命》三篇,就被认为是傅说所作的了。

值得注意的是《书·君奭》谈到的武丁朝贤臣,不提傅说而有"甘盘":"在武丁时,则有若甘盘。"孔《传》:"高宗即位,甘盘佐之,后有傅说。"②《说命》篇武丁云:"台小子旧学于甘盘,既乃遁于荒野。"甘盘有无其人殊难判断,从其名号看,仍关乎扶桑汤谷这测天圣地。"甘"者,或是《山海经》"甘渊"之省,《大荒东经》:

> 东海之外大壑,少昊之国……有甘山者,甘水出焉,生甘渊。

《大荒南经》:

> 又有成山,甘水穷焉。……东南海之外,甘水之间,有羲和之国。有女子名曰羲和,方浴日于甘渊。羲和者,帝俊之妻,生十日。

《海外东经》:

> 下有汤谷,汤谷上有扶桑,十日所浴,在黑齿北。居水中,有大木,九日居下枝,一日居上枝。

袁珂先生曰:"所谓甘渊、汤谷(扶桑)、穷桑,盖一地也。"③所说甚是。盘,又作"般",《周颂·般》,序:"巡守而祀四岳河海也。"郑注:"般,乐也。"④巡守是一种礼仪,礼仪的举行关乎乐舞,所以郑玄用"乐"来解释"般"了。明白了《山海经》中禹"治水"的真正涵义,再来看太戊朝或武丁朝的"桑穀之祥",

---

① 瞿昙悉达:《开元占经》,第 668 页。
② 《十三经注疏·尚书正义》,第 647 页。
③ 袁珂:《山海经校注》,第 340 页。
④ 《十三经注疏·毛诗正义》,北京大学出版社,1999 年,第 1375 页。

就会明白隐藏在这些文字背后的真相了。《尚书》叙事,上古是口耳相传的,扶桑所载的"汤谷"当是殷人的测天圣地,"桑榖之祥"原来所欲表述的也当关乎天象观测、历法制定包括预占休咎之类的大事。大约是殷太戊、武丁时代历法出了问题,不能与实际天象相符,这给殷统治者的施政带来困难,有人就附会了一些征兆,说这是上天示警,而历法的修订需要彼时的星家来完成,而巫咸正是"懂天数者",能安治殷王朝的只有他了,所以出现了所谓"桑榖之祥",要强调"赞(告)巫咸",因为只有巫咸能够测天,从而修订错乱的历法,也只是经过巫咸的"乂王家"后,国家才重新获得安宁。历法修订是件大事,因此这件事被当时的史家郑重地记录与传承。由于岁差的关系,相对符合天时的历法经过一段时间的使用后,又会发生误差,于是具有历法修订内涵的"桑榖之祥"等传说也就会多次出现。

《书·君奭》概括的巫咸的"功绩"正关乎"测天"之事,合于巫咸作为星家的身份。"桑榖"生朝是讹传,殷商时代所谓的"桑榖"之祥或关乎殷商"亳社"灵台的测天、制历事宜。桑指"扶桑",榖即"谷",指"汤谷",汤谷、扶桑是《山海经》等上古文献所盛传的"生十日"之圣地。其实是对灵台之类测天之所的神化而已。巫咸是殷代有名的传天数者,《书·君奭》云:"在太戊,时则有若伊陟、臣扈,格于上帝,巫咸乂王家。"①"格于上帝",孔安国无传,显然关乎上古之祀天星祭仪式,马融曰:"格,至也。道至于上帝,谓奉天时也。"郑玄注"上帝"云:"上帝,太微中其所统也。"清人孙星衍疏解曰:

> 马(融)注见《史记集解》。云"格,至"者,《释诂》文。云"道至于上帝,谓奉天时"者,太微五帝迭相休王,以成四时:春生、夏长、秋收、冬藏。"奉天时"者,顺其气以出令,若《月令》所纪是也。中宗盖配食之。郑注见《史记集解》及《诗·荡》疏。云"太微中"者,何休注《公羊传》云:"上帝、五帝在太微之中,迭生子孙,更王天下。"郑注《月令》"祈谷于上帝"云:"上帝,太微之帝也。"疏云:"上帝,太微之帝"者,《春秋纬》文太微为天庭,中有五帝座:苍曰灵威仰,赤曰赤熛怒,黄曰含枢纽,白曰白招拒,黑曰汁光纪。郊天各祭所感帝,殷祭汁光纪,周祭灵威仰。②

---

① 《十三经注疏·尚书正义》,第646—647页。
② 孙星衍:《尚书今古文注疏》,中华书局,1986年,第450页。

星辰祭祀与星辰观测是同时进行的,星辰观测是确定时节的重要手段,正因为五帝座等星座在确定时节中的重要作用,所以它们才获得"上帝"的地位并享受人们的供奉与祭祀。《尚书大传》云:"祭者,察也,至也,言人事至于神也。"又曰:"祭之为言,察也。察者,至也。至者,人事至也。人事至,然后祭。"①虽说太微五帝说或源于《纬书》,但起源或并不晚。郑玄又曾注"天帝"为"北辰",即北极星,殷人对星辰的观测与祭祀不会限于北极星等少数星辰,《尧典》所谓羲和等观测的"四仲中星"一定也在他们的观测范围之内。大约因为殷人发现太微五帝星的出没与季节变化可以对应,于是将它们与明堂五室联系,于是就有明堂月令制度祭五帝之说了。郑玄注《礼记·祭法》云:"祭上帝于南郊曰郊,祭五帝、五神于明堂曰祖、宗。祖、宗通言耳。"孙星衍云:"太戊中宗,庙不毁,配食五帝于明堂,故云'格于上帝'。"②

而"巫咸乂王家"之"王家",古人均解为殷王室,恐亦有误。"王"者,"大"也;"家"者,"室"也。此原来或许说的是巫咸这个星家在"太室",亦即在明堂测天而已。所谓"太室",是明堂中央之室,也叫太庙、清庙。《诗·斯干》疏载郑志答张逸引《洛诰》"王入大室祼"一条,言:"周公于洛邑建明堂、宗庙、王寝,皆为天子制祼者。"③古今学者关于明堂的论述极多。(关于明堂,汉代卢植、蔡邕、贾逵、郑玄、服虔以下,至唐宋颜师古、朱熹,再至明清惠栋、戴震、阮元、汪中、孙诒让及近现代学者王国维、刘师培、顾颉刚、杨宽、徐复观、汪宁生等都有过探讨。)我们要强调指出的是,早期所谓明堂,和测天的"灵台"具有相同的功能,它是上古时期王家的天文台。明堂制度及其职能,是处于演变发展之中的,根据职能的不同,明堂的名称也随之不同,关于明堂之名,孔颖达疏《诗·大雅·灵台》云:

> 卢植《礼记注》云:"明堂即大庙也。天子太庙,上可以望气,故谓之灵台。中可以序昭穆,故谓之太庙。圜之以水,似璧,故谓之辟雍。古法皆同一处,近世殊异,分为三耳。"蔡邕《月令论》云:"取其宗庙之清貌则曰清庙,取其正室之貌则曰太庙,取其堂则曰明堂,取其四门之学则曰太学,取其周水圆如璧则曰辟雍。异名而同事,其实一也。"

---

① 皮锡瑞:《今文尚书考证》,第354页。
② 孙星衍:《尚书今古文注疏》,第449页。
③ 孙星衍:《尚书今古文注疏》,第420—421页。

颖子容《春秋释例》云:"太庙有八名,其体一也。肃然清静谓之清庙,行禘祫、序昭穆谓之太庙,告朔行政谓之明堂,行飨射、养国老谓之辟雍,占云物、望气祥谓之灵台,其四门之学谓之太学,其中室谓之太室,总谓之宫。"贾逵、服虔注《左传》亦云:"灵台在太庙明堂之中。"此等诸儒,皆以庙、学、明堂、灵台为一。①

孔氏引卢植、蔡邕、贾逵、服虔等前辈学者之说,以为"庙、学、明堂、灵台为一",是符合实际的。《周礼·冬官·考工记》有对三代明堂形制的描述:

> 夏后氏世室,堂修二七,广四修一。五室,三四步,四三尺。九阶。四旁两夹,窗。白盛。门堂,三之二。室,三之一。殷人重屋,堂修七寻,堂崇三尺,四阿,重屋。周人明堂,度九尺之筵,东西九筵,南北七筵,堂崇一筵。五室,凡室二筵。②

考古学者杨鸿勋先生指出,"五室"不可能尺寸一样,其中四室相同,另有一个大体量的"大室"位于中央墩台之上。③杨氏此说,具有考古学的根据,与明堂作为测天灵台的古说亦吻合,甚为可信。汉代学者大多以为明堂制度源于周公,但周礼因于殷礼,周代的礼制多有因袭、继承于殷代的,特别是所谓的"巡守"制度,即在《虞夏书》中被认为是尧、舜、禹这些圣人所行之礼制,可能就是殷代的巡守礼制。殷代已有所谓的明堂,殷人称为世室,是毫无疑义的,则巫咸之"格于上帝"与"乂王家(太室)",实际说的是巫咸这个星家在王家观象台从事天象观测工作,这完全符合巫咸的身份,而且从《尚书》等古代文献郑重记载此事看,巫咸对天象的观测一定取得了很大成功,从而使太戊朝或武丁朝的历法得到修订,这自然大大有利于殷王朝的施政。巫咸肯定是善于著述者,他是彼时最好的星家,他将他在王家灵台观测天象及以此为基础修订的新历法著成"图书",自然是顺理成章的事,而流传后世的《山海经》古图及部分解说文字很有可能就是他的著作。

---

① 《十三经注疏·毛诗正义》,第1040页。
② 《十三经注疏·周礼注疏》,第1664—1667页。
③ 杨鸿勋:《破解"周人明堂"的千古之谜——"周人明堂"的考古学研究》,载《杨鸿勋建筑考古学论文集》,清华大学出版社,2008年,第161—162页。

第二章
"贰负之尸"神话与"贯索"星象

《山海经·海内西经》云：

> 贰负之臣曰危，危与贰负杀窫窳。帝乃梏之疏属之山，桎其右足，反缚两手与发，系之山上木。在开题西北。①

《山海经》向称难读。这里的"贰负之尸"之神话，到底说的是什么？似很少有人追究，实在似乎也难以追究，因为《山海经》太为古老，书中似乎全是奇禽怪兽、妖魔神鬼，难以与现实中的对象比附，即司马迁也曾感叹"至《禹本纪》《山海经》所有怪物，余不敢言之也"②。这种情况，大约在去古未远的战国时代就已经存在，延续到汉代，造成彼时读书人对《山海经》的疏远，然而汉宣帝时期发生的一件事改变了人们对《山海经》的看法，那是西汉刘歆在《上〈山海经〉表》时说的：

> 孝宣帝时，击磻石于上郡，陷得石室，其中有反缚盗械人。时臣秀父向为谏议大夫，言此贰负之臣也。诏问何以知之，亦以《山海经》对。其文曰："贰负杀窫窳，帝乃梏之疏属之山，桎其右足，反缚两手。"上大惊。朝士由是多奇《山海经》者，文学大儒皆读学，以为奇可以考祯祥变怪之物，见远国异人之谣俗。③

---

① 这一节，吴承志认为应在《海内北经》"有人曰大行伯"节上，甚是。又这里的"帝"，郝懿行云："《文选》李善注张协《七命》引此经作黄帝，黄字衍。"袁珂认为黄字不衍。袁说是。（见袁珂：《山海经校注》，第285页）
② 司马迁：《史记》，中华书局，1959年，第3180页。
③ 袁珂：《山海经校注》，第477—478页。

东晋的郭璞在注《山海经》时也说：

> 汉宣帝使人上郡发盘石，石室中得一人，跣裸被发反缚，械一足。以问群臣，莫能知，刘子政按此言对之，宣帝大惊。于是时人争学《山海经》矣。论者多以为是其尸象，非真体也。[1]

这是一个令人惊奇的真实故事，或关系到对《山海经》的本质的认识。为什么汉宣帝会派人去发掘上郡的"盘石"，应该是这个地方是为人所关注之地，或者是当地人所膜拜有所传闻的地方。这个神奇的"盘石"传到朝廷，所以才会有汉宣帝下令发掘之事。"发掘报告"说"盘石"的石室中有一人，赤脚披发，被绳子反绑，一只脚则被桎梏着。这时在朝中任官的博学的刘向就用《山海经·海内西经》有关"贰负"的文字作了回答。两者之间惊人的相似，[2]使汉宣帝包括他的大臣们大为吃惊，群臣们还为此进行了讨论，认定石室中发掘出的人，乃是"尸象"，不是真的人。这件事情改变了人们对《山海经》的看法，造成当时人们争相学习《山海经》的局面。

上郡石室中的"尸象"为什么会同于《山海经》之"贰负之尸"？这么有意思的问题，后来也不见有人追究，它似乎只成为印证《山海经》不凡的个案。

一、"贰负之尸"乃天上"贯索星"之象

《山海经》中，除了上述一段，还有两处提到"贰负之尸"：

> 蛇巫之山，上有人操柸。而东向立，一曰龟山。西王母梯几而戴胜杖（杖字衍），其南有三青鸟，为西王母取食。在昆仑虚北。有人曰大行伯，把戈。其东有犬封国。贰负之尸在大行伯东。犬封国曰犬戎国，状如犬。（《海内北经》）

---

[1] 见郝懿行：《山海经笺疏》，第350页。
[2] 两者之间还是有些区别，郝懿行案曰："经云系之山上木，注言得之石室中，所未详也。刘逵注《吴都赋》引此注，盘石作磻石，又云陷得石室，其中有反缚盗械人云云，与今本异。《海内经》云北海之内有反缚盗械，名曰相顾之尸，亦此之类。"（见《山海经笺疏》，第352页）

> 鬼国在贰负之尸北,为物人面而一目。一曰贰负神在其东,为物人面蛇身。(《海内北经》)

这些非常简略的文字,描述了"贰负之尸"的性质、形状以及所处位置,显然是对图像的描述,《山海经》的作者似乎确认此"尸"为神,故径称之为"贰负神";其形状为"人面蛇身";而其所处位置,则西有"大行伯""犬封国",南有"鬼国"。而"大行伯"所处位置,"在昆仑虚北",且与赫赫有名的"西王母"比邻。

中国古代向来有"立象见意"的传统,《山海经》的很多稀奇古怪之物,不少描述的乃是天上的星象和与之相关的节令。奇怪的"贰负之尸",乃是天上"贯索星"之象。天上"贯索"九星,位于北斗星"杓端",《史记·天官书》有"句圜"十五星:

> 杓端有两星:一内为矛,招摇;一外为盾,天锋。有句圜十五星,属杓,曰贱人之牢。其牢中星实则囚多,虚则开出。

司马迁说的"句圜"十五星,古代注家以为即"贯索星"。"贯索"又位于房宿、天市垣的北面,七公星的南面,大角星的东北方,其星名的含义,为连贯在一起的绳索,绳索是用来捆绑犯人的,犯人要关进牢狱,所以"贯索星"变成了天上的牢狱,也成了星占家占卜人间囚徒之类事项的星象。《开元占经》卷六十五引《黄帝占》曰:

> 天牢者,贼人之牢也。天下狱律也,一名连索,一名天受,一名天围。[①]

引石氏曰:

> 贯索北开,名曰牢户,其星间阔则户开,必有赦;若星狭而不开,牢中有忧,贵人当之。[②]

《山海经》中的"贰负之尸"之象,是一被绑缚、桎梏的囚犯形象,用来

[①②] 瞿昙悉达:《开元占经》,第623页。

作为天上"贯索星"的象征,称之为"贰负神",就是此意。"贰负之尸"是星象,那《山海经》中和他在位置上相邻的一些如"有人操杯""大行伯""西王母""犬封国""鬼国"等也是星象。

"有人操杯",郭璞注:"杯或作棓。"①图像是一个人拿着"棓",是指的"天棓星","天棓星",在"贯索"的东边。《史记·天官书》云:"紫宫左三星曰天枪,右五星曰天棓。"司马贞《索隐》引《诗纬》曰:"枪三星,棓五星,在斗杓左右,主枪人棓人。"又张守节《正义》:"天棓五星在女床东北,天子先驱,所以御兵也。"《开元占经》卷六十五引石氏曰:

> 天棓五星,天之武备也。棓者大杖,所以打贼也,皆所以禁暴横,备不虞也。"②

东乡立的"操杯之人",是"天棓星"之象。"大行伯"的特征是"把戈",即手里拿着戈,而天上正有"玄戈星",玄戈又名天戈、元戈、臣戈。《史记·天官书》裴骃《集解》:

> 晋灼曰:"外,远北斗也。在招摇南,一名玄戈。"

《开元占经》卷六十五引石氏曰:

> 玄戈一星,在招摇北。③

《晋书·天文志上》:

> 其北一星曰招摇,一曰矛楯,其北一星曰玄戈,皆主胡兵,占与梗河略相类也。

故手把戈的"大行伯"是"玄戈星"之象。

---

① 郝懿行云:"杯即棓字之异文。《说文》云:'棓,梲也。'《玉篇》云:'棓与棒同,步项切。'《太平御览》三百五十七卷引服虔《通俗文》曰:'大杖曰棓。'"(《山海经笺疏》,第359页)
② 瞿昙悉达:《开元占经》,第622页。
③ 瞿昙悉达:《开元占经》,第621页。

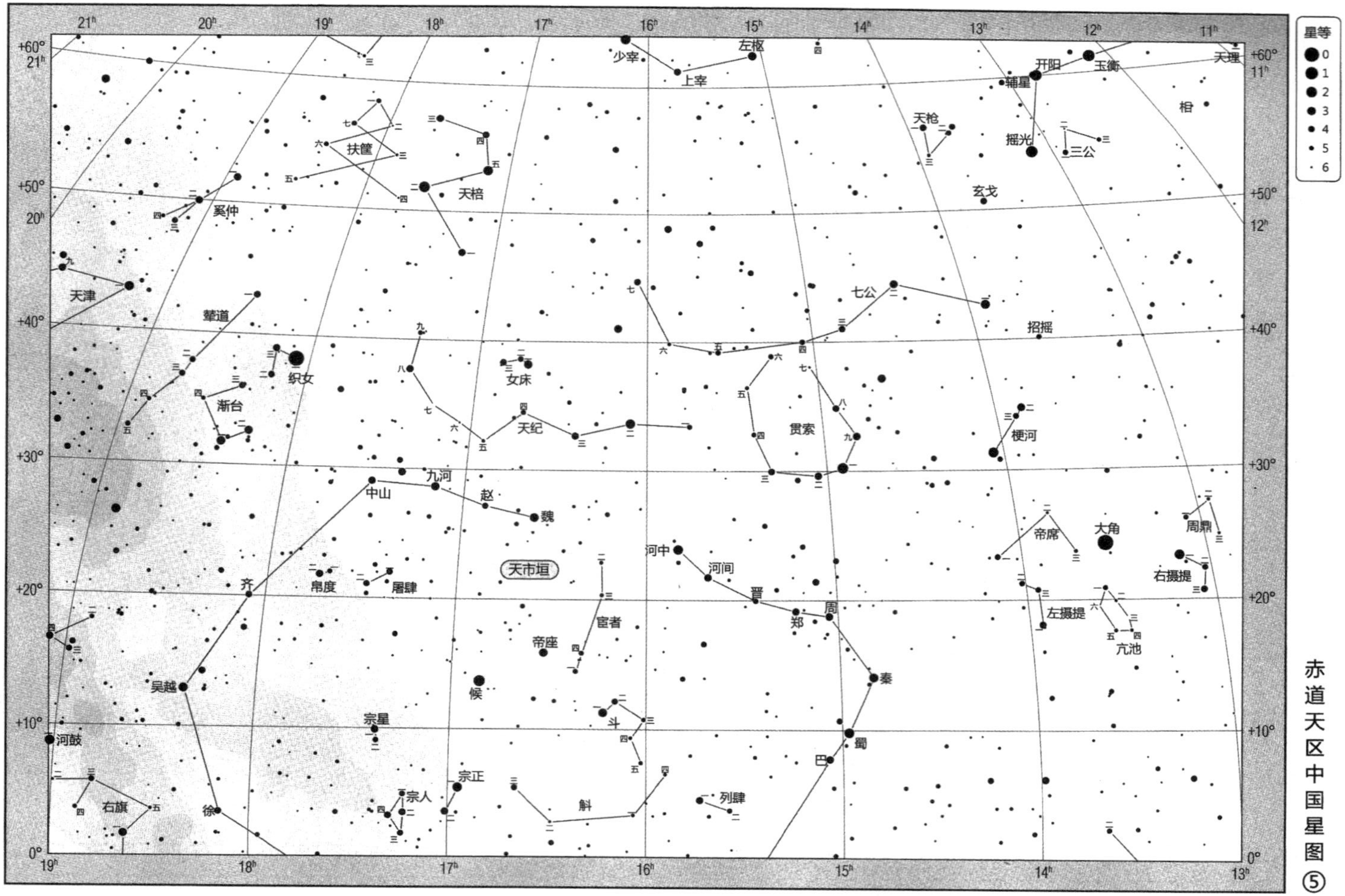

30 《山海经》与中国上古天象学

图 2-1 "贯索"及附近星图（采自齐锐、万昊宜：《漫步中国星空》，科学普及出版社，2014年，第186页）

二、"西王母"是"织女星"之象

"梯几而戴胜"的"西王母",则是"织女星"之象,它是非常明亮的一等星。织女星也是贯索星的邻近星座,后来被归入北方"玄武七宿"的"牛宿",与河鼓星隔着银河相对。《史记·天官书》:"婺女,其北织女。织女,天女孙也。""西王母"的最大特征是"戴胜",《山海经》中,西王母共三见,皆有"戴胜"之描述。汉代的西王母画像,头上也一定戴"胜"。"胜",是古代织机上的经轴,是织机上的主要部件,因此可以成为织机与纺织工作的象征。而"梯几"则是对织机的一种直观描述,在我国纺织机械发展史上,首先使用的是原始腰机,然后才出现较先进的有机架的织机。有架织机在外形上正是"梯几"的,它下部有台(几),台上置梯架,梯架用来承置经轴和控制提综。① 可见所谓西王母的"梯几而戴胜",正是对上古时代梯架式织机的一种描述,《山海经》即以此织机之象来象征天上的"织女星"。而天上"织女星"的星占特征正在纺织等。《晋书·天文志上》:

> 织女三星,在天纪东端,天女也,主果蓏丝帛珍宝也。王者至孝,神祇咸喜,则织女星俱明,天下和平。大星怒角,布帛贵。

《开元占经》卷六十五引石氏曰:"织女主经纬丝帛之事。大星皇圣之母,而小星者,太子庶子位也。"又引黄帝曰:"织女主丝帛五采之府。"② 织女大星是"皇圣之母"之象,离西王母之称已经不远了。而《淮南子·览冥训》云:"西老(姥)折胜,黄神啸吟。"高诱注:

> 西王母折其头上所戴胜,为时无法度。黄帝之神伤道之衰,故啸吟而长叹也。③

---

① 参见尹荣方《神话求原》之"西王母与原始织机"节(上海古籍出版社,2003年)。彼时笔者已发现"西王母"之与织机、纺织的密切关系,以西王母为纺织机之象,然尚未悟及"西王母"实乃"织女星"之象也。
② 瞿昙悉达:《开元占经》,第625页。
③ 孙诒让云:"牢当作姥。《广韵·十姥》云:'姥,老母。'古书多以姥为母,故西王母亦称西姥。"(见刘文典:《淮南鸿烈集解》,中华书局,1989年,第211页)

西姥即西王母,可见汉代已有西母之名了。《大戴礼记·夏小正》七月:"初昏,织女正东乡。"《集解》引汪照曰:

> 《星经》:"织女三星在天市东,常以七月、一月六、七日见东方,色赤精明,女工善。"①

故中土西王母的传说常集中于七月七日、一月七日,如《汉武故事》所传西王母七月七日、一月一日会见汉武帝的故事,她来的时候,头上戴的是"七胜"。《汉武故事》谓西王母七月七日会见汉武帝,而《荆楚岁时记》云:

> 正月七日为人日,以七种菜为羹,剪彩为人或镂金箔为人,以贴屏风,亦戴之头鬓,亦造华胜以相遗,登高赋诗。

隋杜公瞻注曰:

> 华胜起于晋代,见贾充《李夫人戒典》,云像瑞图金胜之形,有取象西王母正月七日戴胜见汉武帝于承华殿也。②

西王母之源头在"织女星",其蛛丝马迹,不难寻觅。《山海经·西山经》又云:

> 玉山,是西王母所居也。西王母,其状如人,豹尾,虎齿而善啸,蓬发戴胜,是司天之厉与五残。

郝懿行笺疏云:

> 厉及五残皆星名也。李善注《思玄赋》引此经作司天之属,盖误。《月令》云:季春之月命国傩。郑注云:此月之中日行历昴,昴有大陵积尸之气。气佚则厉鬼随而出行,是大陵主厉鬼,昴为西方宿,故西王母司之也。五残者,《史记·天官书》云:五残星出正东东方之野,

---

① 方向东:《大戴礼记汇校集解》,中华书局,2008 年,第 266 页。
② 谭麟:《荆楚岁时记译注》,湖北人民出版社,1985 年,第 25 页。

其星状类辰星,去地可六七丈。《正义》云:五残一名五锋,出则见五方毁败之征,大臣诛亡之象,西王母主刑杀,故又司此也。①

上文已指出《夏小正》中"织女"是七月星象,是秋季星空之主星。而《夏小正》之星象物候,与《月令》相比不尽一致,清人孔广森《大戴礼记补注》卷二云:

《小正》躔度与《月令》恒差一气。②

差一气,就是说在季节上相差一个中气,也就是说要推迟一个月。是《夏小正》星象物候谓七月者,《月令》星象物候常置于八月。而《月令》仲秋之月:"天子乃难(傩),以达秋气。"郑玄注:

此难,难阳气也。阳暑至此不衰,害亦将及人。所以及人者,阳气左行,此月宿直昴毕,昴毕亦得大陵积尸之气,气佚则厉鬼亦随而出行,于是亦命方相氏帅百隶而难之。《王居明堂礼》曰:"仲秋,九门磔禳,以发陈气,御止疾疫。"③

"西王母"(织女星)既是秋季星空之主星,则此时出现之"厉星""五残星"自然为其所主管,不必如郝懿行以《月令》"季春之月命国傩"为说也。是《西山经》所谓西王母"是司天之厉与五残",正可为西王母原型为织女星之证据。

三、"犬封国""鬼国"是"狗星"(或"狗国星")与"鬼宿"之象

再来看"其东有犬封国"之说,在牛宿的东南,斗宿的东边,正有"狗星"和"狗国"两个星座。"狗星"两颗,"狗国星"则有四颗。《晋书·天文

---

① 见《山海经笺疏》,第84页。郝氏以"司厉"之"厉"为星名,甚是。五残为星,则厉必为星名也。又郑玄注《仪礼·士丧礼》说:"疾病祷于五祀,司命与厉,其时不著。今时民家或春秋祠司命、行山神;是必春祠司命,秋祠厉也。或者合而祠之,山即祠也。民恶言厉,巫祝以厉山为之。"司命是星,司命与厉并举,则厉亦必为星名也,汉代民间尚有秋季祭祀"厉星"之风俗。
② 孔广森:《大戴礼记补注》,中华书局,2013年,第49页。
③ 《十三经注疏·礼记正义》,第526页。

志上》曰:"狗二星在南斗魁前,主吠守。"关于"鬼国",《海内北经》云:"鬼国在贰负之尸北。""一曰贰负神在其东。"不管在南在东,则与"贯索星"相邻近者,必有与"鬼"相关之星座,乃鬼宿也。鬼宿位于井宿和北河的东面,正好处于黄道之上,其正东为轩辕诸星,正处于"贰负之尸"北面的位置。此"鬼国",陈久金即以南方七宿的"鬼宿"当之。①然则"贰负之尸"与它周围的"有人操杯""把戈"的"大行伯""戴胜"的西王母以及"犬封国"等可以天衣无缝得一一对应,这除了说明它们是星象的象征外,还能说明什么呢!

四、"窫窳"是"大角星"西沉后之象

《山海经》中,"贰负"与"危"杀"窫窳"等情节最离奇,最富神话意味。将这些故事放在天上星象的框架予以审视,它们其实也并不难索解。"窫窳"在《山海经》中除了上面已引者,尚有四见:

少咸之山,无草木,多青碧。有兽焉,其状如牛,而赤身、人面、马足,名曰窫窳,其音如婴儿,是杀人。(《北山经》)

窫窳龙首,居弱水中,在狌狌知人面之西,其状如龙首,食人。有木,其状如牛,引之有皮,若缨、黄蛇。其叶如罗,其木如区,其名曰建木。在窫窳西弱水上。(《海内南经》)

开明东有巫彭、巫抵、巫阳、巫履、巫凡、巫相,夹窫窳之尸,皆操不死药以距之。窫窳者,蛇身人面,贰负臣所杀也。(《海内西经》)

有窫窳,龙首,是食人。有青兽,人面,名曰猩猩。(《海内经》)

"窫窳",从来注家都以为是一种兽,或作"猰貐"。郭璞注:"窫窳本蛇身人面,为贰负臣所杀,复化而成此物也。"郝懿行云:"刘逵注《吴都赋》引此经

---

① 陈久金先生说:"《山海经·海内北经》载有犬封国,也名犬戎国。按照它的记载,该国之人状如犬,该国的位置在鬼国之东。关于鬼国,本书在讨论鬼宿时已经介绍过了。总之,这个犬戎国与鬼国相距不远。"(见陈久金:《泄露天机——中西星空对话》,群言出版社,2005年,第182页)

云:'南海之外有猰貐,状如貙龙首,食人。'"①

郭璞之《图赞》也说:

> 窫窳无罪,见害贰负。帝命群巫,操药夹守。遂沦弱渊,变为龙首。②

《尔雅·释兽》:

> 猰貐,类貙,虎爪,食人,迅走。③

《说文》说与《尔雅》同。然"窫窳"之源头,当出《山海经》,《山海经》明言"窫窳龙首",此说实在不能轻易否定,后世对"窫窳"之兽状形成两种看法,高诱注《淮南子·本经篇》云:"猰貐,兽名,状若龙首,或曰似狸。"《物类相感志》引孙炎云:

> 猰貐,兽中最大者,龙头马尾虎爪,长四尺。善走,以人为食物。遇有道君隐藏,无道君出食人矣。④

古人似乎相信有这么一种吃人的奇怪的野兽存在,其实"窫窳"只是一种"象"而已。它象征的是"东方苍龙"中的"大角星",大角星正处于"龙头"的位置。大角一星,在角宿的东北,亢宿的北面,现在属于亢宿星座,但在上古,由于它是一等星,光度甚亮,人们常常将它作为识别星座和判别方向的标志,故列入角宿,并被列为二十八宿之首。⑤"窫窳"龙首之说,当渊源于此。而《北山经》中窫窳"其状如牛",恐是《海内南经》"有木,其状如牛"之误引。

关于巫彭、巫抵等六巫"夹窫窳之尸"之描述,则与"摄提"六星居于"大角星"两边的形状相似。《史记·天官书》云:

---

① 郝懿行:《山海经笺疏》,第344页。
② 郝懿行:《山海经笺疏》,第517页。
③ 《十三经注疏·尔雅注疏》,第326页。
④ 见郝懿行:《尔雅义疏·释兽》,中国书店,1982年(影印本)。
⑤ 丁緜孙:《中国古代天文历法基础知识》,天津古籍出版社,1989年,第61页。

> 大角者,天王帝庭。其两旁各有三星,鼎足句之,曰摄提。摄提者,直斗杓所指,以建时节,故曰摄提格。

这段话,陈久金先生解释得很明确:"是说古人直接观察大角及摄提所指示的方向来确定时节。斗杓所示方向还不大明确,但在杓的下方以大角和摄提为标志,其方位就要具体明确得多。"①《开元占经》卷六十五引石氏曰:

> 摄提六星,夹大角,一名环枢、一名天枢、一名阙丘、一名致法、一名三老、一名天铁、一名天狱、一名天楯、一名天武、一名天兵。星东西三三而居,形似鼎足。②

六巫"夹䫏窳之尸"用"神话"语言,描述了摄提六星"夹大角"之景。如此瑰丽有趣的星辰神话,可惜后世没能传衍丰富!

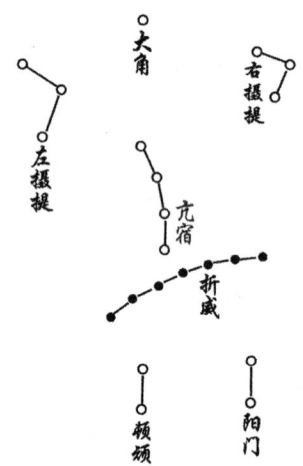

图 2-2　大角及左右摄提图(采自齐锐、万昊宜:《漫步中国星空》,第 16 页)

那么为什么是"六巫"而不是其他什么人物"夹䫏窳之尸"呢?《尔雅·释天》曰:"寿星,角、亢也。"郭璞注:"数起角、亢,列宿之长,故曰寿。"巫是古代的神医,又是上古掌管历数卜祀者,然则六巫之"夹䫏窳之尸",

---

① 陈久金:《星象解码——引领进入神秘的星座世界》,群言出版社,2004 年,第 112 页。
② 瞿昙悉达:《开元占经》,第 617 页。

是象征角、亢之"寿"的。《国语·晋语四》引子犯之言：

> 岁在寿星及鹑尾,其有此土乎！天以命矣,复于寿星,必获诸侯,天之道也。

韦昭注：

> 自轸十二度至氐四度,为寿星之次。①

《史记·封禅书》："于杜亳有三社主之祠、寿星祠。"《汉书·郊祀志》同,所祭祀者就是此寿星,《史记索隐》误以为南极老人星。《开元占经》卷六十四"分野略例"云：

> 角、亢,郑之分野,自轸十二度至氐四度,于辰为辰,为寿星。三月之时,万物始达于地；春气布养,万物各尽其天性,不罹夭夭,故曰寿星。②

然则《山海经》之用"六巫"来夹"窫窳之尸",显示的恐怕是"大角"具有"长寿"之品格,表示它现在虽然已经"死去",然有起死回生之"六巫医"夹护,终究能够起死回生,重回天上。

"窫窳之尸"是大角星西沉后之"象",《大戴礼记·夏小正》八月云："辰则伏。"卢辩注：

> 辰也者,谓星也。伏也者,入而不见也。

这里的"辰",或谓指东方七宿的"火宿",或谓指"角宿",当指角宿,清人王聘珍云：

> 辰,谓辰角也。《周语》曰："辰角见而雨毕。"韦注云："辰角。大

---

① 《国语》,上海古籍出版社,1978年,第339页。
② 瞿昙悉达：《开元占经》,第605页。

辰苍龙之角。角星名也。"八月节,日在角,角星与日俱没,故入而不见也。①

《国语·周语中》单子告周定王语曰:

> 夫辰角见而雨毕,天根见而水涸,本见而草木节解,驷见而陨霜,火见而清风戒寒。故先王之教曰:"雨毕而除道,水干而成梁,草木节解而备藏,陨霜而冬裘具,清风至而修城郭宫室。"

韦昭注谓"天根"为亢氐之间;"驷"为天驷,即房星;"火"即心星。东方苍龙诸宿,秋冬以后是渐次没入地平线的。同样它在春夏之时,也是渐次升上东南空中的。"辰角见而雨毕"对应的时令是韦昭所谓"寒露节也"。雨毕者,杀气日至,而雨"天根"为亢氐之间;"驷"为天驷,即房星;"火"即心星。②

东方苍龙诸宿,秋冬以后是渐次没入地平线的。同样它在春夏之时,也是渐次升上东南空中的。"辰角见而雨毕"对应的时令是韦昭所谓"寒露节也。雨毕者,杀气日至,而雨气尽也。"③《吕氏春秋·孟秋纪》:"天地始肃,不可以赢。"高诱注:"肃,杀。素(杀)气始行,不可以骄赢。犯令必诛,故曰不可以赢。"④这大约就是"窫窳食(杀)人"的由来吧。

上古行月令政制,顺应天时之节律,肃杀的秋天,《吕氏春秋·孟秋纪》又云:

> 是月也,命有司,修法制,缮囹圄,具桎梏,禁止奸,慎罪邪,务搏执。命理,瞻伤察创,视折审断;决狱讼,必正平;戮有罪,严断刑。⑤

则秋天正是完善法制、修缮牢狱、拘捕奸人的时节,也是天上"贯索星"等用命(令)之时,则"窫窳"之被"贰负"所"杀",其契机也许在这里吧。

又关于"窫窳"居"弱水中"之说,"弱水"是出自"昆仑山"的神奇的水,

---

① 王聘珍:《大戴礼记解诂》,中华书局,1989年,第43页。
② 《国语》,第68—69页。
③ 《国语》,第69页。
④ 陈奇猷:《吕氏春秋校释》,学林出版社,1984年,第381页。
⑤ 陈奇猷:《吕氏春秋校释》,第376页。

《大荒西经》："昆仑之丘……其下有弱水之渊环之。"《古小说钩沉》辑《玄中记》云："天下之弱者，有昆仑之弱水焉，鸿毛不能起也。"昆仑山是大地之中，而北斗正处于天庭的中央，两者相应。《史记·天官书》所谓：

> 斗为帝车，运于中央，临制四乡。分阴阳，建四时，均五行，移节度，定诸纪，皆系于斗。

上古之宇宙观，天地周流相通，天上日月星辰包括银河之水，现于天上，又运转于地上，潜入地下，又将重回天上，如此周流不息。昆仑山下是"弱水之渊"，而"弱水"为天下之弱，连鸿毛掉下去也不会浮起。

大角星升天时的"象"，在《山海经》中，大约是用"雷神"或"大人"来表示的。《海内东经》："雷泽中有雷神，龙身而人头，鼓其腹，在吴西。"这个"雷神"，也可能是对苍龙整体所作的描述。大角星由于特别明亮，而受古人特别关注："角之见于东方也，物换春回，鸟兽生角，草木甲坼。"而民间有"二月二，龙抬头"之说，春分之日，苍龙之角开始露出南方地平线，而苍龙之主体也渐次升入空中。《左传·桓公五年》（前707年）：

> 凡祀，启蛰而郊，龙见而雩，始杀而尝，闭蛰而烝。

杜预注：

> 龙见，建巳之月。苍龙宿之体，昏见东方，万物始盛，待雨而大，故祭天，远为百谷祈膏雨。①

谓四月春夏之际，苍龙暮见东方，此时农业生产需水，故行祈雨之雩祭。《夏小正》五月："初昏大火中。"从初春到仲夏，角、氐、亢、房、心、尾等"东方"星宿相继升入空中，形成所谓的"苍龙"。

五、"狌狌"是"斗星"之象

再来说说窫窳东边的"狌狌"，它也被形容成一种兽，狌狌是北斗星

---

① 杜预：《春秋左传集解》，第45页。

（含南斗）之象征。

> 招摇之山，临于西海之上，多桂……有木焉，其状如谷而黑理，其华四照，其名曰迷谷，佩之不迷。有兽焉，其状如禺而白耳，伏行人走，其名曰狌狌，食之善走。其名曰狌狌，食之善走。①（《南山经》）

> 氾林方三百，在狌狌东。狌狌知人名，其为兽如豕而人面，在舜葬西。狌狌西北有犀牛，其状如牛而黑。郭璞注："或作猩猩，字同耳。"（《海内南经》）

> 有青兽，人面，名曰猩猩。（《海内经》）

"猩猩"或作"狌狌"，肯定是《山海经》中的图像，后世动物之猩猩，由此附会而来。在《山海经》中，这个图像乃是北斗星的符号，从"猩猩"所处位置，也能判定它乃是"北斗"之图像。《南山经》明说"狌狌"是"招摇之山"所有之"兽"。《史记·天官书》：

> 杓端有两星：一内为矛，招摇；一外为盾，天锋。

裴骃《集解》：

> 孟康曰："近北斗者招摇。招摇为天矛。"

上古北斗有七星之说，即天枢、天璇、天玑、天权、玉衡、开阳、摇光。前四星合称为魁，后三星合称为杓。此七星也。但古代又有北斗九星之说，《逸周书·小开武解》："维天九星。"孔晁注："四方及五星也。"又引陈逢衡注："或曰：'即天璇、天枢、天玑、天权、天衡、开扬、瑶光及左辅、右弼。'"② 其九星之说，常以第八星为玄戈，第九星即招摇，《淮南子·时则训》所载

---

① 郝懿行案："《太平御览》九百八卷引此经赞曰：猩猩似狐，走立行伏。疑狐当为禺声之讹也。"可参见《山海经笺疏》，第2页。
② 黄怀信、张懋镕、田旭东：《逸周书汇校集注》，上海古籍出版社，2007年，第274页。

招摇所指,说的就是北斗所指。①招摇是作为斗柄定方向的重要星辰,这或许是与它相应的"招摇山"被置于《山经》之首的原因吧。

关于猩猩,后世流传它们身上非常有趣的特点有四:一是喜欢饮酒;二是知往,即知人所往;三是能言;四是知人名。其实这些都可以在斗星的特征上找到缘由。《艺文类聚》卷九十五引《淮南万毕术》:"归终(注:归终,神兽名)知来,狌狌知往。"《礼记·曲礼上》:

> 鹦鹉能言,不离飞鸟。猩猩能言,不离禽兽。②

《淮南子·氾论训》:

> 猩猩知往而不知来。

高诱注:

> 猩猩,北方兽名,人面兽身,黄色。《礼记》曰:"猩猩能言,不离禽兽。见人狂走,则知人姓字。"此知往也。又嗜酒,人以酒搏之,饮而不耐息,不知当醉,以禽其身,故曰不知来也。③

唐李肇《唐国史补》卷下:

> 猩猩,好酒与屐。人有取者,置二物以诱之。猩猩始见,必大骂曰"诱我也",乃绝远去。久复来,稍稍相劝。俄顷俱醉,其足皆绊于屐,因遂获之。

除了能言、嗜酒,又增加好屐之说。猩猩作为"兽"的形象,《山海经》

---

① 《淮南子·时则训》曰:"孟春之月,招摇指寅。仲春之月,招摇指卯。季春之月,招摇指辰。孟夏之月,招摇指巳。仲夏之月,招摇指午。季夏之月,招摇指未。孟秋之月,招摇指申。仲秋之月,招摇指酉。季秋之月,招摇指戌。孟冬之月,招摇指亥。仲冬之月,招摇指子。季冬之月,招摇指丑。"明以北斗第九星之招摇为定时节之星。
② 《十三经注疏·礼记正义》,第15页。
③ 刘文典:《淮南鸿烈集解》,第445页。

谓如豕,最接近它的原始形态。①

《逸周书·王会篇》:"都郭生生(狌狌)者,如黄狗人面能言。"郝懿行云:

> 刘逵注《吴都赋》引此经云,猩猩豕身人面。郭注《尔雅》引此经亦同,亦所见本异也。②

然则《王会篇》之生生(狌狌)亦猪形也。《淮南子·氾论训》:"猩猩知往而不知来。"高诱注:"猩猩,北方兽名,人面,兽身,黄色。"(都与斗音近)则高诱"黄色"之说或来自《王会》。《诗·小雅·大东》:"维南有箕,不可以簸扬;维北有斗,不可以挹酒浆。维南有箕,载翕其舌;维北有斗,西柄之揭。"这里的"维北有斗",指的是北方七宿的斗宿,亦如斗形,猩猩是北斗星化身,北斗如斗形,天上之北斗、南斗古人常混淆,古人用斗以挹酒,斗与酒的这种联系被附会至猩猩身上,就出现猩猩嗜酒的传说。

猩猩"知往"的能力,应该是与北斗指示时间、方向的特征有关,《南山经》"食之不迷"之说,"食"不能解释成"吃",神兽岂是人们可以吃的!神兽是人们祭祀膜拜的对象,"食之"说的是用食物祭祀它。北斗祭祀由来已久,祭祀北斗包含观测北斗以定时节、占祸福等,所谓的"食之善走",其内蕴指的当是通过祭祀、观察北斗能够获得"知往",辨别时间、方向的能力。这与佩戴了"招摇山"的"迷谷"而使人"不迷"(不迷失方向)是一个意思。

猩猩"能言"的传说,大约缘于箕、斗连言,箕星关乎口舌,《史记·天官书》:"箕为敖客,曰口舌。"箕星关乎口舌之事,故星又名"箕舌"③,由口

---

① 冯时指出新石器时代的内蒙古敖汉旗小山遗址、浙江河姆渡文化遗址、内蒙古红山文化遗址、山东大汶口文化遗址出土的陶器、玉器上有猪的图像,用于象征北斗星。如出土于河姆渡遗址的一件黑陶钵,年代大约相当于公元前 5000—前 4500 年,陶体外壁各绘刻一猪,形象逼真,猪的中心特意标示一颗圆形的星饰,说明星乃北斗之象征。陶钵不仅形象酷似斗魁,而且猪纹中央标示的极星也把猪的象征意义限定在斗魁四星。良渚文化出土的一件玉璧图像,在猪身上明显地刻有呈斗形的四颗星,显然表示猪是斗魁四星的象征。上海博物馆收藏的一件龙山文化玉钺之上也绘有形象的北斗。冯时指出:中国东方新石器时代文化中广泛存在的北斗遗迹反映了当时人们普遍进行的北斗观测和对它的祭祀活动,这无疑是先民重视北斗建时的具体表现。安徽含山凌家滩新石器时代遗址出土的太一北斗与猪首合璧的雕塑作品再次表现了二者所具有的密切关系。(见冯时:《中国天文考学》第三章,社会科学文献出版社,2001 年)
② 郝懿行:《山海经笺疏》,第 343 页。
③ 瞿昙悉达:《开元占经》,第 582 页。

舌而及谗言、谗人。所以《诗·小雅·巷伯》云："哆兮侈兮,成是南箕。彼谮人者,谁适与谋。"郑玄笺曰："箕星哆然,踵狭而舌广。"①箕星共有四颗,下二颗为踵,上二颗似口。"哆",《说文》"口"部："哆,张口也。"箕星哆然,大张其口,就是郑玄注"踵狭而舌广"之意。"侈"训"大",马瑞辰云："哆、侈皆状箕星舌广之貌。"②古人于南斗、北斗常不甚分别,斗之一字,既可指北斗,也可指"北方玄武"七宿中的斗宿(亦称南斗),故源于南斗之某种特征,也被附会到北斗星身上,北斗之象为"猩猩",所以猩猩也就有了"能言"的能力,事实上后来所附会的兽类动物大猩猩,是根本不具备"能言"的能力的。好屐(喜欢鞋子)之说,也可能是由"屐"之音同于"箕"附会而来,作为真实兽类动物的猩猩,与"好屐",可谓风马牛不相及。

关于猩猩的知人姓名的神奇能力,或关乎猨"主音"的传统观念,《大戴礼记·易本命》："五九四十五,五主音,音主猨,故猨五月而生。"王聘珍注：

> 五音,宫商角徵羽。《汉书·律历志》云："天之中数五,五为声。"《尔雅》曰："猱猨善援。"陆《释文》云："援犹引也。"刘注《吴都赋》云："商角徵羽各有引。"③

猨即猩猩,上古有吹律定声,以别其姓之说,《白虎通·姓名》：

> 姓所以有百者何? 以为古者圣人吹律定姓,以纪其族。人含五常而生,正声有五,宫、商、角、徵、羽,转而相杂,五五二十五,转生四时异气,殊音悉备,故姓有百也。④

陈立疏证引马骕《绎史》："圣人兴起,不知其姓,当吹律定声以别其姓。"又引《潜夫论·卜列篇》："古有阴阳然后有五行,五行各据行气以生,世远乃有姓名。是故凡姓之有音也,必随其本生祖。"又引惠士奇《礼说·世奠系鼓琴瑟》："司商,乐官也。人始生,吹律合之,定其姓名。"《汉书·京房传》："房本姓李,推律自定为京氏。"可见古代必有推律定姓之法,只是今

---

① 《十三经注疏·毛诗正义》,第768页。
② 马瑞辰:《毛诗传笺通释》,中华书局,1989年,第661页。
③ 王聘珍:《大戴礼记解诂》,第257页。
④ 陈立:《白虎通疏证》,中华书局,1994年,第401页。

日殊难考定罢了。猨主音,则其知姓之说起矣,由知姓而知姓名,盖因后世姓名连用也。

六、"疏属之山"与"开题"

"贰负"和他的臣子"危"杀了"窫窳"后,受到天帝的惩罚,被绑缚安置在"疏属之山",此山在"开题"西北。我们特别感兴趣的是"危"与"贰负"被天帝绑缚的"疏属之山"以及"开题"的地望问题。先说"疏属之山",此山郭璞无注,郝懿行云:"《地理志》上郡雕阴,应劭注云雕山在西南,即斯山也,山在今陕西绥德州城内。《元和郡县志》云:龙泉县疏属山亦名雕阴山。"①大约是因为汉代宣帝时在上郡发掘发现了"贰负"之尸,绥德地当秦汉时的上郡。故后人以《山海经》"贰负"北绑缚之"疏属之山"名当地之山。

"疏属之山"之"疏"字,《说文》云:"疏,通也。从疋,疋亦声。或从到(倒)古文子。"②意思是"㐬"字像个倒写的"子"字,因以称逆子。"贰负"显然是带有贬义之辞,有二心,有负于人之意,"危"即"诡",所以"贰负"与"危"之被绑缚"疏属之山",具有意义上的某种关联性。

至于"开题山",袁珂引毕沅云:

"开题疑即笄头山也,音皆相近。"珂案:六朝陈顾野王《舆地志》(《汉唐地理书抄》辑)云:"笄头山即鸡头山。"唐李泰《括地志》(《汉学堂丛书》辑)云:"笄头山一名崆峒山。黄帝问道于广成子,盖在此。"开题、笄头(鸡头)、崆峒,均一音之转也。③

可见,开题山亦即崆峒山。《庄子·在宥》云:

黄帝立为天子十九年,令行天下,闻广成子在于空同之山,故往见之。

---

① 郝懿行:《山海经笺疏》,第350页。
② 段玉裁:《说文解字注》,第1291页。
③ 袁珂:《山海经校注》,第288页。

《释文》云：

> 广成子，或云即老子也。空同，司马云：当北斗下山也。《尔雅》云：北戴斗极为空同。①

《史记·五帝本纪》说黄帝："西至于空峒，登鸡头。"②《尔雅·释地》："岠齐州以南，戴日为丹穴。北戴斗极为空桐。"戴意为"值"也就是"当"的意思。地上的崆峒山乃是天上"斗极"之分野。而"贯索"之方位，正在"斗极"之西南，则"贰负之尸"之为"贯索星"之象，可以看得更清楚了。

地上的"贰负之尸"汉宣帝时代发现于上郡，而上郡是个宗教气息极浓重的地方，上郡郡名沿秦代之旧，此地和"黄帝"向来甚有瓜葛，据《汉书·地理志下》上郡下辖二十三县，其中"肤施县"，颜师古注："有五龙山、帝、原水、黄帝祠四所。"③《郊祀志》云汉宣帝"又立五龙山仙人祠及黄帝、天神、帝原水凡四祠于肤施。"④"阳周县"颜师古注："桥山在南，有黄帝冢。"陕西桥山之黄帝陵为今日重要祭祀黄帝所在，早已名闻天下了。元封元年（前70年），汉武帝北巡朔方，勒兵十余万，"还祭黄帝冢桥山"。上曰："吾闻黄帝不死，有冢何也？"有人回答："黄帝以仙上天，群臣葬其衣冠。"⑤武帝时方士盛谈黄帝，蛊惑武帝，而武帝竟然相信，欲攀附黄帝，也并非没有"黄帝"之遗迹作为某种根据的。

其实黄帝之所谓"治绩"，细揆之同于"北斗"等星宿之"功能"，《大戴礼记·五帝德》说黄帝：

> 治五气，设五量，抚万民，度四方……历离日月星辰。

《史记·历书》更明确把历法的创制归于黄帝：

---

① 郭庆藩：《庄子集释》，第379页。
② 《史记》张守节《正义》："《括地志》云：'空桐山在肃州福禄县东南六十里。'《抱朴子·内篇》云：'黄帝西见中黄子，受九品之方，过空桐，从广成子受自然之经。'即此山。《括地志》又云：'笄头山一名崆峒山，在原州平高县西百里，《禹贡》泾水所出。《舆地志》云或即鸡头山也。郦元云盖大陇山异名也。《庄子》云广成子学道崆峒山，黄帝问道于广成子，盖在此。'案二处崆峒皆云黄帝登之，未详孰是。"崆峒山原为北斗分野之山，故与黄帝纠缠不清，也难以指实其地。
③ 王先谦：《汉书补注》，上海古籍出版社，2008年，第2672页。
④ 王先谦：《汉书补注》，第1750页。
⑤ 王先谦：《汉书补注》，第1726页。

神农以前尚矣。盖黄帝考定星历,建立五行,起消息,正闰余,于是有天地神祇物类之官,是谓五官。各司其序,不相乱也。

《史记·天官书》所谓:

斗为帝车,运于中央,临制四乡。分阴阳,建四时,均五行,移节度,定诸纪,皆系于斗。

北斗载着天上之"帝"(北辰),运行于中央而巡行四方,分阴阳,创制历法等,它的功业与黄帝何其相似。黄帝原是《山海经》之神人,这里我们再举数例,以说明黄帝与星象的关联。《西次三经》:

玉山,是西王母所居也。……又西四百八十里,曰轩辕之丘,无草木。洵水出焉,南流注于黑水,其中多丹粟,多青雄黄。又西三百里,曰积石之山,其下有石门,河水冒以西流。是山也,万物无不有焉。(郭璞注:"黄帝居此丘,娶西陵氏女,因号轩辕丘。")

北斗附近有"轩辕十七星",《史记·天官书》:"轩辕,黄龙体。"《集解》引孟康曰:"形如腾龙。"《史记·五帝本纪》:"黄帝居轩辕之丘,而娶于西陵氏之女,是为嫘祖。"轩辕星又名"东陵星",则黄帝之娶西陵氏女,或有取于此。而古人将北斗七星及与它下面的"三台星"及"轩辕星"看成一个整体。三台星又名"三能","能"大约是"熊"的本字,于是有了黄帝"有熊氏"之称号。

"黄帝陵"或上古祭"北斗星"等星辰之所,上古向有星祭传统,秦地尤甚。上郡之地,盖上古祭祀斗星及其他星宿包括"贯索星"的集中之地,故有石室之"贰负"犯人之象,以祀天上之"贯索星"也。

宣帝为武帝之玄孙,尊武帝"修武帝故事",学武帝崇鬼神之祀,《汉书·郊祀志下》说宣帝广立神祠,"又立五龙山仙人祠及黄帝、天神、帝原水凡四祠于肤施"。《汉书·郊祀志上》说元狩五年汉武帝在鼎湖大病,身旁的巫医们想尽办法看不好。有个叫"游水发根"的人说上郡有巫,治病有办法。汉武帝把他召来,置之甘泉宫,奉为"神君"。后来武帝病竟痊愈,与神君在甘泉宫相见,还为此大赦天下。

可见上郡之巫,在当时极具影响力,早期出入于天地之巫师,不仅为巫医,大抵为当时之星象家、占筮家,如巫咸。《史记·天官书》说是殷之传天数者,即殷代有名之星象家、占筮家。《太平御览》卷九十七引《归藏》佚文云:"昔黄帝与炎帝争斗逐鹿之野,将战,筮于巫咸。巫咸曰:'果哉而有咎。'"《世本·作篇》说"巫咸作筮"。卜辞中有"咸戊"者,罗振玉、王国维以为即古书中的巫咸。①《史记·封禅书》:"伊陟赞巫咸,巫咸之兴自此始。"巫咸或有其人,也可能是巫师的一种共名。又说汉高祖立荆巫祠,所祠诸神有"巫先",或就是将巫咸作为最早之巫来祭祀。又巫彭也是殷代名巫,后来似乎称为"彭祖",以长寿著称。

《海外西经》有"巫咸国",《太平御览》七九〇引《外国图》云:"昔殷帝太戊使巫咸祷于山河,巫咸居于此,是为巫咸民,去南海万千里。"又早期之巫,专门负责对日月星辰、各类神灵的观测、祭祀事宜,包括对各类神灵的排位,所用祭品类别、规格等,如《国语·楚语下》观射夫对楚昭王问时说的:

> 古者民神不杂,民之精爽不携贰者,而又能齐肃衷正,其智能上下比义,其圣能光远宣朗,其明能光照之,其聪能听彻之,如是则明神降之,在男曰觋,在女曰巫。是使制神之处位次主,而为之牲器时服。

日月星辰、祖宗先妣,山川河流等皆是古人祭祀的对象,而星辰的祭祀,古人称"幽宗",《礼记·祭法》:"幽宗,祭星也。"郑玄注:

> 宗,皆当为禜,字之误也。幽禜,亦谓星坛也,星以昏始见,禜之言营也。②

大约巫咸早就成天上之星座神灵,故《山海经》有"巫咸山""巫咸国"等"名",此等地名,或为上通天象,即祭祀天上星宿之地。上郡之地出巫,巫师崇祀星神,而北斗为天上之尊神,于是为北斗等立象祭祀(含观测、占吉凶等),遂成古人宗教生活中的大事,后逐渐衍为黄帝之祀。"贯索"为北斗附近星宿,也在此祭祀与观测之列。上郡之巫或在今陕西绥德附近之"雕阴山",立象祀"贯索星",使此地成一民间所崇祀之宗教场所,因影响日甚终于传到朝廷,于是有宣帝下令调查发掘,从而发现"贰负之尸"之事也。

---

① 罗振玉:《殷墟书契考释》卷上,东方学会石印增订本(1927年),第13页;王国维:《古史新证》,清华大学出版社,1984年,第51—52页。
② 《十三经注疏·礼记正义》,第1296页。

第三章
"开明兽""陆吾神"原型与北斗九星

一、昆仑神兽"开明兽""陆吾神"与北斗九星

《山海经》载所谓"开明兽":

> 海内昆仑之虚,在西北,帝之下都。昆仑之虚,方八百里,高万仞。上有木禾,长五寻,大五围。面有九井,以玉为槛。面有九门,门有开明兽守之,百神之所在。在八隅之岩,赤水之际,非仁羿莫能上冈之岩。(《海内西经》)

> 昆仑南渊深三百仞。开明兽身大类虎而九首,皆人面,东向立昆仑上。
> 开明西有凤皇、鸾鸟,皆戴蛇践蛇,膺有赤蛇。
> 开明北有视肉、珠树、文玉树、玗琪树、不死树。凤皇、鸾鸟皆戴瞂。又有离朱、木禾、柏树、甘水、圣木、曼兑,一曰挺木牙交。
> 开明东有巫彭、巫抵、巫阳、巫履、巫凡、巫相,夹窫窳之尸,皆操不死之药以距之。窫窳者,蛇身人面,贰负臣所杀也。
> 服常树,其上有三头人,伺琅玕树。
> 开明南有树鸟,六首;蛟、蝮、蛇、蜼、豹、鸟秩树,于表池树木,诵鸟、鶽、视肉。(《海内西经》)

开明兽状如虎,有九个头,"东向立昆仑上",显然是图像。郭璞注以为"天兽",为它作《铭》曰:

> 开明为兽,禀资乾精。瞪视昆仑,威震百灵。[1]

---
[1] 周明辑撰:《山海经集释》,第407页。

开明兽又名"陆吾":

> 昆仑之丘,是实惟帝之下都,神陆吾司之。其神状虎身而九尾,人面而虎爪;是神也,司天之九部及帝之囿时。有兽焉,其状如羊而四角,名曰土蝼,是食人。有鸟焉,其状如蠭,大如鸳鸯,名曰钦原,蠚鸟兽则死,蠚木则枯。有鸟焉,其名曰鹑鸟,是司帝之百服。(《西次三经》)

陆吾神就是开明兽,在《庄子·大宗师》中名为"肩吾"。神奇的"开明兽"(或陆吾神),郭璞称其为"天兽",自非自然界实有之兽类,乃古人所立之"象",其原型乃是天上北斗九星。《山海经》取象不一,有时以不同的"象"象征同一星座,对北斗这样重要的星象尤其如此。这可能是因为作者不同故有不同取象,也可能是因为星象在不同季节呈现的面貌有所不同,于是星家以不同的"兽"类象征所致。开明兽之象征北斗,有明显的迹象可寻。开明兽有"九首",即九个头,用以象征北斗九星。北斗九星是"天帝"所居之所,它在地上的分野就是"昆仑山",所以它就成了"帝之下都"了。昆仑山可以看作北斗星的象征,昆仑山上的所有物也必对应于天上的北斗星。

北斗星现在一般认为有七颗星组成,但古代又有北斗九星之说,其九星之说,以第八星为玄戈(又名天蜂、天锋等),第九星即招摇,招摇是作为斗柄定方向的重要星辰,这或许是它被置于《山经》之首的原因吧。①北斗由九颗星组成,用以象征北斗九星的"开明兽"也就有九个头了。②

---

① 《续汉书·天文志》注引《星经》曰:"璇玑者,谓北极星也。玉衡者,谓斗九星也。"《楚辞·九叹·远逝》:"合五岳与八灵兮,讯九鬿与六神。"王逸注:"九鬿,谓北斗九星也。"洪兴祖补注:"鬿,音祈,星名也。北斗七星,辅一星,在第六星旁。又招摇一星,在北斗杓端。"(《楚辞补注》,中华书局,1983年,第293页)清人钱大昕《十驾斋养新录》卷十七"九鬿"条云:"《说文》无鬿字,当为魁之伪。……北斗九星,魁居其首,故有九魁之称。"又俞正燮《癸巳类稿》卷十"九宫应九星考"条引不少例子说明上古有北斗九星之说,如谓:"《素问·天元纪大论》引《太始天元册》文云:'九星悬朗',王冰注云:'九星则天蓬、天内、天冲、天辅、天禽、天心、天柱、天任、天英,中古道德稍衰,标星藏曜,故星之见者七焉。太古之时,斗之九星皆见,圣人始著之典册。'"(《癸巳类稿》,辽宁教育出版社,2001年,第343页)上古北斗为九星不仅有大量文献证据,也有考古学之证据,2015—2017年,考古工作者发掘河南省荥阳青台遗址,出土陶罐九只,作九星状排列,考古学家谓象征北斗九星。旁边有黄土台,是祭祀九星之处。青台遗址属仰韶文化中晚期一聚落,距今约5500年。又河南巩义双槐树遗址亦发现如九星状排列的九只陶罐,与青台遗址一样,为古人祭祀北斗之处。双槐树遗址距今约5300年。

② 《西次三经》说陆吾神"其神状虎身而九尾",《太平御览》卷八八六引《山海经》陆吾"九尾"正作"九首"。

《海内西经》以"开明兽"所处之昆仑深三百仞的"南渊"为中心,其实是以"轩辕"十七星为中心,因为轩辕星处于天河(银河)没处,在北斗之南,七星之北,所以有昆仑"南渊"之说。轩辕十七星,与北斗九星等一起构成天上"中宫"(或南宫)的主星,是"黄帝之宫",如《开元占经》卷六十六引石氏所说的:"轩辕星,王后以下所居宫也。一曰帝南宫,中央土神,女主之象也。女主之位,黄帝之舍也。"①

《海内西经》是以昆仑山为中心,展开其图画及叙事,然后分别以西、北、东、南为序,描述其西面的"凤皇""鸾鸟";北面奇怪的"视肉""珠树""文玉树"等;东面"六巫"所夹的"窫窳之尸""服常树"之"三头人"等;南面则是"六首"之"树鸟",还有"蛟""蝮蛇"等。看上去光怪陆离,莫可名状,但细细分析,知其所图所述为北斗星之四方星座,形成一幅较为完整的以北斗为中心的星象图,由此可见北斗九星在上古观象授时及星占中的重要地位。

先看《西山经》"陆吾神"与北斗星的关系,陆吾神也即开明兽,所谓"司天之九部及帝之囿时"。郭璞注:"主九域之部界。天地苑囿之时节也。"此陆吾神所"主管"者,正是北斗星之所司。"主九域之部界"说的是北斗九星的分野,也就是北斗九星与九州的对应。《史记·天官书》云:"天则有列宿,地则有州域。……二十八宿主十二州,斗秉兼之,所从来久矣。"在上古的分野系统中,除了二十八宿,北斗九星(七星)也与"九域"(九州)对应,后来州分十二,北斗九星也就与十二州对应了。《续汉书·天文志》注引《星经》云:

璇玑者,谓北极星也;玉衡者,谓斗九星也。玉衡第一星主徐州……第二星主益州……第三星主冀州……第四星主荆州……第五星主兖州……第六星主扬州……第七星主豫州……第八星主幽州……第九星主并州。②

---

① 瞿昙悉达:《开元占经》,第 646 页。
② 卢央:《中国古代星占学》,中国科学技术出版社,2007 年,第 168—169 页。《春秋纬·文耀钩》云:"布度定记,分州系象。华岐以北,龙门、积石,西至三危之野,雍州,属魁星。太行以东,至碣石、王屋、砥柱,冀州,属璇星。三河、雷泽,东至海岱以北,兖州、青州,属机星。蒙山以东,至羽山,南至江、会稽,震泽,徐扬之州,属权星。大别以东,至云泽、九江、衡山,荆州,属衡星。荆山西南至岷山,北距鸟鼠,梁州,属开星。外方、熊耳以东至泗水、陪尾,豫州,属摇星。此九州属北斗。"(见孙诒让:《周礼正义》,中华书局,1987 年,第 2117 页)

强调的是北斗九星的分野,也即北斗九星对应的"九域"(九州)。至于"帝之囿时",郭璞注为"天地苑囿之时节",而北斗正有指时的功能。《史记·天官书》云:"斗为帝车,运于中央,临制四乡。分阴阳,建四时,均五行,移节度,定诸纪,皆系于斗。"北斗之与时间确定之间的关系,早就成为常识,这里也不多说了。

二、《西山经》所云昆仑丘"鸟兽"原型为星象考

(一) 四角羊之"土蝼"乃"天理"四星之象

1. "天理"四星与神奇的"䫝"兽

《西山经》所描述的昆仑山"土蝼"似乎匪夷所思,其形状如羊,而有四个角,还有"食人"的恐怖特征。《逸周书·王会》北方台正东有"高夷嗛羊,嗛羊者,羊而四角。"①与《西山经》四角羊当是一物。从星象求之,此四

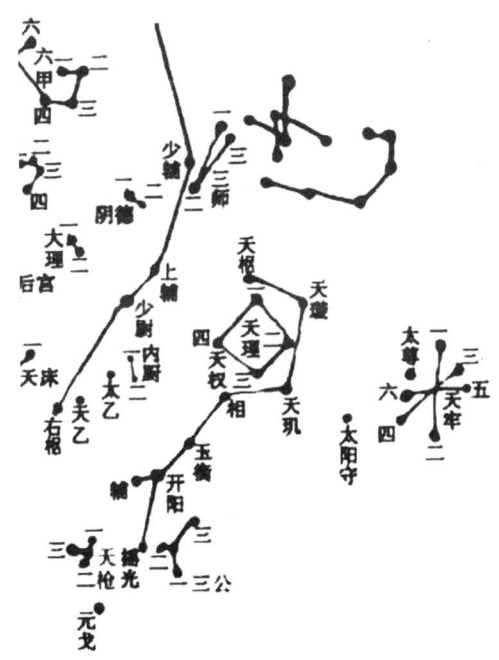

图 3-1 天理四星处于北斗斗魁中
(采自陈遵妫:《中国天文学史》,上海人民出版社,2016年,第 197 页)

---

① 黄怀信、张懋镕、田旭东:《逸周书汇校集注》,第 875 页。

角吃人之羊,乃为"天理"四星之象也。①天理四星在北斗斗魁之中,《史记·天官书》:"司禄,在斗魁中,贵人之牢。"裴骃《集解》引孟康曰:"传曰:'天理四星在斗魁中。贵人牢名曰天理。'"司马贞《索隐》:"在魁中,贵人牢。《乐汁图》云:'天理理贵人牢。'宋均曰:'以理牢狱'也。"②《开元占经》卷六十九引甘氏曰:"天理四星,在北斗魁口。"引《乐纬》曰:"天理,贵人之牢也。"③"土蝼"四角羊与天理四星相应,而"土蝼"吃人的特点,当源于天理星关乎执法、牢狱,也即关乎人的生死之星占特征。

《说文》"厹"部有个奇怪的"𢁉"字,许慎云:

> 周成王时州靡国献𢁉,人身反踵。自笑,笑即上唇掩其目,食人。北方谓之土蝼。《尔雅》曰:"𢁉𢁉,如人,被发。"读如费。一名枭阳。④

"𢁉"字就是"土蝼",也即天理四星之象,中间"囟"像头,头四面有四角。"厹"字,《尔雅·释兽》:"貍、狐、貒、貈丑,其足蹯;其迹厹。"郭璞注:"厹,指头处。"邢昺疏:"其指头着地处,名厹。"⑤则此字就是一"兽头"与其四角之象了。《左传·文公元年》(前 626 年):"王请食熊蹯而死。"杜预注:"熊掌难熟。或云熊好舐其掌,故熊掌为珍膳。"兽足为蹯,则郭注"厹"为"头处"是对的。⑥"𢁉"表示的是一种兽,原指的是"天兽"。而且此兽的名字叫"枭羊",后来误为"枭阳",被曲解成"狒狒",即类似猩猩那样的动物,并衍生出许多有趣的传说、故事。《方言》卷九:"厹者谓之平题。"郭璞注:"今戏射箭题头犹羊头也。"钱绎笺疏云:

> 是羊头即所谓厹者矣。《秦风·小戎篇》:"厹矛鋈錞",毛传:

---

① "嗛羊"之名必有寓意,《尔雅·释兽》:"寓鼠曰嗛。"郭璞注:"颊里贮食处,寓谓猕猴之类寄寓木上。""嗛"是寄寓的意思,则"嗛羊"非普通羊名,而是寄寓之羊,当即指寄寓于"斗魁"之羊也。
② 司马迁:《史记》,第 1294 页。
③ 瞿昙悉达:《开元占经》,第 681 页。
④ 段玉裁:《说文解字注》,第 1284 页。
⑤ 《十三经注疏·尔雅注疏》,北京大学出版社,1999 年,第 329 页。
⑥ 《说文》"厹"部:"厹,兽足蹂地也。"似以"厹"为指兽足蹂地,恐怕未必确切。郭注"厹"为"头处"当是上古传承,必不误。段玉裁注《说文》引郭璞"厹,指头处也"云:"盖浑言之,凡迹皆曰厹;分析言之,则各有名。"(见《说文解字注》,第 1283 页)似也不否认郭璞之说。迹皆曰厹,此迹,不必指鸟兽在地上之迹,也可指"鸟兽"(星辰)在天上之迹。

“厹，三隅矛也。”矛有三隅，谓之厹。箭鏃三镰，亦谓之厹。其义同也。①

羊头谓“厹”，意味深长，《方言》及郭璞之说“厹”，尚存古义，当是古来传承。古人之造字，必有取于天象者，《易·系辞》云：

古者伏羲氏之王天下也，仰则观象于天，俯者观法于地。观鸟兽之文与地之宜，近取之身，远取诸物。于是始作八卦。

这里的“鸟兽之文”，恐不是指地上的动物，而是指天上的星辰，李道平引陆绩之说云：“谓朱鸟、白虎、苍龙、玄武四方二十八宿经纬之文。”李道平又精彩地申论道：

独言“庖牺观鸟兽之文”者，史称太昊造甲子，作旋盖，箬躔舍。《隋志》云：“盖天者，周髀是也。本庖牺氏立周天度，其传则周公受之于商，周人制之，谓之周髀。”盖天本无度，圣人以日行天三百六十五度有奇而一周，故分天度以为之数，以记日之所行。既分天度，乃假物以志之。二十八宿列布四方，故以是为当度之星，是二十八宿始于庖牺，故特言“鸟兽之文”也。又《礼纬·含文嘉》曰：“伏牺德洽上下，天应以鸟兽文章，地应以《河图》《洛书》，则而象之乃作《易》。”故云“观鸟兽之文，则天八卦效之”也。复引“易有太极”云云者，言“八卦乃四象所生”，四象即二十八宿，列于四方者是也。八卦生于四象，明非伏牺所意造也。“象者，象此”，谓象二十八宿鸟兽之文也。②

李氏引古代典籍谓《易·系辞》之“鸟兽之文”，指天上之星象，是用以阐说八卦之原，说得很对。而古人大抵认为八卦与文字同源，包括许慎也有类似的认识。古人的这种传统看法值得重视，当是古来的一种传承。虽主要是用以说明八卦之原，但用于说明一些文字的产生之原同样应该注意。人间必无四角之羊，古人造此象自然不是形人间之羊，而是为天上斗魁中的“天理”星立象。为天上星辰立“象”，当为文字产生之一途。由于古代

---

① 钱绎：《方言笺疏》卷九，上海古籍出版社，1984年(影印本)。
② 李道平：《周易集解纂疏》，中华书局，1994年，第622—623页。

造字的"圣人"大抵将星辰拟为鸟兽之形,由于掌握这种文化的是少数"圣人",这些"鸟兽之象"之秘密未必总是传承不误,后人就有可能将作为星象符号的"鸟兽"视作自然界真实之鸟兽,努力去寻找"天鸟""天兽"在人间的踪迹,于是作为天上天理星之"象"的"阏"变成了所谓的"狒狒"了。

《书·益稷》曰:

> 予欲观古人之象,日、月、星辰、山、龙、华、虫,作会;宗彝、藻、火、粉米、黼、黻,絺绣,以五采障施于五色,作服,汝明。①

这里的古人之"象",段玉裁注许慎《说文解字序》时说是上古文字:

> 古人之象,即仓颉古文是也。象形、象事、象意、象声,无非象也。故曰:"古人之象。"文字起于象形,日、月、星辰、山、龙、华虫、宗彝、藻、火、粉米、黼、黻,皆象其物形,即皆古象形字,古图画与文字非有二事,帝舜始取仓颉依类象形之文,用诸衣裳以治天下,故知文字之用大矣。②

段玉裁说"古人之象"为文字,是对的,但他所给出的范围似太大,这个"古人之象",就是古人为天上星宿所立之"象",也就是《山海经》《逸周书·王会》中所描述的那些"奇兽异禽"。《左传·宣公三年》(前606年)引王孙满之言云:

> 昔夏之方有德也,远方图物,贡金九牧,铸鼎象物,百物而为之备。③

这里的"铸鼎象物",谓"禹鼎"上的图像是一种"象",这种"象"也载于《山海经》。左思《吴都赋》云:

> 其下则有枭羊麖狼,猰㺄貙象,乌莬之族,犀兕之党。钩爪锯牙,

---

① 《十三经注疏·尚书正义》,第166页。
② 段玉裁:《说文解字注》,第1320页。
③ 杜预:《春秋左传集解》,第281页。

自成锋颖。精若耀星,声若雷霆。名载于山经,形镂于夏鼎。①

是《山海经》与"夏鼎"之图像为同一物。②这些图像是上古图形文字,很多是奇禽异兽之形,其内涵关乎天上的星辰。

2. "天理"星象与上古神羊传说及器物上之羊意象

《西山经》中如羊而四角的"土蝼",很容易使我们联想起《墨子·明鬼下》中的那只执法"神羊":

> 昔者,齐庄君之臣有所谓王里国、中里徼者,此二子者,讼三年而狱不断。齐君由谦杀之恐不辜,犹谦释之。恐失有罪,乃使之人共一羊,盟齐之神社,二子许诺。于是泏洫,㧓羊而㵋(洒)其血,读王里国之辞既已终矣,读中里徼之辞未半也,羊起而触之,折其脚,祧神之而槀之,殪之盟所。③

神羊之折狱,今人或谓为"神判",当是天上天理星折狱之神话。此神羊后又衍为生来知道断狱的一角神兽"獬豸",此神兽说者或谓似麟,或谓似牛,但更多的说法仍不脱"羊"之原型。《论衡·是应篇》云:

> 儒者说云:觟𧣾者,一角之羊也,性知有罪。皋陶治狱,其罪疑

---

① 萧统编、李善注:《文选》,上海古籍出版社,1986年,第211页。
② 关于夏鼎与《山海经》的关系,明代的黄省曾、杨慎等皆有论述,以杨慎之说影响为大。《升庵集》卷二《山海经》后序》云:"《左传》曰:昔夏之方有德也,远方图物,贡金九牧,铸鼎象物。百物而为之备,使民知神奸,入山林不逢不若。魑魅魍魉,莫能逢之。此《山海经》之所由始也。神禹既锡玄圭,以成水功,遂受舜禅,以家天下。于是乎收九牧之金,以铸鼎。鼎之象则取远方之图。山之奇,水之奇,草之奇,木之奇,禽之奇,兽之奇。说其形,著其生,别其性,分其类。其神奇殊汇,骇视惊听者,或见或闻;或恒有,或时有,或不必有,皆一一书焉。盖其经而可守者,具在《禹贡》;奇而不法者,则备在九鼎。九鼎既成,以观万国。……夏后氏之世虽曰尚忠,而文反过于成周。太史终古藏古今之图。至桀焚黄图,终古乃抱之以归殷。又史官孔甲于黄帝姚姒盘盂之铭,皆缉之以为书。则九鼎之图其传固出于终古、孔甲之流也。谓之曰《山海图》。其文则谓之《山海经》。"除了《山海经图》与"鼎图",杨说尚涉及《山海图》及《山海经》之作者及关系等,论述较为明确且相较前人更为全面,故影响较大。清代毕沅、郝懿行,今人余嘉锡、袁珂、马昌仪等大体亦赞同杨说。然前代学者(包括杨慎)未及注意左思《吴都赋》之说,甚为可异。杨慎之说于《山海经图》也即鼎图,取"书奇"说,谓记录"山之奇,水之奇,草之奇,木之奇,禽之奇、兽之奇"。而"其经而可守者,具在《禹贡》,是亦以《山海经》为"地志"类书籍,未脱古人说《山海经》之窠臼也。
③ 孙诒让:《墨子间诂》,中华书局,1986年,第210—211页。

者,令羊触之,有罪则触,无罪则不触。斯盖天生一角圣兽,助狱为验,故皋陶敬羊,起坐事之。①

董巴《舆服志》:"獬豸,神羊也。"《金楼子·兴王篇》:"常年之人,得神兽,若羊,名曰獬豸。"《续汉书·舆服志》云:

> 法冠,一曰柱,后或谓之獬豸冠。獬豸,神羊,能别曲直,楚王常获之,故以为冠。②

上古又有"夷羊"之传说:

> 商之兴也,梼杌次于丕山;其亡也,夷羊在牧。韦昭注:"夷羊,神兽。牧,商郊牧野也。"(《国语·周语上》)

> 江、河、三川,绝而不流,夷羊在牧,飞蛩满野。高诱注:夷羊,土神。殷之将亡,见于商郊牧野之地。③(《淮南子·本经训》)

此"夷羊",就是《逸周书·王会》中的"高夷嗛羊",也即"天理星"之象,"天理星"处于北斗斗魁的位置,为古代星家所重视,必是古代星家观测与占卜的重要对象。"夷羊在牧"云云,是古代星家占卜天理星后所作之占词。"夷羊在牧"作为古占语,原是一种亡国之征兆。《史记·周本纪》引周武王之言:

> 维天不飨殷,自发未生于今六十年,麋鹿在牧,蜚鸿满野。天不享殷,乃今有成。

裴骃《集解》引徐广曰:"此事出《周书》及《隋巢子》,云'夷羊在牧'。牧,郊

---

① 北京大学历史系《论衡》注释小组:《论衡注释》,中华书局,1979年,第1004页。
② 桂馥:《说文解字义证》卷三十引,中华书局,1987年,第845—846页。
③ 何宁注引陶方琦云:"《占经》一百十九引许注:'夷羊,大羊也,时在商牧野。'"(见何宁:《淮南子集释》,中华书局,2006年,第562页)

也。夷羊,怪物也。"①

司马迁大约觉得"夷羊在牧"的难以理解,改为"麋鹿在牧",由此可知"夷羊"的原型连"太史公"也不太清楚了。

"神羊"之传说由来已久,由此我们联想起晚商有名的"四羊方尊",此器20世纪30年代出土于湖南宁乡,造型奇特。尊四周及腹部设计为四只大卷角羊,羊头上满饰雷纹。羊虽是驯良的动物,但方尊上羊的形象却宁静中有威严感。羊的前身饰以长冠凤鸟,肩上有盘区的龙四条。②

这只现存商器中最大的方尊,无疑是礼器,它大约是"天理星"也即北斗星的象征物,所以是用来祭祀天理星也即北斗星的。晚商"四羊"或羊形器物出土不少,很多可能都具有类似的内涵。用四羊之象表现天上之"天理"四星也即"羊星",在彼时之人眼里是自然而恰当的。晚商"四羊"或羊形器物出土不少,很多可能都具有类似的内涵。

图 3-2　四羊方尊(商代晚期)

---

① 司马迁:《史记》,第129页。《国语·鲁语下》:"季桓子穿井,获如土缶,其中有羊焉。使问之仲尼曰:'吾穿井而获狗,何也?'对曰:'以丘之所闻,羊也。丘闻之:木石之怪曰夔、蝄蜽,水之怪曰龙、罔象,土之怪曰坟羊。'"所谓的"坟羊"就是"夷羊",坟训大,坟羊就是大羊,"夷羊"也是大羊。坟羊是"土之怪";"夷羊"则是"土神",性质亦同。然穿井得羊,不合情理,又孔子"不语怪力乱神",此托之孔子,必非孔子之言也。《国语·鲁语》所载此事,为传说,必非信史,此类记载,大约是由有关星占卜词衍变而成。

② 见马承源:《中国古代青铜器》,上海人民出版社,2008年,第71页。(此四羊方尊,或云湖南宁乡非其始出土之地,其始出土地为河北邢台之广宗县,邢台古属冀州,又广宗有"沙丘平台",赵武灵王、秦始皇并死于此地。又传说称此地为殷纣王之离宫,未知孰是。然"邢"字通"刑",或有自来矣。)

图 3-3　戈鼎纹饰（商代）

而器物上所谓的"饕餮纹",羊纹所占比例也极高,如现藏上海博物馆之商代"戈鼎",中间为一羊头,头上两大角,羊之两旁各有夔龙一条。我们细细辨认,此羊之眼部下方尚有两个稍小的角,正为四角之羊(见图3-3)。日本学者林巳奈夫以为是以"盘羊"为原型,似乎太过坐实。① 此羊纹"饕餮"很有可能也是"天理星"之象。关于"饕餮纹",值得注意的是丁山之说：

> 宋以来所谓"饕餮纹",那是人面环角的羊头,名为"枭羊"可也,名为"苋羊"可也,它是公直无私,敢于狙击凶邪的吉祥大神。②

还有韦聚贤之说：

> 《吕氏春秋·先识》所言乃系古凶人之名,见于《左传·文公十八年》,其"有首无身,食人未咽,害及自身",乃印度神话,他混而为一。宋以来所谓饕餮纹,实即鸡羊,取吉祥之义。正面为羊头,羊头两面的为侧面鸡形。后来铸铜器的对于花纹的来源不明,将羊的角变曲了,眉变长了,眼珠及嘴均大了。侧面的鸡变成如草蔓如龙如蛇。与原形大异,乃目为怪物,而名为饕餮。③

"饕餮纹"说法极为分歧,但必有羊纹。但除了羊纹,可辨者尚有牛纹、夔龙纹、鸟纹、蜂纹等,可能都是天上星象之象征,星象非一,除了羊纹,自当

---

① [日]林巳奈夫:《神与兽的纹样学——中国古代诸神》,常耀华等译,生活·读书·新知三联书店,2009年,第25页。
② 丁山:《中国古代宗教与神话考》,第295—296页。
③ 卫聚贤:《中国考古学史》,广西师范大学出版社,2004年,第46页。

有其他兽鸟等纹饰,不必执一端而言也。

"羊"之吉祥之寓意,固为羊温顺,有益于人之一面有以致之;而羊作为公正的执法者,能够惩治人间之恶,给人间带来秩序、平安、吉利,羊之寓意吉祥、美好、善良等,大约也与"羊"的这一"特性"有某种关联吧。

但在上古文献中,羊也展现其"很"的一面,《史记·货殖列传》:"其民羯羠不均。"司马贞《索隐》:"徐广云羠音咫,皆犍羊也。其方人性若羊,健捍而不均。"①《尔雅翼》引《字说》"犅以乘而不逆为刚,牂以乘而不随为臧。"申论之云:

> 所谓牂,牂言小很也……盖牛之性顺,犅虽牡而犹有顺性,故为乘而不逆。羊性很,牂虽牝而犹有很性,故为乘而不随。②

羊的"很"的一面大约同样有来自"神羊"折狱的因素。甲骨文中的"羊"突出羊的眉目,表现"羊"的洞察明辨诉讼双方是非曲直的神性。而金文中的"羊"则表示"羊"具有去边的法术效力,在竞言相持的双方中间画成一"羊"符,即令善恶得以分辨开来。星象所呈现者总是既有吉兆也有不祥之兆的,故上古也有所谓"羊祸"之说。③

3. "天理"星象与《诗·苕之华》"牂羊坟首"

天上这颗奇怪的"羊星",还曾出现在《诗经》等文献中,《诗·小雅·苕之华》:"牂羊坟首,三星在罶。"毛《传》:

> 牂羊,牝羊也。坟,大也。罶,曲梁也,寡妇之笱也。"牂羊坟首",言无是道也。"三星在罶",言不可久也。

郑玄《笺》云:

> 无是道者,喻周已衰,求其复兴,不可得也。不可久者,喻周将

---

① 司马迁:《史记》,第3264页。又《史记·项羽本纪》:"因下令军中曰:'猛如虎,很如羊,贪如狼,强不可使者,皆斩之。'"古代"羊狠狼贪"乃一成语。
② 罗愿:《尔雅翼》,黄山书社,2013年,第281页。
③ 如《汉书·五行志中》云:"史记鲁定公时,季桓子穿井得土缶,中得虫若羊,近羊祸也。"

亡,如心星之光耀,见于鱼筍之中,其去须臾也。①

毛《传》意为,牂羊为母羊,并不是头大之羊,因此说诗作者表示没有这样的道理。这种解释叫人有不可思议之感,仿佛作诗者写的不是眼前之景,是想象中的意象,但下句"三星在罶"是说天上的心宿三星的倒影处于捕鱼之网中,怎么可能此两者一为想象中物、一为眼前之景呢!

"牂羊坟首,三星在罶"前人多以为具有某种象征意义,或以为喻褒姒,如罗愿《尔雅翼》卷二十三云:

> 《诗》曰:"牂羊坟首,三星在罶。"盖牡羒牝牂,坟,犹羒也。幽王之时,西戎、东夷之乱,盖始于褒姒,而其祸遂连于中国。诗人伤之,于其末章穷而反本,故言"牂羊坟首",喻妇人而为男子之事,犹武王数纣称"牝鸡之晨"矣。"三星在罶",三星,昏姻之星,在罶则非其所矣。又以叹夫褒姒也。

或谓此二句写实景以象征饥馑之年,百物凋零。朱熹《诗集传》云:"羊瘠则首大也。罶,筍也。罶中无鱼而水静,但见三星之光而已。言饥馑之余,百物凋耗如此。"王照圆《诗说》之解读更有代表性:

> 尝读《诗》至《苕之华》"知我如此,不如无生",二语极为深痛,盖与"尚寐无讹""尚寐无觉",同其悲悼也。然苕华芸黄尚未写得十分深痛,至"牂羊坟首,三星在罶",真深痛矣,不忍卒读矣。太平之日,虽堇荼亦如甘饴。饥馑之年,即稻蟹亦无遗种。举一羊而陆物之萧索可知,举一鱼而水物之凋耗可想。东省乙巳丙午三四年,数百里赤地不毛,人皆相食。鬻男卖女者,廉其价不得售,率枕藉而死。目所亲睹,读此诗为之太息弥日。②

前人于"牂羊坟首,三星在罶"尤其是"牂羊坟首"之解释极为纷乱,皆不得要领,问题在于前人皆以现实中之羊视之,前句说地上之母羊,而奇怪的是明明小首之母羊,被描画成有个大脑袋。后句突然转到天上的心宿三

---

① 《十三经注疏·毛诗正义》,第947页。
② 见陈子展:《雅颂选译》,古典文学出版社,1957年,第272页。

星,其实此两句,作者描写的都是星象。"牂羊坟首"是说天上的"羊星"即天理星借北斗斗魁显示出大头羊之象。

王先谦《诗三家义集疏》云:"《齐诗》作'羵首'。《史记·李斯传》注亦作'羵'。李富孙云:'羵'乃'颡'之误,盖'羵'乃土之怪。"①钱人龙《读毛诗日记》云:"焦氏《易林》、《白帖》九十六、《御览》八百三十四引此诗并作'羵'。然《说文》无'羵'字,'羵'乃'坟'之俗。"②可见诗作者所指之"坟(坟)羊",正是所谓的"土之怪"之"羵(坟)羊",也即与天上之天理星相应之"物怪",正可代指天理星。

"牂羊"之"牂",左旁为"片"之反,与片意思应该一样,《说文》"片"部:"片,判木也。"段玉裁注:"谓一分为二之木。片、判以叠韵为训。判者,分也。"③然则"牂"者,分判之神羊也,古人造此字,原为区分于它羊,若谓母羊,直言母羊、雌羊即可,何必再费周折,造此一字乎! 古人造此字,必不指母羊。后人不知,以母羊等释之,终不能达意,造成解释之极其纷乱。"天理星"并非总是祥瑞,有时它可能成为"羊忧"。这里作者当是以"天理"星之符号"大羊"指代北斗之魁首,天理星处于魁中,斗魁是夜空中极明亮醒目之大星,故作者称之为"大首"。北斗与心(大火)星都是天上醒目的大星,这两句展示的可能就是天上北斗斗魁与"大火星"同时升天之景,从星占角度,是令人担忧的"夷羊在牧"的亡国星兆。而《诗·小雅·苕之华》之诗旨,《小序》概括得很是分明,正是对周室将亡的悲叹:"《苕之华》,大夫闵时也。幽王之时,西戎东夷交侵中国,师旅并起,因之以饥馑。君子闵周室之将亡,伤己逢之,故作是诗也。"④亡国之征兆已现,诗作者所以为之感伤不已也。

(二) 其状如蠢的"钦原"乃"天锋(鑱)"星之象

《西山经》昆仑山中的"钦原"表面看也是怪物,此物虽然名之以鸟,但作者明说"其状如蠢",且其特点是"蠢"人与物,置他人、他物于死地。毕沅说:"蠢当为螫。"蠢训螫,汪存曰:"蠢、螫同音。据释所言,则大蠢也。

---

① 王先谦:《诗三家义集疏》,中华书局,1987年,第820—821页。
② 刘毓庆等:《诗义稽考》,学苑出版社,2006年,第2688页。
③ 段玉裁:《说文解字注》,第556页。
④ 《十三经注疏·毛诗正义》,第945页。

以其羽虫之属,故谓之鸟。"①

此"大蠭"当为北斗前"天蠭"星之象,《史记·天官书》:"杓端有两星,一内为矛,招摇;一外为盾,天锋。"《汉书·天文志》"天锋"作"天蠭"。王先谦补注引晋灼云:"外,远北斗也。在招摇南,一名天蠭。"②蠭即蜂,蜂的显著特点是常常蜇人与其他动物。"天锋(蠭)"星又名"玄戈星",《开元占经》引《黄帝占》曰:"玄戈主北夷,玄戈,招摇雌也。"③可见古人把招摇与玄戈看成雌雄两星,《西山经》说如蠭之鸟"大如鸳鸯",鸳鸯常雌雄双双并游,则其形容招摇、玄戈(天蠭)两星之意亦明显不过了。

而"钦原"之名,也不能轻轻放过。《说文》"欠"部:"钦。欠貌。从欠,金声。"而解"欠"云:"欠,张口气悟也。像气从人上出之形。"桂馥注:"'张口气悟也'者,《御览》引作'张口出气也。'"④《释名·释姿容第九》:"欠,钦也;开张其口,唇钦钦然也。"⑤则"钦"本义为张口出气,与今人所谓呵欠义同。而"原"字,是本原、泉源的意思。则"钦原"其意,为气之源泉。且看《史记·天官书》对北斗功能之形容:

> 斗为帝车,运于中央,临制四乡。分阴阳,建四时,均五行,移节度,定诸纪,皆系于斗。

所谓"分阴阳,建四时,均五行"等都关乎"气"。"天蠭"星主兵,即战事。《开元占经》卷六十五引《春秋纬》:

> 斗端有两星,一内为招摇,一外为楯。天锋主兵用,若动兵大行。

引石氏曰:

> 玄戈星赤,天下有兵。⑥

---

① 周明辑撰:《山海经集释》,第78页。
② 王先谦:《汉书补注》,第1789页。
③ 瞿昙悉达:《开元占经》,第621页。
④ 桂馥:《说文解字义证》,第752页。
⑤ 刘熙撰、毕沅疏证、王先谦补:《释名疏证补》,中华书局,2008年,第91页。
⑥ 瞿昙悉达:《开元占经》,第620页。

天上这只"大蜂"处于北斗斗柄之前,为用兵之象,所以很受古人重视,被画于军旗之上,《左传·哀公二年》(前493年):"郑人击简子中肩,毙于车中,获其蠭旗。"杜预注:"蠭旗,旗名。"①"天蜂"以象"天锋(玄戈)"星,我们可以设想,古人"旗帜"上所画的"大蜂",所象者非现实中之大黄蜂之类,虽然两者之间也不能说没有任何联系。但它原不是人间"蜂"的一个象形字或形声字,似乎可以肯定。这个"图像",也就是"天锋(玄戈)星"之象。

这个天上的大蜂星象,是上古时人们熟知的神物,所以它的相关特征常用于人们的语言,《左传·宣公三年》(前606年)载王孙满之言有"不逢不若":

> 昔夏之方有德也,远方图物,贡金九牧,铸鼎象物,百物而为之备,使民知神、奸。故民入川泽、山林,不逢不若。螭魅罔两,莫能逢之。用能协于上下,以承天休。

杜预注:"若,顺也。螭,山神,兽形。魅,怪物。罔两,水神。"②杜以"顺"释"若",不确,后人袭杜注,皆误。"不逢不若"古今注家都觉得费解,杨伯峻云:

> 不若,不顺,意指不利于己之物。《后汉书·明帝纪》改作"不逢恶气",以"恶气"释"不若"。其实,"不若"即下文"螭魅罔两"之类。惠栋《补注》据张衡《东京赋》及郭璞《尔雅·释诂》注引用《左传》俱作"禁御不若",又据杜于下文"莫能逢之"始出注,因谓当从张衡、郭璞本作"禁御不若"。③

洪亮吉《春秋左传诂》径改"不逢不若"为"禁御不若",以为:

> 下《传》云"莫能逢之",杜氏曰:"逢,遇也。"既云"不逢",又云"莫逢",文既重出,且杜氏不应舍上句注下句。此晋以后传写之伪。④

---

① 杨伯峻:《春秋左传注》,中华书局,1981年,第1617页。
② 杜预:《春秋左传集注》,第281页。
③ 杨伯峻:《春秋左传注》,第670页。
④ 洪亮吉:《春秋左传诂》,中华书局,1987年,第401页。

王孙满所言者为鼎象,据此语境,则"不逢不若"当亦据鼎象言之。所以此"逢"当读为"蠢";"若"读为"蠚",谓"不蠢若",即不遭受蜂蜇那样的毒害,是据鼎象为说。这种句式,沿袭至今,如"不理不睬""不离不弃"等,都为加强语气之句式,云"不理睬""不离弃"也。而下文"螭魅罔两,莫能逢之"之"逢",可以解成"逢遇"之"逢",两者之间并无如洪亮吉等所说的重复与不妥。

张衡、惠栋等人可能不理解"不逢不若"之意,以己意解之,非原文为"禁御不若"。《左传》文中王孙满所说"螭魅罔两",杜预注为:"螭,山神,兽形。魅,怪物。罔两,水神。"这些所谓的"兽",非指寻常之兽甚明,它们乃"山水"之神,或者说是"物魅",当也是鼎上之物,故王孙满引来说事也。

(三)"司帝之百服"的"鹑鸟"是南方朱鸟"鹑火"之象

明白了"四角羊""钦原"之所指,则对于"鹑鸟"就容易推断了。"轩辕"十七星之南就是"南方朱鸟"的所在。"鹑鸟"是管天帝的服装、器物的,而南方朱鸟诸星宿其星占所在也正在服饰、器物等方面,如南方朱鸟的"星"宿有星七颗,故又名"七星"。《开元占经》卷六十三引《黄帝占》曰:"七星,赤帝也,一名天库,一名天御府……主衣裳冠被服绣之属。"又曰:"七星正主阳,朱雀心也。星主衣裳,鸟之翅也,以覆鸟身,以主衣裳也。"又引石氏赞曰:"七星主衣盖身躯,故置轩辕裁制之。又曰:德归好性信有成,故以衣裳属七星。"①

其实,《山海经》的一些古代注家也意识到《西山经》昆仑山"鹑鸟"所指乃"南方朱鸟",如清人吴任臣《山海经广注》云:

> 《天文志》:"鹑首、鹑火、鹑尾三宫,当大微、轩辕之座南面,而承如在帝左右焉,且星主衣裳文绣,张主宗庙服用,皆鹑火宿也。"《周礼》:"轮人鸟旗七斿,画南方鹑火之象,司服鹫冕祎翟诸制。"皆本此意通之。经云"鹑鸟司帝百服",或义取此也。今三式家犹以朱雀为文章采服之神,夫有所受之矣。②

---

① 瞿昙悉达:《开元占经》,第600页。
② 周明辑撰:《山海经集释》,第78—79页。

郝懿行也说这里的"鹑鸟"就是"凤凰",并将它与"南方朱鸟"象联系:

> 鹑鸟,凤也。《海内西经》云:"昆仑开明西北皆有凤皇,此是也。《埤雅》引师旷《禽经》曰:'赤凤谓之鹑。'然则南方朱鸟七宿曰鹑首、鹑火、鹑尾,亦是也。"①

只是他们没有进一步去推断,既然这里的"鹑鸟"可以明显看出与南方朱鸟的某些一致性,为什么临近于"鹑鸟"的其他动物,就不是天上的星象了呢!

可见《西山经》加之于"陆吾神"(开明兽)的神性,其实都是涵括北斗九星的"特性"的。

三、《西山经》"开明兽"四方图像为"星象"考

(一)"开明"西"凤皇""鸾鸟"指南方朱鸟之"井宿""鬼宿"

开明西的"凤皇"(鸾鸟也是凤凰),指的是"南方朱鸟",南方朱鸟七星为井、鬼、柳、星、张、翼、轸,其中井、鬼两宿处于西南方位。《开元占经》卷六十三引《广雅·释天》:"东井谓之鹑首。"又引《玉历》:"舆鬼,朱雀颈。"②井、鬼两宿是十二次的"鹑首"。《史记》张守节《正义》:"东井八星,钺一星,舆鬼四星,一星为质,为鹑首,于辰在未,皆秦之分野。"③正处于"轩辕"十七星之西南面,当得"凤皇""鸾鸟"之称。

(二)"开明"北"视肉""株树"等与上古北斗观测

《海内西经》说:

> 开明北有视肉、珠树、文玉树、玗琪树、不死树。凤皇、鸾鸟皆戴瞂。又有离朱、木禾、柏树、甘水、圣木曼兑,一曰挺木牙交。

---

① 郝懿行:《山海经笺疏》,第 79 页。
② 瞿昙悉达:《开元占经》,第 598 页。
③ 司马迁:《史记》,第 1302 页。

除了奇怪的"视肉"与"曼兑",主要由珠玉之"树"及凤凰、鸾鸟这类的神鸟组成。①"视肉"郭璞注:

> 聚肉形如牛肝,有两目也。食之无尽,寻复更生如故。②

最为费解,似乎是一种有两个眼睛的形如牛肝的动物,其神奇的特性是被吃后能够恢复原形。这样的动物毫无疑问是不存在的,郭璞的解读一定有误。此"视肉"被置于株树、文玉树、玗琪树之间,这些树都是玉树。它们可能是上古时的天文观测仪器被神化后或误读后的产物。上古观象测天,须在灵台树立圭表,设置天文仪器,以观测日月星辰。而所谓的"玉树"(或称琅玕树、玗琪树、珠树等)或"巨树"(如寻木)等,其原型应该是测天的树表。《庄子》正有"积石为树"之说。③大约古人在"灵台""明堂"之类的观象台堆砌石头成柱形,以测日影,并用仪器观测日月星辰之运行。久之被神化成"玉树""琅玕树"等神奇之树和其他神奇之物。

昆仑山"玉树",后世一直得到传承并不断被神化,《淮南子·墬形训》:"增城九重……珠树、玉树在其(昆仑)西。"《楚辞·离骚》王逸注引《河图括地象》云:"昆仑上有琼玉之树。"那个名字非常奇怪的"圣木曼兑,一曰挺木牙交",郭璞云:"《淮南》作璇树;璇,玉类也。"④也是玉树。

由这个"玉类"之"璇(树)",我们自然会联想起《书·舜典》中的"在璿玑玉衡,以齐七政"语,璿玑玉衡,古人注主要有二说,一谓指北极星、北斗星之类的星辰;一谓玉制的天文仪器之浑天仪。孔《传》:"璿,美玉。玑、衡,王者正天文之器,可运转者。"孔颖达正义引马融云:

> 浑天仪可旋转,故曰玑。衡,其横箫,所以视星宿也。以璿为玑,以玉为衡,盖贵天象也。

---

① 又《海外南经》云:"狄山,帝尧葬于阳,帝喾葬于阴。爰有熊、罴、文虎、蜼、豹、离朱、视肉。吁咽,文王皆葬其所。一曰汤山。一曰爰有熊、罴、文虎、蜼、豹、离朱、鸱久、视肉、虖交。其范林方三百里。"这里将"视肉"与熊罴虎豹等禽兽放在一起,大约是因为这段文字的作者也已不知其本义,误以"视肉"为某种动物,见这段文字多载动物,故置于此处了。
② 周明辑撰:《山海经集释》,第341页。
③ 《玉篇》引《庄子》云:"积石为树,名曰琼枝,其高一百二十仞,大三十围,以琅玕为之。"(见周明辑撰:《山海经集释》,第411页)"树"积石而成,透露出几分真相,类似石柱,可用于测影。所谓"高一百二十仞,大三十围,以琅玕为之"自是神话的夸大与想象了。
④ 周明辑撰:《山海经集释》,第409页。

又引蔡邕说曰：

> 玉衡长八尺，孔径一寸。下端望之，以视星辰。盖悬玑以象天，而衡望之。转机窥衡，以知星宿。①

虽说此两说至今有争议，但持天文仪器说者似占上风。②

北斗星之名，源自其形状如斗，然北斗七星"枢、璇、玑、权、玉衡、开阳、摇光"之名，当是上古星家所为。"枢"是天枢，可见古人其实是将北斗视作北极的。璇、玑、玉衡等皆关乎"玉"，如此命名，很有可能就是为了说明"璇、玑、玉衡"之星既是古人观测的对象，又是古人观测北斗所用之仪器，如郑文光所说的那样。

然则那个奇怪的"视肉"应该也是一种测天之仪器，肉与"玉"古音相同，"视肉"或为"视玉"，即用来观测星辰之"玉衡"一类的东西。古代有"肉好"之说，指圆形玉器的边和孔。《尔雅·释器》：

> 肉倍好谓之璧，好倍肉谓之瑗，肉好若一谓之环。③

或玉衡一类的东西本可"好"名之也。否则古人将这个奇怪的"动物"置于

---

① 《十三经注疏·尚书正义》，第78页。
② 后代学者如宋人王应麟、沈括、朱熹等皆主"璇玑玉衡"为测天仪器说。浑天仪之说不必确当，因为一般认为浑天仪至汉代的落下闳时才开始创制。然浑天仪创制以前，未必没有测天之器。李约瑟《中国科学技术史·天学》即认为浑天仪"大概就是石申和甘德（公元前4世纪）所用过的仪器，而且直到落下闳和鲜于妄人的时代似乎依然如故。"清代学者戴震以《周髀算经》之"璇玑"说"璇玑玉衡"，也认为是一种天文仪器，他的《璇玑玉衡说》认为："今人所谓赤道极者，即《鲁论》之北辰，《周髀》之正北极也，又曰北极枢。今人所谓黄道极者，即《周髀》之北极璇玑也。《虞夏书》'在璇玑玉衡以齐七政'，盖设璇玑以拟黄道极。后失其传，纷纭珠说，私臆罔据矣。"（《戴震文集》卷五，中华书局2006年，第104页）戴震认为璇玑是模拟黄道极的，与玉衡一起，为模拟"七衡六间"之仪器。此说或得事实之真。"璇玑玉衡"本为上古之天文仪器，由于所测者主要为北极（北斗），因此才会有"璇玑玉衡"是北斗之说也。郑文光先生也以"璇玑玉衡"为"浑仪的前身"，他说："因为从汉代起，浑仪结构虽然越来越复杂，其基本部分仍然是几个能转动的圆环，加上能旋转的窥管。如今南京紫金山天文台保存着的明代浑仪，已经是青铜制的、精美的仪器了，仍然不脱这些基本的部件。但是，很少有人想到，作为仪器的璇玑玉衡，与另一早期的天文仪器——圭表有什么渊源。有一个数目字是颇堪耐人寻味的。就是浑仪从汉代起，一般都是直径八尺，即和'八尺之表'的尺寸完全一样。这是巧合呢？还是有一定的内在联系？实在需要认真探索一番。"（见郑文光：《中国天文学源流》，科学出版社，1979年，第164页）
③ 《十三经注疏·尔雅注疏》，第151页。

那些"玉树"之间,又所为何用!

"开明"东"六巫"夹"猰貐之尸"指"摄提星"与"大角星",我们在上文中已作阐述,兹不重复。

(三)"三头人""三首国"为"心"三星之象

最为离奇费解的是所谓"三头人",《海外南经》云:"三首国在其东,其为人一身三首。"郝懿行云:"《海内西经》云有三头人,伺琅玕树,即斯类也。"①此"三头人"当是"心宿"三星(也叫大火星)之象。《史记·天官书》:

> 杓端有二星,一内为矛,招摇;一外为盾,天锋。

从北斗第七星摇光与招摇连线的延长线,正好指向大火星。陈久金说:

> 北斗九星斗柄所指方向为大火星,以大火星定季节与用北斗九星指向定季节所得结果实际是一样的。②

心三星是上古有名的候时大星,《尔雅·释天》:"大火谓之大辰。"《左传·襄公九年》(前564年):

> 古之火正,或食于心,或食于咮,以出内火。是故咮为鹑火,心为大火。

是"大火星"很早就成为古人观测、占卜与祭祀的星辰,星宿三星,故以"三头人"象之。《史记·天官书》:"东宫苍龙,房、心。心为明堂。"视房、心为东宫苍龙的主星。

(四)开明南"鸟六首"与南方朱鸟之"柳""星""张"星宿

"开明南有树鸟,六首",所说的当是"南方朱鸟"之柳、星、张三宿,此

---

① 郝懿行:《山海经笺疏》,第292页。
② 陈久金:《泄露天机——中西星空对话》,第139页。

三宿,构成十二次的"鹑火"。井、鬼两宿构成"鹑首",翼、轸两宿则是"鹑尾"。郝懿行指出:《大荒西经》中"有青鸟,身黄,赤足,六首,名曰鹠鸟",即此类。①

"开明南有树"之树,可对应"柳宿",柳是树名,所主者为"木草"。《开元占经》卷六十三引巫咸曰:"柳为木官。"又引《圣洽符》曰:"注者,木工也。"②那个奇怪的六头鸟首先可象"张宿",张宿六星,《史记·天官书》:"柳为鸟注,主木草。七星,颈,为员官,主急事。张,素,为厨,主觞客。"说柳宿是鸟嘴,七星是鸟的头颈,而张宿是鸟的受食处。素又作"嗉",郭注《尔雅·释鸟》:"嗉者,受食之处。"就是喉咙。古代星家对柳、星、张三宿的描述存有模糊之处,"受食之处"不就是嘴吗? 不就是喉咙吗? 这不是三宿的共同指向吗? 又柳、星、张三宿之名有重合之处,如都名"天库",所占者也有共同之点,《开元占经》卷六十三引石氏曰:"柳主上食和滋味。"又引《圣洽符》:"张者主酒食。"引郗萌曰:"张星明大,则厨养具。"③这可能和星家将此三星视为鸟口、鸟的喉咙有关。而有的星家将"井""鬼"看作鸟的头部,则此三宿变成了鸟的身体,所占者又都和"衣服"有关了。《诗·召南·小星》:"嘒彼小星,三五在东。"毛《传》:"三,心;五,噣。"《释文》曰:"《尔雅》云:'噣谓之柳。'"④噣又作"咮",郭注以为"朱鸟之口"。那个奇怪的"六首鸟"又名"鹠鸟",当为南方朱鸟"鹑火"之象了。

综上所论,可知《山海经》所图所述之"昆仑山"九头人面虎身的"开明"神兽,或其转述之异的虎身九尾的"陆吾"神兽,都是天上北斗九星之象,北斗九星处于天上中心的位置,昆仑山则是大地的中心,是北斗九星在地上的分野。《山海经》的地理叙事,显然是在分野意义上的叙事。《山海经》时代,星家为天上星座命名立象,很多都结合星座本身的特点,诉诸"奇禽异兽",这是古人很聪明的做法。

北斗星在《山海经》中,又以"狌狌""猪""熊"等动物形象象征,反映了古人星辰取象的多元与不一,这种现象在其他星宿的命名上亦有表现,如东方苍龙的"尾宿",除了以"九尾狐"象征,《开元占经》卷六十三引石氏:"尾九星……一名天狗,一名天司空,一名天鸡。"⑤则尾宿,似又可用天狗、

---

① 周明辑撰:《山海经集解》,第411页。
② 瞿昙悉达:《开元占经》,第599页。
③ 瞿昙悉达:《开元占经》,第601页。
④ 《十三经注疏·毛诗正义》,第94页。
⑤ 瞿昙悉达:《开元占经》,第581页。

天鸡来象征的。

《海内西经》及《西次三经》图画和叙述的"昆仑山"四面之"禽鸟怪兽神树"及昆仑山上神奇的"四角羊""钦原神鸟"等图画及叙事，是极为宝贵的材料，它们作为天上星辰的象征同样可以得到天衣无缝的印证，使得《山海经》之图像为星象的事实变得更为显明。它告诉我们，不仅《海经》，包括《山经》，其光怪陆离的种种图像，其原都是古人为天上星辰所立之象。

而从昆仑山开明兽的叙事看，《海外西经》的叙事内容要大大多于《西次三经》，则《海外西经》似乎是针对《西次三经》的叙事作了补充。从这个意义上，《山经》之作，或早于《海经》。

《山海经》时代的星学，带有强烈的星占色彩，这在开明兽（陆吾神）的叙事中也有表现，如"司帝之百服"之"鹑鸟"，就是从星占角度赋予"南方朱鸟"的某种特性。

《山海经》图像及文字叙事，给后来文化发展所带来的影响非常巨大，传说中的"夏鼎"上的图案，很多大约与《山海经》图像为同一对象，它们甚至成了文字，而上古文化中的很多词语可能都源自这本奇书。

《山海经》的文字记载，虽甚为简略，但有些还是为其图像的原型及内涵提供了可信的渠道，这显然有助于后人理解鼎之类礼器上的图案的本义。"夏鼎"是国家之重器，是沟通天人之物，所以《山海经》之类的"图书"的存在，也有助于今人理解《山海经》时代所谓"圣人"的国家治理模式。

考虑到《山海经》的创作向来是被置于"大禹治水"的语境讲述的，而"大禹治水"的真实蕴意，首先乃是指他的规天划地，也就是通过对日月星辰（包括二十八宿在银河的位置）的观测，制定历法，同时将天上的星辰与地上的区域做对应性的划分，形成所谓的分野。[①]这些工作的完成就意味着"地平天成"，天地的次序建立起来了，意味着混沌（大水）之被克服。"地平天成"是建立文明社会的前提条件。所以，《山海经》图像及其叙述文字的原型及其涵义的揭示，显然也有助于我们对大禹治水的真义及其所处时代的进一步认识，这关乎的自然就是文明起源的大问题了。

---

① 参见尹荣方：《大禹治水祭仪真相》，《中原文化研究》2018年第1期。

第四章
"女子国""素女"神话与"御女"星象

《山海经》《淮南子》等古代文献多次记载"女子国""女子民"等,此国此民充满神奇意味:

> 女子国在巫咸北,两女子居,水周之。一曰居一门中。郭璞注:"有黄池,妇人入浴,出即怀妊矣。若生男子,三岁辄死。周犹绕也。《离骚》曰:'水周于堂下也。'"
> 轩辕之国在此穷山之际,其不寿者八百岁。在女子国北。人面蛇身,尾交首上。穷山在其北,不敢西射,畏轩辕之丘。在轩辕国北。其丘方,四蛇相绕。此诸夭之野,鸾鸟自歌,凤鸟自舞,凤皇卵,民食之;甘露,民饮之,所欲自从也。百兽相与群居,在四蛇北。其人两手操卵食之,两鸟居前导之。龙鱼陵居在其北,状如鲤。(《海外西经》)

> 大荒之中,有龙山,日月所入。有三泽水,名曰三淖,昆吾之所食也。有人衣青,以袂蔽面,名曰女丑之尸。有女子之国。
> 有丼州之山。五彩之鸟仰天。名曰鸣鸟。爰有百乐歌儛之风。有轩辕之国。江山之南,栖为吉,不寿者乃八百岁。(《大荒西经》)

> 自西北自西南方有脩股民、天民、肃慎民、白民、沃民、女子民、丈夫民。高诱注:"女子民,其貌无有须,皆如女子也。丈夫民,其状皆如丈夫,衣黄衣冠,带剑。皆西方之国。"(《淮南子·墬形训》)

从上面所引材料可知,神奇的女子国,显然是《山海经》图画之国,其北面是"轩辕之国",南面是"巫咸国",与"女丑之尸"等为邻。画中有两个女子,周围是水,所以郭璞注有"黄池"之说。《淮南子·墬形训》之"女子民",则是承《山海经》而来。

一、"女子国"是轩辕十七星之"御女"星象的地上分野

所谓的女子国或称女国,前代学者盛传,似以为实有,或谓在东方,或谓在西方,清吴任臣《山海经广注》云:

> 《金楼子》云:"女国有潢池,浴之而孕。"《抱朴子》云:"黄池无男,穿胸旁口。"《隋书》云:"女国在葱岭南。"(文献)《通考》曰:"扶桑东千里,有女国。其人容貌端正,身体有毛。至二三月竞入水则妊娠,六七月产子。"《埤雅广要》曰:"女人国,与奚部小如者部抵界。其国无男,每视井即生。"盖东女国也,非此。①

郝懿行《山海经笺疏》云:

> 《太平御览》三百六十卷引《外国图》曰:"方丘之上,暑湿,生男子三岁而死。有潢水,妇人入浴,出则乳矣。是去九嶷二万四千里。"今案,潢水即此注所谓黄池矣。《魏志》云:"沃沮耆老言有一国在海中,纯女无男。"《后汉书·东夷传》云:"或传其国有神井,窥之辄生子,亦此类也。"②

女子国、女子民传说影响深远,宋元时期的文学作品,"女儿国"传说甚至成为重要主题之一,如元末明初杨讷杂剧《西游记》,就是叙述唐僧取经途经女儿国的故事。明代吴承恩小说《西游记》第四十八回,写唐僧从行人口中得知,河那边是西梁女国,去往女儿国,需要"漂洋过海",曲折反映了女儿国"水周之"的地理特征。《西游记》第五十三、五十四回,叙述唐僧师徒到了西梁女国后,唐僧与八戒因不知情,误饮子母河之水而怀孕,似是对女子国人"浴水而孕"的改造。虽然在西梁女国,男人仍然被看成繁育后代之源,唐僧师徒走在街上,西梁国的女人们欢呼:"人种来了!人种来了!"尚未脱男女阴阳繁育子孙之樊笼,但此西梁女国形象是《山海经》以

---

① 周明辑撰:《山海经集释》,第352页。
② 郝懿行:《山海经笺疏》,第307页。

来的"女子国"的传承,则是毫无疑义的。①

女子国、女子民传说最早出于《山海经》,而《山海经》图像,原为星象,此"女子国",乃轩辕十七星之"御女"星之原型意象,轩辕星座以轩辕十四为主星,轩辕十四是一等亮星,即西方狮子座之α星。"御女"星在轩辕十四之南,处于黄道附近。陈遵妫先生说:"轩辕十七星,在(七)星北,其中一星,叫做御女,有的把它列为轩辕的附座。它去极九十一度二十五分,入星三度八分。"②"御女"顾名思义是女子,故《山海经》图画以女子之图像象之,此其所以处于轩辕之国也。轩辕之国是轩辕十七星即御女星之象,或者说是御女星的分野。

星占上,轩辕十七星都关乎后宫妇女,轩辕十四南面的"女御",也为星占家关注,《开元占经》卷六十六引石氏曰:

> 轩辕一名昏昌宫,而龙蛇形,凡十七星。南端明者,女主也,母也;女主北六尺一星,夫人也,屏也,上将也;北六尺一星,次夫人也,妃也,次将也;北六尺一星,次妃也,其次皆此妃也。女主南三尺星不明者,女御也;御西南丈所一星大民也,太后宗也;御东南丈所一星,少民也,皇后宗也。

引郗萌曰:

> 轩辕,女主之庭也,一名天柱。

引《淮南鸿烈》曰:

---

① 除了神话传说性质的"女子国""女子民",我国古代典籍还记载有现实中存在的"女儿国",如隋唐两代典籍所记载的"女儿国"基本上是真实存在的国家。张绪山先生指出:"这些国家只是母权制社会,盛行女子当政掌权,女子地位高于男子,不同于传统所说的浴水而孕、纯女无男的女儿国。《隋书·西域志》:'其国代以女为王。……女王之夫,号曰金聚,不知政事。国内丈夫唯以征伐为务。……其俗贵妇人,轻丈夫,而性不妒忌。'《大唐西域记》:'世以女为王,因以女称国。夫亦为王,不知政事。丈夫唯征伐田种而已。'将它们称作'女国'显然僭用传说中的'女儿国'之名。"(见张绪山:《游动不居的女儿国》,《中华读书报》2022年9月1日)张先生的说法很对。
② 陈遵妫:《中国天文学史》,第255页。《晋书·天文志》:"轩辕十七星,在七星北。……南大星,女主也。……女主南小星,女御也。"似以"南大星"名轩辕十四,以"女御"名"御女","御女"一星正在"轩辕十四"之南。

> 轩辕,帝妃之舍也。

引巫咸曰:

> 轩辕,天子后妃之庭,主土官也。①

《史记·天官书》张守节《正义》云:

> (轩辕十七星)其大星,女主也;次北一星,夫人也;次北一星,妃也;其次诸星皆次妃之属。女主南一星,女御也;左一星,少民,后宗也;右一星,大民,太后宗也。②

轩辕十七星在星占上所主者为后妃,是从前星家较为一致的看法,人间的"女子国""女子民"当是在分野观念基础上产生的天上星象在人间的投射。但《山海经》将"轩辕国"与"女子国"作了区分,明言轩辕之国在女子国之北,故此"女子国",或指轩辕十七星最南端的"御女"星而言,可能也包括其左右之"大民"(轩辕十五)、"少民"(轩辕十六)二星(见图4-1)。

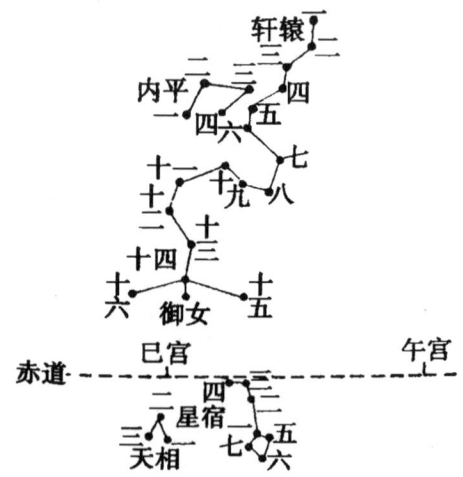

图 4-1　轩辕十七星(采自陈遵妫:《中国天文学史》,第 255 页)

---

① 瞿昙悉达:《开元占经》,第 645 页。
② 司马迁:《史记》,第 1301 页。

女子国所在的地理环境四周是水,是因为"御女"星处于银河之中的关系。郭璞注所谓的"有黄池,妇人入浴,出即怀妊矣",似说女子国周围之水色黄,故名黄池,后又讹为潢池。这大约关乎轩辕星象呈黄色,为"黄龙之体"之说。轩辕星星占上以色黄为嘉征,《开元占经》卷六十六引石氏曰:"轩辕星如其故,色黄而润泽,则天下和,年大丰。"引《荆州占》曰:"轩辕欲小,小,黄明也。"①特别"女御"及"大民""少民"这三颗处于轩辕十七星最南端的星座,《晋书·天文志》云:"女主南小星,女御也。左一星少民,后宗也。右一星大民,太后宗也。欲其色黄小而明也。"

《海外西经》之"女子国"有"一曰居一门中"之说,这当与"御女"星左右之大民、小民两星左右分列如门状,御女一星正处其中有关。②大民、小民两星被视为轩辕星的两个角,上古孟冬有祭祀此两星之礼俗。《周礼·春官·天府》:"若祭天之司民、司禄而献民数、谷数,则受而藏之。"郑玄注:"司民,轩辕角也。司禄,文昌第六星,或曰下能也。禄之言谷也。年谷登乃后制禄。祭此二星者,以孟冬既祭之,而上民谷之数于天府。"贾公彦疏:

> 云"司民,轩辕角也"者,案:《武陵太守星传》云:"轩辕十七星,如龙形,有两角,角有大民、小民。"③

轩辕十七星古人以为形如龙蛇,以南端之大民、小民,即轩辕十五、轩辕十六两星拟为龙蛇的两个角。

二、"女子国""女子民"地望考辨

由分野观念想象而成的神奇的女子国地望,大致说来,有西、东两说。《海外西经》说"轩辕之国"在"女子国北",弄清轩辕国地望,则可知女子国之大概所在了。

---

① 瞿昙悉达:《开元占经》,第646页。
② 左右分列之星座拟之为动物之两只角,又见东方苍龙之角二宿。《晋书·天文志》:"东方。角二宿为天关,其间天门也,其内天庭也。"
③ 《十三经注疏·周礼注疏》,第764页。

（一）"轩辕国""女子国"位于西方传说及其成因

《山海经》显然是将"轩辕国"置于西方的，所以见于《海外西经》与《大荒西经》。《海外西经》说轩辕之国在女子国北。郭璞注："其国在山南边也，《大荒经》曰：'岷山之南'。"①《淮南子·墬形训》承《山海经》之说，亦将轩辕国置于西方。张衡《思玄赋》谓"轩辕"处于"西海"："超轩辕于西海兮，跨汪氏之龙鱼。"②张华《博物志》卷二："夷海内西北有轩辕国，在穷山之际，其不寿者八百岁。渚沃之野，鸾自舞，民食凤卵，饮甘露。"③张华之说，显然也源自《山海经》，置轩辕国于西北，与《淮南子》及郭璞注小异。

轩辕之国所在又称"诸夭之野"，《博物志》谓"渚沃之野"，是凤凰、鸾鸟等百鸟歌舞，人民饮甘露、食凤卵的人间乐地。"诸夭之野"也在西方，《海外西经》云："此诸夭之野，鸾鸟自歌，凤鸟自舞，凤皇卵，民食之；甘露，民饮之，所欲自从也。百兽相与群居，在四蛇北。其人两手操卵食之，两鸟居前导之。""渚沃之野"，④为后人所盛传，吴任臣《山海经广注》云：

> 《述异记》云："海中有轩辕邱，鸾自歌，凤自舞，古云天帝乐也。"昭明太子《七召》云："拾卵凤巢，剖胎豹约。"李氏《演连珠》云："渚沃之野，食凤卵而弃余。"崔融《贺甘露表》："尝之则甘，似降轩辕之国。"俱本此。又吴淑《露赋》"享遐寿于摇山"注引经曰："诸沃之山，摇山之民，甘露是饮，不寿者八百岁。"与今本略异。⑤

《山海经》之以鸾鸟自歌、凤鸟自舞等图画描述"轩辕国"之景象，无他，是以此象征天上南方朱鸟星象，所谓的"轩辕国"，当是天上轩辕十七星在人间的分野。《史记·天官书》："南宫朱鸟，权、衡。衡，太微，三光之廷。……权，轩辕。轩辕，黄龙体。前大星，女主象；旁小星，御者后宫属。"张守节《正义》："轩辕十七星，在七星北，黄龙之体，主雷雨之神，后宫

---

① 周明辑撰：《山海经集释》，第353页。
② 萧统编、李善注：《文选》，第661页。
③ 张华等：《博物志（外七种）》，上海古籍出版社，2012年，第12页。
④ 郝懿行《山海经笺疏》云："夭，郭音妖，盖讹。夭野，《大荒西经》作沃野，是此经之夭乃沃之省文，郭注之妖乃沃字讹文也。诸夭，《艺文类聚》九十九卷引作清沃，《博物志》作渚沃。《淮南·墬形训》有沃民，又云：'西南方曰金丘，曰沃野。'高诱注云：'沃，犹白也。西方白，故曰沃野。'案：高说非也。沃野，谓其地沃饶耳。"
⑤ 周明辑撰：《山海经集释》，第354页。

之象也。"①

司马迁将太微及轩辕星看作"南方朱鸟"的主星,今"南方朱鸟"七宿为井、鬼、柳、星、张、翼、轸。其中井、鬼两宿称鹑首,柳、星、张三宿称鹑火,翼、轸两宿名鹑尾。是以七星为南方朱鸟主宿,轩辕十七星处于七星之北,都是"南方朱鸟"的主要象征,此所以地上分野之轩辕国呈现"鸾鸟自歌,凤鸟自舞"之情景。

郭璞注谓"轩辕之国"在"岷山之南",这也是古代分野观念的产物,古代分野说,以"鹑火"即,柳、星、张三宿与"周"或"三河"对应,②又将南方朱鸟之主星"七星"与岷山对应,"七星"之南,是天上银河没入之处。轩辕星在七星之北,上古被视为南方朱鸟的主星,所以它就与岷山关联在一起了。③

(二)"女子国"位于东方传说及其成因

1. "女子国"位于东方的相关传说

女子国又有在东方之传说,《三国志·魏书·乌丸鲜卑东夷传》王颀问耆老,耆老言:"有一国,亦在海中,纯女无男。"《后汉书·东夷传》:"或传其国有神井,窥之,辄生子。"东方之女子国一如西方者,多神奇色彩。

2. 与"女子国"相邻"龙鱼"等是东方星宿之象

女子国在《山海经》中,与"龙鱼""女丑之尸""巫咸国"等相邻,似乎也暗示了它通于东方"国度"的地理特征,"龙鱼""女丑之尸"等正是东方星宿之象。先说"龙鱼",与女子国相邻,袁珂先生以为即《海内北经》的鲮鱼,龙、陵音近可通。④作为《山海经》图像之"陵鱼",绝不是图人间之鱼,此"人面"之陵鱼乃"鱼星"之象,《开元占经》引石氏云:"天鱼一星,在尾后河中。"⑤"女丑有大蟹",说的是女丑之象与"大蟹"并立,或者是说女丑立于

---

① 司马迁:《史记》,第1301页。
② 《周礼·春官·保章氏》郑玄注:"鹑火,周也。"《史记·天官书》:"柳、七星、张,三河。"所谓"三河",指河内、河东、河南三郡,即今河南洛阳黄河南北一带。《史记·货殖列传》云:"昔唐人都河东,殷人都河内,周人都河南。夫三河在天下之中,若鼎足,王者所更居也。"
③ 郝懿行云:"《西次三经》有轩辕之丘,郭云黄帝所居,然则此经轩辕之国盖黄帝所生也。《水经·渭水注》云:'轩辕谷水出南山轩辕溪。南安姚瞻以为黄帝生于天水,在上邽城东七十里轩辕谷。'案,《地理志》云上邽在陇西郡也。"(《山海经笺疏》,第307页)
④ 袁珂:《山海经校注》,第323页。
⑤ 瞿昙悉达:《开元占经》,第668页。

"大蟹"之上,"大蟹"是龟星之象,则"女丑"同样可以表现龟星。

还有"并封"。《大荒西经》云:"有兽,左右有首,名曰屏蓬。""并封""屏蓬"是一物,是左右有首的"兽"的图像。然这个兽,在《逸周书·王会》中称为"鳖封":"区阳以鳖封者,若彘,前后有首。"①"鳖封"与《山海经》中的"并封""屏蓬"无疑也是一物,是鳖星之象。《晋书·天文志》云:"鳖十四星,在南斗南。鳖为水虫,归太阴。"龟星、鳖星、鱼星正为银河中相邻之星,属东方苍龙尾、箕宿的属星,它们都处于银河始流之处。

3. 少昊所处"穷桑"与东方

银河始流之处又是太阳始升"扶桑"之所在,而处于银河没处的"轩辕之国"则处"穷山",当作"穷桑",《山海经新校正》云:"《太平寰宇记》引此山作桑。"②《史记·周本纪》引此作"穷桑之际"。"穷山"又名"穷桑",郝懿行以"桑"为"山"之声讹,③但"穷桑"之说,或为其真。

《左传·昭公二十九年》(前513年):"少皞氏有四叔:曰重、曰该、曰修、曰熙,实能金、木及水。使重为句芒,该为蓐收,修及熙为玄冥,世不失职,遂济穷桑。"杜预注:"地在鲁北。"杨伯峻注引《帝王世纪》云:"少昊邑于穷桑以登帝位,都曲阜,故或谓之穷桑帝。"④《尸子》上云:"少昊金天氏邑于穷桑,日五色,互照穷桑。"袁珂先生云:

> 此谓少昊建都之地,地在东方,即"地在鲁北"之谓。而晋王嘉《拾遗记》则谓"西海之滨,有孤桑之树,直上千寻",名为穷桑,少昊即生于此,号穷桑氏,其地复在西方。东西不相谋,以知神话传说演变之无定。⑤

少昊、穷桑其地之东、西两说,与女子国之东、西两说如出一辙。女子国关乎轩辕星象,轩辕星象被认为是黄帝之星,故黄帝称轩辕氏。而黄帝的出生地同样有东、西两说。《水经注·渭水》:

> 又西北,轩辕谷水注之,水出南山轩辕溪。南安姚瞻以为黄帝生于天水,在上邽城东七十里轩辕谷。皇甫谧云生寿邱,邱在鲁东门

---

① 黄怀信、张懋镕、田旭东:《逸周书汇校集注》,第855页。
②③ 周明辑撰:《山海经集释》,第353页。
④ 杨伯峻:《春秋左传注》,第1503页。
⑤ 袁珂:《中国神话传说词典》,第215页。

北。未知孰是也?①

郦道元的困惑大约也源于袁珂所说的"东西不相谋",为何大名鼎鼎的黄帝的出生地竟也东、西不分？这种现象的产生,袁珂的解释是神话传说演变的无定,显得有些无奈。

4. "少昊"传说与古人关于太阳夜间运行的想象

关于少昊的神话传说,或关乎太阳的夜间运行问题。少昊在《山海经》中处于西方日落之处,《西次三经》轩辕之丘、积石之山之后是"长留之山":

> 其神白帝少昊居之。其兽皆文尾,其鸟皆文首。是多文玉石,实惟员神磈氏之宫。是神也,主司反影。郭璞注:"少昊,金天氏帝挚之号也。文或作长。日西落则景反东照,主司察之。"②

这一资料很重要,明说少昊是神,称白帝,是主西方之神。"司反景",则是人类观测、测量日影的测天行为,古人以为即《书·尧典》所说的"寅饯纳日"。"员神磈氏之宫",是祭祀少昊的神庙也是测天之所。

少昊神的神貌有似鸷鸟,少昊名挚,挚同鸷,少昊的功业也都关乎鸟类,袁珂引《左传·昭公十七年》(前525年)郯子所说"少昊氏以鸟名官"后云:

> 少昊名挚,古挚、鸷通(《史记·白圭传》:"趋时若猛兽挚鸟之发。"挚鸟即鸷鸟也,可证),则为此百鸟之王而名"挚"之少昊,神话中其亦鸷鸟之属乎？③

《楚辞·天问》有"鸱龟曳衔,鲧何听焉"之语,关于"鸱龟曳衔"的解读极为繁多,但多从所谓的"史实"出发,殊难成立,因为此句前面有"角宿未旦,曜灵安藏"之语,王逸注:"角、亢,东方星。曜灵,日也。言东方未明旦之时,日安所藏其精光乎？"④可见这句说的是天上尤其是太阳运行的事。

---

① 杨守敬、熊会贞:《水经注疏》,江苏古籍出版社,1989年,第1498页。
② 周明辑撰:《山海经集释》,第85—86页。
③ 袁珂:《山海经校注》,第339页。
④ 洪兴祖:《楚辞补注》(重印修订本),中华书局,1983年,第89页。

王昆吾先生以为鸱和龟是夜间太阳的使者，他通过马王堆汉墓帛画、汉甘泉宫遗址瓦当、河南郑州新郑画像砖等早期文献、文物资料，论证"鸱龟曳衔"是一个"关于夜间太阳化身为鸱，由龟背负，自羽渊经黑水而返回东方若木之处的神话"。①此说值得重视。

　　少昊是秋天的太阳，也是日落后夜间太阳的象征，而少昊有"鸷鸟"之名，它似乎可以理解为是《天问》中的"鸱"，这个"鸱"，宋人洪兴祖《楚辞补注》云："鸱，处脂切，一名鸢也。"②鸢是一种猛禽，俗称老鹰，喜食腐肉，习性有似于猫头鹰者，王先生释为猫头鹰似并无不妥，尤其猫头鹰为夜间活动鸟类，让它充当夜间太阳的使者恐并不偶然。

　　化身为"鸱"的少昊，由龟驼着，通过地下黑水又回到东方，所以少昊之国又出现在东方。《大荒东经》："东海大壑之外，少昊之国。少昊孺帝颛顼于此，弃其琴瑟。有甘山者，甘水出焉，生甘渊。"

　　笔者相信产生上述诸如黄帝、少昊包括女子国地望忽东、忽西的说法的根源在于古人的某种天象观或者说是宇宙观，这种宇宙观关乎古代星家对天上银河的流向的观测，也包含他们对日月星辰运行的观测等。黄帝、少昊、女子国处于银河入处，银河又将回流至东方始流之处，所以这些"国度"在"地理"上，可以具有忽西忽东的特点。

　　5."女子国"地望之又西又东与古人对银河的认知

　　《晋书·天文志上》有"天汉起没"的内容，"天汉"指"银河"，"天汉起没"，是以二十八宿作为天球上的坐标，来明确银河在天上的起没行径，亦包括它的长度、阔度等。天上的银河，有两段最显眼的地段，一段是起始处的尾、箕、南斗等所在的银河，那里是银河最光辉灿烂的地方，另一端则是银河没处的井、鬼、七星等处。轩辕十七星之主星轩辕十四，以及名为"御女"的轩辕十七就处于七星的上方，就是银河的没处，其分野所在的"女子国"也就处于"轩辕之山"，且四面都是水了，天上银河之水与人间黄河相通，黄河发源西方，所以"女子国"的地望就被置于西方。天上银河通过地下"黑水"重回天上，"轩辕之山""女子国"等是通向东方的必经之地，作为星象，"轩辕十七星""七星"等在黎明及秋天时将回归东方，所以常常又被想象以及描写成东方之国了。

---

① 王昆吾：《楚宗庙壁画鸱龟曳衔图》，载王小盾：《中国早期艺术与宗教》，东方出版中心 1998 年，第 41 页。
② 洪兴祖：《楚辞补注》（重印修订本），第 90 页。

三、《海内经》"素女"与"御女"星象

《山海经·海内经》有所谓"素女":

> 西南黑水之间,有都广之野,后稷葬焉。其城方三百里,盖天地之中,素女所出也。("其城方三百里"以下十六字原系郭璞注文,毕沅、郝懿行以为系经文误入注者,又"天地"原作"天下",亦从郝懿行说改。)爰有膏菽、膏稻、膏黍、膏稷,百谷自生,冬夏播琴,鸾鸟自歌,凤鸟自儛,灵寿实华,草木所聚。爰有百兽,相群爰处。此草也,冬夏不死。①

这个"素女",照《山海经》作者的看法,处于西南的"都广之野",是"天地之中",从《海内经》的描述看,素女原型意象大概也是"御女"星象。"后稷葬焉"关乎天上的"稷星",而天上的"天稷"星,正位于"南方朱鸟"的"七星"之南。《晋书·天文志上》:"稷五星,在七星南。稷,农正也,取乎百谷之长以为号也。"《新唐书·历志三上》:"鹑火直轩辕之虚,以爰稼穑,稷星系焉。"

都广之地的"后稷"葬处,当是上古祭祀"天稷"星的祭地,各种各样好吃的粮食作物大约是祭祀"天稷"星的祭品。中国是农业国,所以对这位星神一直崇奉有加,奉之为农业甚至国家的保护神,对这位"农神"的祭祀,也一直传承于后世。

"后稷"又处所谓"稷泽",《西次三经》:"不周之山……东望稷泽,河水所潜也,其原浑浑泡泡。"又云:"又西北四百二十里,曰峚山。……丹水出焉,西流注于稷泽。"郭注:"后稷神所凭,因名云。"郝懿行《山海经笺疏》:"泽即后稷所葬都广之野也。其地山水环之,故得言泽,见《海内经》。"②

天上的"后稷"星,处于银河流入处的位置。前面我们已经指出,天上的银河,最后经过天狗星、天纪星、天稷星,在"星宿(七星)"之南,银河没于南方地平线。

"天稷"紧靠"七星",是银河没处。地上的河水与银河相应,河水流入地下后将重新回到天上,如此循环不已。所以,"后稷"所处之地上也就是

---

① 周明辑撰:《山海经集释》,第537页。
② 周明辑撰:《山海经集释》,第68页。

"黑水""渤泽"之类的"河水所潜"之地了。

《淮南子·墬形训》将"都广之野"称为"反户":"南方曰都广,曰反户。"高诱注云:"都广,国名。山在此国,因复曰都广山。在日之南,皆为北向户,故反其户也。"[①]当也是基于银河没入地下后将重新回到天上,以循环不休之意。

关于素女所出之处"盖天地之中",大约与"轩辕十四"这颗大星在星空中的独特位置以及它在古人观象授时中所曾起到的特殊作用有关。上古有五帝之说,而黄帝是中央之帝,这种说法其源头大约还在天上,四象二十八宿之说,四象自然与四方、四季相应;而"五帝"说则与五方、五季相应,在"五帝"系统中,黄帝是中央之帝,位于中央,时间上属于"季夏",五色分配属于黄色,区别于东方苍龙的青色,南方朱鸟的红色,西方白虎的白色,北方玄武的黑色。将"轩辕十七星"拟为"黄龙体",或有取于此。中央的黄帝其地位要高于其他四帝。值得注意的是,季夏处于夏季和秋季之间,在黄道带所对应的天区介于"南方朱鸟"和"西方白虎"之间。而这种分布,正与"苍龙""轩辕""朱鸟"三者之间的分布吻合。所以上古"五帝"之说,很有可能反映的是"轩辕"也是天上的一"象",处于中央的位置,与其他四象构成"五象"。陈久金先生指出:"无论是四象还是五象的观念,都是形成于二十八宿产生之前。现今看来如果将黄道带分成苍龙、朱雀、轩辕、白虎、龟蛇,似乎并不完全等分,但在三代以前,北极星在斗魁和左右枢轴之间的时代,当时朱雀、轩辕所占有的赤经范围要更广阔,北方、西方所占天区比现今也要小一些。故将其配为五象应该大致相合的。"[②]又明代方以智《通雅》卷十一《天文·历测》云:"中宫黄龙,谓轩辕也。《玄象博议》曰:'五行,五纬,五事,而二十八宿何不言中央耶?'石氏《星经》曰:'中宫黄帝,其精黄龙为轩辕,首枕星张。'又《灵宪》言:'黄龙轩辕于中,与苍龙、朱雀、白虎、玄武为五。'然后知土位夏季,轩辕亦寄居鹑火,主雷雨之神,雷电风雨雾霜露云虹蜺背璚抱珥十四变,皆主之。亦犹土之无定位,而金木水火,赖以成与。"[③]可见上古"五象"之说,是完全有可能的。

素女传说,很多都关乎黄帝,《世本·作篇》云:"庖牺氏作瑟……五十弦。黄帝使素女鼓瑟,哀不自胜,乃破为二十五弦。"袁珂先生云:"盖黄帝

[①] 何宁:《淮南子集释》,中华书局,2006年,第334页。
[②] 陈久金:《星象解码——引领进入神秘的星座世界》,第83—84页。
[③] 侯外庐主编:《方以智全书》第一册《通雅》,上海古籍出版社,1988年,第441页。

之侍女。"①《说郛》(百二十卷本)辑宋虞汝明《古琴疏》云:"素女播都广之琴,温风冬飘,素雪夏寒,鸾鸟自鸣,凤鸟自舞,灵寿自华。"②

轩辕星是黄帝之星,素女原型是轩辕南之"御女"星,她之被视为黄帝的"侍女",并不偶然。

四、余 论

综上所述,我们大致可以明白,《山海经》《淮南子》等文献所载之"女子国""女子民"等神奇的国度国民,只存在于神话传说中,这种神话传说的产生,是上古天学家"规天划地"的结果,关乎上古人的宇宙观及分野观。中国上古星家观象授时,建立五象及四象体系,天上的银河作为参照系起到了重要作用。"御女"星由于处于所谓黄帝之星"轩辕十四"这颗大星的南方,又处于南方朱鸟主星"七星"的北边,而这里正是银河的没处,使得"御女"一星与轩辕十四、七星等一样,受到相当的关注,所谓的"女子国",用以象征天上的这一星象,同时古人根据分野观念,相信地上也应存在类似天上的周围是水的"女子国"。而银河没处又与银河始流之地潜通,银河没于西,始于东,此所以地上的"女子国"也就有了忽西忽东的不同特征。不惟女子国,上面我们已经指出,"少昊国""轩辕国"等也都有忽东忽西的特征。

这个"女子国"又以"素女"的面目传承,"素女"与黄帝的种种关系,缘于"素女"本就是轩辕星(黄帝)的组成部分。由于"轩辕星(黄帝)"在上古的五象体系中处于中央的位置,因此"素女"所处也成了"天地之中"了。

---

①② 袁珂:《中国神话传说词典》,第310页。

第五章
"黑齿国"与天上"箕宿"星象

一、"黑齿国"为"箕宿"之象

《山海经·海外东经》有"黑齿国",颇引人注目:

> 青丘国在其北。其狐四足九尾。一曰在朝阳北。帝命竖亥步,自东极至于西极,五亿十选九千八百步。竖亥右手把算,左手指青丘北。一曰禹令竖亥。一曰五亿十万九千八百步。黑齿国在其北。为人黑,食稻啖蛇,一赤一青,在其旁。一曰在竖亥北,为人黑(郝懿行笺以为"黑"下当脱"齿"字),食稻使蛇,其一蛇赤。下有汤谷。汤谷上有扶桑,十日所浴,在黑齿北。居水中,有大木,九日居下枝,一日居上枝。雨师妾在其北。其为人黑,两手各操一蛇,左耳有青蛇,右耳有赤蛇。一曰在十日北,为人黑身人面,各操一龟。

《大荒东经》则云:

> 有青丘之国,有狐九尾。有柔仆民,是维嬴土之国。有黑齿之国。帝俊生黑齿,姜姓,黍食,使四鸟。

古今注家,大多以《山海经》为地理书,以为此书所云之"国",当是实际存在于世之国,这样的认知大可怀疑。上文我们已经揭示了"贰负之尸"等奇人怪物的星象性质。《山海经》多言天象与其分野,天象较为确定,而与之相应之地理却实在茫然,如"北极"是天庭之中心,众星辰均围绕它旋转,这是明确可见的,而与北极相应之地,又该在哪里?关于大地之中心,各民族各有各的说法。古印度人认为"须弥山"是宇宙山,它位于世界的中心，其上闪耀着北极星。阿尔泰地区的斯基泰人认为乌尔干山位于世界之中心。我国先民或以"昆仑山"为大地之中心，然而"昆仑山"的地望，谁又说得清？所以《山海经》一书，与其说言地理不如说言天象。以《山海经》之"国"为地上某国之说，基本属附会，不足凭信。如郭璞注引《东夷传》所说的：

> 倭国东四十余里，有裸国，裸国东南有黑齿国，知行一年可至也。《异物志》云："西屠染齿，亦以仿此人。"①

郭璞所引之《三国志·魏书·东夷传》之"黑齿国"，显然是后世附会之"国"，与下面有汤谷，扶桑树的充满神奇色彩的"黑齿国"岂可同日而语！《山海经》之"国"，很多已可证明是天上星宿之"象"，如"青丘国"乃天上东方苍龙的"尾宿"之象，"犬封国"是"狗星"之象，"鬼国"是"鬼宿"之象等。或者说，这些"国"是与天上尾宿等对应的一个区域。以尾宿为例，尾宿有星九颗，古人在东方"青丘国"画了一个九条尾巴的狐狸，以象征天上的"尾宿"。所以《山海经》所言之"国"，表面看是说的地上之国，实际上是在分野的意义上谈的，它更注重的是天上的星宿，从这个角度说，《山海经》可以看作上古的星象图。"黑齿国"与"青丘国"相邻而居，"青丘国"是尾宿之象，天象上，与尾宿相邻的是"箕宿"，此黑齿国，当是与"箕宿"相应的地上之"国"，或者说它就是箕宿之象。箕宿四星，其星象特点略似张开的嘴巴，上古在星占学上所占者多为口舌之事，《史记·天官书》："箕为敖客，曰口舌。"《汉书·天文志》："箕主口舌。"《诗·小雅·大东》："维南有箕，载翕其舌。"《小雅·巷伯》："哆兮侈兮，成是南箕。彼谮人者，谁适与谋。"马瑞辰说："哆、侈皆状箕星舌广之貌。"②《山海经》原图画一黑齿之人，竭力强调它的黑"齿牙"，齿牙在口，正是因为用这样的"象"方能较具体地表现作为天上星象的"箕宿"。为什么将他的牙齿甚至身体画成黑色，当是因为箕宿今日虽属"东方苍龙七宿"之末宿，从前星占家或将其视为"龙尾"。但从东方苍龙七宿角、亢、氐、房、心、尾、箕的名目看，角是龙

---

① 郝懿行云："《魏书·东夷传》云：'女王国东，渡海千余里，复有国，皆倭种。又有侏儒国在其南，人长三四尺，去女王四千余里。又有裸国、黑齿国，复在其东南，船行一年可至。'此即郭所引也。四千余里，郭作四十余里，字形之讹也。又引西屠染齿者，刘逵注《吴都赋》引《异物志》云：'西屠以草染齿，染白作黑。'即与郭所引同也。"（见周明辑撰：《山海经集释》，第379页）

② 马瑞辰：《毛诗传笺通释》，第661页。

角,亢是龙的颈部,房、心是龙的心脏,尾是龙的尾巴。箕与"龙"没有关系,箕宿处于东北方位,早先箕宿应当属于北方星宿,北方色黑,故"黑齿国"之人,被画成黑色,尤其牙齿更突出其色黑,与旁边"青丘国"(含九尾狐)属东方的青色形成鲜明对照,于是尾、箕两星之特征及其所处方位得以形象地表现。

二、"竖亥把算"于"黑齿"与"青丘"之间与"银河起于箕、尾"

从《山海经》叙图者的文字看,在《海经》原图中,即在"黑齿国"与"青丘国"之间,画有"竖亥右手把算,左手指青丘北"之像;它们的下方(北方)则是赫赫有名的"汤谷"和"扶桑树"。

"竖亥步天"自然说的是从事天文测量活动,从事天文测量的"仪器"就是同一画面中"汤谷"中的"扶桑树",也就是测天之表木等。所谓的"汤谷",大概是类似于"灵台"的上古测天之圣地。需要指出的是"竖亥步天"肯定与"禹"有关,《海外东经》说"一曰禹令竖亥",而《续汉书·郡国志》刘昭注引《山海经》曰:

> 禹使大章步,自东极至于西垂,二亿三万三千三百里七十一步。又使竖亥步南极北尽于北垂,二亿三万三千五百里七十五步。

步是推步、测量的意思,竖亥、大章之"推步",也就是观测步算日月星辰的周天运动情况,分度天周,确立赤道周天(含大地)的广狭度数,以定天地之大小,以纪日月星辰之行次,就是制订历法。《尚书·大禹谟》说禹使"地平天成"。"地平天成",是指对天上的日月星辰进行观测、步算之后,建立了符合天象运行规律的历法以及天地对应的分野体系等。后来的《周髀算经》卷上具体谈到禹度量天地的方法:

> 勾广三,股修四,径隅五,既方之外,半其一矩。环而共盘,得成三四五。两矩共长二十有五,是谓积矩。故禹之所以治天下者,此数之所生也。①

---

① 程贞一、闻人军:《周髀算经译注》,上海古籍出版社,2012年,第1—2页。

《周髀算经》卷上又曰：

> 立二十八宿以周天历度之法，术曰：倍正南方，以正勾定之，即平地径二十一步，周六十三步，令其平矩以水正，则位径一百二十一尺七寸五分，因而三之，为三百六十五尺四分尺之一，以应周天三百六十五度四分度之一。①

值得注意的是，这里说到"立二十八宿以周天历度之法"，说明二十八宿在人们观测天象制定历法过程中具有重要意义。这与《书·尧典》的"羲和四子"观察四仲中星以确定季节同一机杼。

传说中，禹的最伟大的功业是"治水"，而"治水"与"步天"在内涵上相通。"禹治水"关乎天上的二十八星宿与银河，后来银河在二十八宿中的位置与流向被比附到地上，形成人间大禹的治水路径。银河作为重要的坐标系在人们确立二十八宿的过程中发挥过不可或缺的作用，而天上银河的起源之地正是在尾、箕之间。《晋书·天文志上》有"天汉起没"的内容，"天汉"指"银河"，"天汉起没"，是以二十八宿作为天球上的坐标，来明确银河在天上的起没行径，亦包括它的长度、阔度等：

> 天汉起东方，经尾箕之间，谓之汉津。乃分为二道，其南经傅说、鱼、天籥、天弁、河鼓，其北经龟，贯箕下，次络南斗奎、左旗，至天津下而合南道。乃西南行，又分夹鲍瓜，络人星、杵、造父、腾蛇、王良、傅路、阁道北端、太陵、天船、卷舌而南行，络五车，经北河之南，入东井水位而东南行，络南河、阙丘、天狗、天纪、天稷，在七星南而没。

郑樵《通志》在引载的同时，补充了一段无名氏的《天汉起没歌》，首二句云："天河亦一名天汉，起自东方箕、尾间。"②尾宿、箕宿，包括它们所在的银河，是古人观测星象，确定历元的重要星象。然则"竖亥步天"之被置于"青丘国"与"黑齿国"之间，正好可以说明"青丘国"与"黑齿国"乃是"箕宿"与"尾宿"的象征（或曰符号）。据《海外东经》，扶桑树"居水中"，而"尾宿""箕宿"，包括"南斗"，正处于银河中最灿烂的地段。《尔雅·释天》：

---

① 程贞一、闻人军：《周髀算经译注》，第2页。
② 陈遵妫：《中国天文学史》，第264页。

"箕、斗之间,汉津也。"郭璞注:"箕,龙尾。斗,南斗。天汉之津梁。"① "黑齿国"下方的"扶桑树"处于"水中",也就可以理解了。为什么叫"汤谷"? 郭璞注:"谷中水热也。"处于银河中的扶桑树是太阳升起的地方,太阳类似一个大火球,它所浸泡的水一定是热的了。"汤谷"之名,带有经验想象的成分,很有意思。而银河始流之处的尾宿、箕宿包括"汤谷"之下,人们想象成天下水流的汇聚之地,形成不少瑰丽奇异的神话地名与神话故事。如"尾闾""沃焦"之说,《庄子·秋水》云:

"天下之水,莫大于海,万川归之,不知何时止而不盈;尾闾泄之,不知何时已而不虚。"成玄英疏:"尾闾者,泄海水之所也;在碧海之东,其处有石,阔四万里,厚四万里,居百川之下尾而为闾族,故曰尾闾。海水沃著即焦,亦名沃焦也。《山海经》(今本无)云,羿射九日,落为沃焦。此言迂诞,今不详载。"②

吴任臣《山海经广注》辑《山海经佚文》:"沃焦在碧海之东,有石阔四万里,居百川之下,故又名尾闾。"又《古小说钩沉》辑《玄中记》云:"天下之强者,东海之沃焦焉,水灌之而不已。沃焦者,山名也,在东海南,方三万里,海水灌之而即消,故水东南流而不盈也。"③ 除了沃焦、尾闾,古代还有"归墟""大壑"之说,《列子·汤问》:"渤海之东不知几亿万里,有大壑焉。实惟无底之谷,其下无底,名曰归墟。八纮九野之水,天汉之流,莫不注之,而无增无减焉。"此"归墟",是沃焦、尾闾的别名。张湛注:

事见《大荒经》。《诗含神雾》云:"东注无底之谷。"称其无底者,盖举深之极耳。……《庄子》云"尾闾"。八纮,八极也;九野,天之八方中央也。世传天河与海通。④

沃焦、尾闾及归墟、大壑的来历,其实不难理解,天上银河之水从何而来,又流向何处?天上银河与地上之水相通环流,于是古人想象渤海或东海

---

① 《十三经注疏·尔雅注疏》,1999 年,第 175 页。
② 郭庆藩:《庄子集释》,第 565 页。
③ 袁珂:《中国神话传说词典》,第 214 页。
④ 杨伯峻:《列子集释》,中华书局,1979 年,第 151 页。

之下有一个可以容纳天地之水的巨大的"尾闾"了。"尾闾""归墟"等名字意味深长,尾闾者,盖"尾宿"之间也。尾宿是银河始流之处,故古人想象其下必有无尽之大水。"归墟",盖取"八纮九野之水,天汉之流,莫不注之"之意,它是天地所有水流的最终注入之处,所以名之曰"归墟"。天上银河之水与地上之水相通环流,所以"尾闾""归墟"所指其实是一致的。"沃焦",盖因东方是"扶桑树"所在地,是太阳所出之处,所谓"海水灌之而即消",说海水流入这里会消解,大约是古人想象海水遇日消解也。

箕宿在尾宿的东北方,表明经过这个地区的黄道,在到达最南段之后,已经开始向北运转了。有迹象表明,古人曾将尾、箕之间作为天文计算的冬至点,以后才移用斗宿。冬至点是历元。历元的位置测量和计算准确,据以制定的历法也才合理精确。《礼记·月令》仲冬之月:"日在斗。"郑玄注:"仲冬者,日月会于星纪,而斗建子之辰也。"① 关于"星纪",《尔雅·释天》云:"星纪,斗、牵牛也。"但《分野略例》引皇甫谧《年历》曰:"星纪一名天津,一名天府,一名天苟,一名天鸡。"② 而尾宿、箕宿皆有"天鸡"之称。可见,尾、箕作为"星纪",是留下痕迹的。

古代有十二次之说,即对黄道十二星次的分配,有析木之次,乃农历十一月,太阳经过尾宿、箕宿之时的星次为析木。按《尔雅·释天》的说法:"析木谓之津,箕、斗之间,汉津也。"陈久金先生据此说:"(析木)其标志星为箕、斗间的一段银河,所谓析木之津就是指此。它正位于冬至点的所在地,又是黄道与银河交叉之处。"③

为什么叫"析木"?"析"是"分别"的意思。《尔雅·释天》疏引孙炎曰:"析别水木,以箕斗之间,是天汉之津也。"④ 郝懿行云:"按河汉分南北两道,北指危、室,南横箕、斗,《尔雅》独言箕、斗者,以箕为木宿,斗为水宿,二宿相交于汉,有津梁之义,故曰汉津。然则不言析水独言析木者,天汉起自尾宿,于辰在寅在木,故主起处而名为析木也。"⑤ 所谓"析木",谓尾宿属木,而箕宿属水。尾宿箕宿处于东北之位置,尾宿靠近东边,为木,在上古的五方、五色系统中,东方色青,故其相应之"青丘国"色青。而箕宿则处于靠北之位置,北方为水,色黑,此所以与箕宿相应之"黑齿国",画为

---

① 《十三经注疏·礼记正义》,第 552 页。
② 瞿昙悉达:《开元占经》,第 607 页。
③ 陈久金:《星象解码——引领进入神秘的星座世界》,第 144 页。
④ 《十三经注疏·尔雅注疏》,第 177 页。
⑤ 郝懿行:《尔雅义疏·释天》,中国书店,1982 年(影印本)。

黑人黑齿了。《尔雅》以箕宿为"龙尾",为木,当是后起之说,"尾宿"才是"东方苍龙"之尾。从"箕宿"之名看,箕宿原必不属东方苍龙之宿,而为北方玄武之宿。

三、姜姓"黑齿国"与其分野之"太岳"

除了《海外东经》,《大荒东经》也载"黑齿国":"帝俊生黑齿,姜姓,黍食,使四鸟。"这里说说"黑齿国"姜姓的问题,姜姓,在上古典籍中屡屡提及,与"大岳""四岳""炎帝"等关联。

《左传·庄公二十二年》(前672年)载周史之言:

姜,大岳之后也,山岳则配天。(杜预注:"姜姓之先为尧四岳。")

《左传·襄公十四年》(前559年)载姜氏戎子支驹曰:

我诸戎,是四岳之裔胄也。

《国语·周语下》:

其后伯禹念前之非度,厘改制量,象物天地……共之从孙四岳佐之,高高下下,疏川导滞……皇天嘉之,赐姓曰姜,氏曰有吕。

姜姓为"太岳"或曰"四岳"之后,是先秦人较为一致的看法。当然姓氏之来源及其演变极为复杂,特别姜姓又涉及炎帝、伯夷等传说人物,这里无法详细展开论述,而只想指出姜姓与"岳"及与"尾宿""箕宿"的一种曲折联系,证明《大荒东经》关于"黑齿"姜姓之说当非空穴来风。

与《山海经》叙事同样,《书·禹贡》中禹的"导山",古代注家也往往置于"治水"的背景加以理解,禹"导山"正好为二十八座,此二十八山显然与天上二十八宿相应。《禹贡》所谓的大禹"导山"部分为:

导岍及岐,至于荆山,逾于河。壶口、雷首,至于太岳。厎柱、析城,至于王屋。太行、恒山,至于碣石,入于海。西倾、朱圉、鸟鼠,至于太华。熊耳、外方、桐柏,至于陪尾。导嶓冢至于荆山。内方,至于大别。岷山之阳,至于衡山。过九江,至于敷浅原。①

值得注意的是,纬书《洛书》将此二十八山与天上二十八宿星对应为:

(东方七宿):角,岍山;亢,岐山;氐,荆山;房,壶口山;心,雷首山;尾,太岳山;箕,砥柱山。(北方七宿):斗,析成山;牛,王屋山;女,太行山;虚,恒山;危,碣石山;室,西倾山;壁,朱圉山。(西方七宿):奎,鸟鼠山;娄,太华山;胃,熊耳山;昴,外方山;毕,桐柏山;觜,陪尾山;参,嶓冢山。(南方七宿):井,荆山;鬼,内方山;柳,大别山;星,岷山;张,衡山;翼,九江;轸,敷浅原。②

纬书《洛书》所云,当是古代星占学的传承。《禹贡》中禹的"导山",古代注家也往往置于"治水"的背景加以理解,将"天汉起没"之行径与《禹贡》"导山"之次序作一比较,会发现禹"导山"的顺序与天上银河起没于二十八宿的行径一致:

(起东方宿)太岳(尾宿)→砥柱(箕宿)→(北方宿)析成(斗宿)→王屋(牛宿)→太行(女宿)→碣石(危宿)→西倾(室宿)→(西方宿)鸟鼠(奎宿)→熊耳(胃宿)→外方(昴宿)→桐柏(毕宿)→(南方宿)荆山(井宿)→内方(鬼宿)→岷山(星宿)。

《禹贡》中禹"导山",由东方山而北方山而西方山而南方山,与银河起没之由东方宿而北方宿而西方宿而南方宿一致。

在《纬书·洛书》中,"太岳"与"砥柱"两山分别与"尾宿"与"箕宿"对应。然则"黑齿国"姜姓的根源在此欤?尾箕两宿,因为相邻,从前星家常连言及之,《开元占经》卷六十引《二十八宿山经》云:"尾山与箕山相连,在燕九都山西,尾箕星神常居其上。"③两宿所占测的事项也常相同,《开元占经》卷六十引石氏曰:"尾箕主后妃后府,故置傅说衍子孙。"④甚至它们的名字也有相同指出,如都一名"天鸡"等。

---

① 《十三经注疏·尚书正义》,第226—229页。
② 转引自江晓原:《历史上的星占学》,上海科技教育出版社,1995年,第301—302页。
③ 瞿昙悉达:《开元占经》,第581页。
④ 瞿昙悉达:《开元占经》,第582页。

所谓"大岳""四岳",在上古文献中,是山岳之名,又是人名或族名。作为人名,其原型当是天上尾、箕的人格化。"太岳"或曰"四岳"的主要功业是帮助禹"治理洪水"及协助禹"厘改制量,象物天地",是由于尾、箕两宿在禹规天划地、制定历法的工作中发挥了重要作用。

尾宿所对应的"大岳",不是指东岳泰山,而是今处晋东南的"霍太山",孔安国、郑玄以下无异说。《周礼·夏官·职方氏》:

> 河内曰冀州,其山镇曰霍山,其泽薮曰杨纡。郑玄注:"霍山在彘。杨纡所在未闻。"①

有意思的是,"冀州"虽然被后人认为是天下之中,然《说文》"北"部云:"冀,北方州也。"北方之州自与北方星宿相应。《书·禹贡》谓禹"治水"从"冀州"始,冀州之山镇是"霍太山"也即"太岳",而"太岳"与天上"尾""箕"对应,则禹治水从"冀州"始,而银河之流,正始自"尾""箕"。《尔雅·释地》:"两河间曰冀州。"郭璞注:"自东河自西河。"《周礼·夏官·职方氏》云:"河内曰冀州。"尾宿、箕宿处于银河之中,据分野原理,与之对应的"冀州"不能不在"两河间"与"河之内"了。中国古人是将河(黄河)对应于天上的银河的。

关于"霍太山"之关乎尾、箕尤其是箕宿,从《史记·秦本纪》的一段记载秦先祖的文字也可窥见一斑:

> 大费拜受,佐舜调驯鸟兽,鸟兽多驯服,是为柏翳。舜赐姓嬴氏。大费生子二人:一曰大廉,实鸟俗氏;二曰若木,实费氏。其玄孙曰费昌,子孙或在中国,或在夷狄。费昌当夏桀之时,去夏归商,为汤御,以败桀于鸣条。大廉玄孙曰孟戏、中衍,鸟身人言。……其玄孙曰中潏,在西戎,保西垂,生蜚廉。蜚廉生恶来。恶来有力,蜚廉善走,父子俱以材力事殷纣。周武王之伐纣,并杀恶来。是时蜚廉为纣石(棺)北方,还,无所报,为坛霍太山而报,得石棺,铭曰:"帝令处父不与殷乱,赐尔石棺以华氏。"死,遂葬于霍太山。

秦先祖大廉,为"鸟俗氏",而大廉玄孙曰孟戏、中衍,"鸟身人言",显然是

---

① 《十三经注疏·周礼正义》,第 1277 页。

神话的历史化。而它们的后代子孙"蜚廉"及其子"恶来"事纣王。周武王杀纣,并杀了他的儿子恶来,蜚廉对纣王忠心耿耿,闻纣死讯,在霍太山筑坛祭纣,得石棺,上有铭文:天帝因处父(蜚廉)至忠,国灭君死而不忘臣节,故赐以石棺,以光耀其族。这段文字,自然也是神话,《秦本纪》明说"文公十三年,初有史以纪事。"蜚廉正是神话中人物,其原型正为箕宿。蜚廉又作飞廉,飞廉为风伯,《楚辞·离骚》:"后飞廉使奔属。"王逸注:"飞廉,风伯也。"①而箕宿主风,也有风伯、风师之名,《开元占经》卷六十引石氏云:"箕星一名风星,月宿之,必有大风。"②郑玄注《周礼·大宗伯》:"风师,箕也。雨师,毕也。"③《文选·思玄赋》:"属箕伯以函风兮。"李善注:"《风俗通》曰:'风师者,箕星也。主簸物,能致风气也。'"④

飞廉古人又以为是一种兽,高诱注《淮南子·俶真训》:"蜚廉,兽名,长毛,有翼。"⑤能飞而又善走,说到底,都是风神箕宿的象征及由箕宿展开的神话想象。

值得注意的是,作为尾宿、箕宿之象征符号的"蜚廉"(飞廉)死葬霍太山,说的应该是霍太山古有尾宿、箕宿(飞廉)之石坛,则霍太山必上古观测、祭祀尾宿、箕宿之地,而《纬书·洛书》之将霍太山、砥柱山对应天上之尾宿、箕宿也并非空穴来风。

四、"雨师妾"是"龟星"之象

据《海外东经》,处于"扶桑树"北面的图像有"雨师妾":

> 雨师妾在其北。其为人黑,两手各操一蛇,左耳有青蛇,右耳有赤蛇。一曰在十日北,为人黑身人面,各操一龟。郭璞注:"雨师谓屏翳也。"⑥

---

① 洪兴祖:《楚辞补注》(重印修订本),第28页。
② 瞿昙悉达:《开元占经》,第581页。
③ 《十三经注疏·周礼注疏》,第646页。
④ 萧统编、李善注:《文选》,第672—673页。
⑤ 何宁:《淮南子集释》,第128页。洪兴祖《楚辞补注》引晋灼曰:"飞廉鹿身,头如雀,有角,而蛇尾豹纹。"
⑥ 袁珂:《山海经校注》,第263页。

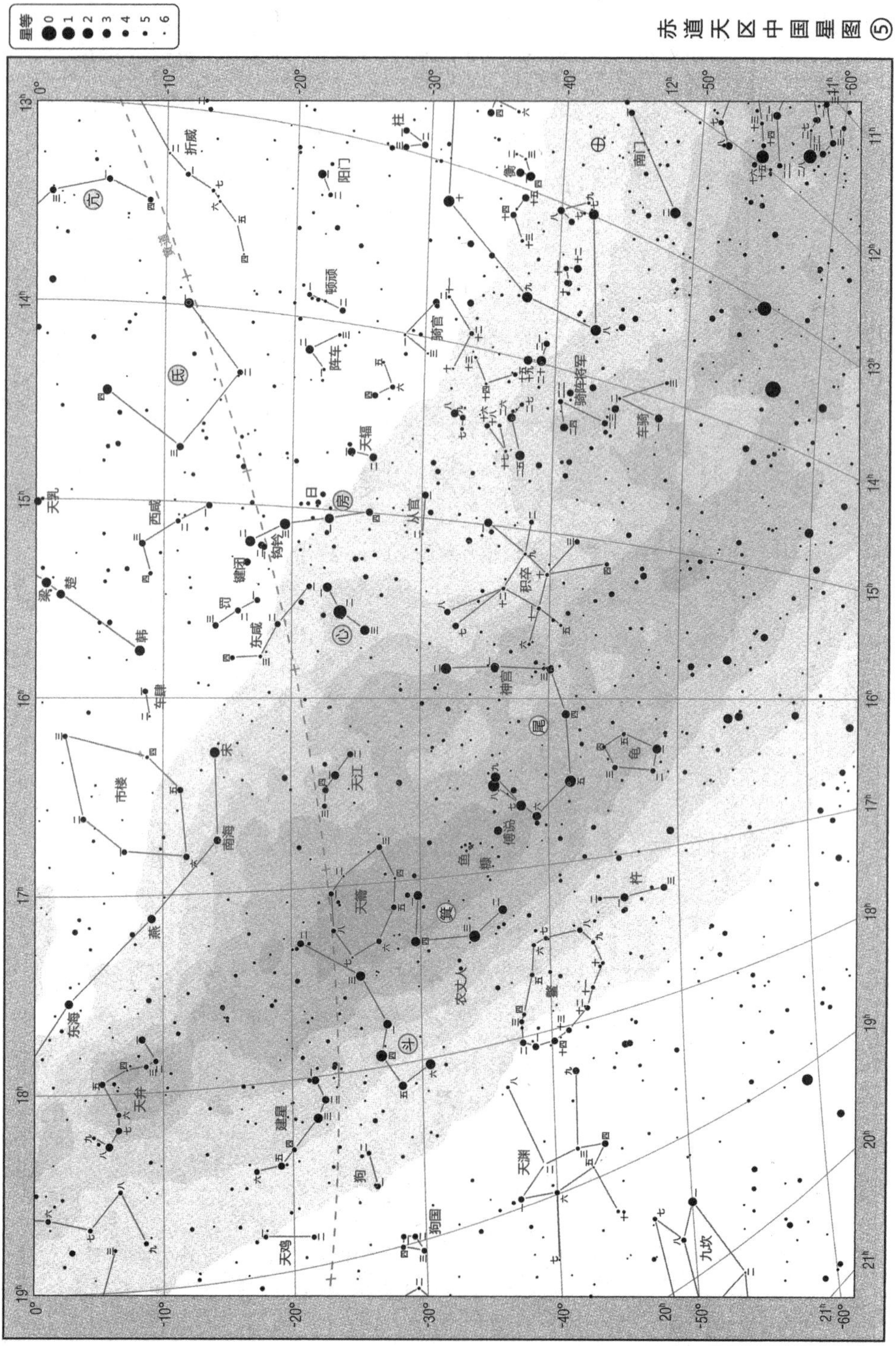

图 5-1 龟星所处星座(采自齐锐、万昊宜:《漫步中国星空》,第 188 页)

清人郝懿行据同经云"青丘国""黑齿国"之例,谓"雨师妾盖一国名。"郝氏之说无疑是有道理的,所以也为袁珂先生所肯定。如前所述,"青丘国""黑齿国"对应的是尾宿箕宿,那么"雨师妾国"一定也与天上的星宿对应,它也当是星宿之象。《海外东经》中所描画的雨师妾的形象还算鲜明:身体黑色,两耳贯蛇,两只手各握着一条蛇。值得注意的是,《海外东经》保留有关于"雨师妾"的另一说法,即"雨师妾"手中拿的是龟。由雨师妾"握龟"的特征,我们推断其所象征者为"龟星"。

"龟星"所象者非一,"雨师妾"当为其中之一。"龟"五星,在尾、箕之南银河之中,《开元占经》卷六十八引石氏曰:

> 龟星常居汉中,则阴阳和,雨泽时;星若不居汉中,有易水。一曰天下水旱,物不成。①

龟星居于"汉"(银河)中,自是掌水之星神,故星占家以之占卜水旱之事。

尾宿、箕宿在禹"治水"的过程中发挥过"引领"的作用,"龟星"也是。《天汉起没歌》云:"天河亦一名天汉,起自东方箕、尾间。遂乃分为南北道,南经傅说入鱼渊。天籥载弁鸣河鼓,北经龟宿贯箕边。"处于箕宿之旁的龟宿也是重要星宿,龟五星大致成龟形。北方玄武之象为龟、蛇。或取象于龟宿与属室宿的腾蛇星,它的重要性于此可见。②《楚辞·天问》云:

> "河海应龙,何尽何历?"王逸注:"禹治洪水时,有神龙以尾画地,导水所注当决者,因而治之也。"③

尾宿为龙尾,这是禹治理"洪水"起于尾宿、箕宿之间的一种神话传承,源于天上之星象。《拾遗记》卷二云:

---

① 瞿昙悉达:《开元占经》,第667页。
② 陈久金先生说:"在公元前一二千年以前,由于北极在北斗附近,以后赤道往北离开了这个天区,故上古时腾蛇与龟星的赤经差没有如现今达到的60度这么宽。再说上古天文观测不精,且先有四象或五象,以后再作二十八宿的具体分配,故将腾蛇和龟星看做北方七宿的龟蛇二宿是可以成立的。当然,也完全有可能是人们有了北方龟蛇观念之后,天文学家据此做出的补充和联想。但无论如何,这两个星座的名称,与北方龟蛇是有联系的。"(见陈久金:《星象解码——引领进入神秘的星座世界》,第178页)
③ 洪兴祖:《楚辞补注》(重印修订本),第91页。

> 禹尽力沟洫,导川夷岳,黄龙曳尾于前,玄龟负青泥于后。玄龟,河精之使者也。①

这里的"黄龙曳尾",原出尾宿,"玄龟"则"龟宿"。银河之流,先经尾、箕,后则北经龟宿也。

---

① 王兴芬:《拾遗记译注》,中华书局,2019年,第66页。

第六章
"大蟹""姑射国""女丑"与"龟星""鳖星"星象

一、姑射国"大蟹"为"大龟",为"龟星"之象

《山海经·海内北经》:

> 列姑射在海河州中。姑射国在海中,属列姑射,西南,山环之。大蟹在海中。陵鱼人面,手足,鱼身,在海中。①

"列姑射"据郭璞注是"山名",大意说海中有列姑射山,山中有国叫"姑射国",此国之海中有个巨大无比的"大蟹",郭璞注:"盖千里之蟹也。"②

在《大荒东经》中,此"大蟹"又与"女丑"联在一起:"海内有两人,名曰女丑。女丑有大蟹。"

"列姑射山"或者说属于"女丑"的"千里之蟹",后来一直得到传承。③此"千里之蟹",在《逸周书·王会》中称为:"海阳大蟹。"孔晁注:"海水之阳,一蟹盈车。"④孔晁此注,大约是不取"千里蟹"的"虚妄",但他解此蟹,以为一只就可以装满一车,也可见其大了。《吕氏春秋·恃君览》:"北(原作'非',据毕沅注改)滨之东,夷秽之乡,大解、陵鱼。"⑤"大解"就是"大蟹",似以"大蟹"等为地名,然这种所谓的地名其实来源于传说中的"大蟹"所在地。

---

① 洪兴祖《楚辞补注》引《山海经》作:"西海中近列姑射山,有陵鱼,人面人手,鱼身,见则风涛起。"
② 袁珂:《山海经校注》,第322页。
③ 《玄中记》曰:"天下大物,北海中之蟹,能举螯如山;其身故在水。"(见周明辑撰:《山海经集注》,第406页)
④ 黄怀信、张懋镕、田旭东:《逸周书汇校集注》(修订本),第843页。
⑤ 陈奇猷:《吕氏春秋校释》,学林出版社,1984年,第1322页。

这样的大蟹当然非人间之物，原亦非地名，那么它是从何而来的呢？笔者以为此"大蟹"源自天象，它是一种"象"，所象者，乃天上之"龟星"，龟五星处于银河中。何以龟星而名之大蟹？是因为上古"地龟"名"谢"也。《尔雅·释鱼》云：

> 龟，俯者灵，仰者谢，前弇诸果，后弇诸猎，左倪不类，右倪不若。①

又《周礼·春官·龟人》云：

> 天龟曰灵属，地龟曰绎属。

地龟名"绎"，又名"谢"，绎、谢音同可通，又与"蟹"音同，故讹作"蟹"，则此"大蟹"当为"大龟"。天上并无以"蟹"为名之星宿，而有"龟"五星，其星在尾、箕之南银河之中，银河古代称天河、天汉等。《太平御览》卷九三一引《星经》："天龟五星在南汉中。"这里的"汉"指天河，也即银河。《开元占经》卷六十八引石氏曰：

> 龟星常居汉中，则阴阳和，雨泽时；星若不居汉中，有易水。一曰天下水旱，物不成。②

天河始流处，也是天河最灿烂之处的星宿，如尾宿、箕宿、南斗等，曾受到古人格外的关注，包括这颗"龟星"以及"鳖星""鱼星"等，从中演绎出许多瑰奇的神话传说。这些神话传说拓开了人们的想象空间，启迪孕育了早期我国的哲学与文学艺术，极大地滋润丰富了国人的文化生活。因此对相关的神话传说作些考原性的研究，无疑极有必要。源于"龟星""鳖星"的神话传说很多，这里先说《列子·汤问》中的"五神山"故事：

> 渤海之东不知几亿万里，有大壑焉，实惟无底之谷，其下无底，名曰归墟。八纮九野之水，天汉之流，莫不注之，而无增无减焉。其中

---

① 郝懿行云："仰者，地龟也。郑注上仰者也。地龟仰。按'谢'彼作'绎'，谢、绎古同声。《释文》谢，众家本作'射'，盖射有绎音，《韩诗》敉作射，即其例也。"（郝懿行：《尔雅义疏·释天》）
② 瞿昙悉达：《开元占经》，第667页。

有五山焉：一曰岱舆，二曰员峤，三曰方壶，四曰瀛洲，五曰蓬莱。其山高下周旋三万里，其顶平处九千里。山之中间相去七万里，以为邻居焉。①

细细推绎，很容易发现"五神山"与"龟"五星的相似处，龟五星乃是"五神山"的原型。龟五星处于东北天河中，《列子》五神山处于"渤海之东"的"大壑""归墟"之水中。龟五星之数与五山之数亦同。而五神山之名，或隐括"龟星"之性，尤应引起我们的注意。《艺文类聚》卷九十六引《说苑》谓龟："灵龟五色，色似玉，背阴向阳，上隆象天，下平法地，槃衍象山。转运应四时，蛇头龙胫，左睛象日，右睛象月。"②古人谓天圆地方，龟的背圆拱而隆起，腹甲则宽大平整，使人容易将它与天地相联系。五神山中"员峤"与"方壶"，可拟天圆地方，"员"即"圆"也。③而"岱舆"之舆为车，与龟之"转运应四时"亦相应。五神山之名，显露出如此玄机，则"五神山"之取象龟五星，恐怕没什么疑义。

处于"大蟹"旁边的"陵鱼"，《海外西经》云："龙鱼陵居在其北。"《楚辞·天问》："鲮鱼何所？"显然都是一物，后人或谓陵鱼为鲤鱼，或谓为娃娃鱼，或谓为穿山甲，皆不得要领。此陵鱼与"大蟹"一样，在传说中也有巨大无比的一面，如《北堂书钞》卷一百三十七引书就有"鲮鲤吞舟"之说。④作为《山海经》图像之"陵鱼"，绝不是图人间之鱼，此"人面"之陵鱼乃"鱼星"之象，《开元占经》卷六十八引石氏云："天鱼一星，在尾后河中。"⑤龟星、鱼星正为银河中相邻之星。陵鱼又名龙鱼，大约因为"尾宿"属于"龙尾"，鱼星是尾宿的属星，所以就被以"龙鱼"之名了。

二、"姑射国""列姑射山"意为"龟国""裂龟山"，喻指龟星

"大蟹"的所在地也即大龟的所在地名"姑射国"，又叫"列姑射山"，也

---

① 杨伯峻：《列子集释》，第151—152页。
② 《初学记》卷三十引《礼统》则谓："神龟之象，上圆法天，下方法地，背上有盘法丘山，玄文交错以成列宿，五光昭若玄锦文。"
③ 王嘉《拾遗记》卷十云："员峤山……西有星池千里。池中有神龟，八足六眼，背负七星日月八方之图，腹有五岳、四渎之象。时出石上，望之煌煌如列星矣。"此种神龟传说，显然亦源自龟星。
④ 袁珂：《山海经校注》，第324页。
⑤ 瞿昙悉达：《开元占经》，第668页。

是充满神奇色彩的为人熟知的仙境。《列子·黄帝篇》云：

> 列姑射山在海河洲中，山上有神人焉，吸风饮露，不食五谷，心如渊泉，形如处女。①

《庄子·逍遥游》则称为"藐姑射之山"。"姑射"之名看似奇怪，其实两字合音急读正为"龟"，则"姑射国"也就是"龟国"，"姑射山"就是"龟山"。龟国、龟山而画"大龟"之形，顺理而成章，如此造名，是星家的狡狯。"列"是"裂"的古字，《说文》"刀"部："列，分解也。"《荀子·哀公问》："两骖列。"杨倞注："列与裂同，谓外马擘裂。"②"列"又与"烈"通，《诗·郑风·大叔于田》："火烈俱举。"毛《传》："烈，列。"③古人用火裂龟而占卜，"姑射"前加一动词"列"，又正关合龟的这一特征。

《列子》《庄子》的"姑射山""藐姑射山"都来自《山海经》。《东次二经》云：

> 卢其之山……南三百八十里，曰姑射之山，无草木，多水。又南水行三百里，流沙百里，曰北姑射之山，无草木，多石。又南三百里，曰南姑射之山，无草木，多水。

这里的"姑射之山"当然就是《海内北经》的"列姑射山"，也即《列子·黄帝篇》中的"列姑射山"和《庄子·逍遥游》中的"藐姑射山"了。唯《东次二经》分"北姑射之山"和"南姑射之山"，何以会出现两个"姑射山"呢？答案也在天上，天上除了"龟"五星，还有"鳖"十四星（《星经》称鳖十五星），《晋书·天文志》云："鳖十四星，在南斗南。鳖为水虫，归太阴。"龟鳖同类之物，"鳖"十四（五）星在龟五星之北。两座龟星，一南一北，正好与地上的南北两座"姑射山"对应。从分野的角度，"北姑射山"恰当"龟星"之分野。南姑射山就是《海内北经》的"列姑射山"，是"鳖星"的分野。由于"龟"星处于银河之中，因此有"无草木，多水"之说。而"鳖"星处于银河的边上，所以也就"无草木，多石"了。

---

① 杨伯峻：《列子集释》，第44页。
② 王先谦：《荀子集解》，中华书局，1988年，第546页。
③ 《十三经注疏·毛诗正义》，第284页。

《列子·汤问篇》关于"五神山"接上面引文又云：

> 而五山之根无所连箸，常随潮波上下往还，不得暂峙焉。仙圣毒之，诉之于帝。帝恐流于西极，失群仙圣之居，乃命禺疆，使巨鳌十五举首而戴之。迭为三番，六万岁一交焉。五山始峙而不动。而龙伯之国有大人，举足不盈数步而暨五山之所，一钓而连六鳌，合负而趣归其国，灼其骨以数焉。①

如此富有想象力，宏阔而奇丽的叙事，必出自常常仰望星空的星家之手，所谓的"巨龟"十五，所隐喻者正为十五颗"鳌星"，龟鳌同类，而鳌是大龟。"龙伯国大人"，则隐喻东方苍龙之主体"房宿""心宿"，它们正处于龟星的西边，临近龟五星，与鳌十五星亦近。《山海经·大荒东经》云："有波谷山者，有大人之国。有大人之市，名曰大人之堂。有一大人其上，张其两耳。"郭璞注以《河图玉版》之"龙伯国人"加以比拟。②《尔雅·释天》云：

> 天驷，房也。大辰，房、心、尾也。大火谓之大辰。郭璞注："龙为天马，故房四星谓之天驷。龙星明者，以为时候，故曰大辰。"③

为什么龙伯国大人"一钓而连六鳌，"是因为古人用六种龟象征天地四方，用六种龟来占卜天地万物之事，如《周礼·春官·龟人》说的："龟人掌六龟之属，各有名物。"④龙伯国大人钓六龟也正在于用龟占卜。五神山及龙伯国大人钓六鳌可以看成是一个寓言故事，这里我们不谈《列子》作者借此寓言所欲表达的哲学思想，而只是想指出，列子讲的这个寓言，是有其天象背景的，主要是以龟星、鳌星、房星、心星等作为"喻体"来展开其叙事及论道的。

---

① 《楚辞·天问》云："鳌戴山抃，何以安之？"显然承《列子》而来，此句王逸注云："鳌，大龟也，击手曰抃。《列仙传》曰：'有巨灵之鳌，背负蓬莱之山而抃舞，戏沧海之中，独何以安之乎？戴，一作载。'"[洪兴祖：《楚辞补注》（重印修订本），第102页]
② 郝懿行：《山海经笺疏》，第387页。
③ 《十三经注疏·尔雅注疏》，第175页。
④ 《十三经注疏·周礼注疏》，第931页。

三、"女丑之尸"亦为"龟星"之象

谈《山海经》的"大蟹",也即"龟星",不能绕开的是与其相关的奇怪的"女丑之尸"。"女丑之尸"肯定也是一图像:

> 女丑之尸,生而十日炙杀之,在丈夫北,以右手鄣其面。十日居上,女丑居山之上。(《海外西经》)

> 有人衣青,以袂蔽面,名曰女丑之尸。(《大荒西经》)

关于这奇怪的生而就被天上太阳烧死的"女丑之尸",郝懿行注云:"十日并出,炙杀女丑,于是尧乃命羿射杀九日也。"袁珂认同郝懿行的解释,申论之云:

> 此说颇符情理。观《山海经》所记女丑图像,均暴巫之像,女丑当为女巫。"以右手鄣其面""以袂蔽面",即被暴而不胜其楚毒之象。古人天旱求雨,有暴巫聚尪之法,以为可以感动上帝,普降甘霖。①

郝懿行、袁珂之说尚可商榷,关于女丑之尸的"神话",还得从"龟星""鳖星"在星空中的位置及龟鳖本身的特性中寻找。女丑的"丑"字,也并非表贬义的意思,"丑"是个方位词,表示东北偏北的方向。龟星正处于东北方向,所以《列子》将它与"渤海"关联。龟星属于东方苍龙七宿的尾宿,而有名的"汤谷"及"扶桑树"就在尾宿、箕宿之下方,天上十个太阳轮流从扶桑树升起,它底下的大水(又有山)叫"尾闾",又叫"大壑""沃焦"等,为什么叫"沃焦",旧说谓受太阳的炙烤所致。

"女丑有大蟹",说的是女丑之象与"大蟹"并立,或者是说女丑立于"大蟹"之上,则"女丑"同样是龟星之象,可以表现龟星。此"女丑",《山海经》的作者说"生而十日炙杀之",是基于龟星在星空中所处的位置,也即基于《山海经》作者的宇宙观而言的。龟星处于这样的天象位置,与其相应的地上"姑射国"的"女丑",自然生来就会被扶桑树上升起的十个太阳

---

① 袁珂:《中国神话传说词典》,第41—42页。

所炙杀。但《山海经》的作者的目的尚不止于此。须知人间的"神龟"能预卜未来,经火烧灼之后,人们根据龟壳的裂缝进行占卜判断,这就是所谓的龟卜。殷周时代,龟卜极为兴盛,甲骨文就是记录龟卜的卜辞,这是大家都知道的。《列子》中"龙伯国大人"之钓"六鳌",也明说"灼其骨以数(卜)焉"。于此我们可以推定,《山海经》作图者之创"女丑"这样一个"象",是用曲折隐晦的方式,既展示了天上的龟星所处的位置及其境遇,又蕴涵了地上之龟必被烧灼的同样命运,非常巧妙。

穿着青色衣服的"女丑",以"以袂蔽面",显然是后来"姑射山神人"的原型,龟是所谓的阴物,所以用女性象征。至于"女丑"用衣袖遮住脸部,大约是为了表现其躲避太阳炙烤之举。

女丑之尸,"在丈夫北",这里的"丈夫"也是星座名,当指"农丈人"一星,《晋书·天文志》云:"农丈人一星,在南斗西南。"《天皇会通》称:"农座箕东,绕箕偃仰,此星当入箕宿。"①此星当得"丈夫"之名,又与"龟星"邻近。

四、"并封""登葆山""巫咸国"与鳖星、龟星

《山海经》中有所谓的"巫咸国",它与似乎是一种兽的"并封",都与"女丑"相邻:

> 巫咸国在女丑北,右手操青蛇,左手操赤蛇,在登葆山,群巫所从上下也。并封在巫咸东,其状如彘,前后皆有首,黑。(《海外西经》)

"巫咸国""并封"都临近"女丑",搞清它们的蕴意,自然也有利于我们认识"女丑"的真面目。

先说"并封"。《大荒西经》:"有兽,左右有首,名曰屏蓬。""并封""屏蓬"是一物,是左右有首的"兽"的图像。然这个兽,在《逸周书·王会》中称为"鳖封":

> 区阳以鳖封者,若彘,前后有首。②

---

① 陈遵妫:《中国天文学史》,第238页。
② 黄怀信、张懋镕、田旭东:《逸周书汇校集注》,第855页。

"鳖封"与《山海经》中的"并封""屏蓬"无疑也是一物。①乃是龟鳖星之象,"并""屏"都是"鳖"的假音。或以为"鳖"是"并""屏"的假音,鳖笔画远多于"并"等,古人不会用难写之"鳖"来表"并",只能是用容易写的"并""屏"来表示"鳖"。

而"封"义为"窆",《礼记·檀弓上》:"还葬,县棺而封,岂有非之者哉!"郑玄注:"封当为窆。窆,下棺也。"②《易·系辞下》"不封不树"三国吴虞翻注:"穿土称封。封,古窆字也。"③然则"鳖封"之义为"鳖葬",由星象言之,乃西方之龟鳖之星,也即秋天时龟鳖星之象也。④于此我们也可以明白为什么"女丑"既出现于东方,又出现于西方了。

再说"登葆山"。女丑的图像是"右手操青蛇,左手操赤蛇",立于登葆山上,则"登葆山"必与"女丑"具有某种同一性的关系,而事实正是如此。登葆山之"葆"又作"保","保"字通"宝"。《史记·周本纪》:"(武王)命南宫括、史佚展九鼎保玉。"裴骃《集解》引徐广曰:"保,一作'宝'。"⑤

《尔雅·释鱼》有"宝龟",郭璞注:"《书》曰:'遗我大宝龟。'"而"宝"又可以称"龟",《春秋·定公八年》"盗窃宝玉大弓。"《公羊传》:"宝者何?龟青纯。"何休注:

> 千岁之龟青髯,明于吉凶。《易》曰:"定天下之吉凶,成天下之亹亹者,莫善乎蓍龟。"经不言龟者,以先知,从宝省文。谓之宝者,世世宝用之辞。⑥

"登"则有"祭"义,"登"与"升""陟"诸字上古音义全同,都关乎上古时代的祭礼,《诗·周颂·般》"陟其高山",毛传:"高山,四岳也。"郑玄笺:"其所至则登其高山而祭之。"⑦《仪礼·觐礼》:"祭天,燔柴,祭山丘陵,升;祭川,

---

① 吴晓东先生以为是西方七宿"奎宿"之象,因为《王会》有鳖封"若彘"之说,奎宿十六星的连线犹如前后有首的猪的形象,而奎宿又名"封豕",后世猪八戒的原型也是奎宿,可参。(见吴晓东:《〈山海经〉语境重建与神话解读》,第250页)
② 《十三经注疏·礼记正义》,第236页。
③ 李道平:《周易集解纂疏》,第631页。
④ 古代又有"龟封"之语,谓以龟趺封墓。墓碑下之龟形石座,就叫龟趺。
⑤ 司马迁:《史记》,第127页。
⑥ 《十三经注疏·春秋公羊传注疏》,北京大学出版社,1999年,第572页。
⑦ 《十三经注疏·毛诗正义》,第1375页。

沈;祭地,瘗。"①《礼记·礼器》"因名山升中于天",皆以"升"为祭名,登与升同,故"登"也应是祭名。②

然则"登葆山"可以解为祭祀龟星之山了。也是"群巫所从上下"之山,为什么象征龟星的"登葆山"如此受到群巫的青睐？这可能与上古龟在占卜中所发挥的特殊作用有关。殷人尤信龟卜,皆有史可证。然则"女丑"应该是一种"尸象",表示其所载的山在上古是列入祀典的。《大荒西经》云:

> 大荒之中有山,名曰丰沮玉门,日月所入。有灵山。巫咸、巫即、巫盼、巫彭、巫姑、巫真、巫礼、巫抵、巫谢、巫罗十巫,从此升降,百药爰在。

十巫所升降的"灵山"当即"登葆山","灵山"可能也含龟山之名,龟有"灵龟"之名,但称"灵"亦可名龟,《尔雅·释鱼》:"龟,俯者灵。"③为什么是"十巫",《尔雅·释鱼》有"十龟":

> 一曰神龟,二曰灵龟,三曰摄龟,四曰宝龟,五曰文龟,六曰蓍龟,七曰山龟,八曰泽龟,九曰水龟、十曰火龟。④

此"十龟",又名"十朋之龟",《易·损卦》:"十朋之龟,弗克违。"虞翻云:

> 十谓神、灵、摄、宝、文、蓍、山、泽、水、火之龟也,故"十朋之龟"。⑤

十巫与十龟及"十朋之龟"之传承意味深长,它们之间必有联系。十巫之名,似多隐括龟名以及相关的祭祀之名,如"巫姑""巫谢",正是"姑射",而

---

① 胡培翚:《仪礼正义》卷二十,江苏古籍出版社,1993年,第1326页。
② 清代学者马瑞辰注《诗·周颂·般》时说:"《尔雅·释诂》:'陟,升也。'升为祭名,陟即为升,亦祭名矣。周时祭山曰升,或曰陟,犹秦汉时曰登封,或曰登礼,或曰登假。"(马瑞辰:《毛诗传笺通释》,第1122页)
③ 孙诒让云:"《礼记·礼器》孔疏引《尔雅》郭注,有卜龟黄灵黑灵之属。《唐六典》李注亦载太卜令卜法云:'春用青灵,夏用赤灵,秋用白灵,冬用黑灵,四季之月用黄灵。'《初学记》龟部引柳隆《龟经》说略同,即方色之龟也。"(孙诒让:《周礼正义》,第1950页)
④《十三经注疏·尔雅注疏》,第303页。
⑤ 李道平:《周易集解纂疏》,第379页。

"罗"字可训"列",则为"列姑射"了。"巫真"之"真",《说文》"匕"部:"真,仙人变形登天也。"龟,不仅长寿,有千年之龟,且灵异多变,《史记·龟策列传》云:

> 余至江南,观其行事,问其长老,云龟千岁乃游莲叶之上,著百茎共一根。又其所生,兽无虎狼,草无毒螫。江傍家人常畜龟饮食之,以为能导引致气,有益于助衰养老。

罗愿《尔雅翼·释鱼》云:

> 龟以灵著,故千年之龟,游于苓叶之上。苓,今甘草也。叶圆小而有刺,言龟久而神灵,能变形大小也。今人见小龟,以为千岁,则失之矣。《逸礼》曰:"龟三千岁,上游于卷耳之上。"①

龟的这种长寿、灵变、前知的特性似被后人凝练成了"仙人",于是其所在的"列姑射山"成了《列子》所谓"群仙圣之居"的神山了,而《庄子》描写的,"藐姑射之山"的神人,承《列子》之说,更是绝世美人:

> 肌肤若冰雪,绰约若处子。不食五谷,吸风饮露。乘云气,御飞龙,而游乎四海之外。②

《山海经》多寓言重言,极迂回曲折,于此可见一斑。后世如《庄子》《列子》《淮南子》诸书,其作者必通天象者,而他们书中诡谲夸诞,充满天机的语言,未始没有《山海经》的影子。而后世星家卜师语言之模棱歧解、隐括多义,也可知其来有自。

最后说"巫咸国"。按照《山海经》的体例,它必然也是一星象,当为"咸池"星。《史记·天官书》云:

> 西宫咸池,曰天五潢。五潢,五帝车舍。

---

① 罗愿:《尔雅翼》,第361页。
② 郭庆藩:《庄子集释》,第28页。

司马迁不以"白虎"名"西宫",白虎的主体是觜、参二宿,可见在他眼中咸池星地位的重要。张守节《正义》云:

　　咸池三星,在五车中,天潢南,鱼鸟之所托也。①

"咸池""五潢""五车"乃一星座而三名称,如《开元占经》卷六十六引郗萌云:

　　五车一名咸池,一名为五潢,一名为重华,居丰隆也。②

咸池在昴宿、毕宿的北边,《淮南子·天文训》:"日出于旸谷,浴于咸池。"浴指入浴,谓日落于咸池。昴、毕之间,正是咸池星所处的位置。③前面说到的《尧典》中日落处的"昧谷",壁中古文本作"卯谷",今文本作"柳谷",④"卯谷"强调与"昴宿"的对应,《论衡·说日》:"日旦出扶桑,暮入细柳。扶桑,东方也;细柳,西方野也,桑柳天地之间,日月常出入之处。"细柳也就是柳谷。昴、毕之间有"月"星一颗,是用以说明这里是日落处,同时则是月亮升起之地。

　　我们在前面指出,《山海经》古图作者可能是殷代星家巫咸,巫咸观测日月星辰之运行,心、尾、箕等宿是重要参照,所以处于心、尾、箕之下的"汤谷"成了载日阳鸟的始飞之地。而古人将所谓的殷贤相"傅说"升上天穹成为太阳始升之处的星宿,同样作为殷贤相的"巫咸",升上天穹后成为太阳没处的星宿。两者之间的关联可谓一望可知。

五、"鸱龟曳衔"与"灭蒙鸟"及夜间太阳的运行

　　前面提到的"十龟"与"十朋"可以对应的上古记载,让我们很容易想到《楚辞·天问》中难解的"鸱龟曳衔,鲧何听焉",因为"朋"也是鸟名。关于"鸱龟曳衔"的解读极为繁多,但多从所谓的"史实"出发,殊难成立,因为此句前面有"角宿未旦,曜灵安藏"之语,王逸注:

---

① 司马迁:《史记》,第1304页。
② 瞿昙悉达:《开元占经》,第640页。
③ 司马贞《史记索隐》引孙炎曰:"昴、毕之间,日月五星出入要道,若津梁也。"
④ 金景芳、吕绍纲:《〈尚书·虞夏书〉新解》,辽宁古籍出版社,1996年,第53页。

角、亢,东方星。曜灵,日也。言东方未明旦之时,日安所藏其精光乎?①

可见这句说的是天上尤其是太阳运行的事。王小盾以为鸱和龟是夜间太阳的使者,他通过马王堆汉墓帛画、汉甘泉宫遗址瓦当、河南郑州新郑画像砖等早期文献、文物资料,论证"鸱龟曳衔"是一个"关于夜间太阳化身为鸱,由龟背负,自羽渊经黑水而返回东方若木之处的神话"②。此说值得重视。灵山上的神龟正好是十个,符合"十日"之数。"鸱龟曳衔"的神话关乎"鲧",而鲧又与龟鳖与巫多有关联,《天问》:"化为黄熊,巫何活焉?"黄熊,《国语》作"黄能",也就是三足鳖。从《山海经》十巫上下"登葆山"的记载看,与《天问》记载相似,《天问》之说当来自《山海经》。而特别有意思的是"十朋"之与"十龟"成为一体之记载,可以作为"鸱龟曳衔"之注脚。

　　王小盾释"鸱"为猫头鹰,猫头鹰有夜间活动的特性,洪兴祖则释为"鸢"。而从《山海经》等的记载看,夜间之"太阳鸟"不是"鸱",在《山海经》中是所谓的"孟鸟",又叫"灭孟鸟",此更接近于"朋"鸟之说。《海外西经》:"灭蒙鸟在结匈国北,为鸟青,赤尾。"《海内西经》:"孟鸟在貊国东北,其鸟文赤、黄、青,东乡。""灭蒙鸟"当是"蒙谷"之鸟之意象,处于"日落处"的位置。太阳从东方旸谷也即汤谷升起,没于西方之蒙谷,蒙谷就是《书·尧典》中的"昧谷",孔《传》:"昧,冥也,日入于谷而天下冥,故曰昧谷。昧谷曰西,则嵎夷东可知。"③"蒙鸟"显然是与东方"载日"的"阳乌"相对应的西方日落处的鸟,也可以理解成载日的阳乌飞到蒙谷时的称谓。但从《天问》"鸟焉解羽"的说法看,"阳乌"在飞到西方日落处时死去。那么,太阳在夜间的飞行,即它由地下运行重新来到东方,是由"灭蒙鸟"(孟鸟)与龟来承担的,这应当是一个合理的解释。

　　咸池处于天河中,所以有"浴日"之说,太阳落于这样的"(咸)池(五)潢"之中,它怎么又能重新在东方升起呢?于是上古的星家在所谓"巫咸国"的旁边设立了"登葆山",也就是"龟山",让龟山上的"十巫",其实是"龟"的化身,充当夜间背驮太阳的"使者",通过地下的黑水,去向东方的扶桑之地。有意思的是,在东方扶桑树升起的地方又恰恰有龟的栖身之

---

① 洪兴祖:《楚辞补注》(重印修订本),第89页。
② 王小盾:《中国早期艺术与宗教》,第41页。
③ 《十三经注疏·尚书正义》,第39页。

处。龟充当太阳的夜间使者还有商代器物纹饰的支持,王小盾说:

> 近年来出土的龟纹器物,主要就是商代的器物。其上的龟纹往往和鱼纹同铸于一器,乃是龟为水物之观念的表现;而龟背之上往往以圆涡纹为主体,兼饰雷纹和日纹,则明显表现了当时人以龟为太阳使者的意识。①

美国汉学家艾兰也说:

> 龟纹确是殷商青铜艺术中一个基本的母题……龟是一种水生物,龟纹大部分位于盘的中央,有时瓶角龙也替代性地出现在这个部位。盘的其他装饰纹包含了鱼和鸟,这暗示了盘代表着水池,或许就象征着"咸池"("旸谷""汤谷""阳谷")和"羽(虞)渊",是通向下界的入口。在一些器皿的底部也发现了这种龟纹,也有时是龙纹。②

艾兰的这个意见与王小盾类似,以为"咸池""虞渊"是下界的入口。唯以为"咸池"即"旸谷"(汤谷)则显然不确,当然她更没有推导出龟作为太阳"使者"运送太阳回到汤谷的事实,这是十分可惜的。

六、《书·禹贡》"九江纳锡大龟"与龟星

《山海经》中龟鳖之星还影响了《书·禹贡》的叙事,可以为今人解决《禹贡》"地名"提供有益的线索。《书·禹贡》云:

> 荆州……九江孔殷……九江纳锡大龟。③

大意谓"九江"处于"荆州"之地,九江向朝廷进贡大龟。而《史记·龟策列传》记载:"庐江郡常岁时生龟,长尺二寸者,二十枚输太卜官。"《通典·州郡十一》:"蕲州广济,蔡山出大龟,《尚书》云'九江纳锡大龟'即此。"所以

---

① 王小盾:《中国早期艺术与宗教》,第 48 页。
② [美]艾兰:《龟之谜——商代神话、祭祀、艺术和宇宙观研究》(增订版),汪涛译,商务印书馆,2010 年,第 136 页。
③ 《十三经注疏·尚书正义》,第 211—216 页。

有的注家就以为《禹贡》"九江"指的是今湖北东部黄冈地区广济迤逦向东一带。然"九江"旧释极为纷繁,除了上述之说,主要的尚有三说:一、汉豫章郡诸县入湖汉水(今赣江)之诸水;二、今洞庭湖,包括入该湖之诸水;三、在鄂湘之交,即汉阳以南城陵矶以西。

"九江"古人又以为九条江,司马贞《史记索隐》引《寻阳记》云:

> 九江者,乌江、蚌江、乌白江、嘉靡江、沙江、畎江、廪江、隄江、菌江。①

然此九江,无法指实,又它书说"九江"者与此全然不同,连大理学家朱熹也提出他的"九江"说,然有人说"九江"并不必指九条江,一条江也可称九江等。众说纷纭,而了无结果,也不可能有结果。②

不知《禹贡》山水,属于分野地理学,乃是在天地对应的分野观念下形成的所谓九州"地理",不惟"九江"后人道不明,即《禹贡》中的"黑水""洋水"等情况同样如此。③关于"九江"之意蕴,我们只要把视野引向天上,就可迎刃而解。《石氏星经》:"箕尾之间,谓之九江口,故尾一名九江。"④《开元占经》卷六十引石氏曰:"尾,一曰天九江。"⑤箕尾处于银河始流,也就是众水汇聚之处,星家以"九江口""九江"名"尾宿",当是取箕、尾之间其水众多之意,九是极数,不必是实指也。尾宿中正有一"龟星",这是"九江纳锡大龟"的由来。在古代星家看来,天上之"九江"(尾宿)有龟星,根据天地对应的分野原则,则地上必有"九江",且江中必有龟,于是演绎出"九江纳锡大龟"之说。

通过上面的考证与论述,我们可以明白,《山海经》中"大蟹""鳖封"等图像是天上"龟星"与"鳖星"的象征符号,《山海经》作者除了说明它们在

---

① 司马迁:《史记》,第61页。
② 朱熹考定"九江"为:"一曰潇江,二曰湘江,三曰蒸江,四曰资江,五曰沅江,六曰渐江,七曰叙江,八曰辰江,九曰酉江。"此所谓洞庭九江之说,后代学者也大多不信,王夫之《书经稗疏》谓"江自荆南而合于汉沔间者"的九条江,后人亦不从。前人又强调"九江"也不必说一定是九条水,林之奇《尚书全解》云:"要之九江之名与其地,世久远不可强通。"又有谓"九江"是两条水的,甚至有以为九江就是寻阳江的。"九江"一名,搞得极其复杂纷乱,都有些"强通"的味道,当然没有说得通的。(参见顾颉刚、刘起釪:《尚书校释译论》,中华书局,2005年,第646—657页)
③ 参见尹荣方:《大禹治水祭仪真相》,《中原文化研究》2018年第1期。
④ 陈遵妫:《中国天文学史》,第234页。
⑤ 瞿昙悉达:《开元占经》,第581页。

海中的特点,还将它们置于南北"姑射山"之中,这是为了凸显它们的星辰本质,因为上古人认为地上的山脉与天上的星辰对应。至于"女丑之尸"的同时被置于龟星之上,除了以此凸显龟星的位置,可能也是为了强调"龟"星是彼时被祭祀的对象,说明其地位的重要。

与龟星、鳖星相邻的"陵鱼""大人"等,也是星辰之"象",其所象者分别是"鱼星""心星"与"房星"等。

古人观测天上的日月星辰,其目的一是为了制定历法的需要,二是为了占卜以预知未来。《山海经》与历法的关系,论者已多,这里不说。我们上面所揭示者也多占卜星占。《开元占经》说:"龟五星,在尾南,主卜以占吉凶。"《山海经》的"女丑"生来就被十日炙杀;"列姑射山"(裂龟)之名,在"龟""鳖"星座旁,安排"十巫"升降的"登葆山"等,处处隐含了龟作为重要的占卜载体存在的事实。我曾说过,《山海经》古图是殷人的作品,殷人之重龟卜人人知道,这似乎可以作为殷人创作《山海经图》的有力旁证。

星占的前提是确定分野,所以《山海经》中的南北"姑射山"也可能是指龟、鳖两星在地上的分野。《庄子·逍遥游》将"藐姑射之山"置于汾水之阳:"尧治天下之民,平海内之政,往见四子藐姑射之山,汾水之阳。"①后人对此觉得大惑不解,前面说的"藐姑射之山"在遥远的北海中,怎么又变成冀州的汾水边了呢?②这当然不是庄子的笔误,我相信庄子一定熟悉天象,是当时的一个星家,他后面说的"藐姑射之山",是指秋天的处于西方的龟星在地上的分野而言的,西方的处于"咸池"的"女丑""登葆山"等,皆位于昴宿、毕宿之间,而昴、毕两宿的分野,据《史记·天官书》正为冀州。

上古的分野,肯定给后人的地理认知带来极大的困扰与误区,如《禹贡》"九江纳锡大龟"之"九江"地望,众说纷纭,至今难得确解,是因为此"九江"乃是分野意义上的地理概念,也就是说,九江是"大龟"的所在地,意味着是天上龟星的分野。因为龟星处于银河之中,所以与之相应的"九江"也应是众水汇聚之地,这大概就是九江地名的来由了。天上龟星的位置是明确的,而其地上的分野则远为模糊,而且星家的说法有所分歧,所

---

① 郭庆藩:《庄子集释》,第31页。
② 如《庄子集释》引李桢曰:"《东山经》之姑射,是否为冀州域内之山,经文究无可考。《隋志》以属之临汾,或后世据此篇汾水之阳一语以名其地之山,亦未可知。上文所称姑射,远在北海中,故曰藐,藐者远也。汾阳,尧所居,若有姑射,何为亦云藐哉?"(见郭庆藩:《庄子集释》,第34—35页)

以地上的九江的地望就成了后人不断打官司,你说你的,我说我的,搞了二三千年还是搞不明白的一个地名。

古人对太阳的东升西落一定感到困扰,虽说通过立杆测影的办法能够确定东西南北的方位,可以测定一年的长度,但这对于一部实用的农时历法的制定还是远远不够的,于是他们通过观测太阳、月亮(包括五行星)在星辰中的不同位置,以及通过某些特定的星辰的出没,来确定时节,这就意味着对星辰的观测成了他们的重要工作,形成后来所谓的"二十八宿星"。值得注意的是,天上的银河也早已成为古人观测的对象,并且成为人们认识、确定"宿星"的重要坐标,银河也似乎成了太阳西落后又重归天庭的通道。银河起于"尾宿、箕宿"之间,这里被称为"旸谷""汤谷"等,龟、鳖两星正处于尾、箕之间,银河之中,也就是"汤谷"的位置附近,所以"女丑"生来就被太阳烧死。太阳没于"咸池""蒙谷",咸池星在昴宿、毕宿之间,也处于银河之中,"咸池星"近旁有"女丑""鳖封""登葆山",就是为了解决太阳西落后的难题,他们让龟充当了运送落于"咸池",或叫"虞渊"后的太阳的任务,由"咸池"(虞渊)到达"汤谷"的神秘的地下河大约就是所谓的"黑水"了。这种对太阳及与之相关的星辰运行的解释十分巧妙,但似乎也留下一些缺憾,如太阳在人们的直观中,升起于东南方,而《山海经》中"汤谷"的位置却在东北,虽然东北之地也可视为东方。

古代四象东方苍龙、南方朱雀、西方白虎、北方玄武。苍龙、朱雀、白虎所象者较明确,玄武之"玄"为黑色之义,"武"古代有龟蛇合体之说,有人以为"龟星""蛇星"(腾蛇星)之设,是汉代的事,所以北方玄武之说较为后起。然《山海经图》之早毋庸置疑,龟纹又多见于殷商之青铜器,则云"龟星"等汉代始设置必误。蛇星不说,北方玄武之取象大约主要是龟,《礼记·礼运》:"何谓四灵?麟凤龟龙,谓之四灵。"《周礼·春官·司常》:"龟蛇为旐。"是以龟为星旗。郑玄注:"龟蛇,象其捍难避害也。"[1]王引之以为"龟蛇"为"龟旐"之误。[2]为什么名龟为武?大约和古人关于"武"的观念有关,此观念即"止戈曰武"。龟能将头尾、四肢缩入硬甲之中而避难,不用武力,就能"捍难避害",这就是它的"武"了。

《山海经图》是星图,应该为星占家所作,我们循此思路,或能真正解开《山海经》之谜,但今本《山海经》大约已不是其原貌了,即使郭璞的注,

---

[1] 《十三经注疏·周礼注疏》,第 1056 页。
[2] 王引之:《经义述闻》卷九,凤凰出版社,2000 年,第 223 页。

有佚失者，有的也不一定是他的原注。①这给我们弄清《山海经》的真面目带来相当的困难。但《山海经》的"图像"及相关神话传说在上古是得到较为广泛的传承的，如《逸周书·王会》《穆天子传》《管子》《列子》《庄子》《楚辞》《吕氏春秋》《淮南子》等书的相关记载，一些类书中的资料，甚至《尔雅》《说文》《广雅》中的某些文字及其解说，都包含了《山海经》影响的因素，由此可见，《山海经》影响的广泛和深远，可能尚在我们的想象之上。而这些书中的某些记载，是可以用来和《山海经》比勘互证的。我们坚信，如果《山海经图》是星图的判断是正确的话，则我们通过进一步的研究，不仅"大蟹""列姑射之山""鳖封""鲮鱼""大人"等图像可以明白其所象征的具体星座，书中其他形形色色的异禽怪兽、神灵奇人的"真相"，也终会大白于天下的。

---

① 《大荒东经》："有人反臂，名曰天虞。"郭注："即尸虞也。"郝懿行曰："尸虞未见所出，据郭注当有成文，疑在经内，今逸。"（见《山海经笺疏》，第414页）《海外东经》有云："虹虹在其北，各有二首。一曰在君子国北。朝阳之谷，神曰天吴，是为水伯，在虹虹北两水间。其为兽也，八首人面，八足八尾，皆青黄。青丘国在其北，有狐四足九尾。一曰在朝阳北。"这个奇怪的"虹虹"，写作"蚩蚩"，今本郭璞注为"音虹"，所以古今人皆以为这"虹"是虹霓之虹。然郭璞原注为"音薛"。周明指出："宋本郭注音薛，明清诸本多作音虹。"（周明辑撰：《山海经集释》，第376页）然则"音虹"为明后人所改，而后面的郭注"虹，蝃蝀也"，当也是后人随意所改者。郭璞既不以"虹"音名此物，如何会以"虹"释之呢？从《山海经》描述之此物之形状，以及它所处之位置及郭注之"薛"音看，我们觉得此"虹"亦"鳖星"之象。"薛"与"鳖"古音皆入声"薛"部，音相近可通。"各有二首"，同于"鳖封"的"左右皆有首"。其近旁的"青丘国"是"尾宿"之象，尾宿有九星，所以用九条尾巴的"九尾狐"来象征。（参尹荣方：《"九尾狐"与禹娶"涂山女"蕴意考》，《文化遗产》2017年第1期）而"龟星"正临近于尾宿。这里的水伯"天吴"，当是"天渊星"之象。天渊十星，在天河中，当得水伯之称。"天渊"十星与"鳖星"为邻，《开元占经》引巫咸曰："天渊十星，在鳖东南九坎间，一名天渊，一名天海，主灌溉之官。"《大荒东经》："有神人，八首人面，虎身十尾，名曰天吴。"天吴神的"十尾"与"天渊"十星正可相应。

第七章
"驳兽"与"王良""阁道"星象

一、《山海经》及古代文献中的"驳兽"

《山海经》《逸周书》等古代文献多次提到食虎豹的凶猛的"驳兽"云：

> 中曲之山，其阳多玉，其阴多雄黄、白玉及金，有兽焉，其状如马而白身黑尾，一角，虎爪牙，音如鼓音，其名曰驳，是食虎豹，可以御兵。有木焉，其状如棠而员叶赤实，实大如木瓜，名曰櫰木，食之多力。郭璞注："《尔雅》说驳，不道有角及虎爪，驳亦在畏兽图中。"(《西次四经》)

> 北海内有兽，其状如马，名曰騊駼。有兽焉，其名曰驳，状如白马，锯牙，食虎豹。有素兽焉，状如马，名曰蛩蛩。有青兽焉，状如虎，名曰罗罗。郭璞注："騊駼两音，见《尔雅》。《周书》曰：'义渠兹白，兹白若白马，锯牙，食虎豹。'按此二说与《尔雅》同。"(《海外北经》)

《逸周书·王会》则将"驳兽"称为"兹白"：

> 正北方义渠以兹白，兹白者若白马，锯牙，食虎豹。①

《周易·说卦》云：

> 乾为天，为圜……为驳马。孔颖达正义："为驳马，言此马有牙如

---

① 黄怀信、张懋镕、田旭东：《逸周书汇校集注》，第846页。

锯,能食虎豹。《尔雅》云:'锯牙食虎豹。'此之谓也。"王廙云:"驳马能食虎豹,取其至健也。"①

《尔雅·释畜》:

> 驳,如马,倨牙,食虎豹。郭璞注:"《山海经》云:'有兽名驳,如白马,黑尾,倨牙,音如鼓,食虎豹。'"邢昺疏:"驳,亦野马名也。其状如马,其牙倨曲,而食虎豹也。《诗·秦风》云:'隰有六驳。'传引此文以释之是也。"②

《说文》"马"部:"驳。驳兽,如马,倨牙,食虎豹。"段玉裁注云:"云如马,则非真马也。"③这个能食虎豹的奇兽,后来衍成不少有趣的传说。《管子·小问》云:

> 桓公乘马,虎望见之而伏。桓公问管仲曰:"今者寡人乘马,虎望见寡人而不敢行,其故何也?"管仲对曰:"意者君乘驳马而洀桓,迎日而驰乎?"公曰:"然。"管仲对曰:"此驳象也。驳食虎豹,故虎疑焉。"④

这个传说显然源自驳食虎豹的传说,而驳形状似马,故有齐桓公乘驳马而虎畏之之说。刘向《说苑·辨物》云:

> 晋平公出畋,见乳虎伏而不动,顾谓师旷曰:"吾闻之也,霸王之主出,则猛兽伏不敢起。今者寡人出见乳虎伏而不动,此其猛兽乎?"师旷曰:"鹊食猬,猬食鵔鸃,鵔鸃食豹,豹食驳,驳食虎。夫驳之状有似驳马。今者君之出,必骖驳马而出畋乎?"公曰:"然。"师旷曰:"臣闻之,一自诬者穷,再自诬者辱,三自诬者死。今夫虎所以不动者,为驳马也,固非主君之德义也。君奈何一自诬乎?"⑤

---

① 《十三经注疏·周易注疏》,中央编译出版社,2013年,第415页。
② 《十三经注疏·尔雅注疏》,第334页。
③ 段玉裁:《说文解字注》,第818页。
④ 黎翔凤:《管子校注》,中华书局,2004年,第968页。
⑤ 向宗鲁:《说苑校证》,中华书局,1987年,第467—468页。

《说苑》说"豹食驳,驳食虎",与传统的驳食虎豹之说略有不同,这大概是传说之变异,驳为似马能食虎之凶兽则一仍旧说。

二、"驳兽"原型是"王良"等星象

(一)"驳兽"与"王良""策""阁道"星座

驳兽非马,《山海经》《王会》《尔雅》等文献说得很清楚,马是食草动物,不可能具有食虎豹的能力,虎这样的猛兽见了它就伏而不动云云,只是一种传说。宋人罗愿《尔雅翼》卷十八云:"刘原父奉使契丹时,顺州山中有异兽,如马而食虎豹。虏人不识,以问之,曰:'此所谓驳也。'为言其形状声音皆是,虏人叹服。"[①]此必宋人造作之故事,因刘原父博学,故加之其身,而以此贬契丹人之无学也。驳未必存在,后人多认为是一种马,不确,如宋人罗愿所说:

> 唯夫马之良者,既著称于世,而兽不常见,后之博物者,又鲜能考名实所从起,象类所从附,故往往但存良马之名,而没野兽之实。[②]

驳兽非马,作为"兽",也非实有,它只是一种"象",原在《山海经》"畏兽图"中,是一种图像。据《山海经》的体例,它当是天上星辰的象征,所象者为"北方玄武"属于"奎宿"的王良五星、策一星、阁道六星等,星家将它们想象成似马之"驳兽"。王良星,在奎宿的北面,《史记·天官书》云:"营室为清庙,曰离宫、阁道。汉中四星,曰天驷。旁一星,曰王良。王良策马,车骑满野。"司马贞《索隐》引《春秋合诚图》云:"王良主天马也。"张守节《正义》:"王良五星,在奎北河中,天子奉御官也。其动策马,则兵骑满野;客星守之,津桥不通;金、火守入,皆兵之忧。"[③]

王良五星,在银河中,司马迁将五星分别称为"天驷"与"王良"。《开元占经》卷六十五引石氏云:"王良五星,在奎北。王良星移则有兵,以东西南北处所在。王良星不具,津河道不通。王良策马,车骑满野,天下大

---

① 罗愿:《尔雅翼》,第 221 页。
② 罗愿:《尔雅翼》,第 220 页。
③ 司马迁:《史记》,第 1310 页。

乱,兵大起,明君出,期不出三年。"①

《山海经》时代星家眼中之王良星,当包括它旁边的"阁道"六星及它前面的"策"一星。《开元占经》卷六十六引石氏曰:

> 阁道,王良旗也,一名紫宫旗,在王良傍而抵紫宫垣。旗动摇,不如其故,旗所指者,兵所起。②

石氏以阁道六星为"王良旗",且其星占亦关乎兵事,是上古必将王良五星、阁道六星,包括被视为马鞭的居于王良星前面的"策"一星等视为一体。其中策星、王良星之一、四星均为二等亮星,阁道二、四两颗星为三等亮星,它们是这三个星座中最明亮的恒星,正是这五颗星,组成了希腊仙后座的 W 星座。③它们是秋冬夜间北极上空显赫明亮的星座,可以与春夏季节夜空的北斗星媲美。成为中西方都关注的星座,并不偶然。

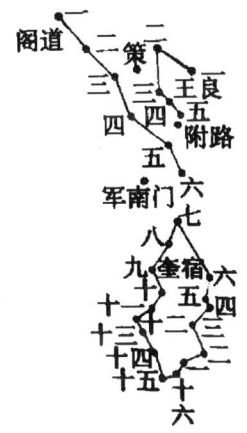

图 7-1 处于奎宿上方的王良、策、阁道星象(采自陈遵妫:《中国天文学史》,第 255 页)

王良、策、阁道等五星的连线成 W 状,正如驳兽之所谓能食虎豹的"锯牙"。王良、阁道、策等星座的星占特征主要在"兵事",大约因为车骑是战争的主要形式,所以王良、策、阁道等星就被赋予了预知兵事的功能。《开元占经》引黄帝曰:"驷马参差不行列,天下安;若驷马齐行,王良举策,

---

① 瞿昙悉达:《开元占经》,第 635 页。
② 瞿昙悉达:《开元占经》,第 637 页。
③ 陈久金:《泄露天机——中西星空对话》,群言出版社,2005 年,第 29 页。

天子自临兵,国不安。"引《河图》曰:"王良策马,此皆兵候,圣雄并起,期不出九年,天下之兵扰。"①卷六十九引甘氏曰:"策一星,在王良前。"引巫咸曰:"策星,天子兵马,金官。"②《史记》张守节《正义》云:"策一星,在王良前,主天子仆也。占以动摇移在王良前,或居马后,别为策马,策马而兵动也。"③驳马"可以御兵"之说,与王良、策、阁道等星座之星占特征正可相应。

(二)"王良"星名之来历

关于王良,《淮南子·览冥训》云:"昔者,王良、造父之御也。"高诱注:"王良,晋大夫邮无恤子良也,所谓御良也。一名孙无政。为赵简子御,死而托精于天驷星,天文有王良星是也。"④《国语·晋语九》:"邮无正御。"韦昭注:"无正,王良。御,御简子也。"⑤《左传·哀公二年》(前493年):"邮无恤御简子,卫太子为右。"杜预注:"邮无恤,王良也。"⑥王良因善御,死后托精于星辰,然《汉书·天文志》王良作王梁,⑦梁有津梁、桥梁的意思,《开元占经》卷六十五引《黄帝占》曰:"王良主御风雨水道,主河梁。"引《河图》曰:"王良为天桥。"引巫咸曰:"王良,天子道桥之度水之官。"引郗萌曰:"王良一名天津,一名王济。"引《荆州占》曰:"王良为西桥,故或占车骑,或占津梁。"⑧从星占角度,王良星所占者为道路,桥梁等,道路、桥梁车骑所通行,车骑兵象,故星家又以之占兵事。王良原当作王梁,正取津梁之意。王义为"大",王梁者,大梁也。王梁星,正是银河中之大亮星,也正是银河中一大津梁也。以王梁为人名之王良,谓为周穆王时善御者造父之后人,又谓其曾为赵简子驾车,与造父一样,死后升天而成星座。大约是后世之附会,王良五星皆大星,其得名岂待战国时代! 神话传说常由"语言之疾

---

① 瞿昙悉达:《开元占经》,第635页。
② 瞿昙悉达:《开元占经》,第682页。
③ 司马迁:《史记》,第1310页。
④ 何宁:《淮南子集释》,第472页。
⑤ 徐元诰:《国语集解》(修订本),中华书局,2002年,第450页。
⑥ 杜预:《春秋左传集解》,第828页。
⑦ 王先谦:《汉书补注》,第1809页。
⑧ 瞿昙悉达:《开元占经》,第635页。陈遵妫说:"《石氏星经》称:'王良又名王梁。'《天皇会通》称:'汉中四星曰天驷,旁一星曰王良。'"可能古名王梁后称王良。(见陈遵妫:《中国天文学史》,第246页)

病"讹成,此可为一例。上古每以飞禽鸟兽状星象,王良大星,其连线有锯牙状,故古人以似马之"驳兽"拟之,置之"畏兽图"中,只是这种文化传统并没有全然得到传承而已。

驳又名"六驳",《诗·秦风·晨风》"山有苞栎,隰有六驳。"毛《传》:"栎,木也。驳如马,倨牙,食虎豹。"①六驳之数与王良五星加策一星正合。

驳兽在颜色上的特点是"白身黑尾",故古代或解驳为驳,谓为马毛色斑驳,然《山海经》云驳"白身黑尾",其毛色并不斑驳。

古人常以王良即为善相马的伯乐,《国语·晋语九》:"邮无正进。"韦昭注:"无正,邮良伯乐也。"《庄子·马蹄》:"伯乐,天星名,主典天马。"似以"王良"星又名"伯乐"星。故赵翼《陔余丛考》卷四"王良即伯乐"条以为邮无恤即王良,字伯乐。②然《晋书·天文志》:"传舍南河中五星曰造父,或曰伯乐。"是又以"造父"星为又名"伯乐"星。《淮南子·道应》《列子·说符》都记述伯乐为秦穆公论求千里马之事,似为秦穆公时人,与赵简子时之王良当非一人。

(三) 赵、秦祖先御殷"大戊"传说之隐义

《史记·赵世家》载:"赵氏之先,与秦共祖。至中衍,为帝太戊御。"秦、赵共祖为史家所乐道,然其中多神话意味,未必是真实历史,其原或关乎星辰及其分野,不可不辨。此"中衍",《史记·秦本纪》云:"孟戏、中衍,鸟身人言。帝太戊闻而卜之使御,吉,遂致使御而妻之。"张守节《正义》云:"身体是鸟而能人言。又云口及手足似鸟也。"③"鸟身人言"的"中衍"为殷王太戊的御手,又秦之祖先"大费"。"大费,与禹平水土。已成,帝赐玄圭。禹受曰:'非予能成,亦大费为辅。'"④

秦的先史被置于大禹治水的语境,又强调秦、赵的共主"中衍"是殷代大戊的御手。我们在前文已经指出,殷大戊时有所谓"桑谷之祥",是历法出了问题的隐喻,而彼时的天文家巫咸"赞王事",大约主要是巫咸等星官,通过对日、月、星辰的观测,对一些星辰进行命名,后来加于黄帝、大禹等圣人身上的"成名百物",或许就是殷代太戊时期巫咸等星家的作为,文

---

① 《十三经注疏·毛诗正义》,第430页。
② 赵翼:《陔余丛考》,河北人民出版社,1990年,第69页。
③ 司马迁:《史记》,第174页。
④ 司马迁:《史记》,第173页。

字的创制大约也是彼时取得的成果。巫咸等同时制定了更加符合天时的历法，并用图像及文字描绘天上的星象及其地上的分野，用于测天与占卜，作成流传于后世的不朽文献——《山海经》。这在上古是无与伦比的大事，除了一直为人们传颂，又有史家加以记录，形成《尚书》中《咸艾》《太戊》等篇。

三、北海诸"兽"与天上星象考辨

（一）神兽"驹䮫"与"造父"星象

与驳兽同样处于北海的神兽，据《海外北经》，尚有驹䮫、蛩蛩和罗罗。它们的原型又是什么呢？如果驳兽象征的是天上王良、策、阁道等星座的话，那么驹䮫等兽应该也是星座的象征了，事实正是如此。先来看"驹䮫"。《海外北经》说是似马之兽，但《尔雅·释畜》则说成是马：

> 驹䮫，马。郭璞注："北海有兽，状如马，名驹䮫。色青。"《释文》："良马名驹䮫。《字林》云：'北狄良马也。'一曰野马。《瑞应图》云：'幽隐之兽也，有明王在位即至。'是也。"①

驹䮫虽然被后世大体看成北方的一种良马，但它原是《山海经》的图像，图像所描画的只是似马的一种兽，此兽除了似马，其颜色为青色。②

此青色似马之兽，所象者为天上"造父"五星，造父五星在王良、阁道等星座之西面，与王良等星处于相同的纬度，今置为"北方玄武"危宿之属星。《晋书·天文志》："传舍南河中五星曰造父，御官也，一曰司马，或曰伯乐。星亡，马大贵。"《开元占经》卷六十九引甘氏曰："造父五星，在传舍南河中。"引郗萌曰："造父一名西桥，一名司马星，御道仆。"引甘氏赞曰："造父洗马，辔勒御镳。"③

驹䮫之兽原是一种象，即星家用来象征造父星的符号，自非人间所有物，此兽似马，故讹传为人间良马，造父星临近北极恒显圈，故此马传出

---

① 《十三经注疏·尔雅注疏》，第334页。
② 郝懿行云："郭引《海外北经》以校今本无'色青'二字，然《史记·匈奴传》徐广注'驹䮫似马而青'，与郭引合。疑古本有之，而今脱也。"（见郝懿行：《尔雅义疏·释畜》）
③ 瞿昙悉达：《开元占经》，第683页。

北国。

　　骦骁之为一星象符号,从其毛色亦可见一斑,古本谓其"色青",青可指黑色。《书·禹贡》:"(梁州)厥土青黎。厥土惟下上。"孔《传》:"色青黑而沃壤。"孔颖达疏引王肃曰:"青,黑色。"①《大荒西经》云:

> 西有王母之山……爰有……琅玕、白丹、青丹。郭璞注:"又有黑丹也。《孝经援神契》曰:'王者德至山陵而黑丹出。'"②

骦骁为北方之神兽,在上古五行系统中,北方属黑,故骦骁为黑色。

　　造父之故事,亦见于《史记·秦本纪》等,云造父为衡父所生,是秦人祖先:"造父以善御幸于周缪王,得骥、温骊、骅骝、䯄耳之驷,西巡狩,乐而忘归。徐偃王作乱,造父为缪王御,长驱归周,一日千里救乱。"《赵世家》还加上"缪王使造父御,西巡狩,见西王母,乐之忘归。"与王良一样,造父也是有名的御手,传为王良之祖先,则造父五星,四星为马。我以为造父为周穆王之御,或与王良原意为"王梁"类似,"造父"本亦非指人,《说文》"辵"部:"造,就也。从辵,告声。"然许慎又指出:"古文造,从舟。"③《尔雅·释水》:"天子造舟。"郭璞注:"比船为桥。"郝懿行《尔雅义疏》云:

> 造舟者,《诗·大明》传用《尔雅正义》引李巡曰:"比其舟而渡曰造舟。"孙炎曰:"造舟,比舟为梁也。"《公羊·宣公十二年》疏引旧说云:"以舟为桥,诣其上而行过,故曰造舟也。"按此虽《尔雅》旧说,但以造为诣,不及李、孙训造为比。盖比并其船,加板于上,孔颖达谓即今浮桥是也。《方言》云:"艁舟谓之浮梁。"《闲居赋》云:"浮梁黝以径度。"皆其义也。④

顾颉刚亦曾批驳《尔雅·释水》"天子造舟,诸侯维舟,大夫方舟,士特舟,庶人乘泭"之说,云:"造舟为梁,今吾国西北尚多有之。其地多大川,澜壮而流速,既无术筑桥,则横列船只若干,以铁锁连贯之,置厚板于船面以通行人、车、马。"所以顾氏强调说:"'造'为动词,谓系传作浮桥耳,不可以

---

① 《十三经注疏·尚书正义》,第219页。
② 郝懿行:《山海经笺疏》,第412页。
③ 段玉裁:《说文解字注》,第126页。
④ 郝懿行:《尔雅义疏·释水》。

'造舟'为舟名。"①郝、顾之说甚确,然则"造父"之本义,或亦关乎舟桥。造父星与王良星一样,亦在银河中,所以古代星占家也将它视为银河中的桥梁,故有"西桥"之称。

(二)穆王西巡见"西王母"传说的天文学解释

关于造父御周穆王西巡,见西王母,亦见西晋时出土的竹书《穆天子传》,此书古今学者大多以为描述周穆王巡行四方之事,具有一定的真实品格,但这样的认知可能有误。《穆天子传》所记穆王之登"昆仑""悬圃","观黄帝之宫",会见"河宗氏""西王母"等,为古代儒家经典所不载,而往往同于《山海经》《楚辞·天问》等书,由此着眼,《穆天子》或如《山海经》一样,是一部曲折描述天象及其分野的著作。《穆天子传》书中"河宗氏"成为穆王的"向导",与禹"治水"内蕴显然相通。而穆王之巡行所经行之"国",我们发现也多是位处银河之中或边上的星座,且与禹"导山"的线路也颇有相似之处。

所谓的穆王乘"八骏"会见"西王母","八骏"与天上的"王良星""造父星"对应,正是八匹天马;西王母是织女星之象。王良星的旁边是长长的"阁道星"六星和"附路"星。在王良星相同的纬度往西看,首先遇到的就是造父五星。造父星的南面是"车府"七星。再往西去便是"羲仲"四星。"羲仲"星的南面为"辇道"五星。织女星就临近于辇道旁边。陈久金先生说:"这些分布在同一天区与车马有关的星座,构成了星空中的车马世界。"②"天子属官效器",可以与"车府"七星、"羲仲"四星对应。"车府""羲仲"都是"主器"之官。王良、造父驾驭的天马,行走在天上的阁道、附路及辇道上,《开元占经》卷六十九引甘氏曰:"辇道五星,属织女西足。"③可以直达辇道边的明亮的"织女星"。而赫赫有名的"西王母",正是织女星之"象"。然则穆王之御八骏,西见王母,正是对此种天象的神话描述了。《穆天子传》一书,看似写穆王之巡狩,实充满了天文学的隐喻。

或穆王时有"巡狩",魏国史家(也是星家)以穆王地上巡守之地结合天上之分星说之,故有穆王巡行之瑰丽奇异传说产生。梁玉绳《史记志疑》卷

---

① 顾颉刚:《史林杂识初编》,中华书局,1963 年,第 127—128 页。
② 陈久金:《星象解码——引领进入神秘的星座世界》,第 28 页。
③ 瞿昙悉达:《开元占经》,第 687 页。

二十三云:"案:驰马破徐之诞,已说见《秦纪》。而《纪》不称见西王母。《习学记言》曰此方士语也,迁载之芜妄甚矣。"①司马迁大约并没见过竹书《穆天子传》,可见《史记·赵世家》穆王见西王母事,采自它书,未必"芜妄"。《赵世家》多载神话传说,此或赵之史官所载,彼时史官又为所谓"传天数者",它们观测星象,用于制历,也用于星占等,星家视测天为秘学,不愿示诸人,每每故神其事。此种记载,可使后人知彼时天学及政事之几许消息也。

(三) 青兽"罗罗"与"参宿"

再看状如虎的青兽"罗罗",青兽就是黑兽,状如虎的黑兽"罗罗",后人称为黑虎。吴任臣《山海经广注》:"《骈雅》曰:'青虎谓之罗罗。'今云南蛮人呼虎亦为罗罗,见《天中记》。"②据刘尧汉、陈久金、卢央等人之说,今云南哀牢山彝族有自称"罗罗"的,崇拜黑虎。自称黑人"诺苏"的川、滇凉山彝族,也曾自称"罗罗"。《方舆纪要》卷三《建昌边图》称之为"罗蛮",义当为虎族;大凉山中心昭觉、美姑等县,也有若干村名为"罗罗",即虎族居村。③则"罗罗"当是冬天的参宿之象,《史记·天官书》云:"杓携龙角,衡殷南斗,魁枕参首。"北斗斗魁四星的连线正好与参宿相遇,北斗与参宿都是秋冬星空中的亮星,可以作为指时的标志。

至于"名曰蛩蛩"的"素兽",郭璞注:"即蛩蛩距虚也,一走百里,见《穆天子传》。"④"蛩蛩距虚"又见《尔雅·释地》:

> 东方有比目鱼焉,不比不行,其名谓之鲽。南方有比翼鸟焉,不比不飞,其名谓之鹣鹣。西方有比肩兽焉,与邛邛岠虚比,为邛邛岠虚啮甘草,即有难,邛邛岠虚负而走,其名谓之蟨。北方有比肩民焉,迭食而迭望。中有枳首蛇焉。此四方中国之异气也。五方。

句末之"五方",陆德明《释文》云:"言是五方风气殊异而生此怪物也。"⑤《尔雅·释地》之五方怪物,出于《山海经》。《山海经》原为图,此五方怪物

---

① 梁玉绳:《史记志疑》,中华书局,1981年,第1048页。
② 周明辑撰:《山海经集释》,第371页。
③ 陈久金、卢央、刘尧汉:《彝族天文学史》,云南人民出版社,1984年,第6—7页。
④ 郝懿行:《山海经笺疏》,第326页。
⑤ 《十三经注疏·尔雅注疏》,第196页。

当为图上之物象。《山海经》之怪物图像原是天象图,则此"五方怪物"亦必关乎天象。上古有"四象"亦有"五象","四象"即东方苍龙、南方朱鸟、西方白虎、北方玄武。而早于四象的"五象",还包括中央的"黄龙",其原型为"轩辕"十七星。张衡《灵宪》"五象"云:

> 苍龙连蜷于左,白虎猛据于右,朱雀奋翼于前,灵龟圈首于后,黄神轩辕于中。①

其中"黄神轩辕"说的就是中宫黄龙之象。东方的比目鱼,盖对应东方苍龙(色青),龙属鱼类;比翼鸟对应南方朱鸟(色红);比肩兽(邛邛岠虚)对应西方白虎(色白);"比肩民"则对应北方玄武(色黑)。大约《山海经》及《尔雅》原图用五色作图,所欲表现者乃"四象"运行于东北、东南、西南、西北时的天象。东北画"比目鱼",其图像一半在东,一半在北,在东者画青色,在北者画白色,故成一半白,一半青,两者组合方成一体的"比目鱼"。东南画"比翼鸟",其图像一半在东,一半在南,在东者画青色,在南者画红色,故成一半青,一半红,两者组合方成一体的"比翼鸟"。其余"比肩兽""比肩民"可类推而知。

今本"比翼鸟",《山海经·海外南经》云:"比翼鸟在(结匈国)其东,其为鸟青赤,两鸟比翼,一曰在南山东。"郭璞注《西次三经》也说:"比翼鸟,色青赤,不比不能飞。"《博物志》卷三:"比翼鸟,一青一赤,在参嵎山。"②然则"比翼鸟"的特性是两鸟相合才能飞;每鸟只有一目一翼,在颜色上,一鸟为青色,一鸟为红色,两鸟合起来呈半边青、半边红的色状。

再来看"比肩兽"也即"蛩蛩距虚",《山海经》《尔雅》等图当处西北方位,西方色白,北方色黑,则处西北方的"比肩兽"应一半白色,一半黑色。然今本《山海经》《尔雅》没有明确完整的相关描述文字。《海外北经》称为"素兽,状如马",则显示其为白色,但郝懿行笺注云:"张揖注《子虚赋》云:'蛩蛩青兽,状如马。'此作素兽,盖所见本异。"③青色亦可解为黑色,则作为比肩兽的"蛩蛩"颜色的白、黑两说,当如比翼鸟一样,是由半边白、半边黑两兽组合而成的。

---

① 范晔撰、李贤等注:《后汉书》,中华书局,1965年,第3216页。
② 张华:《博物志》,上海古籍出版社,2012年,第17页。
③ 郝懿行:《山海经笺疏》,第326页。

第八章
"女娲之肠"与天上"太微"及"五帝坐"星象

女娲神话向为人们津津乐道,而《山海经·大荒西经》却记载离奇的"女娲之肠(腹)",颇令人费解:

> 西北海之外,大荒之隅,有山而不合,名曰不周负子,有两黄兽守之。有水曰寒暑之水。水西有湿山,水东有幕山。有禹攻共工国山。有国名曰淑士,颛顼之子。有神十人,名曰女娲之肠,化为神,处栗广之野,横道而处。有人名曰石夷,来风曰韦,处西北隅以司日月之长短。……有西周之国,姬姓,食谷。有人方耕,名曰叔均。帝俊生后稷,稷降以百谷。稷之弟曰台玺,生叔均。叔均是代其父及稷播百谷,始作耕。有赤国妻氏。有双山。①

"女娲之肠",郭璞注:"或作女娲之腹。女娲,古神女而帝者,人面蛇身,一日中七十变,其腹化为此神。"②后世"女娲"及其神话传说,盖源自《山海经》中此"女娲"。

一、"女娲之肠(腹)"之原型为"太微"十星

女娲是有名的"创世""造人"大神,她究竟是如何产生的?她的原型到底是什么?很值得探究。

《楚辞·天问》《淮南子·说林篇》《论衡》等古代典籍均记载女娲的不少神迹,但似乎并未涉及她的原型问题。而《大荒西经》关于"女娲之肠"

---

① 袁珂:《山海经校注》,第387—393页。
② 袁珂:《山海经校注》,第389页。

的描述，或许可以解开"女娲"的原型之谜，因为《山海经》的这段记载，无疑要早于所有关于女娲的叙事。上引郭璞之注，是取王逸注《楚辞·天问》"女娲有体，孰制匠之"时所云："传言女娲人头蛇身，一日七十化，其体如此，谁所制匠而图之乎？"①王逸注只是说女娲形体之多变，所谓一日七十化。郭璞承之，显然没有解释"有神十人"以及"女娲之腹(肠)"化为神，"处栗广之野，横道而处"的问题，可见郭璞对《大荒西经》这幅"女娲"图的本义并不了然。

从《山海经》古图为星象图的认识出发，我们以为所谓的"女娲之腹(肠)"所化之神，当为天上"太微"十星之象。太微十星，《开元占经》卷六十六引石氏曰：

> 太微十星，在翼轸北（门右星入翼九度，去极七十六度半，在黄道内二度太也）。

引吴龚《天官星占》曰：

> 太微者，天关也，南门关千里，分为左右掖。

引郗萌曰：

> 太微之宫，天子之庭，上帝之治，五帝之座也。②

太微的南部，差不多正好位于秋分点，秋分点往南，正对着"南方朱鸟"的翼、轸二宿，太微的东面为大角、左右摄提和角宿，西面正与轩辕星相邻，正北对着北斗星。秋分点位于太微的南部，这表明赤道和黄道都经过太微的南部，所以《史记·天官书》说："太微，三光之庭。"三光指日、月、行星，也就是说太阳、月亮、五大行星的运行都要经过太微的南部，其重要性可想而知。

《史记·天官书》将"太微"列入"南宫"："南宫朱鸟，权、衡。衡，太微，三光之庭。"司马贞《索隐》引宋均曰："太微，天帝南宫也。三光，日、

---

① 洪兴祖：《楚辞补注》(重印修订本)，第104页。
② 瞿昙悉达：《开元占经》，第647页。

月、五星也。"①后来的"太微垣"诸星座,就是以太微十星为基础陆续增加而成。

太微十星,分成左右两列,两列各五星,呈合抱之势,正如人之腹部;而其宛曲绵延之势,也像人之肠子,所谓"有神十人,名曰女娲之腹(肠)"之描述,切合太微十星分布之状。"横道而处",郭璞解为"言断道也",大约是据图而说。而太微十星正分成两列,如断道然。可见《大荒西经》关于"女娲之肠(腹)"的描述,可以看作对太微十星的图貌。"太微"后人则名之为"太微垣",垣是墙的意思。太微十星,很早其每一星都有星名,皆

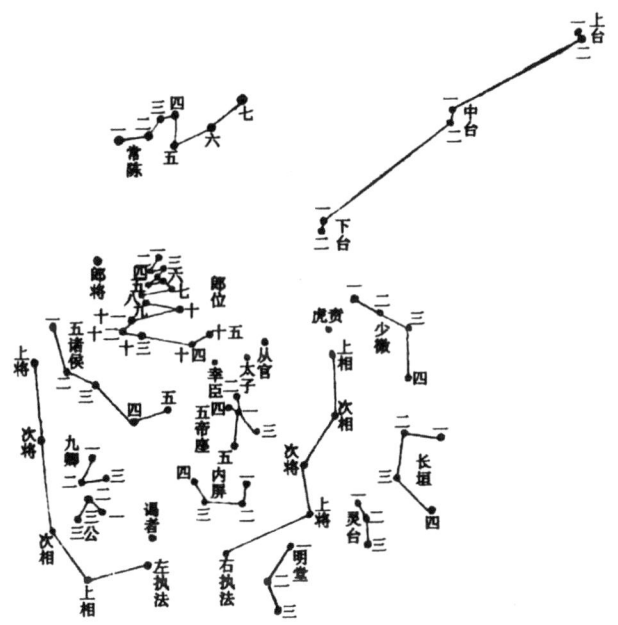

图 8-1　太微垣图(采自陈遵妫:《中国天文学史》,第 202 页)

---

① 司马迁:《史记》,第 1299 页。上古"五帝"之说,很有可能反映的是"轩辕"也是天上的一"象",处于中央的位置,与其他四象构成"五象"。陈久金指出:"无论是四象还是五象的观念,都是形成于二十八宿产生之前。现今看来如果将黄道带分成苍龙、朱雀、轩辕、白虎、龟蛇,似乎并不完全等分,但在三代以前,北极星在斗魁和左右枢轴之间的时代,当时朱雀、轩辕所占有的赤经范围要更广阔,北方、西方所占天区比现今也要小一些。故将其配为五象应该大致相合的。"(见陈久金:《星象解码——引领进入神秘的星座世界》,第 83—84 页)又明代方以智《通雅》十一《天文·历测》云:"中宫黄龙,谓轩辕也。《玄象博议》曰:'五行,五纬,五事,而二十八宿何不言中央都?'石氏《星经》曰:'中宫黄帝,其精黄龙为轩辕,首枕星张。'又《灵宪》言:'黄龙轩辕为中,与苍龙、朱雀、白虎、玄武为五。'然后知土位夏季,轩辕亦寄居鹑火,主雷雨之神,雷电风雨雾霜露云虹蜺背霱抱珥十四变,皆主之。亦犹土之无定位,而金木水火,赖以成与。"(见侯外庐主编:《方以智全书》第一册《通雅》,第 441 页)可见上古"五象"之说,是完全有可能的。

为将相廷尉尚书之类的大官。"太微",被认为是天帝处理政事之宫廷,所谓"天子之宫",故古人对此星极为重视。①

女娲之腹之为太微星之象征或曰符号,从与它邻近的"不周山"可以得到进一步的证实。郭璞注云:

> 《淮南子》曰:"昔者共工与颛顼争帝,怒而触不周之山,天维绝,地柱折。"故今此山缺坏不周匝也。②

所谓的"不周山",从《山海经》图所处位置,在西北,上古盖天说,西北方为天门,故古代星家于天上角宿下方设"天门"二星,《开元占经》卷六十引《春秋纬》曰:"角二星,天关也,其间天门也,其内天庭也,故黄道经其中,日月五星之所行也。"③不周山为"天门",亦为"天门"二星等之象征,或者说是此二星的分野。所谓的"有二黄兽守之",强调的正是二颗星。

二、"女娲补天"神话与"太微"内"五帝坐"星象

女娲的神话中,最为人乐道者,是她的用五色石补天与造人神话,女娲补天之说出现得较早,《淮南子·览冥训》云:

> 往古之时,四极废,九州裂,天不兼覆,地不兼载,火爁炎而不灭,水浩洋而不息,猛兽食颛民,鸷鸟攫老弱。于是女娲炼五色石以补苍天,断鳌足以立四极,杀黑龙以济冀州,积芦灰以止淫水。苍天补,四极正,淫水涸,冀州平,狡虫死,颛民生。④

---

① 如《开元占经》卷六十六引《黄帝占》曰:"太微,天子之宫,西藩四星,南北列,南端第一星为上将;北间为太阳西门,门北一星为次将;北间为中华西门,门北一星为次相;北间为太阴西门,北端一星为上相。东藩四星,南北列,南端第一星为上相;北间为太阳东门,门北一星为次相;北间为中华东门,门北一星为次将;北间为太阴东门,北端一星为上将。南藩两星东西列,其西星为右执法,其东星为左执法,廷尉尚书之象。两执法之间,太微天庭端门也,右执法西间为右掖门,左执法之东为左掖门,帝有四部将军相,有十、帝之所尊贵者为上将相,不以廷尉尚书为例。"《晋书·天文志》所述略同。
② 袁珂:《山海经校注》,第387页。
③ 瞿昙悉达:《开元占经》,第577页。
④ 从《淮南子》的叙事看,女娲补天被置于大洪水的语境,治水与补天似乎是一事之两面,我曾指出,所谓"大洪水",乃是"混沌"时代的象征,历法的制定、时空的次序化就意味着"洪水"的被克服。(参见尹荣方:《"禹敷土"本义考辨及对大禹治水事迹的重新认识》,《文化艺术研究》2021年第2期;又参见本书第十七章)

女娲用五色石补天的神话,所谓"立四极""济冀(中)州"关乎天文历法,《淮南子》的叙述就将它置于天文历法的语境。女娲之原型关乎"太微",那么她用五色石补天之说是否也关乎太微星象呢?答案是肯定的。

"太微"内有"五帝坐"五星,《史记·天官书》:"其内五星,五帝坐。"司马贞《索隐》:"《诗含神雾》云五精星坐,其东苍帝坐,神名灵威仰,精为青龙之类是也。"张守节《正义》曰:

> 黄帝坐一星,在太微宫中,含枢纽之神。四星夹黄帝坐:苍帝东方灵威仰之神;赤帝南方赤熛怒之神;白帝西方白昭矩之神;黑帝北方叶光纪之神。五帝并设,神灵集谋者也。①

"五帝坐"五星,其形状十分特殊,"五帝坐"中心的大星,是颗明亮的二等大星,古人称为"黄帝坐",后人称为"五帝坐一"。"五帝坐"五星以"黄帝坐"(五帝坐一)为中心,另外四颗星构成了一个斜向交叉的十字。十字的一条边与赤道平行,而另一条与黄道平行,因此构成"五帝坐"的两条线的夹角就是黄赤交角。②这个处于"太微"内的"五帝坐",由于其在星空所处位置的特殊,肯定是上古星家观测、祭祀、占卜的重要星象。《周礼·春官·宗伯》:"以血祭祭社稷、五祀、五岳。"郑玄注引郑司农云:"五祀,五色之帝于王者宫中,曰五祀。"③《周礼·春官·小宗伯》:"兆五帝于四郊,四望四类亦如之。"郑玄注:

> 兆,为坛之营域。五帝,苍曰灵威仰,太昊食焉;赤曰赤熛怒,炎帝食焉;黄曰含枢纽,黄帝食焉;白曰白昭矩,少昊食焉;黑曰汁光纪,颛顼食焉。黄帝亦于南郊。④

五色帝之说必古来传承,《史记·封禅书》载秦襄公祠白帝,宣公祠青帝,又载汉高祖刘邦:

> 二年,东击项籍而还入关,问:"故秦时上帝祠何帝也?"对曰:"四

---

① 司马迁:《史记》,第1300页。
② 参见齐锐、万昊宜:《漫步中国星空》,第149页。
③ 《十三经注疏·周礼注疏》,第657页。
④ 《十三经注疏·周礼注疏》,第698页。

帝,有白、青、黄、赤帝之祠。"高祖曰:"吾闻天有五帝,而有四,何也?"莫知其说。于是高祖曰:"吾知之矣,乃待我而具五也。"乃立黑帝祠,命曰北畤。

"太微"星内有作为五色帝象征的"五帝坐",而女娲正为天上之"太微","太微"及其内之"五帝坐"五星,必是古代星家观察制历的重要星座,所以有女娲炼五色石补天之说了。孙诒让引孙星衍之说云:

> 古巫咸、甘、石三家天文之书,以人事定星位。甘氏中官有天皇大帝一星,在钩陈口中;又有五帝内座五星,在华盖下。《天官书》多用《石氏星经》,又有五星五帝坐在南官。盖中官天皇大帝象圜丘,五帝内座象郊,南官五帝坐象明堂。而甘公、石申皆周人,其所据又三代古书,谶纬如后出,亦当本此。安得不以五色之帝为五天帝乎?[①]

孙星衍以太微内之"五帝坐"为"明堂"之象,甚确,明堂正是颁布时令之所。明堂之说必含五帝之说,《吕氏春秋·十二月》与《礼记·月令》的五帝系统为:

> 春,其帝太昊,其神句芒。治东方。
> 夏,其帝炎帝,其神祝融。治南方。
> 中央,其帝黄帝,其神后土。
> 秋,其帝少昊,其神蓐收。治西方。
> 冬,其帝颛顼,其神玄冥。治北方。

此五帝系统,影响深远,当渊源自上古五色帝之说。五色帝与上古分一年为五个季节月的历法相应,而女娲传说其"一日七十变",此"一日"恐不能理解为一天,"日"有"节"的意思。"日"字本有"节"义,《广雅·释言》云:"日、颡,节也。"王念孙《广雅疏证》卷五云:

> 日为节度之节,颡为丝节之节。《开元占经·日占篇》引《春秋元命包》云:"日之为言节也,开度立节,使物咸别。"《白虎通义》云:"日

---

① 孙诒让:《周礼正义》,第1428页。

之为言实也,节也,常满有节也。"①

日为节,有季节之意,《诗·豳风·七月》"一之日""二之日"等就是"一之月""二之月"之意。②则女娲之"一日七十变",原意当指一个季节为七十天之意,七十取其成数。以符一年之数。这就是"女娲"炼五色石"补天"的内涵所在了。现"太微垣"垣墙外有"明堂"三星,又有"灵台"三星,当是后代星家所为。

《山海经》中并没有对女娲形体的描述,而女娲在后世的形象是人面蛇身,且常与伏羲成对出现。高诱注《淮南子·览冥训》:"女娲,阴帝,佐伏戏治者也。三皇时,天不足西北,故补之。师说如此。"③《文选·鲁灵光殿赋》载殿中图画:

> 上纪开辟,遂古之物,五龙比翼,人皇九首,伏羲鳞身,女娲蛇躯。鸿荒朴略,厥状睢盱。

张载注:

> 女娲,亦三皇也。善曰:"《列子》曰:伏羲、女娲,蛇身而人面,有大圣之德。"《玄中记》曰:"伏羲鳞身,女娲蛇躯。"④

将女娲与伏羲相提并论可能始于《楚辞·天问》:"璜台十成,谁所极焉?登立为帝,孰道尚之?女娲有体,孰制匠之?"王逸注:

> 言伏羲始画八卦,修行道德,万民登以为帝,谁开导而尊尚之也?传言女娲人头蛇身,一日七十化,其体如此,谁所制匠而图之乎?⑤

这里将伏羲、女娲并列言之,或是先秦以来之传承。

---

① 王念孙:《广雅疏证》,中华书局,2004年,第142页。
② 参见尹荣方:《〈诗·豳风·七月〉杂用"阳历""阴历"说》,载《国学》第七辑,巴蜀书社,2019年。
③ 刘文典:《淮南鸿烈集解》,第207页。
④ 萧统编、李善注:《文选》,第515页。
⑤ 洪兴祖:《楚辞补注》(重印修订本),第104页。

三、《西次三经》"峚山"与"五帝坐"星象

比较《西次三经》所载之"不周山"及"峚山"黄帝事迹,大有意味:

> 又西北三百七十里,曰不周之山。北望诸毗之山,临彼岳崇之山,东望泑泽,河水所潜也,其原浑浑泡泡。爰有嘉果,其实如桃,其叶如枣,黄华而赤柎,食之不劳。①

> 又西北四百二十里,曰峚山,其上多丹木,员叶而赤茎,黄华而赤实,其味如饴,食之不饥。丹水出焉,西流注于稷泽,其中多白玉,是有玉膏,其原沸沸汤汤,黄帝是食是飨。是生玄玉。玉膏所出,以灌丹木。丹木五岁,五色乃清,五味乃馨。黄帝乃取峚山之玉荣,而投之钟山之阳。②

《山经》之"山",是在分野意义上叙述的"地理"。所以《山经》之山,也可以理解为天上的星座,或者说从天上星座的角度出发去理解《山经》之形形色色的"山",才能真正弄懂《山海经》的真谛。不周山是角宿之间"天门"之象征,"峚山"(它书引或作密山)当是太微内"五帝坐"之象征了。"五帝坐"以"黄帝"为中心,所以"峚山"之神只提黄帝,其实就可以兼及其他四星。峚山多白玉,"黄帝是食是飨",过去理解为黄帝以玉为食物,其实这是黄帝接受飨祀之谓。上面《周礼·小宗伯》即载筑坛祭祀五帝之事。值得注意的是,这段文字虽无五色玉(石)之说,但说到"是生玄玉",又说玉膏所出"五色乃清",是《西次三经》或原有五色玉之说,在传承过程中发生了变异罢了。

上面我们已指出,"太微"内之"五帝坐",可视为天上的明堂,明堂是上古测天、祭天、颁政之所,测天需要仪器,清代学者俞正燮《癸巳存稿》卷十二"补天"条提出女娲炼石补天,是天文仪器:

> 《宋书·天文志》引郑注《尚书》"璇玑玉衡"云,以玉为浑仪,贵

---

① 袁珂:《山海经校注》,第40页。
② 袁珂:《山海经校注》,第41页。

天象也。其云浑仪,盖仪器讹文。女娲炼石补天者,以玉为仪器。断鳌足以立四极者,仪器橛足也。以义推之,非有奇异。《论衡》云,天非玉石之质,女娲长不及天,岂得补之?其辨亦拙矣。《列子·汤问篇》革言张湛注云,"阴阳失度,三辰盈缩",即是天不足;女娲"炼五常之精,以调和阴阳,暑度顺序",即是补之。然《列子》言天不足西北,非广言三辰盈缩。西北为盖天天门,又以鳌足立四极,故可定为仪器。①

余氏之说值得重视,天上之"五帝坐"当是人间"明堂"之缩影,人间明堂为测天圣地,上古测天,必用"圭表",还有其他一些仪器,明堂是神圣之地,非常人可见,它以及一些测天仪器被神化讹传是必然的。如"崟山"上神秘的"丹木",其原型大约就是测天的圭表。这棵"玉树",先秦古籍多有记载,《淮南子·墬形训》:"增城九重……珠树、玉树在其(昆仑)西。"《艺文类聚》卷九十引《庄子》曰:

  老子见孔子,从弟子五人,问曰:"为谁?"对曰:"子路为勇,其次子贡为智,曾子为孝,颜回为仁,子张为式(《太平御览》九百十五作武)。"老子叹曰:"吾闻南方有鸟,其名为凤,所居积石千里,天为生食,其树名琼枝,高百仞,以璆琳琅玕为食。天又为生离珠,一人三头,递卧递起,以伺琅玕。凤鸟之文,戴圣婴仁,右智左贤。"②

庄子是宋人,宋人是殷人故国,得闻殷人旧说,故《庄子》中多前朝神话、传说。《庄子》佚文,明言"积石为树,名曰琼枝",当是最接近传闻原意之说。"积石为树",目的在观象测天,此测天之所,当垒石为台,设置树表及其他天文仪器,树表及天文仪器或用玉制成,故有"玉树""琅玕""琼枝"等说。当然《庄子》中的"积石"已经充满了神话色彩,如"积石为树,名曰琼枝"的"玉树"为凤凰所栖。且此凤凰"以璆琳琅玕为食"等。"玉树"等之所以与"凤凰"发生如此密切的联系,只要明白"五帝坐"以及相应的"崟山"这个测天之所,属于"南方朱鸟"之宫,就不会觉得奇怪了。

---

① 俞正燮:《癸巳存稿》,辽宁教育出版社,2003年,第341—342页。
② 欧阳询:《艺文类聚》,上海古籍出版社,1965年,第1558页。

四、"钟山"与"轩辕"十七星

《西次三经》中与峚山相邻的是有名的"钟山":

> 又西北四百二十里,曰钟山,其子曰鼓,其状如人面而龙身,是与钦䲹杀葆江于昆仑之阳,帝乃戮之钟山之东曰崦崖,钦䲹化为大鹗,其状如雕而黑文白首,赤喙而虎爪,其音如晨鹄,见则有大兵;鼓亦化为鵕鸟,其状如鸱,赤足而直喙,黄文而白首,其音如鹄,见则其邑大旱。①

《海外北经》:

> 钟山之神,名曰烛阴。视为昼,瞑为夜,吹为冬,呼为夏。不饮,不食,不息;息为风。身长千里。在无䏿之东。其为物,人面蛇身赤色,居钟山下。

《大荒北经》:

> 西北海之外,赤水之东,有章尾山。有神,人面蛇身而赤,直目正乘,其瞑乃晦,视乃明,不食、不寝、不息,风雨是谒,是烛九阴,是谓烛龙。

所谓的钟山之子,龙身人面的"鼓",据郭璞注,出于《归藏·启筮》,其与钦䲹杀葆江事,暂不能明。

据《西次三经》,钟山在峚山之西北,而天上"太微"之西是"轩辕"十七星。《天官书》:"南宫朱鸟,权、衡。"权是轩辕星,衡是太微星,两星似作为"南宫朱鸟"的主星。轩辕、太微相邻,钟山、峚山也相邻,则"钟山"当为轩辕星之分野。"轩辕",共十七星,《史记·天官书》:"轩辕,黄龙体。"裴骃《集解》引孟康曰"形如腾龙。"张守节《正义》曰:"轩辕十七星,在七星北,

---

① 袁珂:《山海经校注》,第42—43页。

黄龙之体,主雷雨之神。"①

轩辕十七星,蜿蜒如龙蛇之状,《开元占经》卷六十六引石氏曰:"轩辕,一名昏昌宫,而龙蛇形,凡十七星。"②引《黄帝占》:"轩辕十七星,主后妃黄龙之体。"又引石氏赞曰:"轩辕龙体主后妃。"③

蜿蜒似龙蛇体的轩辕十七星,与"身长千里""人面蛇身"的"烛龙(阴)"之身形正相应合。《开元占经》卷六十六引《黄帝占》:"其星主雷雨风霜雾露虹霓背璚抱珥。"④而《史记》张守节《正义》又云:

> 阴阳交感,激为雷电,和为雨,怒为风,乱为雾,凝为霜,散为露,聚为云气,立为虹蜺,离为背璚,分为抱珥。二十四变,皆轩辕主之。⑤

郭璞注《大荒北经》烛龙之"风雨是谒"云:"言能请致风雨。"正关合"轩辕星"主"风雨"等之星占功能。

《晋书·天文上》云:"轩辕,黄帝之神,黄龙之体也。"据石氏说是"帝南宫",为"黄帝之舍"。⑥后世伏羲、女娲作蛇身交尾状,当是因为轩辕十七星与太微诸星邻近,皆为天上"南宫"之主星,构成天庭之不可分离之"权衡",从而成为阴阳的主宰,如《素问·至真要大论》所谓的"气之相守司也,如权衡不得相失也"。而"轩辕"十七星蜿蜒如龙蛇,"太微"十星也宛曲如肠(腹),于是古代星家以蛇身交尾状象征之,可谓独具匠心。

所谓的钟山之神"烛龙""烛阴"之称谓,必星家之所为,亦星家狡狯处。"烛"者,与南方朱鸟之"咮"古音同,形亦近。《诗·召南·小星》:"嘒彼小星,三五在东。"毛《传》:"三,心;五,咮。"《释文》:"咮,张救反,又都豆反,《尔雅》云:'咮谓之柳。'"⑦今本《尔雅·释天》"咮"作"味"云:"谓之柳,

---

①⑤ 司马迁:《史记》,第1301页。
② 瞿昙悉达:《开元占经》,第645页。
③④⑥ 瞿昙悉达:《开元占经》,第646页。
⑦ 《十三经注疏·毛诗正义》,第94页。郝懿行笺疏云:"味又作咮。《诗·小星》传:'三,心;五,咮。'《正义》引《元命苞》云:'柳五星。'《释文》引《尔雅》作'咮谓之柳。郑笺:'咮在东方,正月时也。'《夏小正》云:'鞠则见。'戴氏震曰:'鞠当为咮。《尔雅》咮义之柳。虞夏正月日躔奎娄,奎娄西没则柳东升。'是戴氏以鞠即咮也。"(郝懿行:《尔雅义疏·释天》)关于《夏小正》正月之"鞠则见",诸家之解多分歧,戴震、孔广森等主柳星说。除了柳星,尚有"司禄""北落师门""虚星""黄星""天钱星"以及非星名,是草名等说。(见方向东:《大戴礼记汇校集释》,第174—176页)

柳,鹑火也。"郭璞注:"咮,朱鸟之口。鹑鸟名火,属南方。"①轩辕十七星处于"鹑火"之北,方以智所谓"轩辕亦寄居鹑火",故星家名之"蠋龙",亦即鹑火之龙也。"烛阴"亦同。②

而钟山之神"鼓"的叙事中,正蕴涵着"轩辕"星体及其星占特征:轩辕十七星的星占特征包括"阴阳交感,激为雷电"等,"鼓",正是雷电的象征,雷为天鼓,《论衡·雷虚篇》云:"图画之工,图雷之状,累累如连鼓之形。"《太平御览》卷七十八引《诗纬含神雾》云:"大迹出雷泽,华胥履之,生宓牺。"可见,伏羲正有"雷神之子"之称。"鼓亦化为鵕鸟",鵕鸟是凤凰的一种,其旨意所指乃龙身的"鼓"而为"南方朱鸟"之主星,这正是星家的表述法。

五、"女娲造人"神话与"五帝坐"及"司民"星象

"女娲造人"的神话,或也关乎"太微垣"内"五帝坐"星象。《周礼·春官·大司乐》:"乃奏黄钟,歌大吕,舞云门,以祀天神。"郑玄注:"天神,谓五帝及日月星辰也。王者又各以夏正月祀其所受命之帝于南郊,尊之也。"孙诒让云:

> 云"王者又各以夏正月祀其所受命之帝于南郊,尊之也"者,《大传》注云:"王者之先祖,皆感太微五帝之精以生,苍则灵威仰,赤则赤熛怒,黄则含枢纽,白则白昭矩,黑则汁光纪。皆用正岁之正月郊祭之,盖特尊焉。"《孝经》曰"'郊祀后稷以配天',配灵威仰也。"《公羊》宣三年何休注云:"上帝,五帝。在太微之中,迭生子孙,更王天下。"此即郑受命帝之说。③

---

① 《十三经注疏·尔雅注疏》,第 176 页。
② 刘宗迪《失落的天书》认为谓"烛龙"为冬天的"东方苍龙"之象,东方苍龙七星为角、亢、氐、房、心、尾、箕,虽冬天亦如"轩辕""鹑火"隐没不见,然从分野角度看,无有七宿而为一山山神之说,如尾宿的分野当为有"九尾狐"的"青丘"或"青丘之国";心宿的分野据吴晓东说为"孽摇頵羝"等。"钟山"临近"若木",心宿下则是"扶桑",一在西南,一在东北。而"轩辕星"与"鹑火"之次正在西南,临近"若木"。东方苍龙的"尾宿""箕宿"之间,是天上银河的始流之地,而"轩辕星"及"鹑火"之次,乃银河的流入之处。银河的流入之处包括"鹑火""天稷"等星座,此所以《大荒西经》会有"有五采鸟""长胫之国""有西周之国"及"帝俊生后稷"等说。
③ 孙诒让:《周礼正义》,第 1741 页。

上古本有太微之中"五帝坐"生王者先祖之说,则女娲之生人,或由此讹成。又轩辕星之"两角"有"大民星""小民星"。上古孟冬有祭祀此两星之礼。《周礼·春官·天府》:"若祭天之司民、司禄而献民数、谷数,则受而藏之。"郑玄注:"司民,轩辕角也。司禄,文昌第六星,或曰下能也。禄之言谷也。年谷登乃后制禄。祭此二星者,以孟冬既祭之,而上民谷之数于天府。"贾公彦疏:

> 云"司民,轩辕角也"者,案:《武陵太守星传》云:"轩辕十七星,如龙形,有两角,角有大民、小民。"①

《周礼·小司寇》:

> 及大比,登民数,自生齿以上,登于天府。……孟冬,祀司民,献民数于王,王拜受之,以图国用而进退之。郑玄注:"大比,三年大数民之众寡也。人生齿而体备。男八月而生齿,女七月而生齿。……司民,星名,谓轩辕角也。小司寇于祀司民而献民数于王,重民也。"贾疏:"案《星经》,轩辕角有大民小民之星,是轩辕角也。"②

《周礼·秋官·司民》:

> 司民,掌登万民之数,自生齿以上皆书于版,辨其国中与其都鄙及其郊野,异其男女,岁登下其死生。及三年大比,以万民织女数诏司寇。司寇及孟冬祀司民之日献其数于王,王拜受之,登于天府。内史、司会、冢宰贰之。以赞王治。

郑玄注引郑司农云:"文昌宫三能,属轩辕角,相与为体。近文昌者为司命,次司中,次司禄,次司民。"郑玄不同意司农之说云:"玄谓司民,轩辕角也。"贾公彦疏亦赞同郑玄之说云:

> 《武陵太守星传》,文昌第一曰上将,第二曰次将,第三曰贵相,第

---

① 《十三经注疏·周礼注疏》,第764页。
② 《十三经注疏·周礼注疏》,第1344—1346页。

四日司命,第五日司中,第六日司禄。不见有司民。三台六星,两两相居,起文昌东南,别在太微,亦无司民之事,故后郑不从。①

值得注意的是,祭祀"司民"即"轩辕角"的时间为每年孟冬,祭祀此星的时候要把百姓的人数告知"王",王拜受后,同时要把这些材料藏入"天府",另外每三年小司寇还要进行更为精确的人口统计,统计的范围包括刚生牙齿的婴儿。可见这是一种甚为重要的仪式。贾谊《新书·礼篇》云:

受计之礼,王所亲拜者二:闻生民之数则拜之,闻登谷则拜之。②

"司民星"顾名思义是掌管"民"即人的,古人相信天人合一,于是在人间亦设"司民"之官。每年民人的多少都于祭祀此星的时候发布,而此星正紧靠"太微"之右掖,"太微"为女娲之象,然则女娲"造人"神话之发生,也很有可能与这种"数民"受计之礼相关。

女娲造人之传说,或以为晚于她的"补天",因为造人之说最早见《淮南子·说林训》:

黄帝生阴阳,上骈生耳目,桑林生臂手,此女娲所以七十化也。

高诱注:

黄帝,古天神也,始造人之时,化生阴阳。上骈、桑林皆神名。女娲,王天下者也。七十变造化。此言造化治世,非一人之功也。③

《说文》"女"部:"娲,古之神圣女,化万物者也。"说的也是女娲化生万物包括人。又有女娲抟黄土造人之说,见《太平御览》卷七十八引《风俗通》:

俗说天地开辟,未有人民,女娲抟黄土作人,剧务,力不暇供,乃引绳于泥中,举以为人。④

---

① 《十三经注疏·周礼注疏》,第 1379—1380 页。
② 孙诒让:《周礼正义》,第 2779 页。
③ 何宁:《淮南子集释》,第 1186 页。
④ 袁珂说:"此说见诸记载虽较晚,揆其起源,或更早于前说(指补天之说)。"(见袁珂:《中国神话传说词典》,第 44 页)

可见女娲"造人"之说，较为晚起，其说或由"司民"星的"数民"受计讹成。

六、"狂鸟""淑士""长胫""西周""后稷"与天上星象

行文至此，可以谈谈《大荒西经》中与"女娲"（太微星）相邻的五采"狂鸟""淑士之国""长胫之国""西周之国"及"后稷"等之象征所在了。

（一）狂鸟

狂鸟，郭璞注："《尔雅》云'狂，梦鸟'，即此也。"郭注《尔雅·释鸟》亦引此经文。袁珂云："狂，《玉篇》作鵟，疑即凤凰之属。"①这里的"狂鸟"当是南方朱鸟"翼轸"之象，南方朱鸟七宿为：井、鬼、柳、星、张、翼、轸。翼、轸两宿，于十二次为"鹑尾"，属于"南方朱鸟"七宿之末宿。"太微"十星，在翼、轸之北。《开元占经》卷六十三翼引石氏曰：

> 翼，天乐府也，主辅翼，以卫太微宫，法九州之位。

引《黄帝占》曰：

> 翼和五音，调笙律，五辅以卫太微宫，九州之位，人为宰相。②

在星家眼中，翼宿是辅卫"太微宫"的，翼与轸属南方朱鸟之宿，是鸟之象，所以"女娲"（太微）邻近者就有所谓"狂鸟"了。

《世本》（清张澍稡集补注本）称"女娲作笙簧"，《礼记·明堂位》作"女娲之笙簧"，郑玄注："笙簧，笙中之簧也。"孔颖达引《帝王世纪》云：

> 女娲氏风姓，承庖羲制度，始作笙簧，无所革造。故《易》不载，不序于行，蛇身人首。③

---

① 袁珂：《山海经校注》，第392页。
② 瞿昙悉达：《开元占经》，第602页。
③ 《十三经注疏·礼记正义》，第949页。

桂馥《说文解字义证》卷三十九引《帝系谱》云：

女娲氏命娥陵氏制都良管以一天下之音；命圣氏为班管以合日月星辰，名曰充乐。又命随作笙簧。①

则"女娲作笙簧"传说，或与太微星之辅卫翼宿等之"天乐府""和五音，调笙律"之星占功能有关联。

（二）淑士之国

淑士之国，郭璞注："言亦出自高阳氏也。"此"淑士之国"与"不周山""女娲之肠"邻近，根据《山海经》之体例，此国当为"少微星"之象征，或曰分野。少微四星，星占上正主所谓的"淑士"，也就是贤士。《开元占经》卷六十六引石氏曰：

少微四星，在太微西，南北列。少微星明大而黄润泽，则贤士举而忠臣用。少微星微小，则贤士退而忠臣废。

引巫咸曰：

处士，水官也。处士明，王命兴，辅佐出。

引《黄帝占》曰：

少微星明而行列，王者任贤良，举隐逸才用，天下安；其不明，微而不见，贤良不出，术士潜藏，人主不安。

值得注意的是，石氏还说："少微，伏戏之庭。"②则"少微"之设，必关乎伏羲、女娲也。

---

① 桂馥：《说文解字义证》，第1085页。
② 瞿昙悉达：《开元占经》，第647页。

（三）长胫之国

又作"长股国"，《淮南子·墬形训》作"长股民"。《海外西经》云："长股之国在雄常北，被发。一曰长脚。"郭璞注："国在赤水东也。长臂人身如中人而臂长二丈，以类推之，则此人脚过三丈矣。黄帝时至。或曰，长脚人常负长臂人入海捕鱼也。"此"长胫之国"也是临近"太微""少微"的"国度"，据《山海经》体例，当为南方朱鸟"张宿"六星之象。张义为长，张宿六星，《史记·天官书》："张，素，为厨，主觞客。"《晋书·天文志》：

> 张六星，主珍宝宗庙所用及衣服，又主天厨、饮食、赏赉之事。

《步天歌》张宿下云：

> 六星似轸在星旁。张下只有天庙光，十四之星册四方。长垣少微虽向上，数星倚在太微旁。①

张宿也是靠近太微的星宿。《开元占经》卷六十三又引《黄帝占》云："内张外翼卫帝宫。"又引《孝经章句》云："帝宫内翼外张，以匡帝宫。"②"张宿"与"翼宿"都被星家视为匡卫"帝宫"，即"太微"的星座。

"长胫"国人手脚都极长，在《山海经》中，他常以"捕鱼"的形象出现：《海外南经》云："长臂国在其东，捕鱼水中，两手各操一鱼。"《大荒南经》云："有人名曰张弘，在海上捕鱼。海中有张弘之国。"袁珂说："张弘即长肱，亦即此长臂人。"③此星家以"捕鱼"隐喻天上之"张宿"，张本义即有捕捉鱼鸟兽类之意。《公羊传·隐公五年》（前718年）云："百金之鱼，公张之。"又指捕捉鱼鸟禽兽等工具，《周礼·秋官·冥氏》："冥氏掌设弧张，为阱擭以攻猛兽。"郑玄注："弧张，罿罟之属，所以扃绢禽兽。"④然则《山海经》之"长胫""长臂"国人捕鱼之形象，必为喻示"张宿"也。

---

① 王先谦：《汉书补注》，第1800页。
② 瞿昙悉达：《开元占经》，第601页。
③ 袁珂：《中国神话传说词典》，第95—96页。
④ 《十三经注疏·周礼注疏》，第1423页。

（四）西周之国及后稷、稷泽等

《山海经·大荒西经》：

> 有西周之国，姬姓，食谷。有人方耕，名曰叔均。帝俊生后稷，稷降以百谷。稷之弟曰台玺，生叔均。叔均是代其父及稷播百谷，始作耕。有赤国妻氏。有双山。①

这里所云"西周之国，姬姓"云云，不必如有些学者所说的是错简或后人增入者。这大约是从分野角度而言的，《开元占经》卷六十三引石申曰："七星北十三度是中道，周之分野。"②后世将柳、星、张，所谓的"鹑火"与"周"对应。"西周之国"是可以和天上的"稷"五星对应的。天上之"天稷"星，正位于"南方朱鸟"的"七星"之南。《晋书·天文志上》："稷五星，在七星南。稷，农正也，取乎百谷之长以为号也。"

而文中出现的"叔均"，是所谓"稷"的弟弟"台玺"所生，他是"播百谷，始作耕"的重要人物，然而除《山海经》，其他书似未谈到过他，所以郝懿行云："《史记·周本纪》云：'后稷卒，子不窋立。'谯周议其世次误是也。《史记》又不载稷之弟，所未详。"③我怀疑"叔均"之"叔"为"菽"，是豆类作物，"叔均"是豆类作物的人格化。故在上古话语中得为"亲属"。"均"通"畇"，有种植之意。大约作物"菽"后起于"稷"，所以它只能作为"稷"的"晚辈"了。

"后稷"又见《海内经》：

> 西南黑水之间，有都广之野，后稷葬焉。爰有膏菽、膏稻、膏黍、膏稷，百谷自生，冬夏播琴。鸾鸟自歌，凤鸟自儛，灵寿实华，草木所聚。爰有百兽，相群爰处。此草也，冬夏不死。南海之外，黑水青山

---

① 这段文字说"后稷"是帝俊所生，似不可解。笔者以为，这里的"生"不能作生育之"生"解，否则俊（舜）成了周人始祖"稷"的父亲，周人历数之先祖，为何就不数舜这个"圣王"呢！"生"在这里大约就是"星"的意思，"生"与"星"读音完全相同，如"狌狌"即"猩猩"也。帝俊所主是"南方朱鸟"，而"天稷"位于南方朱鸟之"七星"之南。它自然属于帝俊范围内之星座，说它是帝俊之星（生）十分自然。人们于《山海经》，此类误读误解极多，造成的结果是所谓"世系"的错乱纷杂，以致不堪卒读，无法理解。
② 瞿昙悉达：《开元占经》，第600页。
③ 郝懿行：《山海经笺疏》，第410页。

之间,有木名曰若木,若水出焉。

郝懿行引《国语·鲁语》云:"稷勤百谷而山死。"韦昭注云:"死于黑水之山。"[1]后稷死于"黑水之山",显是缘于《山海经》后稷葬"黑水之间"之说。"后稷"所葬之处,"鸾鸟自歌,凤鸟自儛",切合"南方朱鸟"之象。后稷葬处附近,似有若木、若水,"若木"所处,乃西南方位,天上之"天稷"星,在"七星"南,略近于西南角,此其所以出现"若木"也。而"都广之野",处于"西南黑水之间","南方朱鸟"之"星宿",是天上银河所最终流入之处,而在古人的宇宙观念中,此河尚将潜回天上,而"黑水"就是这么一条地下潜流之河。天上的"后稷"星,处于银河流入处的位置。前面我们已经指出,天上的银河,最后经过天狗星、天纪星、天稷星,在"星宿(七星)"之南,银河没于南方地平线。

《西次三经》提到"稷泽":

丹水出焉,西流注于稷泽。郭璞注:"后稷神所凭,因名云。"[2]

稷泽关乎有名的周人始祖后稷,注家无异见。"天稷"紧靠"七星",是银河没处。地上的河水与银河相应,河水流入地下后将重新回到天上,如此循环不已。所以,"后稷"所处之地名为"稷泽",又与"黑水""泑泽"之类的"河水所潜"之地相关了。

综上所述,我们大致可以明白,女娲神话,溯其源,出于《山海经》,乃是星辰神话,"女娲"最初的形貌特征,以及她"补天""造人"的神功,都可以在相关星座的特点及星占功能上找到合理的解释。譬如"有神十人,名曰女娲之肠"这样似乎离奇的陈述,正是"太微"十星的形象写照。"太微"内的"五帝坐"也即"五色帝",给女娲的炼五色石补天及造人说带来充分的想象空间。"女娲"造"笙簧"等音乐贡献,也与"南方朱鸟"的"翼宿"等的星占功能相合。而与"太微"邻近的"司民"二星,其星占关乎上古的人口统计,大约由于某种讹传,"造民数"之"名册"之事也利于女娲"造人"说的生发。神话传说因"语言疾病"而讹成者,可谓不胜枚举。

女娲神话在流传的过程中不断变异发展,她后来与"伏羲"一起,呈蛇

---

[1] 郝懿行:《山海经笺疏》,第438页。
[2] 袁珂:《山海经校注》,第41页。

身交尾状,伏羲、女娲的这种形象,大约仍然带有星辰的痕迹,与作为女娲的真身的"太微"星与邻近的"轩辕"十七星共同构成南方朱鸟也即"南宫"的主星,并被命名为权星与衡星,权与衡的不可分离,也意味着"太微"与"轩辕"的不可分离,"轩辕"十七星应该很早就被拟成龙蛇之形,于是女娲与伏羲就形成了蛇身交尾之状了。我相信"轩辕"十七星与"伏羲"必有纠葛,虽说现今文献似只有《开元占经》卷六十六引石氏之说云:"少微,伏戏之庭。"石氏的这条记载很为重要,说明女娲、伏羲神话与"太微""少微""轩辕"等星座的确存有密切的联系。

传说称伏羲、女娲都是"风"姓,(皇甫谧《补三皇本纪》:"太皥庖牺氏,风姓。……蛇身人首。……女娲氏亦风姓,蛇身人首。"《左传·昭公十七年》(前525年):"陈,太皥之虚也。"《左传·僖公二十一年》(前639年):"任、宿、须句、颛臾,风姓也。实司太昊与有济之祀,以服事诸夏。""风"同"凤",其隐含的当是它们作为"南方朱鸟"主星的意蕴。女娲、伏羲神话多流传于南方,且上古三皇说,一曰伏羲、神农、女娲;一曰伏羲、神农、祝融。"祝融"是主南方之大神,吕思勉指出:"盖汉人久将女娲与祝融,牵合为一也。"[1]"风"又解为"气",女娲、伏羲在汉人眼中,亦是阴阳两气之象征,高诱注《淮南子·览冥训》云:"女娲,阴帝,佐伏戏治者也。"王充《论衡·顺鼓篇》:"雨不霁,祭女娲。"就是将"女娲"视为阴气之神,雨为阴,故祭阴气之神以祈久雨能止住。[2]《史记·夏本纪》司马贞《索隐》引《世本》云:"涂山氏女名女娲。"《正义》引《帝系》云:"禹取涂山氏之子,谓之女娲,是生启也。"此说将女娲故事与大禹及涂山氏牵合,显然也是后起之说。[3]

从《大荒西经》之"女娲之肠(腹)"附近之"狂鸟""淑士之国""长胫之国""西周之国"及"后稷""稷泽"等与"太微"及"轩辕"等在天空中的位置密合无间,也可以有力证明《山海经》"女娲"的原型为"太微"十星,而《山海经》古图确为星象图。

---

[1] 吕思勉:《吕思勉读书札记》,上海古籍出版社,2005年,第53页。
[2] 参见尹荣方《神话求原》之《女娲为阴神考》章,上海古籍出版社,2003年。
[3] 吕思勉亦云:"此说与谓女娲能治水者又迥别,亦后起之说,非其朔也。"(见吕思勉:《吕思勉读书札记》,第50页)

第九章
"相柳"神话与"天纪"九星星象

《山海经》的奇兽怪物中,"相柳",又作"相繇",它的存在具有相当的故事性与神话性质,甚为有名:

> 共工之臣曰相柳氏,九首,以食于九山。相柳之所抵,厥为泽溪。禹杀相柳,其血腥,不可以树五谷种。禹厥之,三仞三沮,乃以为众帝之台,在昆仑之北,柔利之东。相柳者,九首人面,蛇身而青,不敢北射,畏共工之台。台在其东,台四方,隅有一蛇,虎色,首冲南方。(《海外北经》)

> 共工之臣名曰相繇,九首,蛇身,自环,食于九土,其所歍所尼,即为源泽,不辛乃苦,百兽莫能处。禹堙洪水,杀相繇,其血腥臭,不可生谷,其地多水,不可居也。禹湮之,三仞三沮,乃以为池,群帝因是以为台,在昆仑之北。(《大荒北经》)

《山海经》古图所述之形形色色的奇兽怪禽(或异国绝域),往往是天上星辰的象征,《山海经》所述之大量的"异国绝域",是在分野意义上所述之地理。要弄懂《山海经》的奇兽怪禽(或异国绝域)的真正内涵,需将目光转向天空。本章提及的"相柳(相繇)"自然也不例外。

一、"相柳(相繇)"及"巴蛇"原型为"天纪星"

(一)"相柳(相繇)"与"天纪"九星

长有九个人头,而身子是蛇的"相柳(相繇)",当然绝不是自然界所能有的,它乃是一个象,即符号,从其形貌及所处位置看,它是象征"天纪"九星的。《晋书·天文志》云:"天纪九星,在贯索东,九卿也,主万事之纪,理冤讼也。"《开元占经》卷六十五引黄帝曰:"天纪,天纬也,主正理冤讼。"又引《论谶》曰:"天纪星以表九州,定图位,天纪星主历、音律。"①陈久金先生说:

  可见天纪星,是定图位,主律历的起始点的标志,即计算天体行程的历元。从天纪星所处的方位来看,它大致位于斗宿的北方,而斗宿在上古时曾作为冬至点使用,天纪即星纪也。②

"相柳氏"的形貌特点是"九首",故"食于九山",而天纪九星,"以表九州",两者正相一致;"相柳之所抵,厥为泽溪","天纪"九星正处于银河边上,其地自然"多水";相柳氏"蛇身",而"纪"通"己",本有"蛇"义。所谓的禹"乃以为众帝之台",禹的治洪水,洪水喻指混沌时代,禹的治水,是在混沌中理出秩序,也就是完成天地定位、建立分野、制定或修订历法。这样的观天、测天工作需要建立"灵台"之类的测天场所。而禹杀相柳后"厥之,三仞三沮",终于筑成的四方台,它是"众帝之台",且在昆仑之北。此"台"正是对"灵台"的描述。天纪星曾经被作为冬至点使用,为日月五星运行之通道。而"众帝之台"在昆仑山之北,这个位置也可以证明"相柳氏"所在之地与"天纪"九星的关联,"昆仑山"是与北斗对应的所谓"宇宙山",而"天纪"九星正在北斗附近。

(二)《楚辞》之九首"雄虺"、《庄子》之"倏忽"与天纪星

九首之相柳氏,似乎是上古盛传之怪物,《楚辞·天问》:"雄虺九首,倏忽焉在?"王逸注:"虺,蛇别名也。倏忽,电光也。言有雄虺,一身九头,速及电光,皆何所在乎?"③《楚辞·招魂》也云:"雄虺九首,往来倏忽,吞人以益其心些。"郝懿行、袁珂等都以为此"九首雄虺"即《山海经》之"相柳"。从《楚辞》之记载看,似此九首"雄虺"关乎"倏忽"。李商隐《哭遂州萧侍郎

---

① 瞿昙悉达:《开元占经》,第625页。
② 陈久金:《星象解码——引领进入神秘的星座世界》,第134页。
③ 洪兴祖:《楚辞补注》(重印修订本),第94页。

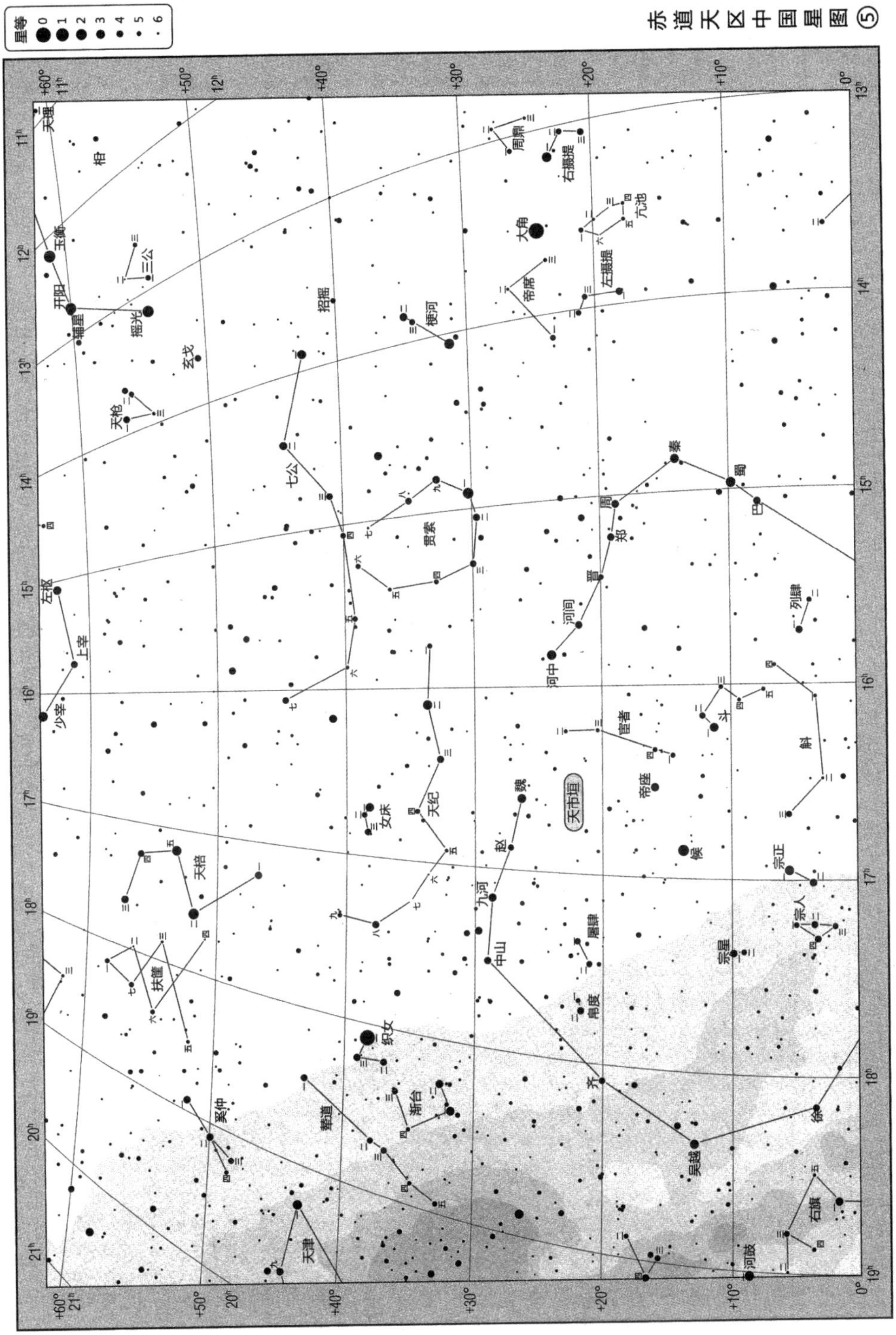

第九章 "相柳"神话与"天纪"九星星象 147

图 9-1 "天纪"九星星图（采自齐锐、万昊宜：《漫步中国星空》，第186页）

二十四韵》:"暂能诛倏忽,长与问乾坤。"冯浩注:"此则用《招魂》'雄虺九首,往来倏忽,吞人以益其心些',亦见《天问》。以比训(李训)、郑(郑注)之奸毒……以'倏忽'代雄虺,古有此例。"①《庄子·应帝王》则赋予"倏忽"新的涵义:

> 南海之帝为倏,北海之帝为忽,中央之帝为浑沌。倏与忽时相与遇于浑沌之地,浑沌待之甚善。倏与忽谋报浑沌之德,曰:"人皆有七窍以视听食息,此独无有,尝试凿之。"日凿一窍,七日而浑沌死。②

《庄子》笔下的"倏忽"分别成了南海之帝与北海之帝,成了庄子寓言中的人物,我们且撇开庄子创作此寓言的哲学涵义不说,"倏"与"忽"都是具有天文学涵义的对象,也即"倏"与"忽"的原型关乎九首的雄虺,而《楚辞》《庄子》中的九首雄虺原源自《山海经》之九首"相柳",然则《庄子》此寓言是有取于"天纪"九星的,庄子必通天文者。这个寓言可以用"凿破浑沌"来概括。事实上"天纪"九星正有制定历法、凿破浑沌之功能。上古四象之北方玄武,玄武为龟蛇之合体,其中的蛇,大约原本指的就是天纪九星。禹的功绩在《书·大禹谟》中表述为"地平天成",也即天地的次序化,其实质也就是所谓的凿破混沌。

(三)"巴蛇"原型亦为"天纪星"

除了九首怪蛇"相柳氏",《山海经》中还有一条巨大的"巴蛇"。《海内南经》云:"巴蛇食象,三岁而出其骨,君子服之,无心腹之疾。其为蛇青黄赤黑。一曰黑蛇青首,在犀牛西。"③《楚辞·天问》:"一蛇吞象,厥大何如?"洪兴祖补注引《山海经》云:"《山海经》:'南海内有巴蛇,身长百寻,其色青黄赤黑,食象,三岁而出其骨,君子服之,无心腹疾,在犀牛西也。'"④洪兴祖所引之《山海经》较今本《山海经》为完整,其"南海内有巴蛇,身长

---

① 冯浩:《玉溪生诗集笺注》,上海古籍出版社,1979年,第57页。
② 郭庆藩:《庄子集释》,第309页。
③ 袁珂:《山海经校注》,第281页。
④ 洪兴祖:《楚辞补注》(重印修订本),第95—96页。

百寻",为今本所无,极为重要。与《庄子》说的"南海之帝"正相应合。①《海内经》云:"有巴遂山,渑水出焉。又有朱卷之国。有黑蛇,青首,食象。"郭璞注《海内南经》云:"今南方蚺蛇(藏经本作蟒蛇)吞鹿,鹿已烂,自绞于树腹中,骨皆穿鳞甲间出,此其类也。《楚词》曰:'有蛇吞象,厥大何如?'说者云长千寻。"②郭璞大约以为《海内南经》记载的是真实世界中的大蛇,但现实中吞象,三年出其骨,且身长千寻的大蛇不可能存在。神奇的巴蛇原是《山海经》的图像,当为一星象,即天纪星之象。

然《山海经》何以既以九首怪蛇"相柳(相繇)"拟"天纪"九星,又以"巴蛇"拟之呢?这并不难索解,天上有两"天纪星",除了我们上面指出的处于南斗北、贯索边的"天纪"九星外,即"相柳(相繇)"之象外,在南方朱鸟"七星"之南另有"天纪星"一颗,处于天上银河没入之处。《晋书·天文志》说银河最后"络南河、阙丘、天狗、天纪、天稷,在七星南而没",这里的"天纪"仅一星,属于"南方朱鸟",位于银河没处。两处"天纪"星一南一北,一位于银河起始处,一位于银河没处,此庄子所以称为"南海之帝""北海之帝"欤!

"巴蛇"所拟者,当是南方之"天纪星",此蛇没有九头之说,且有关巴蛇的神话传说都关乎南方地域,袁珂指出,《淮南子·本经篇》云:"羿断修蛇于洞庭。"《路史·后纪》以"修蛇"作"长它",罗苹注云:

  长它即所谓巴蛇,在江岳间。其墓今巴陵之巴丘,在州治侧。《江源记》(即《江记》,六朝宋庾仲雍撰)云:"羿屠巴蛇于洞庭,其骨若陵,曰巴陵也。"《岳阳风土记》亦云:"今巴蛇冢在州院厅侧,巍然而高,草木丛翳。兼有巴蛇庙,在岳阳门内。"又云:"象骨山。《山海经》云:'巴蛇吞象。'暴其骨于此。山旁湖谓之象骨港。"③

这些神话传说无疑都源自《山海经》,属于星宿神话。巴蛇之被置于洞庭,与上古人的分野观念相关,上面说到南方朱鸟七星有"纪星"一颗,《开元占经》卷七十引甘氏曰:"天纪一星,在外厨南。注:'天纪主知禽兽年

---

① 洪兴祖《补注》又引杨大年云:"逸注《楚辞》,多不原所出,或引《淮南子》,而刘安所引,亦本《山海经》。其注巴蛇事,文句颇谬戾,乃知逸凭它书,不亲见《山海经》也。吴都赋》云:'屠巴蛇,出象骼。'"则洪氏所引为完整,然罗顾《尔雅翼》引与今本同。或宋时《山海经》已有不同版本也。
②③ 袁珂:《山海经校注》,第 281 页。

齿。'"①《晋书·天文志》云：

> 柳南六星曰外厨。厨南一星曰天纪，主禽兽之齿。

知禽兽年齿、主禽兽之齿是知"时间"，与北天纪"主历"之说相通。《史记·天官书》云：

> 二十八宿主十二州，斗柄兼之，所从来久矣。秦之疆也，候在太白，占于狼、弧。吴楚之疆，候在荧惑，占于鸟衡。

张守节《正义》云：

> 荧惑、鸟衡，皆南方之星，故吴楚之占候也。鸟衡，柳星也。一本作"注张"也。②

以吴、楚之疆为柳、张星宿之分野，或如司马迁所云，较为古老。③

二、"天纪"九星之分野与"九河"地域

（一）上古"九河"为"天纪"九星分野

如果说，"南天纪"的分野所在尚嫌宽泛，不够具体的话，相较而言，北天纪的分野则要明确得多。《隋书·天文志上》将天纪九星与"九河"相提并论：

> 天纪九星，在贯索东，九卿也。九河主万事之纪，理冤讼也。明则天下多辞讼，亡则政理坏，国纪乱，散绝则地震山崩。

---

① 瞿昙悉达：《开元占经》，第702页。
② 司马迁：《史记》，第1346页。
③ 分野之设，必甚古老。《吕氏春秋·有始览》云："南方曰炎天，其星舆鬼、柳、七星。"亦以柳星等对应南方。《周礼·春官·保章氏》按十二次分配："鹑首，秦也；鹑火，周也；鹑尾，楚也。"以"鹑火"即柳、星、张对应于周。而南纪一星，在柳星之南，分野上或正可与周之南即南方对应。

"九河"在《书·禹贡》及《尔雅·释水》中都出现,虽关于"九河"地望及涵义,众说纷纭,但以为是人间河流,则无异议。从《隋书·天文志》作者将"九河"与"天纪星"视为一体之事实看,所谓的"九河"当是天纪九星的分野。今天纪九星属"天市垣",而天市垣有星名"九河",在"中山"与"赵"之间,当然这些星名,是战国时或战国后星家所拟,然将"九河"置"中山"与"赵"之间,是以"九河"为国(地)名,知其地望在中山与赵之间。《书·禹贡》:

> 济、河惟兖州。九河既道,雷夏既泽,灉、沮会同。桑土既蚕,是降丘宅土。孔《传》:"河水分为九道,在此州界,平原以北是。"①
> ……北过降水,至于大陆。又北,播为九河,同为逆河,入于海。孔《传》:"北分为九河,以杀其溢,在兖州界。"②

孔《传》谓"九河"为九条河,所以分为九条河,是河水过了"大陆"之后,来到平缓卑下之地,分为九河,是为了遏制水势,以防河水在此低洼之处的泛滥漫溢。言下之意,"九河"是禹之所为。《尔雅·释水》列出九河之名:

> 徒骇、太史、马颊、覆鬴、胡苏、简、絜、钩盘、鬲津。九河。

郭璞注:"从《释地》已下至九河,皆禹所名也。"③关于"九河"之名,古来传说皆置于禹治水的语境,《孟子·滕文公上》云:"禹疏九河、瀹济、漯,而注诸海。"其实,孟子前的墨子已有禹疏通九河之说,《墨子·兼爱中》说禹"洒为九浍"。毕沅注以为"九浍"即"九河"。④《荀子·成相》也说:

> 禹有功,抑下鸿,辟除民害逐共工,北决九河,通十二渚,疏三江。

禹治九河,肯定是古来传承,关于"九河"的命名,也托诸大禹,如谓"徒骇",《书·疏》引李巡曰:"徒骇者,禹疏九河,以徒众起,故曰徒骇。"孙炎云:"徒骇,禹疏九河,用功虽广,徒惧不成,故曰徒骇。"又"太史",《书·

---

① 《十三经注疏·尚书正义》,第198—199页。
② 《十三经注疏·尚书正义》,第232页。
③ 《十三经注疏·尔雅注疏》,第228页。
④ 孙诒让:《墨子间诂》,中华书局,1986年,第100页。

疏》引李巡曰："太史，禹大使徒众，通其水道，故曰太史。"《诗·周颂·般》疏引孙炎曰："太史者，大使徒众，故依名云。"其实，禹并未疏"九河"，更不可能挖出九条河道，去作所谓的分流。①郑玄云：

> 河水自上至此，流盛而地平无岸，故能分为九以衰其势。壅塞，故通利之也。九河之名：徒骇、太史、马颊、覆釜、胡苏、简、洁、钩盘、鬲津。周时齐桓公塞之，同为一，今河间弓高以东，至平原鬲津，往往有其遗处焉。②

郑玄以为九河壅塞不通，禹的工作不过是疏通而已。原为九条河，春秋齐桓公塞河为一。③既然禹的工作是疏通九河，说明九河原来就有，也就不存在禹命名的问题了。

九河是九条河流之名，也是九河所在地域之名，当然不必实指九条河，九河之"九"可以解为多少之多，故九河也有可能是很多河流的意思。辛树帜云："此一区域地势卑下，河流纵横，当是事实。所以《禹贡》作者在这个区域以'九河既道'一语概之。无奈后人不明古人用九数之涵义，必欲求出九河之实数，于是九河之名称出来了，而九河所在地就成了问题。"④总之，这是一片地势低洼、河泽遍布的黄河下游之地。其具体所在地，《汉书·沟洫志》载成帝时，河堤都尉许商上书曰：

> 古说九河之名，有徒骇、胡苏、鬲津，今见在成平、东光、鬲界中。自鬲以北至徒骇间，相去二百余里，今河虽数移徙，不离此域。

清人邵晋涵云：

---

① 古人或以为禹为分水势而开凿九河，胡渭《禹贡锥指》说："盖河至大陆以北，禹疏为九道，以杀其势。"但更多研究者以为九河是自然之河，禹不过疏导之而已。如阎若璩《四书释地续》引于钦《齐乘》云："河至大陆，趋海，势大土平，自播为九，禹因而疏之，非禹凿之而为九也。"金景芳等驳斥禹开凿九河云："这是不符合实际的。试想，以当时的生产工具和生产力水平，用人工把汹涌而至的大河划分为九道，怎可办到。再者，纵然能办到，疏导之使通可也，何必为九！河本一流，至此一分为九，而称九河，这本身已说明它似天造地设，绝非出自人为。'九河'是泛称多数还是实指九条河，九河在河入海处还是在距河口稍远处，这都是古今歧说不一的问题。"（金景芳、吕绍纲：《〈尚书·虞夏书〉新解》，第322页）
② 孙星衍：《尚书今古文注疏》，第145页。
③ 金景芳、吕绍纲：《〈尚书·虞夏书〉新解》，第321页。
④ 刘起釪：《古史续辨》，中国社会科学出版社，1991年，第561页。

后世言九河者，唯许商之说为可征信，故郭氏以为据也。①

孔颖达疏引许商之说后云：

是知九河所在，徒骇最北，鬲津最南。盖徒骇是河之本道，东出分为八枝也。许商上言三河下言三县，则徒骇在成平、胡苏在东光、鬲津在鬲县，其余不复知也。《尔雅》九河之次，从北而南。既知三河之处，则其余六者太史、马颊、覆釜在东光之北成平之南，简、絜、钩盘在东光之南鬲县之北也。其河填塞，时有故道。②

"徒骇"所在的成平（今河北交河）；"胡苏"所在的东光（今河北沧州、吴桥间）；"鬲津"所在的"鬲县"（今山东德州南、陵县北）。则所谓"九河"地域，大致在今山东陵县及河北交县、沧州一带，此地域地势低洼，离渤海不远。（汉人甚至有禹之九河没于渤海之说，但基本不为后人所信。）今人于九河地望，虽尚有不同看法，但对于上述地区属于"九河"范围，也基本认同。③

禹敷土治水，其实质是"星土"之意，即将天上之星宿与地上某地作对应性安排，以建立分野。④"九河"必地上之名，传说为禹所名，可见其古老，亦可见"九河"为分野之名，其所对应之天上星宿，当为"天纪"九星。九河所在，上古必多水之地，所以名为"九河"，或与天上天纪星有九颗对应，或"天纪"有九星，故星家亦造九河之名以应之也。

上古有"禹成名百物"之说，所谓的"成名百物"，即给天地命名，其初是指给天上的星辰及对应的地上区域命名，命名者托名大禹，其实是星家或曰巫觋之类的人物。《隋书·天文志》作者亦为古代星家，其以"天纪"九星，与"九河"相应，必星家之古老传承，甚为可贵。上古神权时代，民众不明"九河"地区何以低洼多水，星家谓为天上九头蛇怪所致。河名"徒

---

① 邵晋涵：《尔雅正义》，中华书局，2017年，第691页。
② 《十三经注疏·尚书正义》，第199页。
③ 刘起釪有《九河考》一文，历引并折中古今研究者关于"九河"的看法，并根据1978年2月28日《光明日报》所载《河北省黑龙港地区地下水综合科学考察取得重大成果》一文，提出《禹贡》"九河"，在河北黑龙港区域之说，此区域包括衡水、沧州、廊坊、邢台、邯郸五个地区四十六个县市，正是《禹贡》的大陆泽东北九河区域。计共查明黑龙港地区有九条大的古河道带，包括古河道三百多条段。（见刘起釪：《古史续辨》，第561页）
④ 参见尹荣方：《"禹敷土"本义考辨及对大禹治水事迹的重新认识》，《文化艺术研究》2021年第2期；又参见本书第十七章。

骇"，大约取骇人之意，又名"太史"，则或隐喻太史（即星家）所为，此上古星家之施狡狯也。

（二）禹杀"相柳"筑"四方之台"与"雷泽"之"灵台"

"九河"之为"天纪"（相柳）九星分野，除了皆有"九"之名，我们可以通过进一步的比较得之："九河"顾名思义，为多水之地，而《海外北经》云："相柳之所抵，厥为泽溪。"《大荒北经》云相繇"其所欧所尼，即为源泽，不辛乃苦，百兽莫能处"。"九河"为"禹"所疏通与治理，而"相柳"所"厥""禹厥之，三仞三沮"后得以变成"众帝之台"，此二者的内涵有相通之处。《禹贡》在陈述"九河既道"后，有"桑土既蚕，是降丘宅土"之语。胡渭《禹贡锥指》云：

> 卫之封域，东得桑土之野，楚丘、帝丘皆是也……《乐记》云："桑间濮上。"桑间即桑中，其地在濮水之上也。雷夏灉沮皆与濮州接壤，故"桑土既蚕"相继言之。濮州旧志云"兖之桑，濮为上。入其境，荫蔽阡陌，当蚕而治丝帛者比邻。"①

《左传·僖公三十一年》（前629年）："狄围卫，卫迁于帝丘。"杜预注："避狄难也。帝丘，今东郡濮阳县，故帝颛顼之虚，故曰帝丘。"②又《左传·昭公十七年》（前525年）梓慎云："卫，颛顼之虚也，故为帝丘。"杜预注："卫，今濮阳县，昔帝颛顼居之，其城内有颛顼冢。"③濮阳在今河南东部，距山东德州及河北沧州等地皆甚近，上古同属兖州。濮阳不仅有颛顼冢，还有"昆吾台"，《左传·哀公十七年》（前478年）：

> 卫侯梦于北宫，见人登昆吾之观，被发北面而噪曰："登此昆吾之虚，绵绵生之瓜。余为浑良夫，叫天无辜。"

杜预注："卫有观在古昆吾氏之虚，今濮阳城中。"④所谓的"颛顼之虚"大约

---

① 金景芳、吕绍纲：《〈尚书·虞夏书〉新解》，第323页。
② 杜预：《春秋左传集解》，第208页。
③ 杜预：《春秋左传集解》，第690页。
④ 杜预：《春秋左传集解》，第880页。

是上古观察、祭祀"虚宿"等星宿之地。梓慎所云：

> 宋,大辰之虚也；陈,太皞之虚也；郑,祝融之虚也,皆火房也。星孛及汉,汉,水祥也。卫,颛顼之虚也,故为帝丘,其星为大水,水,火之牡也。①

梓慎是当时有名的占星家,这段话显为星占之辞。从"宋,大辰之虚也"之例看,"大辰"指"大火星",及东方苍龙之"心宿",是宋国之分野,宋国有观察、祭祀大火星之传统。则所谓的"颛顼之虚",盖上古祭祀"虚宿"等北方星宿之地,因后世有颛顼古帝王之说,于是颛顼之虚被解成古帝颛顼故地了。

而禹杀"相柳"后,筑成众帝上下的"四方之台",则还可能与九河地区的"雷泽"有"灵台""历山"有关。《禹贡》云："雷夏既泽,灉、沮会同。"孔《传》:雷夏,泽名。灉、沮二水会同此泽。②雷夏即雷泽,是古代圣王常常"活动"之地,《史记·五帝本纪》："舜耕历山,渔雷泽。"《集解》引郑玄云："雷夏,兖州泽,今属济阴。"《正义》引《括地志》云："雷夏泽在濮州雷泽县郭外西北。《山海经》云'雷泽有雷神,龙身人头,鼓其腹则雷也。'"③

《禹贡》地名,多源自《山海经》,《山海经》之"奇禽怪兽",大多为天上星辰之象,雷泽之雷神。《海内东经》："雷泽中有雷神,龙身而人头,鼓其腹,在吴西。"郭璞注云：

> 今城阳有尧冢、灵台,雷泽在北也。《河图》曰："大迹在雷泽,华

---

① 杜预：《春秋左传集解》,第 689 页。
② 《十三经注疏·尚书正义》,第 199 页。
③ 司马迁《史记》,第 33 页。孙诒让以为雷泽为"濩泽":"毕(沅)云：'《太平御览》《玉海》引作濩泽。《地理志》：河东郡有濩泽。应劭曰：泽在西北。'《通典》云：'泽州阳城县有濩泽水。'《史记集解》云：'郑玄曰：雷夏兖州泽,今属济阴。'案：今山西永济县南四十里雷首山下有泽,亦云舜所渔也。王云：'雷泽本作濩泽,此后人习闻舜渔雷泽之事,而以其所知改其所不知也。《汉书·地理志》河东郡濩泽县,应劭曰：有濩泽在西北。《穆天子传》：'天子四日休于濩泽。'郭璞曰：'今平阳濩泽县是也。濩音获。《水经·沁水注》曰：'濩泽水出濩泽城西白涧渠,东径濩泽,《墨子》曰舜渔濩泽,又东径濩泽县故城南,盖以泽氏县也。'《初学记·州郡部》正文出'舜泽'二字,注曰：'墨子曰舜渔于濩泽,在濩泽县西',今本《初学记》作雷泽,与注不合,明是后人所改。又《元和郡县志·河东道下》《太平寰宇记·河东道下》《太平御览·州郡部九》《路史·疏仡纪》引《墨子》并作濩泽,是《墨子》自作濩泽,与他书作雷泽者不同。"(《墨子间诂》,第 52—53 页)

胥履之而生伏羲。"①

《汉书·地理志》"济阴郡"成阳，注："有尧冢灵台。《禹贡》雷泽在西北。"②《管子·版法解》："舜耕历山，陶河滨，渔雷泽。"③《墨子·尚贤中》："古者舜耕历山，渔雷泽。"此历山，郑玄注《史记》谓在河东，孙诒让则注云："高诱注《淮南子》云：'历山在济阴成阳也。一曰济南历城山也。'"④尧、舜等圣人都在曾留下踪迹，建有"尧冢"以及"灵台"，称为"历山"的地方，一定极不平凡。特别是"灵台"之说，恐非空穴来风，灵台是上古的天文台，《诗·大雅·灵台》毛《传》："神之精明者称灵，四方而高曰台。"⑤其特征就是四方而高，用以观天，孔颖达疏云："以天象在上，须登台望之，故作台以观天也。"上古圣王往往是"通天者"，观测天象、制定历法以及观星占卜预知未来，是他们的职责所在，"历山"是成历之山，与"灵台"之内涵相通。所谓"天之历数在而躬"，掌握"天数"，是上古统治者最为重要的工作。尧、舜、禹，甚至黄帝、伏羲等上古圣王的故事发生在这里，是并不奇怪的。

　　据古文献所载，灵台、历山之地望，俱在所谓的"雷泽"附近，而此"雷泽"原出《山海经》，是"雷神"所载之地。关于"雷神"，《大荒东经》云：

　　　　东海中有流波山，入海七千里。其上有兽，状如牛，苍身而无角，一足，出入水则必风雨，其光如日月，其声如雷，其名曰夔。黄帝得之，以其皮为鼓，橛以雷兽之骨，声闻五百里，以威天下。⑥

　　"状如牛，苍身而无角，一足"的怪兽，是"河鼓星"之象。河鼓星正是临近"天纪"九星的星座之一。河鼓星在上古历法制定中的重要作用相关联。

---

① 郝懿行：《山海经笺疏》，第370页。
② 王先谦《汉书补注》引钱坫云："后汉《尧母碑文》云：'尧母庆都，感赤龙而生尧，遂以侯伯践帝。（下有阙文）庆都仙殁，盖葬于兹。欲人莫知，名曰灵台，上立黄屋，尧所奉祠。'据之，则灵台尧母冢也。"又曰："《瓠子河注》'成阳城西二里有尧陵，南一里有尧母庆都陵，于城为西南，称曰灵台。二陵南北列，驰道径通，以砖砌之，尚修整。尧陵东，城西五十余步，中山夫人祠，尧妃也。祠南有仲山甫祠，于城为西南，在灵台东北。'"（见《汉书补注》，第2375页）所谓的尧母陵及尧妃祠，皆后世好事者敷衍而成者。
③ 黎翔凤：《管子校注》，第1205页。
④ 孙诒让：《墨子间诂》，第52页。
⑤ 《十三经注疏·毛诗正义》，第1042页。
⑥ 袁珂：《山海经校注》，第361页。

《尔雅·释天》："星纪，斗、牵牛也。"郭璞注："牵牛、斗者，日月五星之所终始，故谓之星纪。"这里的"牵牛"指的当是河鼓星。郝懿行笺疏云：

> 牵牛者，《律书》云："言阳气牵引万物出之也。牛者，冒也。言地虽冻能冒而生也。牛者，耕植种万物也。"按牵牛即何鼓，非牛星也。牛六星，角上歧，腹下蹄废，其星微小。《尔雅》以牵牛为星纪，不以牛宿为星纪也。①

《逸周书·周月解》："日月俱起于牵牛之初。"②《说文》"牛"部："物，万物也。牛为大物，天地之数起于牵牛，故从牛，勿声。"然则，上古盛传"舜渔"及有"尧冢灵台"之"雷泽"，或如"大火"为商星，参为晋星那样，是为上古观察、祭祀河鼓星之地，也为河鼓星的分野。河鼓星处于银河边上，鼓声如雷，故名其地为雷泽。上古在灵台观察日月星辰是"圣人"的职责，所以"雷泽"也就和尧、舜、禹等众多"圣人"有这样那样的瓜葛了。

（三）"相柳""相繇"之名与兖州之"厥草惟繇，厥木惟条"

《禹贡》兖州有"厥草惟繇，厥木惟条"之语，似乎是形容经过禹"治理"后这个地区草木繁盛的情况。孔《传》："繇，茂；条，长也。"孔颖达疏云："繇是茂之貌；条是长之体，言草茂而木长也。"③繇、条指草木，古今无异议。我们特别感兴趣的是此两字与"相繇""相柳"恰恰关合，"繇"不说。"条"者，常用来形容枝条之长，而柳树有长长的垂枝，最为著名，所以"条"字常与"柳"字互用，如唐卢照邻《折杨柳》诗："莺啼知岁隔，条变识春归。"而"柳条""柳枝"为常见之组词。又"柳"与"条"古韵都在幽部，然则九头蛇身之名为"相繇""相柳"，绝非偶然，此或上古星家所用之"隐语"也。

三、临近"相柳（相繇）"的诸"国"原型为星象考

"相柳（相繇）"为"天纪"九星之象，则《山海经》中临近此九头怪蛇的

---

① 郝懿行：《尔雅义疏·释天》。
② 黄怀信、张懋镕、田旭东：《逸周书汇校集注》，第575页。
③ 《十三经注疏·尚书正义》，第200页。

奇异的诸"国"等也当为天上星象,且这些星象亦当为临近"天纪"九星的星象。据今本《山海经》,临近"相柳(相繇)"的有"深目国""无肠国""耼耳(聂耳)国""柔利(牛黎)国""无綮国""一目国"等,经过考证,我们发现,它们分别是"渐台""辇道""离朱""河鼓""扶筐""候星"等星座之象,这些星座,也正是临近天纪九星的星座。

(一)"深目国"与"渐台"星象

先说"深目国",《海外北经》:

> 深目国在其东,为人举一首一目,在共工台东。无肠之国在深目东,其为人长而无肠。

深目国的"一目",是"一曰"之误。郭璞注:"一作曰。"郝懿行云:"一目作一曰,连下读是也。"① 所以此句读为"为人举一手,一曰在共工台东"。《大荒北经》的"深目民之国",置于"黄帝战蚩尤"之后:

> 有人方食鱼,名曰深目民之国,盼姓,食鱼。郭璞注:"亦胡类,但眼绝深。黄帝时姓也。"②

《淮南子·墬形训》作"深目民":

> 自东北至西北有跂踵民、句婴民、深目民、无肠民、柔利民、一目民、无继民。③

"深目国"之"深目",郭璞以为状胡人,其特点是"眼极深。"我以为此"深"是"深广"之"深","深目民"当为"渐台"四星之象,渐台四星在织女星之下方,天纪九星之东。《开元占经》卷六十九引甘氏曰:"渐台四星,属织女东足。"注:"四方高曰台,下有水曰渐,主晷漏律吕之事。"④《晋书·天文志》:

---

① 郝懿行:《山海经笺疏》,第 321 页。
② 郝懿行:《山海经笺疏》,第 433 页。
③ 何宁:《淮南子集释》,第 357—358 页。
④ 瞿昙悉达:《开元占经》,第 686 页。

"(织女)东足四星曰渐台,临水之台也,主晷漏律吕之事。西足五星曰辇道,王者嬉游之道也。"张渊《观象赋》云:"渐台可升,离宫可即。"自注:"渐台、离宫皆天宫台之名。渐台四星在织女东足下。离宫六星与营室相连。言天帝或升渐台而观,或就离宫而游。"①

渐台四星所主者为"晷漏律吕之事",晷,即圭表;漏,为刻漏,都是用来测定时间及空间(深广)距离的工具。《周礼·地官·大司徒》云:

> 以土圭之法测土深,正日影,以求地中。郑玄注:"土圭,所以致四时日月之景也。测犹度也,不知广深故曰测。……郑司农曰:'测土深,谓南北东西之深也。'"②

深,是表距离之词,从水面到水底的距离称深,此与"浅"相对。从上到下或从外到内也可称"深"。由表距离而又引申有"测"义,《尔雅·释言》:"潜、深,测也。"郭璞注:"测亦水深之别名。"《经义述闻》卷二十七引王念孙曰:

> 家大人曰:"《庄子·田子方》曰:'上窥青天,下潜黄泉。'是潜为测也。《商子·禁使篇》曰:'深渊者,知千仞之深,县绳之数也。'深渊,测深也。《列子·黄帝篇》曰:'彼将处乎不深之度而藏乎无端之纪。'不深,不测也,是深亦为测也。"③

"深"有"测"义,则《海外经》《大荒经》之"深目"恐怕有取于"渐台"星作为"晷漏"的测影度深的功能,故形象地称之为深目,即"测天地之眼",通过此眼,能测出天地南北东西之长度。值得注意的是,《逸周书·王会》有"自深桂"之说。"自深"为"目深",是"深目"之倒写。清人陈逢衡云:

> 《路史·国名纪》:"高阳氏后有目深国。"即《山海经》深目之国是也。互见《海外北经》《大荒北经》。《尸子》亦云:"四夷之民有深目

---

① 魏收:《魏书》,中华书局,1974年,第1948页。据张渊之言,则《海外北经》所谓禹"乃以为众帝之台"。这"众帝之台",渐台四星其实也可以担当的。
② 《十三经注疏·周礼注疏》,第351页。
③ 王引之:《经义述闻》,凤凰出版社,2000年,第636页。

者。"然则深目、目深,互文耳。盖其地近南,故产桂,即交趾肉桂之类。①

陈氏谓这里的"自深",即《山海经》之"深目",目深与深目是互文,非常正确。唯以为"桂"指肉桂,值得商榷,"桂"原或是指"圭",即圭表。

(二)"无肠国"与"辇道"五星星象

临近"深目国"的同样是不可思议的"无肠国":

> 无肠之国在深目东,其为人长而无肠。郭璞注:"为人长大,所食之物直通过。"郝懿行《山海经笺疏》引《神异经》云:"'有人知往,有腹无五藏,直而不旋,食物径过。'疑即此人也。"②

《大荒北经》:"又有无肠之国,是任姓,无继子,食鱼。"郭璞注:"为人长也。"无肠之国,其人的特点是没有肠子,其次是人长,在"深目"之东,也是"相繇"的邻居,《大荒北经》在无肠之国后陈述的就是禹杀相繇故事。"深目国"为"渐台"四星之象,渐台之东是"辇道"五星,所谓"无肠国"即"辇道"五星之象。《晋书·天文志》:"(织女)西足五星曰辇道,王者嬉游之道也。"辇道五星直列如一直线,似一条笔直的通道,"辇道"之名或由此而来。但这可能是后来所拟之名,"无肠"则可能是"辇道"五星的初名,此五星直列无曲,而人体内有小肠、大肠,小肠盘屈于腹腔,与胃相通,下端与大肠相接,大肠更呈回环叠积状。可见肠的特点是盘曲回环,而"辇道"五星呈一线排列,拟之人体似无肠者,《神异经》说的"直而不旋",拟之"辇道"形体可谓贴切;又辇道五星直列,自然显得"长"了。

(三)"耽耳(聂耳)国"与"离朱"星象

《海外北经》:

---

① 黄怀信、张懋镕、田旭东:《逸周书汇校集注》,第 844 页。
② 周明辑撰:《山海经集释》,第 363 页。

> 聂耳之国在无肠东,使两文虎,为人两手聂其耳。县居海水中,及水所出入奇物。两虎在其东。

聂耳之国又作"耽耳",郝懿行笺疏云:

> 《淮南·墬形训》无聂耳国,而云:"夸父、耽耳在其北方。"是耽耳即此经聂耳。夸父在下文。《说文》云:"耽,耳大垂也。"①

《大荒北经》:

> 有儋耳之国,任姓,禺号子,食谷。

此"儋耳之国"自然就是《海外北经》的"聂耳之国",也就是《淮南子》的"耽耳国"。奇怪的是,此耽耳国又出现在《海内南经》:

> 伯虑、离耳国、雕题国、北朐国,皆在郁水南。郭璞注:"锼离其耳,分令下垂以为饰,即儋耳也。在朱崖海渚中。"②

奇怪的"耽耳国"也即"离耳国",是突出其耳及耳饰,论者或以今海南岛黎族拟之,杨孚《异物志》云:

> 儋耳,南方夷,生则镂其头皮尾相连,并镂其耳匡,为数行,与颊相连,状如鸡腹(或作肠),下垂肩上。③

然《山海经》之"儋耳国""聂耳国"在"北方",与南方之国无关,儋耳郡,汉武帝时始置,是武帝以上古"国"名名郡也。

---

① 周明辑撰:《山海经集释》,第364页。
② 周明辑撰:《山海经集释》,第388页。郝懿行笺疏云:"《伊尹四方令》:'正西离耳。'郭云即儋耳者,此南儋耳也。又有北儋耳,见《大荒北经》。儋,当为瞻。《说文》云:'瞻,垂耳也,从耳,詹声。南方瞻耳之国。'刘逵注《吴都赋》引《异物志》云:'儋耳人镂其耳匡。'《汉书》张晏注云:'儋耳,镂其颊,皮上连耳,分为数支,状似鸡肠,累耳下垂。'《水经注》引《林邑记》曰:'汉置九郡,儋耳与焉。民好徒跣,耳广垂以为饰。'又云:'儋耳即耽耳也。'"
③ 吴永章:《异物志辑佚校注》,广东人民出版社,2010年,第19页。

从星象视之,所谓"儋耳""离耳",当为"离珠"五星之象,"耳"为"珥",是珠玉做的耳饰。枚乘《七发》:"九寡之珥以为约。"李善注引《仓颉篇》:"珠在耳也。"珠珥常连言,《说苑·贵德》:"郑子产死,郑人丈夫舍玦珮,妇人舍珠珥。"珠常饰于耳,"离朱"或讹为"离耳"也。"离朱"之本义,当为形容离朱五星,离离相贯如珠也。

(四)"柔利国"(牛黎国)与"牵牛"(河鼓)星象

相柳之西有"柔利国",《海外北经》:

> 柔利国在一目东,为人一手一足,反膝,曲足居上。一曰留利之国,人足反折。

郭璞注:"一脚一手反卷曲也。"《淮南子·墬形训》作"柔利民",此国之人只有一只手、一只脚,而且其手脚都长得与常人相反,常人膝盖在前,柔利民则在后。这样的国民显然不可能存在于世间。《大荒北经》"柔利"作"牛黎":

> 有牛黎之国。有人无骨,儋耳之子。

郝懿行笺疏:牛黎盖即柔利也,其人反膝曲足居上,故此经云无骨矣。①
奇怪的柔利民既然"一脚一手反卷曲也",则其人当是没有骨头的。"柔利国"或"牛黎国"之"人物"图像,也是星象,所象者,乃河鼓星也。

《尔雅·释天》:"何鼓谓之牵牛。"河鼓又名牵牛,与"牛黎"之名应合。河鼓星与"天纪星""候星""渐台星"等相邻近。上古或将河鼓三星与左右旗九星视为一体,《史记》司马贞《索隐》引孙炎曰:"河鼓之旗十二星,在牵牛北,或名河鼓为牵牛也。"②《开元占经》卷六十五引石氏曰:"河鼓旗扬而舒者,大将出不可逆,当随旗之指而击之,大胜。"又引石氏曰:"河鼓旗星明者,则旗帜出,以日占其国,其星若戾,将军政乱,士卒强,将相凌。若旗

---

① 郝懿行:《山海经笺疏》,第435页。
② 司马迁:《史记》,第1311页。

星不正,有兵。"①

《山海经》图像有将天上星象作拟人化处理,河鼓之左上方为"左旗"九星,右下方为"右旗"九星,上方之"左旗"九星有似其手,下方之"右旗"九星犹如其脚。此所以"柔利国"人只有一手一脚也。左旗九星与右旗九星都呈曲折之状,这大概就是柔利之民"反膝""反卷曲"的原因了。

(五)"无𦢊国"与"扶筐"星象

《海外北经》:"无𦢊之国,在长股东,为人无𦢊。"郭璞注:"𦢊,肥肠也。其人穴居,食土,无男女,死即薶之,其心不朽,死百廿岁乃复更生。""无𦢊",《大荒北经》作"无继",《淮南子·墬形训》作"无继民"。郝懿行笺疏:

> 《广雅》云:"腓、𦢊,腨也。"《说文》云:"腨,腓肠也。"《广韵》引《字林》云:"𦢊,腨肠。"是郭注肥肠当为腓肠,因声同而讹也。《玉篇》亦作肥肠,又承郭注而讹。《博物志》说无𦢊民,与郭同,唯百廿岁作百年。又云:"细民,其肝不朽,百年而化为人,皆穴居处。"二国同类也。②

"腓肠"是指人的小腿肚子,然则"无𦢊之国"所图画者为无腿肚子之人了。这样的国民,自然绝无可能存在。"无𦢊"民之图像,亦为一星象,所象者,当为"扶筐"七星。《开元占经》卷六十九引甘氏曰:"扶筐七星,在天津北。"又赞曰:"扶筐采叶,翊养玄羞。"③《星经》:"扶筐七星在天柱东,主桑蚕之事。"④《晋书·天文志》"(天棓)东七星曰扶筐,盛桑之器,主劝蚕也"及"其人穴居,食土"云云,大约着眼于筐筥之类的器具多为竹木所制,竹木的特性是生长土中,故谓其为"穴居,食土"了,这样的"人"也谈不上是男是女,故有"无男女"之说。

筐是方形的盛物器,《诗·召南·采蘋》:"于以盛之,维筐及筥。"毛《传》:"方曰筐,圆曰筥。"⑤盛物之筐正是无腿之物,筐前家一扶字,即表人

---

① 瞿昙悉达:《开元占经》,第 632 页。
② 周明辑撰:《山海经集释》,第 359—360 页。
③ 瞿昙悉达:《开元占经》,第 684 页。
④ 丁緜孙:《中国古代天文历法基础知识》,第 99 页。
⑤ 《十三经注疏·毛诗正义》,第 73 页。

持之义。"筐"本以拟扶筐七星,扶筐七星正呈方筐之形,而古人又以星拟人,筐无腿,就拟为"无䏿"即无腿之人了。

(六)"一目国"与"候星"星象

《海外北经》:

> 一目国在其东,一目中其面而居。一曰有手足。

《大荒北经》:

> 有人,一目当面中生,一曰是威姓,少昊之子,食黍。有继无民。继无民任姓,无骨子,食气、鱼。

《淮南子·墬形训》作"一目民",高诱注:"一目民目在面中央。"

此"一目国",乃"候星"之象。候星是二等大星,候字本义为"伺望""观望""侦察"等,《说文》"人"部:"候,伺望也。"《墨子·备穴》:"城内为高楼,以谨候望敌人。""候星"在星占上亦主观望、侦察等。《开元占经》卷六十五引石氏曰:"候星以候阴阳,伺远国夷狄,以知征谋。"引《荆州占》曰:"候星明大,则四夷开。候星微细,则国安。"[1]

"候星"所主者为候望、侦察,都关乎眼睛,而候星只有一颗,于是上古星家以"一目国"拟之了。

四、"相柳"神话与希腊神话的比较

综上所述,可知《山海经》所载之九头怪蛇"相柳(相繇)"是上古星家所创之象,所象者当天上"天纪"九星,而与"相柳(相繇)"相邻之"深目国""无肠国""耽耳(聂耳)国""柔利(牛黎)国""无䏿国""一目国"等"国",这些国名紧扣与其相应的天上星象的特征,根据这些特征可以推断它们正是天上与天纪九星相邻之星座,这除了可以证明"相柳(相繇)"确为天上天纪九星的象征外,也为《山海经》古图实际为上古星图提供了有力证据。

---

[1] 瞿昙悉达:《开元占经》,第 627 页。

当然《山海经》是以山川、国度、物产等地理描述的面貌出现的,但这种"地理"性的描述完全是在分野意义上进行的。与天纪九星对应的是地上"九河"地区,也就是说,上古星家是以"九河"为"天纪"九星分野的。《海外北经》《大荒北经》记载的关于九头怪蛇的神话传说具有解释的性质,九河地区之所以低洼卑下,到处是泽溪,那是因为九头怪蛇在"作怪",它所到之处,辄成泽溪。还夸张地陈述九头怪蛇被大禹杀死后,因为怪蛇所流出的血十分腥臭,仍无法种庄稼,无法居住。大禹于是因势利导,筑成了一个四方之台(灵台),成了天帝上下往还的神圣之地。此神话叙事十分简略,大禹疏通治理之后的九河,除了天帝上下,其附近是否可以种植、可以居住了,应该是可以的了,这符合大禹治水的根本目的。

《山海经》禹杀"相柳"的神话叙事模式,与一些希腊神话极为相似,如大英雄赫拉克勒斯消灭"狮怪"与九头蛇"许德拉"(或译"海德拉")的神话,与禹杀相柳故事无论从形式还是从内涵看都有类似之处,加以比较甚有意思。怪狮生活在阿尔戈利斯的伯罗奔尼撒的涅墨亚大森林里,它偷吃农家的牛羊,还袭击人类,周围的人们被它折磨得苦不堪言。赫拉克勒斯接受国王欧律斯透斯的任务,拿着弓袋、弓箭、木棒,走向涅墨亚大森林,经过与狮子的一番搏斗,杀死狮子,最后他将狮子的脑袋做头盔,狮皮做战袍。为了纪念这一业绩,人们将这只狮子搬到星空,成为天上的星座。

赫拉克勒斯杀死水蛇精许德拉的神话与禹杀相柳故事更为类似,这条怪蛇身躯硕大无比,同样长着九个头,生活在勒耳纳的沼泽中,许德拉十分凶猛,经常爬到岸上,捕捉牲畜甚至活人为食。它到哪里,都会口吐毒汁,人与动物一碰上,必然伤亡。水蛇精的血液更可怕,不管是谁,只要沾上它,就会立即死亡。赫拉克勒斯战胜许德拉的过程相当曲折,每当赫拉克勒斯砍下许德拉的一个蛇头后,它就会从原处长出一个新头(一说长出两个),在赫拉克勒斯无计可施之际,天后赫拉又派出大毒蟹帮助九头蛇,咬住赫拉克勒斯的脚。此时的英雄危险至极,同行的他的侄子伊俄拉俄斯用火烧毒蛇的伤口,使新的蛇头不再能长出。赫拉克勒斯一边抡起大棒砸死大毒蟹,一边逐一砍下许德拉的蛇头,最后才将九头蛇杀死。而九头蛇流出的血液满地流淌,赫拉克勒斯知道这种毒血的厉害,把箭浸泡其中,制成致命毒箭。不幸的是,他后来用此箭误杀了自己的老师卡戎。赫拉克勒斯以及九头蛇、大毒蟹后来都变成天上的星座,即英仙座、长蛇座与巨蟹座。

"相柳（相繇）"与"许德拉"都是九头怪蛇的形象，都生活在卑湿低下的沼泽地带。许德拉捕捉牲畜活人为食，相柳同样，它的存在使得"百兽莫能处"，也就是说，其他动物都无法生存，给当地人们的生活带来巨大困难。中西这两则神话还都关注九头蛇的蛇血，"许德拉"的故事强调了蛇血的毒性，给大地与生命造成危害；相柳的血腥也造成无法种植五谷的严重后果。只是《山海经》叙事太过简略，不能像希腊神话那样尽情展开。我们可以想象"相柳"神话还应包括：被杀的九头怪蛇升到天上成为"天纪"九星等内容。《山海经》神话，是星空神话，在本质上与希腊神话正相一致。关于赫拉克勒斯杀狮怪、九头蛇的神话，意大利著名学者维科说：

> 这位为每个古代异教民族都奉为始祖的英雄，他正在从事他的最伟大的劳动，那就是喷火烧掉涅米亚（Nemean）原始大森林，把其中的狮子打死了，他于是就穿着狮皮升到星辰中间。这只狮子在这里就代表地球上的原始大森林，被赫库勒斯烧掉，变成耕地。我们发现赫库勒斯正是来在军事英雄之前的那种政治英雄。这座狮子宫符号也代表计时或历数的开始。希腊人（我们的关于古代异教文物的知识都要归功于希腊人）的历数是用奥林匹克竞技会期来开始计算的。据说赫库勒斯就是奥林匹克竞技大会的创始人。这种竞技会一定是涅米亚族人为着庆祝赫库勒斯打死狮子的大功而开始举办的。①

代表狮子的原始大森林乃是混沌的象征，狮子也是混沌的象征，赫拉克勒斯穿着狮皮升到星辰中间，"代表计时或历数的开始"，这则古希腊神话也明确昭示混沌的结束以森林、沼泽变为耕地以及历法的建立作为标志。维科在《新科学》中，多次强调清除森林对农业及历法起源的意义，他把那时的历法时间称为"诗性时间"。赫拉克勒斯杀死"许德拉"这个九头怪蛇等，让它们升上天空成为星座，显然与杀死狮怪具有同样的意义。而《山海经》"相柳"神话，虽然略去了升上天空的内容，却保留了大禹杀死九头蛇怪后建立"灵台"的情节，灵台是用来观天测天的，同样可以"代表计时或历数的开始"。而《庄子》中"倏忽"两帝凿破"中央之帝"的神话，显然说的是混沌的开辟。而关于这片土地上耕地的出现，我们在相应的《禹贡》

---

① ［意］维科：《新科学》，朱光潜译，人民文学出版社，1987年，第4—5页。

中读到了"桑土既蚕,是降丘宅土"之语。

赫拉克勒斯杀狮怪、九头蛇精许德拉等的神话与禹杀相柳神话大约是各自独立形成的,其内蕴都可归结为"混沌"造成的灾难及对"浑沌"的克服,而历法的制定或修订是克服混沌的主要标志,历法的制定关乎对天象的观测把握,所以这类神话必然涉及天上的星象;历法为农业社会,农业生产所必需,所以这类神话也就涵括了农业生产的内容了。从上述这种简单的比较,我们就可发现中西文化在其早期发展阶段的某些相似性。

天纪九星与"九河"的对应关系,说明分野观念的古老,也说明后世之分野学说绝非其原始形态。《国语·周语》《史记·天官书》等文献,大体以"十二次"及"二十八宿"与地上"十二州"等相配。然《周礼·春官·保章氏》云:

> 以星土辨九州之地,所封封域,皆有分星,以观妖祥。①

所谓"所封封域,皆有分星",是说九州的所有封国,都有与之对应的天上的分星,其所对应之星座或在二十八宿之外者。可惜早期之分野法并没有得到传承,郑玄注谓:

> 星土,星所主土也。封犹界也。郑司农说星土以《春秋传》曰"参为晋星""商主大火",《国语》"岁之所在,则我有周之分野"之属是也。玄谓大界则曰九州,州中诸国中之封域,于星亦有分焉。其书亡矣。《堪舆》虽有郡国所入度,非古数也。②

"九河"之分星为天纪九星,可证《周礼·春官·保章氏》之说必有根据,而《海外北经》《大荒北经》所载之"相柳(相繇)"神话,也为《周礼·春官·保章氏》之说提供了有力的证据。

---

①② 《十三经注疏·周礼注疏》,第1020页。

第十章
神兽"吉量(乘黄、鸡斯之乘)"与"天鸡""天狐"星象

《山海经》《逸周书》所载"神兽"有所谓"吉量(良)""乘黄"者,《海内北经》:

犬封国曰犬戎国,状如犬。有一女子,方跪进柸食。有文马,缟身朱鬣,目若黄金,名曰吉量,乘之寿千岁。郭璞注:《周书》曰:"犬戎文马,赤鬣白身,目若黄金,名曰吉良之乘。成王时献之。"《六韬》曰:"文身朱鬣,眼若黄金,项若鸡尾,名曰鸡斯之乘。"《大传》曰:"駮身,朱鬣,鸡目。"《山海经》亦有吉黄之乘,寿千岁者,惟名有不同,说有小错,其实一物耳。今博举之,以广异闻也。①

《海外西经》:

白民之国在龙鱼北,白发被身。有乘黄,其状如狐。其背上有角,乘之寿二千岁。②

《逸周书·王会篇》云:

白民乘黄。乘黄者似骐,背有两角。③

《博物志·异兽》云:

---

① 周明集撰:《山海经集释》,第414—415页。
② 周明辑撰:《山海经集释》,第355页。
③ 黄怀信、张懋镕、田旭东:《逸周书汇校集注》(修订本),第831页。

文马,赤鬣身白,目若黄金,名吉黄之乘,复薊之露犬也。能飞食虎豹。①

一、神兽"吉量(良)""乘黄"之原型为天上星象

这个目若黄金、文身朱鬣的神兽吉量(或名"吉良""乘黄"等),其所象之动物,有马、狐与鸡之不同说法。《山海经》《逸周书》等早期典籍皆作"似狐",它的原型古人拟成狐类野兽。清人王念孙校《逸周书·王会》作"乘黄者似狐,其背有两角",云:

> 传写脱去"狐"字,则"似其"二字相连,后人以乘黄是马名,遂改"似其"为"似骐",而不知其谬以千里也。《山海经》注引此正作"似狐"。《文选·王融·曲水诗序注》《初学记·兽部》并引作"乘黄者似狐,其背有两角",今据以订正。②

所谓的神兽"乘黄",似狐,它又有飞狐之名,后人误作一种神马,如王念孙之说,是"谬以千里",大谬不然的。③

这头似狐的神兽,又名"鸡斯之乘""吉皇之乘"等。《淮南子·道应训》云:"屈商乃拘文王于羑里。于是散宜生乃以千金求天下之珍怪,得骓虞、鸡斯之乘,玄玉百工,大贝百朋,白虎文皮千合,以献于纣。"高诱注:"鸡斯,神马也。"④《说文解字》"马"部有"駁"字,许慎云:"马,赤鬣缟身,目若黄金,名曰吉皇之乘。周文王时犬戎献之。从马从文,文亦声。"⑤可见汉人已误解"吉黄""乘黄"为马,且以"駁"字应之。许慎谓"吉皇之乘"是周文王时犬戎所献。大约因为殷末确有所谓犬戎国,而不解《山海经》之

---

① 张华等:《博物志》(外七种),第 16 页。
② 刘师培也说:今考《史记·司马相如传》索引亦引作"似狐,背有两角"。祝穆《事文类聚后集》三十八引《周书·王会》云:"乘黄,一名飞狐,有五肉角。"("五"字衍,"肉"系"两"讹。)是宋本"骐"仍作"狐"。又道藏本《轩辕黄帝传》云:"又有腾黄之兽,其色黄,状如狐,背上有两角。"亦骐当作狐之证也。[见黄怀信、张懋镕、田旭东:《逸周书汇校集注》(修订本),第 831—832 页]
③ 乘黄又名腾黄,也被误为是马,《文选·东京赋》:"抚泽马与腾黄。"李善注:"《山海经》曰:'犬封国有文马,缟身朱鬣,名曰吉良,乘之寿千岁。'《瑞应图》曰:'腾黄,神马,一名吉光。然吉良、腾黄,一马而异名也。'"(见萧统编、李善注:《文选》,第 126 页)
④ 何宁:《淮南子集释》,第 871 页。
⑤ 桂馥:《说文解字义证》,第 837 页。

"国"常与天上星象对应,其着眼点更在天上。

《山海经》《逸周书》等古籍载此神兽,并非是对自然界实有动物之图貌与陈述,自然界不可能存在可乘之飞天之狐狸,更不要说乘之即可长寿的神兽了。《山海经》《逸周书》所述此神兽,乃天上星辰之象,此神兽吉量、乘黄或曰"鸡斯之乘""吉皇之乘"所象者,是属南斗的"天鸡"二星与尾、箕两宿。"天鸡"二星,《开元占经》卷六十九引甘氏曰:"天鸡二星,在狗国北。"引《合诚图》曰:"天鸡主候时。"①《山海经·海内北经》"吉量"神兽所处之方位关乎"犬戎国","犬戎国"所指当是"狗国"四星。

为什么居于"狗国"四星之上方的"天鸡"二星又有"似狐"之说呢?我相信《山海经》图像之作者眼中之星座或不同于后世之星家。其所拟之似狐之吉量、乘黄当包括临近"天鸡"二星的"尾宿""箕宿"二宿。《山海经·南山经》:"青丘之山……有兽焉,其状如狐而九尾。"②《大荒北经》《海外东经》也有九尾狐的记载。我曾指出,"九尾狐"是天上尾宿、箕宿九星之象。③尾宿、箕宿相连,尾、箕两宿在星名、星占上也关乎"狐"与"鸡"。《开元占经》卷六十三引石氏:"尾九星……一名天狗,一名天司空,一名天鸡。"又云:"箕四星……一名狐星,主狐貉。一名风口,一名天后也。为天貉府庭,天鸡也,主时。"④《晋书·天文志》:"箕四星……亦曰天津,一曰天鸡,主八风。"

尾、箕两宿都有"天狐"及"天鸡"之名,此绝非偶然,当是上古传天数者之传承。尾、箕两宿相邻,上古星家曾将它们视为一体,包括天鸡二星。后世星家将"天鸡"二星归入斗宿,《天皇会通》却说:"天鸡当入箕宿。"⑤然则上古星家或将天鸡二星、箕四星及尾九星拟成"天狐",箕四星是天狐的身体,尾九星是天狐的尾巴,天鸡二星则是天狐的两个角了。《海外东经》:"青丘国在其北,有狐四足九尾。"似将尾宿九星视为天狐之尾,箕四星视为天狐之足,而足正是支撑身体的,故箕四星也可看成天狐的身体。

---

① 瞿昙悉达:《开元占经》,第685页。
② 周明辑撰:《山海经集释》,第9页。
③ 参见尹荣方:《"九尾狐"与"禹娶涂山女"传说蕴意考》,《文化遗产》2017年第1期。
④ 瞿昙悉达:《开元占经》,第581页。石氏云箕四星,一名狐星,主"狐貉",又云"为天貉府庭",此貉,古人以为与狐是同类之兽,故常连类及之,如《诗·豳风·七月》:"一之日于貉,取彼狐狸,为公子裘。"陆佃《埤雅·释兽》云:"狐性好疑,貉性好睡,又皆藏兽,故狐貉之厚以居,而蜡祭息民以貉裘也。《素问》曰:'其之狐貉,变化不藏。'"(见陆佃:《埤雅》,浙江大学出版社,2008年,第34页)
⑤ 见陈遵妫:《中国天文学史》,第238页。

值得注意的是,《楚辞·招魂》有"封狐千里些"之句,王逸注:"大狐健走,千里求食,不可逢遇也。"五臣注则云:"大狐其长千里。"①世上绝无身长千里之狐,此"封狐"当是天上天鸡星及尾、箕诸宿所构成之"天狐"之象。

"天狐"又为"天鸡",此古人取象不同所致,也可能是不同星家有不同的命名。似狐之神兽称之为"吉量""吉良"者,此"吉"或是"鸡"之假音所讹,吉与鸡音同。《六韬》所谓"项若鸡尾,名曰鸡斯之乘。"《大传》所谓"鸡目",尚保留了一些"天鸡"的痕迹。

有意思的是,上古典籍常将"吉量""鸡斯之乘"等神兽置于周初文王或成王时代,常被视作帮助文王脱险之宝物,因此它是吉祥之物。《艺文类聚》卷九十九引《尚书大传》云:"文王拘羑里,散宜生之西海之滨,取白狐、青翰献纣,纣大悦。"②而九尾狐确有祥瑞之说,也常见于周文王时代。《山海经·大荒东经》:

有青丘之国,有狐九尾。郭璞注:"太平则出而为瑞也。"

《初学记》二十九卷引郭氏《图赞》云:

青丘奇兽,九尾之狐。有道翔见,出则衔书。作瑞周文,以标灵符。③

《艺文类聚》卷九十九引《瑞应图》曰:

九尾狐者,六合一同则见。文王时,东夷归之。④

《白虎通·封禅篇》:

德至鸟兽,则凤皇翔,鸾鸟舞,麒麟臻,白虎到,狐九尾。⑤

《文选·四子讲德论》:"昔文王应九尾狐而东夷归周。"李善注引《春

---

① 洪兴祖:《楚辞补注》(重印修订本),第199页。
② 欧阳询:《艺文类聚》,上海古籍出版社,1985年,第1715页。
③④ 周明辑撰:《山海经集释》,第466页。
⑤ 陈立:《白虎通疏证》,中华书局,1994年,第284页。

秋元命苞》曰:"天命文王以九尾狐。"①

至于《海外西经》等书所谓"乘黄"乘之"寿二千岁",或寿三千岁之说,也即乘黄可以使人长寿之说,大约关乎其所象之"南斗"的星占特征,《开元占经》卷六十一引甘氏曰:"南斗,天子寿命之期也,故曰将有天下之事,占于南斗也。"引《圣恰符》曰:"南斗者,天子之庙,主纪天子寿命之期。"②《晋书·天文志》也说南斗:"北二星,天府庭也,亦为寿命之期也。"天鸡二星古星家归入南斗,故南斗之星占特征亦赋予神兽"乘黄"了。

《逸周书·王会》有所谓"文翰",其原型当也关乎天上的天鸡等星象,《王会》云:"蜀人以文翰。文翰者,若皋鸡。"③《尔雅·释鸟》翰作鶾:"鶾,天鸡。"郭璞注:"鶾鸡,赤羽。《逸周书》曰:'文翰,若彩鸡,成王时蜀人献之。'""释文":"鶾,一名天鸡,赤羽之鸟也。"④《说文》"羽"部:"翰,天鸡也。赤羽,从羽,鶾声。《逸周书》曰:'文翰若翚雉,一名晨风,周成王时蜀人献之。'""皋鸡"段玉裁注:"《太平御览》皋作皇。"⑤则"皇鸡",正是"吉(鸡)皇"之倒称。后人不知此天鸡乃天上天鸡星座之象,而以人间之山鸡、锦鸡等拟之,失其本原矣。⑥

二、"天鸡"之神话传说与"天鸡"星象

上古流传的天鸡、金鸡等神话传说,溯其原,皆关乎天上的星象,这个神奇的"天鸡",同样由天鸡二星、箕四星与尾九星组成,所以作为星象,它们都有"天鸡"之名。《艺文类聚》卷九十一引《玄中记》云:

东南有桃都山,上有大树,名曰桃都,枝相去三千里,上有天鸡。日初出,照此木,天鸡即鸣,天下鸡皆随之。⑦

---

① 萧统编、李善注:《文选》,第711页。
② 瞿昙悉达:《开元占经》,第583页。
③ 黄怀信、张懋镕、田旭东:《逸周书汇校集注》(修订本),第862页。
④ 《十三经注疏·尔雅注疏》,第308页。
⑤ 段玉裁:《说文解字注》,第246页。
⑥ 《汉书·艺文志》"天文类"有《海中星占验》十二卷,是古老的星占学著作,此书亦载"天鸡星",王先谦《汉书补注》引沈钦韩云:"唐《封氏见闻记》云:'齐武成帝即位,大赦天下,其日设金鸡,宋孝王不识其义,问于光禄大夫司马膺,答曰:案《海中星占》天鸡星动,必当有赦。'"(见王先谦:《汉书补注》,第3042页)
⑦ 欧阳询:《艺文类聚》,第1586页。

《玄中记》又云：

> 蓬莱之东，岱舆之山，上有扶桑之树，树高万丈。树颠常有天鸡为巢于上，每夜至子时，则天鸡鸣，而日中阳乌应之；阳乌鸣，则天下之鸡皆鸣。①

《玄中记》所载之天鸡及二神传说，与古代有名的神荼、郁垒故事大约有同一的起源，据《论衡·订鬼篇》的记载，原本出于《山海经》：

> 《山海经》又曰："沧海之中，有度朔之山，上有大桃木，其屈蟠三千里，其枝间东北曰鬼门，万鬼所出入也。上有二神人，一曰神荼，一曰郁垒，主阅领万鬼。恶害之鬼，执以苇索，而以食虎。"②

所谓的度朔之山上的大桃树，大约是扶桑树传说的变异，"度朔"两字很值得玩味：度者，度量；朔者，朔日、元日。"度朔"是度量朔日、元日的意思，关乎历法的制定。处于"沧海""东海"等地，则因箕、斗等宿处于天上银河之起始处。《玄中记》则明言金鸡为巢于扶桑树。"天鸡"或曰"金鸡"在上古扶桑树、度朔山、桃都山之大桃树传说中肯定曾扮演了重要角色，《重修纬书集成》卷六《河图括地象》云：

> 桃都山有大桃树，盘曲三千里。上有金鸡，下有二神，一名郁，一名垒，并执苇索，伺不祥之鬼、禽奇之属。乃将旦，日照金鸡，鸡则大鸣，于是天下众鸡悉从而鸣。金鸡飞下，食诸恶鬼。鬼畏金鸡，皆走之矣。③

度朔山、桃都山之金鸡传说，当然离不开人间之鸡晨鸣的特征。"鬼畏金

---

① 袁珂：《中国神话传说词典》，第 66 页。
② 北京大学历史学系《论衡》注释小组：《论衡注释》，第 1283 页。《后汉书·礼仪志中》引为："《山海经》曰：'东海中有度朔山，上有大桃树，蟠曲三千里，其卑枝门曰东北鬼门，万鬼出入也。上有二神人，一曰神荼，一曰郁垒，主阅领众鬼之恶害人者，执以苇索，而用食虎。'于是黄帝法而象之。驱除毕，因立桃梗于门户上，画郁櫑持苇索，以御凶鬼，画虎于门，当食鬼也。"（见《后汉书》，第 3129 页）
③ 宗立、刘群：《中国民间诸神》，河北人民出版社，1987 年，第 226—227 页。

鸡"之传说,则与鸡司晨,主白天,而鬼害怕白日的民俗传说有关。但此类传说显然还是《山海经》扶桑传说的分化,更含有观察日月星辰以制定历法的内蕴,关乎天上的天鸡二星以及尾、箕、斗等星座在上古历法制定中所起到的关键性作用。箕、斗两宿与邻近的建星都曾被古星家作为天文计算的冬至点和历元来使用。《开元占经》卷六十五引《海中占》曰:"斗建者,阴阳始终之门,大政升平之所,起律历之本原也。"引郗萌曰:"箕星与建星之间,日月五星之下道也。"① 黄道正好从建星与斗宿之间通过,建星一名,含有建立、起始之义。在这个天区,北至建星,南至箕宿,均为日月五星运行之通道。②

《海外西经》说到"乘黄"所在的"白民之国"在"龙鱼北",此"龙鱼"当为"鱼星"之象。天上的"鱼"一星正处于尾、箕之南。《海外西经》云:"龙鱼陵居在其北,状如狸（当作鲤）。一曰鰕。即有神圣乘此以行九野。"《海内北经》:"鲮鱼人面,手足,鱼身,在海中。"《楚辞·天问》:"鲮鱼何所?"龙鱼与鲮鱼显然都是一物,后人或谓陵鱼为鲤鱼,或谓为娃娃鱼,或谓为穿山甲,皆不得要领。此龙鱼（陵鱼）传说中有巨大无比的一面,如《北堂书钞》卷一百三十七引书就有"鲮鲤吞舟"之说。③ 又此龙鱼可以乘人飞行空中,郭璞《图赞》云:"龙鱼一角,似鲤陵居;候时而出,圣神攸乘,飞骛九域,乘云上升。"④ 作为《山海经》图像之"陵鱼",巨大无比又能飞行就域,绝不是图人间之鱼,此"人面"之陵鱼,或龙鱼乃天上"鱼星"之象。《开元占经》卷六十八引石氏云:"天鱼一星,在尾后河中。"引《黄帝占》曰:"鱼星常居河旁,中河而处,则兵起,期七月,常在河东近箕。"⑤ 鱼星正为银河中相邻之星。陵鱼又名龙鱼,大约因为"尾宿""箕宿"属于"龙尾",鱼星是尾宿（或箕宿）的属星,所以就被以"龙鱼"之名了。

三、汉画像石"鸡首人身像""牛首人身像"与天上斗、牛星象

汉画像石有"鸡首人身像"与"牛首人身像",主要分布在鲁南、苏北、陕北、晋西和河西等地区。郑岩指出:"新城和佛爷庙湾照墙牛首人身和

---

① 瞿昙悉达:《开元占经》,第631页。
② 陈久金:《星象解码——引领进入神秘的星座世界》,第142页。
③ 袁珂:《山海经校注》,第324页。
④ 袁珂:《山海经校注》,第324—325页。
⑤ 瞿昙悉达:《开元占经》,第668页。

第十章　神兽"吉量（乘黄、鸡斯之乘）"与"天鸡""天狐"星象　175

图 10-1　山西离石马茂庄 2 号墓画像石

图 10-2　徐州东汉元和三年画像石

图 10-3　陕西米脂党家沟墓画像石　　图 10-4　陕西米脂党家沟画像石墓墓门

（上图均采自郑岩：《从考古学到美术史——郑岩自选集》）

鸡首人身的怪物也是陕北以及晋西离石一带汉画像石十分流行的题材。

时代更早的牛首人身像、鸡首人身像在鲁南苏北地区就已经出现。"①

关于"鸡首人身像"与"牛首人身像"的寓意,李零认为是秦国所祠之"陈宝""怒特",陈宝是天上之陨石,出陈仓,唐代改陈仓为宝鸡,一直沿用至今。怒特原型是羚牛。②李零之说值得商榷,我以为,汉画像石之"鸡首人身像"与"牛首人身像",常常成对出现于墓室之阙门,为守卫者的形象,恐无关乎所谓的"陈宝"与"怒特",它们所象征者是天上"北方七宿"的斗宿与牛宿。

"鸡首人身像"与"牛首人身像"在河西地区往往"不是独立的存在,而是依附于阙门左右同时出现的。……牛首人身、鸡首人身、阙门,它们应是一个有机整体,有着共同的含义,这个含义脱离不了汉传统的葬俗制度"③。陕北汉画像石墓特别注重门楣上的装饰,墓门两边也有阙,阙上有表现"牛首人身""鸡首人身"坐在神树顶端的图像。门楣中央双层楼内坐二人,有翼,为西王母、东王公。还有陕西神木大保当 20 号墓门楣上也装饰有牛首、鸡首。

墓中之画像描绘的是天上之景,死者意味着升天,墓中阙门自然是"天门"的象征。阙,两周时期称为"象魏",是天子、诸侯悬挂法令之处。《周礼·天官·大宰》曰:"正月之吉,始和布治于邦国都鄙,乃县治象之法于象魏,使万民观治象。"郑玄注引郑司农云:"象魏,阙也。故鲁灾,季桓子御公立于象魏之外,命藏象魏,曰旧章不可忘。"④象魏是宫门前高大的观台类的建筑,又名"观台"。上古统治者在这类建筑物上发布典法刑禁之类的东西,便于百姓周知。所谓的"治象之法",郑玄注谓"王治之事",当为《礼记·月令》季冬之月"天子乃与公卿、大夫共饬国典,论时令,以待来岁之宜"⑤之意。"王治之事"主要是"国典"及"时令"也即月令之事,所

---

① 郑岩还指出:"在山东地区的西汉墓中,有马(?)首人身与鸡首人身神怪相并列的图像,如微山县微山岛西汉墓就有这种画像出现(赖非主编:《中国画像石全集》第 2 卷,山东美术出版社、河南美术出版社,2000 年,图 54、59)。这种组合一直延续到东汉时期,如嘉祥县宋山、南武山,滕州西户口仍有这种图像(赖非主编:《中国画像石全集》第 2 卷,图 98、134、222)。但李淞发现也有牛首人身像、鸡首人身像相并列的现象,见李淞:《论汉代艺术中的西王母图像》,湖南教育出版社,2000 年,第 170—171 页。"(郑岩:《从考古学到美术史——郑岩自选集》,上海人民出版社,2012 年,第 65—66 页)
② 李零:《陈宝怒特解:陨铁与牦牛》,《读书》2021 年第 11 期。
③ 赵吴成:《河西墓室壁画中"伏羲、女娲"和"牛首人身、鸡首人身"图像浅析》,《考古与文物》2005 年第 4 期。
④ 孙诒让:《周礼正义》,第 117 页。
⑤ 《十三经注疏·礼记正义》,第 563 页。

以有的学者将颁典象魏与"颁朔"之礼相提并论。

上古统治者如何颁布法令也即月令是个十分有意思的议题。殷商及周初,在文字仅是极少数人掌握的时代,大约是用四时巡守,通过仪式歌舞的形式来加以展现的。上古盛传的所谓"太师陈诗",此诗,包括乐舞,其所展现的实质上乃是仪式历法,也就是月令。①在孟子那里,它被认为是"王者之迹",然而"王者之迹熄而诗亡",随着周天子名义上掌握的土地的扩大,人口的增多,用四时巡守的方式颁布月令已经难以覆盖全境,于是在象魏上悬挂"治象之法",使万民观治象的新形式就应运而生了。虽说以象魏颁政,同时伴随有司宣布政令于四方之举,②但早期那种天子亲自出动的四时巡守确然不再延续。象魏后世称阙,《说文》"门"部:"阙,门观也。从门欮声。"③《释名·释宫室》:"阙,阙也,在两门旁,中央阙然为道也。"④这样的门观往往非常高大,可以作为朝廷的象征,《吕氏春秋·审为篇》:"身在江海之上,心居乎魏阙之下。"高诱注云:

> 魏阙,象魏也。悬教象之法,浃日而收之。巍巍高大,故曰魏阙。言身虽在江海之上,心存王室,故在天子门阙之下也。⑤

象魏悬挂者为月令之类的"治象之法",必图貌天上表时节的四时星象等,这是上古月令,即按时月行事的最主要的特征。崔豹《古今注·都邑》云:

> 阙,观也。古每门树两观于其前,所以标表宫门也。其上可居,登之则可远观,故谓之观。人臣将朝,至此则思其所阙多少,故谓之阙。其上皆丹垩,其下皆画云气仙灵、奇禽怪兽,以昭示四方焉。苍龙阙画苍龙,白虎阙画白虎,玄武阙画玄武,朱雀阙上有朱雀二枚。⑥

---

① 参见尹荣方:《"采诗""陈诗"与上古"敬授民时"礼制》,《中原文化研究》2019年第1期。
② 如《周礼·秋官·小司寇》云:"正岁帅其属而观刑象,乃宣布于四方。"《秋官·布宪》曰:"正月之吉,执旌节以宣布于四方。"《吕氏春秋·孟春纪》正月:"命相布德和(宣)令。"说的都是有关官员将天子法令宣布四方之举。
③ 桂馥:《说文解字义证》,第1037页。
④ 毕沅疏证、王先谦补:《释名疏证补》,第189页。
⑤ 陈奇猷:《吕氏春秋校释》,第1460页。
⑥ 崔豹:《古今注》,辽宁教育出版社,1998年,第6页。

崔豹显然是见过阙观,所谓"云气仙灵、奇禽怪兽",又画苍龙白虎、玄武、朱雀等四象。可见后世之阙观,不再悬挂"治象之法",但却保留了其"象",使我们今人约略可以想见上古象魏之上图文并茂的景况。

鸡首人身、牛首人身神人充当的是"天门"守卫者的角色,他们身上穿着官服,手上拿着笏板,站立于阙门之前。虽然鸡首人身、牛首人身神人除了头部,他们是以当时的官吏形象出现的,但他们的天神身份毋庸置疑。关键是,他们是天上什么神灵？我以为,他们是天上北方玄武七宿中"斗宿"和"牛宿"的象征。南斗有"天鸡"二星,在"狗国"星北,离南斗斗杓不远,接近黄道。南斗星象,用"鸡首人身像"表示很形象,与"牛首人身像"象征的牛宿正好对应,斗、牛是相邻的星宿,《尔雅·释天》:"星纪,斗、牵牛也。"郭璞注:"牵牛、斗者,日月五星之所终始,故谓之星纪。"①在这一天区,北至建星,南至箕宿,均为日月五星运行之通道。南斗、牛宿又有"天府""天关"之称,而建星,同样有天关之名,《开元占经》卷六十五引黄帝曰:"建星者,一名天旗,一名天关。"引郗萌曰:"建星,天之都关也。"引《海中占》曰:"斗建者,阴阳始终之门,大政升平之所起,律历之本原也。"②

与汉画像石"鸡首人身像""牛首人身像"作为"天门"的左右守卫者的形象相应。《开元占经》卷六十一引《北官候》曰:"南斗一名天府、天关、一名天机,一名天同,天子旗也。"③引石氏曰:"牵牛六星,天府也。"引《北官候》曰:"牵牛一名天鼓,一名天关。"④

天上星象,有"天门""天阊""天阙"之名的尚有东方苍龙之角宿及南方朱雀的井宿等,如《开元占经》卷六十引石氏曰:"角者,天之府庭也。天门者,左右角之间,天道之所治也,阳气之所升也。"引《春秋纬》云:"角二星,天关也,其间天门也,其内天庭也,故黄道经其中,日月五星之所行也。"⑤黄道经由角二星之间,故上古星家在其间设"天门"一星。又南方朱鸟之井宿,《开元占经》卷六十三引《黄帝占》曰:"东井,一名天关,一名天阙,一曰天之南门,三光之正道。"⑥《史记·天官书》:"东井为水事。其西

---

① 《十三经注疏·尔雅注疏》,第175页。
② 瞿昙悉达:《开元占经》,第631页。
③ 瞿昙悉达:《开元占经》,第583页。
④ 瞿昙悉达:《开元占经》,第584页。
⑤ 瞿昙悉达:《开元占经》,第577页。
⑥ 瞿昙悉达:《开元占经》,第597页。

曲星曰钺。钺北,北河;南,南河;两河、天阙间为关梁。"张守节《正义》云:"阙丘二星在南河南,天子之双阙,诸侯之两观,亦象魏县书之府。"①《晋书·天文志》云:"东井八星,天之南门,黄道所经。"

左右角之间的"天门",位于"东方苍龙"左右角之间,是二十八宿之首宿,所以石氏称其为"阳气之所升",其形象无关乎鸡与牛。东井虽有"天阙""天之南门"之称,但它是"南方朱鸟"的首宿,亦无关乎鸡与牛。上古文化中,鸡与鸟常明确加以区分,周代礼器有鸡彝,也有鸟彝,《周礼·春官·司彝尊》:"春祠夏禴,祼用鸡彝、鸟彝,皆有舟。"郑玄注:

  鸡彝、鸟彝,谓刻而画之为鸡、凤皇之形。皆有舟,皆有罍,言春夏秋冬及追享朝享有之同。②

礼器上刻画鸡形、凤凰形,鸡与凤凰区分得很清楚。论者或谓"鸡首人身像"与"牛首人身像"所拱卫的天门是所谓的"阊阖"门。《楚辞·离骚》云:"吾令帝阍开关兮,倚阊阖而望予。"王逸注:"帝,谓天帝。阍,主门者也。阊阖,天门也。"洪兴祖补注云:

  《天文大象赋》曰:"俨阊阖以洞开。"注云:"宫墙两藩正南开,如门象者名阊阖门。"《淮南子》:"排阊阖,沦天门。"注云:"阊阖,始升天之门也。天门,上帝所居紫微宫门也。"《说文》云:"阊,天门也。阖,门扇也。楚人名门曰阊阖。"《文选》注云:"阊阖,天门也。王者因以为门。"③

古人似多以"阊阖"为"上帝所居紫微宫门",紫微垣为天帝居处,斗牛两宿距紫微垣较远,且鸡首人身与牛首人身神所拱卫者常为西王母。④西王母之原型,从她"戴胜"的特征可知,乃天上织女星之象,"胜"是古代织机上

---

① 司马迁:《史记》,第1302页。
② 《十三经注疏·周礼注疏》,第746页。
③ 洪兴祖:《楚辞补注》(重印修订本),第29—30页。
④ 郑红丽以为,鸡首、牛首人身者的身份,从始至终都是西王母天国仙境中的神异,是西王母的部从侍者。随着时间的推移,其神格先是逐步上升为西王母的最重要的部从、使者或代表,甚至占据了西王母、东王公的位置,但随后渐渐下降为负责把守天门的普通神祇。(参见郑红丽:《陕北汉画像石所见"鸡首人身""牛首人身"图像辨析》,载《中国汉画学会第十二届年会论文集》,2010年)

的经轴,是织机上的主要部件,因此可以成为织机与纺织工作的象征。①织女是天上数得上的大星,在斗牛两宿之北,西王母与天帝自非同一对象,所以鸡首人身与牛首人身神像恐不是《离骚》中那个"帝阍",当为斗、牛两宿之象征,它们之所以被视作天庭的拱卫者,是因为斗牛之间也是"阴阳始终之门"。

四、"鸡次之乘"及"鸡斯之乘"与"天鸡"星象

《战国策·楚策》记载"蒙谷负典"传说:

> 吴与楚战于柏举,三战入郢,君王身出,大夫悉属,百姓离散,蒙谷给斗于宫唐之上,舍斗奔郢,曰:"若有孤,楚国社稷其庶几乎!"遂入大宫,负离(一作鸡)次之典,以浮于江,逃于云梦之中。昭王反郢,五官失法,百姓昏乱,蒙谷献典,五官得法而百姓大治。比蒙谷之功,多与存国相若,封之执珪,田六百畛。蒙谷怒曰:"谷非人臣也,社稷之臣也! 苟社稷血食,余岂患无君乎?"遂自弃于磨山之中,至今无胄。②

蒙谷所负之"鸡次之典",鲍彪曰:"鸡次之典,楚国法也。鸡,一作离,是所以治离局者。"刘向作"离次之典",董说曰:"刘向《别录》曰:'楚法书曰"鸡次之典"或曰"离次之典"。离次者,失度之谓也。秦灭楚,书遂亡矣。'"③恐此是刘向之臆断,失度次之典如何能使"五官得法,而百姓大治"?

此鸡次之典,使我们很容易联想起"吉良"的另外一些名称,即见于《六韬》的"鸡斯之乘"及"吉皇之乘"等。为什么"鸡次之典"可以使"五官得法"? 楚国旧有"五典""训典"之说,《左传·昭公十二年》(前530年):

> 左史倚相趋过,王曰:"是良史也,子善视之。是能读《三坟》《五典》《八索》《九丘》。"

---

① 参见尹荣方:《〈山海经〉"贰负之尸"神话与"贯索"星座》,载向宝云主编:《神话研究集刊》第三集,巴蜀书社,2020年;又参见本书第二章。
② 诸祖耿:《战国策集注汇考》(增补本),凤凰出版社,2008年,第769—770页。
③ 诸祖耿:《战国策集注汇考》(增补本),第776页。

《三坟》《五典》等杜预注以为"皆古书名。"①后人说法纷纭,贾逵云:"《三坟》,三王之书。《五典》,五帝之典。《八索》,八王之法。《九丘》,九州亡国之戒。"②马融说:"《三坟》,三气,阴阳始生,天地人之气也。《五典》,五行也。《八索》,八卦。《九丘》,九州之数也。"《国语·楚语下》王孙圉所云:"又有左史倚相能道训典,以叙百物。"韦昭注:"叙,次也。物,事也。"③《左传·宣公三年》(前606年)王孙满所云"昔夏之方有德也,远方图物,贡金九牧,铸鼎象物,百物而为之备。……用能协于上下,以承天休。"④左史倚相之"能道训典,以叙百物"与王孙满所言之"百物而为之备"同一机杼。都是"规天划地"语境下的产物。而"五帝"与"五官""五行"内涵有相通之处,是与历法相关的概念,《左传·昭公二十九年》(前513年)晋太史蔡墨云:

> 故有五行之官,是为五官。实列受氏姓,封为上公,祀为贵神。社稷五祀,是尊是奉。木正曰句芒,火正曰祝融,金正曰蓐收,水正曰玄冥,土正曰后土。⑤

作为五行之官的"五官"是方位之神,又是时令之神。时令是那时国家的大法,举凡农业生产、祭祀、军事、造作等国之大事,若要顺利进行,无不有赖于时宪法令的建立,所以《国语·楚语下》说:"于是乎有天地神民类物之官,是谓五官,各司其序,不相乱也。"⑥《史记·历书》:"盖黄帝考定星历,建立五行,起消息,正闰余,于是有天地神祇物类之官,是谓五官。"五行后世用作哲学概念,而原指五气,《史记·五帝本纪》云:"轩辕乃修德振兵,治五气,艺五种,抚万民,度四方。"裴骃《集解》引王肃曰:"五行之气。"司马贞《索隐》云:"谓春甲乙木气,夏丙丁火气之属,是五气也。"⑦

"五行""五官"等关乎分一年为五季的历法,所以马融的说法或得其真。姜亮夫云:

---

① 杜预:《春秋左传集解》,第660页。
② 洪亮吉:《春秋左传诂》,中华书局,1987年,第703页。
③ 徐元诰:《国语集解》(修订本),第526页。
④ 杜预:《春秋左传集解》,第281页。
⑤ 杜预:《春秋左传集解》,第758页。
⑥ 徐元诰:《国语集解》(修订本),第514页。
⑦ 司马迁:《史记》,第4页。

（五）典者，《洪范》"协用五纪"也。岁、月、日、星辰、历数，所以历象日、月、星辰以授民时，所谓天时也。①

"典"与"乘"义有可通之处，《孟子·离娄下》云："晋之《乘》，楚之《梼杌》，鲁之《春秋》，一也。"②乘与典都可用为史籍之名，是因为史籍须纪年、时月等，关乎历法。"乘"字有"计算"之义，《管子》有《乘马》篇，何如璋云：

"马"者，算数之筹，如今所谓法马。《礼·投壶》"为胜者立马，一马从二马，三马既立，请庆多马"，注："立马者，取算以为马，表其胜之数也。""乘"者，计也。《周礼·天官·宰夫》"乘其财用之出入"，即今算法乘除之谓。凡治国之法制，皆出于数，有所建置，必立马乘之，乃知其轻重长短多寡之数，而措注各得其宜。③

神兽"吉良"之别名"鸡斯之乘""吉皇之乘"等，加上郭璞《图赞》云九尾狐"有道翔见，出则衔书"，使我们很容易将此神兽与楚国所谓的"鸡次之典"相联系。作为神兽的"吉良""鸡斯之乘"与作为楚国法典的"鸡次之典"如何能够在内涵上相通呢？让我们从负典的"蒙谷"谈起。在《战国策》中，蒙谷是一人名，是他在吴人入侵时，冒着生命危险，背负楚国的宝典，逃入云梦。而"蒙谷"的另一含义是太阳入山之处，《淮南子·天文训》：

（日）至于虞渊，是谓黄昏；至于蒙谷，是谓定昏。日入于虞渊之汜，曙于蒙谷之浦。

蒙谷即《书·尧典》之"昧谷"："分命和仲，宅西，曰昧谷。"孔《传》："昧，冥也；日入于谷而天下冥，故曰昧谷。"而处于"扶桑"的神兽"吉良"则处于太阳的始生之地。

可见，所谓的"鸡次之典"，关乎楚国的历法，大约是一部月令类的法典，据《左传》《论语》等古籍所载，春秋时尚存颁朔礼制，每月颁布月令也即政令。吴人攻入楚都后，楚人流离失所，无暇行此制度，其结果自然是

---

① 姜亮夫：《楚辞学论文集》，上海古籍出版社，1984年，第95页。
② 焦循：《孟子正义》，第574页。
③ 黎翔凤以为："马为筹马，非法马，何氏小误。"（见黎翔凤：《管子校注》，第82页）

"五官失法,百姓昏乱"了。楚昭王返回郢都后,蒙谷献出此鸡次之典,使得楚国"五官得法而百姓大治"。蒙谷功绩巨大,但拒绝封赏而"自弃于磨山之中",此"磨山",《汉书·李通传》注引作"历山",[①]亦隐含蒙谷之与历法的关联。鲍彪注以蒙谷为楚将,[②]恐非。蒙谷大约乃楚国的"太史"之类的人物。

五、正月习俗与"天鸡"星象

综上所论,我们大致可以得出以下一些结论:《山海经》《逸周书·王会》,包括后来《尔雅》等古籍所载之神兽"吉量""乘黄"等,绝非现实中动物,它们原来是古人所创造的一种图像符号,用以象征天上的星座。后来这种象征之所指失传,由于这种符号具有兽类特征,因此被讹传为人间之兽。但吉良等神兽作为祥瑞,以及它的异于一般野兽特征的传承,特别是上古星家著作中关于"天狐""天鸡"等星座的文字记载的存在,使我们可以知道"吉量""乘黄"这类神兽的原型意象乃是天上的星座。

《山海经》古图中形形色色的"奇禽怪兽"都是星辰的象征,或曰星辰的符号,因吉量、乘黄等神兽的存在而得到了新的证据。《山海经》时代或曰《山海经》星图的创作者对天上恒星的划分与命名,往往借助于奇禽怪兽,不仅所谓的龙、凤、麒麟(白虎)、玄武(龟蛇)"四象"如此,其他很多星座同样如此。《山海经》传说为禹、益所作,又上古传说称禹、益"成名百物",大约与上古"圣人"对天上日月星辰的观测以及对星座划分与命名的实践相关。

禹、益时代的星象命名,有异于后世星家之处,换句话说,后世星家对天上的星象,曾经重新加以划分与命名,星座划分似不断细化,其命名则似更多融入了现实社会的特征,由于彼时的天文学附着于星占学,因此对星座的命名也不可避免地带有星占特色。

作为渊源性的存在,上古星家(也就是上古的所谓圣人)对天上日月星辰的观察,包括对星座的划分与命名,形成了独特的文化传统,影响极为深刻与深远。上古的神话传说及民俗,很多都具有这种天学的背景,"天鸡""天狐"等星名、星座的存在,充分说明了这一点。后世桃都山金鸡

---

① 诸祖耿:《战国策集注汇考》(增补本),第777页。
② 诸祖耿:《战国策集注汇考》(增补本),第776页。

及"吉量""乘黄"等神话传说,我们细细分析,不难发现它们源于天上星象的痕迹。这里再谈谈一年的元日为"鸡日"的传承。《荆楚岁时记》引董勋《问礼俗》云:

> 正月一日为鸡,二日为狗,三日为猪,四日为羊,五日为牛,六日为马,七月为人。正月画鸡于门,七日贴人于帐。①

《荆楚岁时记》又云:

> (正月元日)贴画鸡户上,悬苇索于其上,插桃符其傍,百鬼畏之。按魏议郎董勋云:"今正、腊旦,门前作烟火,桃人,绞索松柏,杀鸡著门户逐疫,礼也。"《括地图》曰:"桃都山有大桃树,盘屈三千里,上有金鸡,日照则鸣。下有二神,一名郁,一名垒,并执苇索以伺不祥之鬼,得则杀之。"②

正月一日为鸡的习俗与桃都山之金鸡神话传说密不可分,具有天文学的背景。叶舒宪曾将七日为"人日"之俗与西方上帝第七日造人之说作比较,以为我国的"人日"同样具有创世神话的意义,自是有得之见。③笔者以为创世神话的产生关乎时间与空间的确定等,关乎天文历法,从我国把新年元日看成"鸡日",形成许多正月与鸡相关的习俗看,大约与天上的"天鸡"等星座在确定历元上所担负的作用有关,这是一个非常有意思的话题,值得作进一步的探究。

---

① 谭麟:《荆楚岁时记译注》,湖北人民出版社,1985年,第25页。
② 谭麟:《荆楚岁时记译注》,第16页。
③ 参见叶舒宪:《人日之谜:中国上古创世神话发掘》,载《中国神话学文论选粹》,中国广播电视出版社,1991年。

第十一章
"交胫国""不死民""穿胸国""岐舌国"与"南方朱鸟"星象

《山海经·海外南经》：

> 贯胸国在其东，其为人匈有窍。一曰在戴国东。
> 交胫国在其东。其为人交胫。一曰在穿匈东。
> 不死民在其东。其为人黑色，寿不死。一曰在穿匈国东。
> 岐舌国在其东。一曰在不死民东。
> 昆仑墟在其东，墟四方。一曰在岐舌东，为墟四方。
> 羿与凿齿战于寿华之野，羿射杀之。在昆仑墟东。羿持弓矢，凿齿持盾。一曰戈。

所谓"交胫国""穿胸国""不死民""戴国""岐舌国"等，其"国民"的奇异特征引起古今不少学者的好奇，从《山海经》为地理书的认识为基础，不少人相信这些国度与国民的存在，对这些奇异的"国度"和"民俗"进行认真考证的学者也不在少数。但真正让人信服的意见却很难见到，造成这种结果的原因在于人们对《山海经》古图的解读有误。《山海经》古图不是描画四方之山川地理风俗人物的，而是上古之星图，《山海经》古图所载之奇异的图像，乃是星象。《山海经》书中即言地理，也是在分野的意义上的地理，大多具有虚拟的性质，难以一一与地上的国与民对应。所以，欲明白《山海经》古图的蕴意，包括"交胫国""穿胸国""戴国""岐舌国"等图像的蕴意，当从天上星象求之。

一、"交胫国"与"七星"星象

先看"交胫国"。"交胫国"是个非常奇怪的"国度",郭璞注:"言脚胫曲戾相交,所谓雕题、交趾者也。或作'颈',其为人交颈而行也。"①"交胫国"是《海外南经》上的图像,原不必指国名,但后世之人误读《山海经》,以"交胫"为国名,或南方一族群之名。或以为即"交趾",即汉武帝元鼎年间所置之"交趾郡",谓即今之越南。不知汉武帝是以上古"地名"名新辟之地越南等地,上古并无"交趾国"之名。

大约是因为某种思维定式的影响,还因为武帝时代"交趾郡"的设置,使一些学者相信《山海经》所述之"交胫国"是存在的,交胫国就是交趾国,并努力探求"交胫"或"交趾"国名之由来。大体说来,有以下几种解释。

第一种,唐陆法言《广韵》引晋人刘欣期《交州记》卷一载:"交趾之人,出南定县,足骨无节,身有毛,卧者更扶始得起。"②说交趾之人,足部没有骨节,身上无毛,需要他人扶持才能站立。这种说法显然没有人类学与民族学的根据,出自传闻,不值一驳。

第二种为高诱注《淮南子·墬形训》时所云:"交股民,脚相交切。"③又《礼记·王制》曰:"南方曰蛮,雕题交趾,有不火食者矣。"郑玄注:"交趾,足相乡然,浴则同川,卧则僢。"孔颖达疏云:"言蛮卧时头向外,而足在内而相交,故云交趾。"④孔氏大约取的就是高诱、郑玄之说。睡觉时两足相交,何足云奇,此解释亦甚牵强。

第三种见《后汉书·南蛮西南夷传》:"其俗男女同川而浴,故曰交趾。"男女在同一河流中洗浴,与"交趾"没有逻辑关系,此说也根本不能成立。⑤

第四种见南北朝人顾野王《舆地志》所云:"交趾,其夷足大指开,析两

---

① 袁珂:《山海经校注》,第 195 页。
② 郝懿行:《山海经笺注》,第 288 页。
③ 何宁:《淮南子集释》,第 357 页。
④ 《十三经注疏·礼记正义》,第 400 页。
⑤ 吴任臣《山海经广注》引范氏《桂海虞衡志》:"安南有播流山,环数百里,皆如铁围,不可攀跻。中有土国,惟一窍可入,而常自室之。人物诡怪,不与外人通。"疑此即古交趾也。若今之交趾,其人百骸与华无异。又李氏《笔记》云:"交趾人,足趾皆重起。"(见周明辑撰《山海经集释》,第 335 页)吴氏不满前人对"交趾"的解释,引《桂海虞衡志》及李氏《笔记》,以为交趾人"人物诡怪""足趾皆重起",恐怕同样是出于传闻,无甚根据的。

足并立,指则相交。"吴永章以为此说"庶乎可信。"①此说其实也不可信,且较为后起。

古代文献所载之"交趾""交股"等所谓国名,泛指南方极远之地,并非实指南方蛮族某国名也。《墨子·节用中》:"古者,尧治天下,南抚交趾,北降幽都,东西至日所出入,莫不宾服。②《韩非子·十过》所说大同小异:

> 昔者尧有天下……其地南至交趾、北至幽都,东西至日月之所出入者,莫不宾服。③

《大戴礼记·少间》亦云:

> 昔虞舜以天德嗣尧,布功散德制礼,朔方幽都来服,南抚交趾,出入日月,莫不率俾。④

这里的"日月出入之地"指东西之极;"幽都"是虚拟的北方地名,指北极;南方的"交趾"同样原来并非确切的而是虚拟之地,当指南极。所谓的"交趾",与《尚书·尧典》的"南交"的概念略同:

> (尧)申命羲叔,宅南交。

不少学者即以"交趾"释"南交"。⑤孔安国《传》:"言春与夏交。"⑥不以"南

---

① 吴永章云:"由于岭南社会经济发展滞后,物质生活较贫困,加之天气酷热,人们都赤足而行。故中原人总把'跣足'视为'蛮'俗重要特征。由于无鞋束缚,脚之发展处于自然状态,加之经常翻山越岭,造成脚掌较宽厚、脚趾较松开以及两脚大拇指较易相交之体质特征。"(见吴永章:《神话传说与古代南方民族关系新解(下)》,《文史》2001年第1辑)《舆地志》之说为后起,难以成立,赤足民族何止岭南地区,何以它地没有"交趾"之名! 此说亦为后来附会之说无疑。
② 孙诒让:《墨子间诂》,第150页。
③ 王先慎:《韩非子集解》,第70页。
④ 方向东:《大戴礼记汇校集解》,第1158页。
⑤ 金景芳、吕绍纲《〈尚书·虞夏书〉新解》云:"《史记·五帝本纪》:'黄帝之地北至于幽陵,南至于交趾。'林之齐《尚书全解》:'南交即交趾也。'刘敞以为'本当言宅南曰交趾,传写脱两字也'。刘说是。郑玄注以为'宅南交'下当有'曰明都'三字。'夏不言曰明都,摩灭也。'(孔颖达《尧典》疏引)根据是下文'宅朔方曰幽都,北方有地名'幽都',与之相对,南方必有地名'明都'。其实这是郑玄的臆想。北方有幽都,南方没有明都。'宅南交'的'南交',应如上述刘、林二家说,就是交趾,即今之越南。"(见金景芳、吕绍纲:《〈尚书·虞夏书〉新解》,第45页)
⑥ 《十三经注疏·尚书正义》,第39页。

"交"为地名,看似不知所云,但孔《传》此解建基于天地相通的分野观念,四季皆有其星象,四季星象又对应四方。所以上古有春天方位属于东方、夏天方位属于南方之说。春与夏交,则其方位在东南。孔安国此说其实也不难索解,但他以"南交"之方位置于东南则误,南交之方位当为正南,季节上相应于仲夏。"南交"又作"大交",王先谦《尚书孔传参正》引《尚书大传》等文献云:

> 《大传》又云:"中祀大交。"郑注:"中,仲也,古字通。春为元,夏为仲。五月南巡守,祭大交之气于霍山也。南交称大交,《书》曰'宅南交'是也。"段云:"疑今文作'大交',郑以古文释之。凡郑注《大传》言'书曰''经曰'者,皆谓古文《尚书》。"王引之云:"《大传》所称皆今文,郑注《大传》所引皆古文,是古文作'南交',今文作'大交'。幽都,山名。大交与之相对,则亦山名。"①

所谓的"南交"是虚拟的极南之地,或拟为山名,在季节上与仲夏的夏至对应。《尚书大传》所云"祭大交之气于霍山",此霍山指的就是作为"南岳"的霍山,《尔雅·释山》:"霍山为南岳。"②《白虎通义·巡守》:

> 南方为霍山者何?霍之为言护也,言万物护也。③

郦道元《水经注·禹贡山水泽地所在》:"霍山为南岳。"④作为南岳的霍山又名衡山,邢昺引应劭《风俗通》:

> 衡山,一名霍。……衡之与霍,泰之与岱,皆一山而有二名也。⑤

汉武帝时,因衡山遥远,将南岳之祭祀仪式移至庐江之天柱山,后天柱山也有霍山与南岳之名,但究非原来之南岳也。郝懿行《尔雅义疏·释山》云:

---

① 王先谦:《尚书孔传参正》,中华书局,2011年,第30页。
② 《十三经注疏·尔雅注疏》,第214页。
③ 陈立:《白虎通疏证》。第299页。
④ 郦道元注,杨守敬、熊会贞疏:《水经注疏》,第3346页。
⑤ 《十三经注疏·尔雅注疏》,第215页。

第十一章 "交胫国""不死民""穿胸国""岐舌国"与"南方朱鸟"星象　189

衡山一名霍山,言万物霍然大也。是应劭以衡、霍、泰、岱皆一山而二名,其说是也。《诗·崧高》正义引孙炎以霍山为误,当作衡山。二说虽不同,要其大意皆以南岳为指衡山。郭氏不从,而以霍山为指天柱。《诗》及《左·昭四年》正义引郭注云:"霍山,今在庐江潜县,潜水出焉。别名天柱山。汉武帝以衡山辽旷,故移其神于此,今其土俗人皆呼之为南岳。南岳本自以两山为名,非从近来也。而学者多以霍山不得为南岳。又言从汉武帝始乃名之,如此言为武帝在《尔雅》之前乎!斯不然也。"此所引盖郭音义之文,虽本《尔雅》以天柱为霍山,但《尔雅》之霍山本谓衡山,不谓天柱。自汉武移岳祠于天柱而后彼土俗人皆呼之为南岳。此说甚明,可知天柱无妨亦名霍山,而不得冒南岳之名。①

郝懿行之说甚是,关于南岳衡山名之来历,《白虎通义·巡狩》云:"南方衡山者,上承景宿,铨德均物,故曰衡山。"②"景宿"就是大星,衡山对应天上的大星,此星为何星呢?这牵涉到《海外南经》中的"交胫国"究竟何谓的问题。根据《山海经》之体例,"交胫"是图画,据郭璞注,又作"交颈",所画的是头颈相交的一个"怪人"图像,世上不可能有如此怪异之人,大约是读图者认为头颈相交的不可思议,于是改成"交胫",曰脚胫相交,后人感到脚胫相交还是不可理喻,于是又说成是脚趾相交之"交趾"了。

那么《海外南经》古图画"交颈"之人何为?此图像乃南方朱鸟"七星"之象征,或曰符号。南方朱鸟为井、鬼、柳、星(七星)、张、翼、轸七宿。从鬼宿经柳宿、星宿、张宿到翼宿,像一只展翅飞翔的大鸟。鬼宿为鸟的头眼,柳宿为鸟嘴,七星为鸟的脖子,张宿为鸟的胃和主干部分,翼宿为鸟翅和鸟尾。③"七星"又名"星宿",处于南方朱鸟的头颈部分,《史记·天官书》云:"七星,颈,为员官,主急事。"《索隐》宋均云:"颈,朱鸟颈也。员官,喉也。物在喉咙,终不久留,故主急事也。"④

《开元占经》卷六十三引皇甫谧曰:"七星,一名延颈。"⑤又引《分野

---

① 郝懿行:《尔雅义疏·释山》,中国书店,1982年(影印本)。
② 陈立云:"旧无此十七字,据《御览》补。此兼明古制以衡山为南岳之义也。"(见陈立:《白虎通疏证》,第299页)
③ 参见陈久金:《星象解码——引领进入神秘的星座世界》,第90页。
④ 司马迁:《史记》,第1303页。
⑤ 瞿昙悉达:《开元占经》,第600页。

略历》：

> 自柳九度至张十七度，于辰在午，为鹑火，言五月之时，阳气始隆，火星昏中，在七星朱鸟之处，故曰鹑火。①

五月之时，大火星昏中，正交于"七星"（朱鸟之颈）之处，曰鹑火，此鹑火所以名之为"交颈"也。根据分野原理，地上最南之处故名为"交颈国"，其国人自然是"交颈民"了。

二、"贯胸国"与"鬼宿"星象

《山海经》之"贯匈国"（穿胸国）似乎是更为奇异的"国度"。据《海外南经》，"贯匈国"是"交胫国"的邻近之"国"，吴任臣《山海经广注》引《博物志》："交趾民，在穿胸东。"②《淮南子·墬形训》的"穿胸民"，显然来自《海外南经》。高诱注云："穿胸，胸前穿孔达背"。③此胸前有洞的"贯匈国"（穿胸民），自然是一图像。世上绝无胸部穿洞之人，此一图像原亦为一星象，所象者，南方朱鸟七宿中之鬼宿也。七星正处于鬼宿的东面，所以《海外南经》《博物志》等谓"交胫国""交趾民"在"贯胸国""穿胸国"的东面了。

鬼宿，又名舆鬼，是南方朱鸟七宿之第二宿，《史记·天官书》云："舆鬼，鬼祠事；中白者为质。"裴骃《集解》引晋灼曰："舆鬼五星，其中白者为质。"张守节《正义》曰：

> 舆鬼四星，主祠事，天目也，主视明察奸谋。东北星主积马，东南星主积兵，西南星主积布帛，西北星主积金玉，随其变占之。中一星为积尸，一名质，主丧死祠祀。④

鬼宿或谓四星，或谓五星，谓四星者是将其中间一星分开称为"积尸星"或"质星"。《开元占经》卷六十三引石氏云："中央色白如粉絮者，所谓积尸

---

① 瞿昙悉达：《开元占经》，第611页。
② 周明辑撰：《山海经集释》，第335页。
③ 刘文典：《淮南鸿烈集解》，第147页。
④ 司马迁：《史记》，第1302页。

气也,一曰天尸,故主死丧,主祠事也。一曰铁锧,故主法,主诛斩。"①则鬼宿之形,正为中间有孔洞者也。也就是说,上古星家将鬼宿拟成一人形,中间粉絮状的"积尸气"一星,在其人当胸之处,所以拟成一胸部有孔洞之"怪人"。《开元占经》卷六十三引郗萌曰:"弧射狼,误中参左肩,舆尸于鬼。鬼之言归也。"②《异域志》卷下云:"穿胸国,在盛海东。胸有窍,尊者去衣,令卑者以竹木实贯胸抬之。"③舆鬼之"舆"正有"抬"的意思,则所谓"穿胸国"必"鬼宿"之象。④"以竹木实贯胸抬之"之国之民,是不可能有的,自然是出于讹传,而其原当在天上之鬼宿也。

积尸气星一名质,一名铁锧。《开元占经》卷六十三引郗萌曰:"舆鬼,中者为锧。"铁锧是古代行腰斩酷刑的一种刑具,铁通斧,锧是垫在下面的砧板。积尸星又名铁锧和质(锧),大约也是因为它的位置处于鬼宿四星的中间,星占主死丧诛斩,所以和腰斩的刑具联系起来了。

三、"不死民"与"井宿"之属星"老人星"

《山海经·海外南经》"贯匈国"邻近处还有"不死民",作者谓"其为人黑色,寿,不死。一曰在穿匈国东"。而《大荒南经》:"有不死之国,阿姓,甘木是食。"后世"不死国""不死民"之说,大约皆渊源于此。如《吕氏春秋·示人篇》云:"禹南至不死之乡。"《淮南子·墬形训》有"不死民",高诱注云:"不死不食也。"⑤

"不死国"人为什么不会死呢? 郭璞注云:"有员丘山,上有不死树,食之乃寿,亦有赤泉,饮之不老。"⑥我相信所谓的"员丘山"关乎南方朱鸟之"井宿",井宿与鬼宿相连接,于十二次与鬼宿一起属于"鹑首"。据《开元占经》卷六十三引齐伯曰:"东井,天渠也,主于员山。"⑦这里的"员山",不就是"员丘山"吗? 又井宿属星有"老人星",正是有名的寿星。老人星又名南极老人,又名寿星等。《开元占经》卷六十八引《黄帝占》曰:"老人星,

---

①② 瞿昙悉达:《开元占经》,第598页。
③ 袁珂:《中国神话传说词典》,第257页。
④ 西安交大汉墓星图中,于鬼宿处,画有两人抬着一个躺着的尸体,表示舆尸鬼宿之意。画中两人抬着的竹竿尚明晰可见。(见陈久金:《星象解码——引领进入神秘的星座世界》,第72—73页)
⑤ 刘文典:《淮南鸿烈集解》,第147页。
⑥ 袁珂:《山海经校注》,第197页。
⑦ 瞿昙悉达:《开元占经》,第597页。

一名寿星,色黄明大而见,则主寿昌,老者康,天下安宁。"又引《春秋纬》曰:"老人星见则治平主寿,老人星亡则君危世夭。"又引《春秋运斗枢》曰:"王政和平,则老人星临其国,万民寿。"又引石氏曰:"老人星明,主寿昌,天下多贤士。"①

《史记·天官书》云:

> 狼比地有大星,曰南极老人。老人见,治安;不见,兵起。

张守节《正义》:

> 老人一星,在弧南,一曰南极,为人主占寿命延长之应。常以秋分之曙见于景,春分之夕见于丁。见,国长命,故谓之寿昌,天下安宁;不见,人主忧也。②

所谓禹南至"不死国"云云,大约就是指南方朱鸟井宿的"老人星",根据上古人的分野观念,与此长寿星对应的人间之国自然是不死国,其国民也就是不死民了。

四、"䰠国"与"弧矢"星象

《海外南经》:"䰠国在其东,其为人黄,能操弓射蛇。一曰䰠国在三毛东。"《大荒南经》作"䰠民之国":

> 有䰠民之国,帝舜生无淫,降䰠处,是谓巫䰠民。巫䰠民盼姓,食谷。不绩不经,服也。不稼不穑,食也。爰有歌舞之鸟,鸾鸟自歌,凤鸟自舞。爰有百兽,相群爰处,百谷所聚。

所谓的"䰠国",其特点是"能操弓射蛇",这当是《山海经》古图如此,则"䰠国"乃"弧矢星"之象,弧矢星正是南极老人星的邻近之星。弧矢星如张开的弓,所引之矢正射向天狼星之形。《史记·天官书》:

---

① 瞿昙悉达:《开元占经》,第 678 页。
② 司马迁:《史记》,第 1308 页。

> 其东有大星曰狼。狼角色变,多盗贼。下有四星曰弧,直狼。狼比地有大星,曰南极老人。

张守节《正义》云:

> 弧九星,在狼东南,天之弓也。①

《天官书》谓弧四星,但古人多云弧九星。《开元占经》卷六十八引石氏曰:

> 弧九星,在狼东南。

又引《黄帝占》:

> 弧星主弓矢之府,以备非常。其星大而齐明,其色黄润,则四方安静,天下无兵。其星色变,不如其常,天下皆兵,弓矢大贵,人主不安。②

《海外南经》说的䍒国"其为人黄",与弧九星"其色黄润",正相一致,虽然在星象家眼中,弧矢星的颜色会发生变化,但色黄是它的常态。据《大荒南经》,䍒国或曰䍒民之国"自然有布帛""五谷自生",且鸾凤歌舞,百兽群处,袁珂谓是"得天独厚"之地。③䍒国的这种得天独厚的"乐土",也可以从星象上加以理解,《晋书·天文志》云:

> 弧九星,在狼东南,天弓也,主备盗贼,常向于狼。弧矢动移不如常者,多盗贼,胡兵大起。狼弧张,害及胡,天下乖乱。又曰,天弓张,天下尽兵。弧南六星为天社,昔共工氏之子句龙,能平水土,故祀以配社,其精为星。老人一星,在弧南,一曰南极,常以秋分之旦见于丙,春分之夕而没于丁。见则治平,主寿昌,常以秋分候之南郊。柳南六星曰外厨。厨南一星曰天纪,主禽兽之齿。稷五星,在七星南。稷,农正也,取乎百谷之长以为号也。

---

① 司马迁:《史记》,第1308页。
② 瞿昙悉达:《开元占经》,第677页。
③ 袁珂:《山海经校注》,第372页。

弧矢九星附近有"稷星",《开元占经》卷六十八引《黄帝占》:"稷星主五谷丰耗,其星温温而明,岁大熟,五谷成。"①又有"外厨"六星,主饮食之物。而南方朱鸟之诸宿,多有"国市""天府""天库"之说,如《开元占经》卷六十三引齐伯曰:"东井,天渠也,主于员山,又为其国市。"②又引石氏曰:"鬼西南一星主积布帛,西北一星主积金玉。"③又引《南宫候》曰:"柳,天府也。"引巫咸曰:"柳为天库。"④又引《黄帝占》曰:"七星。赤帝也,一名天库,一名天御府,于午火隆入中宫,德于土星,主衣裳冠被服绣之属。"⑤载国之人在衣食上的得天独厚,可以在弧矢星附近属于南方朱鸟的诸星宿的星占功能上得到说明。据《魏书·术艺传》载张渊《观象赋》云:

> 熊罴绵络于天际,虎豹儵煜而晖烂。弧精引弓以持满,狼星摇动于霄端。张渊自注云:"虎、豹、熊、罴四星在狼星傍。狼一星在参东南,弧九星在狼东南。"

则《大荒南经》所谓的"爰有百兽,相群爰处",所指的或就是这种天象了。《史记·天官书》及《开元占经》等言天之书狼附近似无虎、豹、熊、罴四星之说,但狼星之西,有"天苑"十六星,《史记·天官书》:"二曰天苑,三曰九游。其东有大星曰狼。狼角变色,多盗贼。下有四星曰弧,直狼。"《正义》云:"天苑十六星,如环状,在毕南,天子养禽兽所。"⑥《开元占经》卷六十八引郗萌曰:"天苑,天子之苑也。"引《黄帝占》曰:"天苑主苑牧牺牲牛羊之属,其星行列齐明,爰中星众,则畜生蕃息,多绕野兽。"⑦而张渊谓"虎、豹、熊、罴四星在狼星傍",当是古说,尤值得重视。⑧

---

① 瞿昙悉达:《开元占经》,第678页。
② 瞿昙悉达:《开元占经》,第597页。
③ 瞿昙悉达:《开元占经》,第598页。
④ 瞿昙悉达:《开元占经》,第599页。
⑤ 瞿昙悉达:《开元占经》,第600页。
⑥ 司马迁:《史记》,第1307页。
⑦ 瞿昙悉达:《开元占经》,第673页。
⑧ 《尚书·舜典》云:"益拜稽首,让于朱、虎、熊、罴。"古今注家对于虞舜"朝廷"中大臣以动物为名的现象有不同解释,王天与《尚书纂传》引朱熹曰:"以兽为名,意亦以能服之兽得名欤。"意思是以能服虎、服罴,其人即可名虎、名罴。日人赤塚忠《书经》说:"朱、虎、熊、罴是一群山泽之灵兽。"杨宽说:"益即燕,亦即玄鸟。玄鸟本东方民族所崇拜之神鸟,在神话中为鸟兽之长(玄鸟亦即凤鸟,《大戴礼》:'羽虫三百六十,凤鸟为之长。')故上帝(即尧舜)命其治理鸟兽,而燕(益)乃谦逊,竟欲让给其他鸟兽中之佼佼者朱虎熊罴之类。其原始本为一幕神话(转下页)

五、"反舌国"与"柳宿"星象

《海外南经》的"岐舌国"也是奇异之"国度",郭璞注:"其人舌皆岐,或云支舌也。""岐舌国"原应为"反舌国",《艺文类聚》卷十七引此经作"反舌国,其人反舌。"《吕氏春秋·功名篇》云:"善为君者,蛮夷反舌殊俗异习皆服之,德厚也。"高诱注:

> 东方曰夷,南方曰蛮,其在四表皆为夷也。戎狄言语与中国相反,因谓"反舌"。一说:南方有反舌国,舌本在前,末倒向喉,故曰"反舌"。①

《淮南子·墬形训》:"自西南自东南方,有反舌民。"所谓的"反舌国""反舌民","舌本在前,末倒向喉",自是不可能有之人。"岐舌国""反舌国"云云,或谓由夏五月的重要物候"反舌无声"讹成。《逸周书·时训解》:"芒种之日,螳螂生,又五日,鵙始鸣,又五日,反舌无声。"《礼记·月令》仲夏之月:"小暑至,螳螂生。鵙始鸣,反舌无声。"郑玄注"反舌"为"百舌鸟"。②《吕氏春秋·仲夏纪》同。"反舌鸟"(百舌鸟)有个特点,能够仿效其他鸟的鸣叫声,高诱注谓:"反舌,百舌也,能辨反其舌,变异其声,效百鸟之鸣,故谓之百舌。"③然蔡邕谓"反舌"为"蛤蟆",引《易纬通卦验》为证。蔡说不能成立,五月仲夏正是蛤蟆叫得最欢之时,安得云无声?故郑玄不取。蔡邕蛤蟆之说,后人大抵不从,不仅郑玄,孔颖达《正义》也引后人关于"反舌"的争论,说明"反舌"非蛤蟆,其要点在蛤蟆五月正聒噪之时,说其"无声",正可以证明"无声"者绝非蛤蟆。罗愿《尔雅翼》也说蛤蟆"五月中得水,适当噪人耳,何反无声?或蛤蟆舌性自然,不必为反舌也"④。李

(接上页)之趣剧。"或谓这些动物关乎所谓的图腾崇拜。(参见顾颉刚、刘起釪《尚书校释译论》,第270—271页)《尚书》人物,大多为星象神话之历史化而成,《晋书·天文志》云紫微垣内的"尚书"五星,"主纳言,夙夜咨谋;龙作纳言,此之象也。以虞舜"朝廷"中任"纳言"的大臣"龙"为天上"尚书"星之象,此必古说如此。《舜典》之"益"以及"朱、虎、熊、羆",亦当出于星象神话,其原型或关乎"狼星傍"之虎、豹、熊、黑四星也。
① 陈奇猷:《吕氏春秋校释》,第112—113页。
② 《十三经注疏·礼记正义》,第499页。
③ 陈奇猷:《吕氏春秋校释》,第243页。
④ 罗愿:《尔雅翼》,第171页。

时珍在《本草纲目·禽部》中指出：

> 百舌处处有之，居树孔、窟穴中。状如鸲鹆而小，身略长，灰黑色，微有斑点，喙亦尖黑，行则头俯，好食蚯蚓。立春后则鸣啭不已，夏至后则无声，十月后则藏蛰。人或畜之，冬月则死。月令"仲夏反舌无声"即此。蔡邕以为蛤蟆者，非矣。①

百舌，今名为乌鸫，是鸫科鸫属之鸟类，较八哥为小，灰黑色，故以乌名。乌鸫(反舌鸟)停止鸣叫是夏至的重要物候。但《海外南经》之"反舌国"为一反舌之人的图像，这也是后人把反舌国视为"南蛮鸠舌之人"的原因。然中原地区的人们听不懂南方民族的话语，并不意味着南方民族的舌头与中原地区的人们有异。"反舌民"云云，当是后人会错了《山海经》古图的本义而致。

《山海经》原图作者之画"反舌国(民)"之图像，原是拟一星象，此星象为柳宿也。柳宿是南方朱鸟之嘴，《尔雅·释天》："咮谓之柳，柳，鹑火也。"郭璞注："咮，朱鸟之口。"②《史记·天官书》云："柳为鸟注，主草木。"司马贞《索隐》："案：《汉书·天文志》'注'作'喙'。《尔雅》云：'鸟喙谓之柳。'孙炎云：'喙，朱鸟之口，柳其星聚也。'以注为柳星，故主草木。"③

柳宿八星之形状，《石氏星经》云："柳八星，在鬼东南，曲垂似柳。"④《步天歌》柳宿下也云："柳，八星曲头垂似柳。"⑤柳宿的曲垂之状，古人又以古代战车之"曲辀"加以比拟。《说文》虽以"辕"释"辀"，其实辕与辀有别，辕直而辀曲，辕用于大车，辀则用于战车、小车等。⑥关于辀之曲状，《周礼·考工记·辀人》："辀注则利准。"郑玄注："注则利，谓辀之揉者形如注星，则利也。"⑦《考工记·辀人》又云："辀欲弧而无折。"可见"辀"是曲弧之形，《释名·释车》："辀，句也，辕上句也。"⑧桂馥《说文解字义证》引《续汉

---

① 李时珍：《本草纲目》，人民卫生出版社，1982年，第2657页。
② 《十三经注疏·尔雅注疏》，第176页。
③ 司马迁：《史记》，第1303页。
④ 陈遵妫：《中国天文学史》，第255页。
⑤ 王先谦：《汉书补注》，第1800页。
⑥ 朱骏声注《说文》云："大车左右两木平者谓之辕。小车居中一木曲而上者，谓之辀，故一曰轩辕，谓其穹窿而高也。"(见朱骏声：《说文通训定声》，中华书局，1984年，第257页)
⑦ 《十三经注疏·周礼注疏》，第1574页。
⑧ 毕沅疏证、王先谦补：《释名疏证补》，第253页。

书·舆服志》云:

> 后世圣人观于天,视斗周旋,魁方杓曲,以携龙角,为帝车。于是乃曲其辀,乘牛驾马,登险赴难,周览八极。[1]

这段文字明说"曲其辀",可见辀形必曲。柳八星之形状似柳、似曲辀,为曲垂状,而人之舌头之状,是反向的曲圆状,则"反舌"当正是形容柳宿之状。

柳宿又与五月之时节对应,《史记·律书》云:

> 西至于注(咮)。注者,言万物之始衰,阳气下注,故曰注。五月也,律中蕤宾。蕤宾者,言阴气幼少,故曰蕤;痿阳不用事,故曰宾。

《律书》明以柳宿对应五月,也即仲夏。然《夏小正》云:"五月,大火中。"卢辩注:"大火者,心也。心中,种黍菽糜时也。"王聘珍解诂:"五月中,日在柳,心宿去日一百十八度,昏刻中于南方。"[2]柳宿与五月仲夏相应是可以肯定的,这大约就是它与南方之地相应,而"反舌国"被置于《海外南经》的原因了。

《书·尧典》云:"日永星火,以正仲夏。"与《夏小正》的记载一致。而《尧典》又云:"日中星鸟,以殷仲春。""宵中星虚,以殷仲秋。""日短星昴,以正仲冬。"郑文光说:

> 这是用鸟、火、虚、昴四星的昏中来定春、夏、秋、冬四时。据《书·传》:"主春者张,昏中可以种谷;主夏者火,昏中可以种黍;主秋者虚,昏中可以种麦;主冬者昴,昏中可以收敛。"这段话最清楚不过地表明四仲中星的观测是为了安排农事的需要。[3]

郑文光还指出:"我国古代的观象授时,基本上是两个系统:一个是观察赤道附近恒星从东升起横过中天向西落下;一个是观察终年不落的北斗

---

[1] 桂馥:《说文解字义证》,第1267页。
[2] 王聘珍:《大戴礼记解诂》,第39页。
[3] 郑文光:《中国天文学源流》,第57页。

绕北极回转不息。"①有迹象表明,《山海经》一书,似此两种观察系统都存在,这里谈谈郑氏所说的后者。《海外南经》:"昆仑虚在其东,虚四方。一曰在岐舌东,为虚四方。"昆仑虚或昆仑山,是所谓的"宇宙山"和"天柱",对应天上的北斗星。北斗星今谓七星,即枢、璇、玑、权、衡、开阳、摇光七星。第一至第四星为魁,第五至第七星为杓,合而为斗。但上古又有北斗九星之说,即加上摇光星前的玄戈、招摇两星,组成北斗九星。玄戈、招摇星的位置,处于"柳宿""七星"的东面,也正可证明此"昆仑虚"与北斗的对应。

《史记·天官书》载:"杓端有两星:一内为矛,招摇。一外为盾,天锋。"是以"招摇"、"天锋"(玄戈)为北斗斗柄之星,并用于指示时节。北斗星在上古天文学中具有重要地位,在三四千年前的古代,其位置距离极星较今天为近,且北斗星非常明亮,所以它很早就成为人们观察并据以确定时节、进行星占等的对象。

所谓的斗柄的指向,指其延长线所指之方向,在更早的时候,实际上也就是招摇星所指之方向,招摇所指之方向,即斗柄所指之方向,斗柄越长,所指示的方向就越准确。《时则训》用招摇所指,显然是用北斗九星定季节。《时则训》中所云之"仲夏之月,招摇指午",与《分野略例》中说的"自柳九度至张十七度,于辰为午,谓之鹑火之次"意思一致。

六、"羿射凿齿"与古人的北斗观察

这里来谈谈有名的羿战凿齿的神话。《海外南经》:

> 羿与凿齿战于寿华之野,羿射杀之。在昆仑虚东。羿持弓矢,凿齿持盾。一曰戈。②

郭璞注:

> 凿齿亦人也,齿如凿,长五六尺,因以名云。

---

① 郑文光:《中国天文学源流》,第 62 页。
② 袁珂:《山海经校注》,第 198 页。

这段羿战凿齿的描述,显然出于图画,所以郝懿行云:"亦谓图画如此也。"①凿齿,郭璞以为是长有像凿子似的长长的牙齿的奇人,有人则以为是一种兽,如《淮南子·本经训》云:"猰貐、凿齿、九婴、大风、封豨、脩蛇皆为民害。尧乃使羿诛凿齿于畴华之野。"高诱注:"凿齿,兽名,齿长三尺,其状如凿,下彻颔下,而持戈盾。"②又高诱注《淮南子·墬形训》"凿齿民"云:"吐一齿出口下,长三尺。"③李善注《文选·长杨赋》引服虔云:"凿齿长五尺,似凿亦食人。"④齿长五六尺或三尺的所谓"人",被说成兽,也不为过。

(一)"凿齿"是天上"玄戈""招摇星"之象

显然,这样的人或兽,在人世间是不可能存在的。凿齿作为一种"象",所指示者亦当于星象求之。凿齿所象者,乃天上的招摇星和玄戈星。《山海经》描摹凿齿行为的主要特征是"持盾"(或戈),即手里拿着盾(或戈)。郭璞注以凿齿为人,大约就是着眼于《山海经》对凿齿的这种描摹,只有人的手才能持盾(或戈),野兽用爪子持盾(或戈)是难以想象的。天上的招摇、玄戈星正关乎盾(戈),它们甚至以盾(戈)为名。《史记·天官书》:"杓端有两星:一内为矛,招摇。一外为盾,天锋。"裴骃《集解》引晋灼曰:"外,远北斗也。在招摇南,一名玄戈。"⑤《开元占经》卷六十五引《春秋纬》曰:"斗端有两星,一内为招摇,一外为楯。天锋主兵用,若动兵大行。"⑥

招摇星一名"矛楯星",《开元占经》卷六十五引黄帝曰:"招摇,尚羊也。一名矛楯。"引巫咸曰:"矛楯,兵星,金官也。"⑦招摇与玄戈分则两星,合则一星,古人甚至将梗河三星与招摇、玄戈看成一星,《史记集解》引晋灼曰:"更河三星,天矛、锋、招摇,一星耳。"⑧

招摇与玄戈常相提并论,两星所占对象都关乎战事。《开元占经》卷

---

① 郝懿行:《山海经笺疏》,第 292 页。
② 刘文典:《淮南鸿烈集解》,第 254 页。
③ 刘文典:《淮南鸿烈集解》,第 147 页。
④ 萧统编、李善注:《文选》,第 405 页。
⑤ 司马迁:《史记》,第 1295 页。
⑥⑦ 瞿昙悉达:《开元占经》,第 620 页。
⑧ 司马迁:《史记》,第 1294 页。

六十五引《黄帝占》曰："玄戈主北夷,玄戈,招摇雌也。"石氏赞曰："招摇、玄戈主胡兵,芒角变动,兵革行。"①《山海经》原图所画者为"羿"持弓箭射向手持盾(或戈)的"凿齿",读画者想当然地以为此画面表现的是羿与凿齿的战斗,既然羿在传说中早已成了善射的神箭手,或所谓的"帝喾射官",那么凿齿必被羿射杀无疑。于是"羿射杀之(凿齿)"成了《山海经》的文字内容,而且一直在后世传承,直到今天。

(二)"射""矢"之本义

《山海经》原图之羿之射凿齿,这里的"射",一般皆作射杀解,然原图作者所欲表现的恐怕不是射杀的意思。《说文》"矢"部:"射,弓弩发于身而中于远也。从矢从身。篆文射从寸。寸,法度也,亦手也。"②而"矢",除了作名词用,表示一种武器外,它还可以表示"正"的意思。《广雅·释诂》:"矢,正也。"《说文》"工"部:"巨,规矩也。从工象手持之。榘,巨或从木、矢,矢者其中正也。"所以"矢"可以作动词用,表示丈量并使之正直之意。与"矢"组合的规矩之"矩",它与"规"一起,在古代的画像上,常常是伏羲、女娲所持之物,表示他们的"规天划地"。规矩,实际上就是测天地的仪器。所以"羿射凿齿"与"羿射十日"之"射",其内涵一样。

(三)羿"射十日"与古人的制历明时

《山海经》中之羿,除了"射杀"凿齿,还有"射十日"之神话,这是羿更为人们所知的"业绩",如《庄子·秋水》成玄英疏引《山海经》云:"羿射九日,落为沃焦。"宋代的《锦绣万花谷》前集卷一引《山海经》也说:"尧时十日并出,尧使羿射十日,落沃焦。"《山海经》原为图,羿射日之图今日已不可知,然从东汉王充《论衡·说日篇》的记载,当关乎赫赫有名的"扶桑树":

> 禹、益《山海经》言日有十,在海外东方有汤谷,上有扶桑,十日浴沐水中,有大木,九日居下枝,一日居上枝。《淮南书》又言,烛十日;

---

① 瞿昙悉达:《开元占经》,第620页。
② 段玉裁:《说文解字注》,第399—400页。

尧时十日并出，万物焦枯，尧上射十日，以故不并一日见也。世俗又名甲乙为日，甲至癸凡十日。①

扶桑树又称为"扶木"，《山海经·大荒东经》："汤谷上有扶木，一日方至，一日方出，皆载于乌。"太阳载于乌上，于是乌鸟就成了太阳的象征，而射树上鸟的图画往往表现的是古人的测日活动，这类图画并不少见，随县曾侯乙墓出土箱盖上的漆画，画面上绘有四棵大树，树上是光芒四射的太阳。大树分两组，分列画面两边。一棵树的树冠上站着一对人面兽身的怪物，另一棵树上的树冠上站着一对鸟儿。两树之间，一射者正引弓控弦，射出的长箭正中另外一只大鸟。

"扶桑树"是神话学上处于世界中央的所谓"世界树""宇宙树"，它的原型乃是测日的"表木"。羿之射十日，学界已多认同关乎测日（影）制历，关乎时间的确定等。虽或以羿为不合时序的旧历改革者，或以为射日关乎"十干"的制定，或以为羿所最后完成者是确定一日之十时，这且不说，②我们以为，十日神话，其内蕴当为分一年为十个月的历法的创立，在《尔雅·释天》中被称为"月阳"而与分一年为十二个月的"月阴"相对。《山海经·大荒南经》："有女子名曰羲和，方浴日于甘渊。羲和者，帝俊之妻，生十日。"又《大荒西经》云："有女子方浴月，帝俊妻常羲，生月十有二，此始浴之。"生月十有二，指创造了分一年为十二个月的历法，而生十日，则是指创造了分一年为十个月的历法，正如陈久金先生指出的：

十日是与十二月相对应的，中国远古不但使用一岁十二个月的农历，同时还使用过一岁分为十日（月）的太阳历。所谓羲和生十日，

---

① 北京大学历史系《论衡》注释校注：《论衡注释》，第 640 页。
② 古今学者解释羿射十日之"十日"，常将其置于历法制度层面，方向是非常正确的。然古今学者之论述，尚存在一些差异。关于"十日"，除了字面的十个太阳，汉代的王充在《论衡·说日篇》中已指出："世俗又名甲乙等为日，甲至癸，凡十日。"是以甲乙丙丁等"十干"为十日。宋代的朱熹在《楚辞集注》中也说"十日本是自甲至癸耳，而传者误以为十日并出之说。"现代学者郭沫若在《甲骨文字研究·释支干篇》中则认为十干纪旬制出于十日神话。管东贵以为神话之"射十日"，出于十日纪旬制。（见管东贵：《中国古代十日神话之研究》，载《中国神话学文论选萃》，中国广播电视出版社，1991 年）刘宗迪则以为"射十日"神话，其内涵为分一昼夜为十时的记时制度。（见刘宗迪：《失落的天书——〈山海经〉与古代华夏世界观》，商务印书馆，2006 年）吴晓东从中国古代有十月历和阴阳合历之农历出发，以为羿射十日、夸父逐日及女娲补天等神话所蕴涵者，均为设闰月补阴历一年日数之差。（见吴晓东：《后羿射日与夸父逐日：闰月补天的神话呈现》，《民族艺术》2019 年第 1 期）

应当理解为羲和创造并使用了十月太阳历,别的解释是没有的。"①

《尧典》中羲和通过"历象日月星辰"确定"期三百有六旬有六日",即为确定一年为366天的阳历年。而舜"以闰月定四时成岁"则指制定分一年为十二个月的阴历。阴历一年为354天左右,每五年置二个闰月。从舜的四时巡守看,阴历主要由"舜"完成并付诸实践。《尧典》承《山海经》言制历之事,阳历上古用于祭祀神灵等,阴历则用于农事等人间之事。

《山海经》之羿射十日,既然实际上并非射杀之举,循此思路,则羿射凿齿,当亦非射杀一凶人(或怪兽)之举,才合乎逻辑,虽然后世之人多以凿齿为凶人怪兽。上古时代的"圣人"明时授历,除了树表测(日)影,还要观测月亮的阴晴变化,天上星辰的运行等,而北斗九星靠近北极,对于地球北半球大部分地区,属于常年不落的星座,加上它明亮鲜明,极为醒目,所以具有优越的指时功能,成为星辰中最让古人瞩目的对象。《山海经》以《南山经》开篇,而《南山经》开篇即云:"南山经之首曰鹊山。其首曰招摇之山。"大约不是偶然的。所以羿射杀凿齿,其内蕴所含当是《山海经》时代人们对北斗星的观察和指时等"功能"的认识。

(四)"寿华之野"与上古测天之所

羿射凿齿,发生在所谓"寿华之野",《淮南子·本经训》作"畴华之野"。"畴"与"筹"通,《荀子·正论》:"故至贤畴四海,汤武是也。"杨倞注:"或曰:畴与'筹'同,谓计度也。"②上古精通天文历法者称"畴人"。"华"则"华表"也。这样的地名已透露出行事者关乎测天制历。又《山海经·大荒西经》有"寿麻之国":"有寿麻之国。……季格生寿麻。寿麻正立无影,疾呼无响。"《吕氏春秋·任数篇》:"西服寿靡。"高诱注:"西极之国。'靡'亦作'麻'。"③而"寿华之野"正处于有名的"昆仑山":"昆仑虚在其东,虚四

---

① 陈久金、张明昌:《中国天文大发现》,山东画报出版社,2008年,第37页。
② 王先谦:《荀子集解》,第325页。
③ 陈奇猷:《吕氏春秋校释》,第1073页。《逸周书·王会》有"州靡"国,孔晁云:"州靡,北狄也。"陈逢衡云:"《山海经·大荒西经》有寿麻之国,寿麻即州靡。《吕氏春秋·任数篇》'西服寿麻。'高诱注云:'西极之国。'即此。又汉《地理志》益州郡有收靡,李奇云:'靡音麻。'然则此国当在西南,不当云北狄也。"(见黄怀信、张懋镕、田旭东:《逸周书汇校集注》,第870页)

方。一曰在岐舌东,为虚四方。"其"虚四方",明是人工建筑,当是上古测天礼天之坛台。

(五)凿齿之"齿"与"时间"

而奇怪的"凿齿"之名,也传递出几分"凿齿"关乎时间的有意思的信息。凿齿得名之由,显然出于《山海经》中的这个图像的身体特征,即它长有长长的凿子似的牙齿,郭璞说是五六尺,《淮南子》高诱注则说三尺。"凿齿"之名,当是《山海经》原图的解释者赋予的,绝不是它的原名。《山海经》原图作者为什么要突出持盾(或戈)的这个图像的牙齿呢?可能正是为了表现此图像在上古年节确定中的重要作用。"齿"在我国文化中,除了特指牙齿外,也指牛马等动物以及人的岁数。牛马有个特点,它们在幼小时每年生一个牙齿,所以人们可以根据它们牙齿的数量计算它们的岁数。《穀梁传·僖公二年》(前658年):"荀息牵马操璧而前曰:'璧则犹是也,而马齿加长矣。'"这里的"马齿"指马的年龄。《左传·文公元年》(前626年):"君之齿,未也。"杜预注:"齿,年也;言尚少。"指的是人的年龄了。《孟子·公孙丑下》:"天下有达尊三:爵一、齿一、德一……乡党莫如齿。"这里的齿,指的也是年龄。齿可以与年、岁组词成"齿年""齿岁"。齿无疑有"年"的意思,"年"关乎时间与历法,则以凿子似的长长的牙齿为身体特征的所谓凶人怪兽的"凿齿",亦是一关乎时间与历法之对象了。而我们的古人以北斗星斗柄指向来推定季节、确定时节可谓尽人皆知之事。凿齿是北斗之"象",北斗正具有确定时节的功用,这一点,前面已有陈述。《史记·天官书》:"斗为帝车,运于中央,临制四海。分阴阳,建四时,均五行,移节度,定诸纪,皆系于斗。"这段话,对北斗的定时作用,说得同样分明。加上"齿"长于嘴,处于人头部。这与玄戈、招摇处于北斗头部亦类似,以其拟玄戈、招摇不能说不贴切。然则,羿之射凿齿,其内蕴其实是指对北斗星的观察,利用北斗星斗柄的指向来确定时节、进行占卜而已。

关于星象的命名,是个非常复杂的问题,前面已经指出,招摇、玄戈又名"矛盾星""盾(楯)星",为什么上古星家给位于北斗九星斗柄处的这两颗星如此命名呢?这可能和此两星所占之事为战事等有关,在《山海经》时代的天文学者也即星占家看来,此两星所主者乃战事、胡人入侵或弑主等人间之事,《开元占经》引《黄帝占》曰:"招摇为矛,摄提大楯相当,兵大起,大战。"引《春秋纬》:"楯动摇若角,大兵起,天下弑主。"引甘氏曰:"玄戈主胡兵,星若小动,兵小起;大动,兵大起,胡人入境。"①《晋书·天文志》:"北三星曰梗河,天矛也。一曰天锋,主胡兵。又为丧,故其变动应以兵丧也。星亡,其国有兵谋。其北一星曰招摇,一曰矛楯,其北一星曰玄戈,皆主胡兵,占与梗河略相类也。"所说大致相同。

(六) 羿射凿齿与夏至日"斗南中绳"

测天之表又叫"圭表",古人不仅用圭表来测日影,还用来测极星等来定方向与时间。《周礼·冬官·考工记》:"昼参诸日中之景(影)。夜考之极星,以正朝夕。"②这里"朝夕",作"东西"讲,是指方向,谓白天视日影,晚间看极星,可以定出方向。用圭表既可以测定方向,还可以测定中星以定时间,即在圭表的表端与圭表间连一绳子,以绳、表、星在一直线上以定恒星的中天。值得注意的是,用这样的方法还可以测定北极之所在,三四千年前的北斗,距离北极最近,而且它是北极附近所难以见到的亮星,所以北斗很有可能是被认为就是北极星,或者它实际上就充当过北极的角色。《公羊传·昭公十七年》(前525年):"大辰者何? 大火也。大火为大辰,伐为大辰,北辰亦为大辰。"古人以观象授时之标准星象为"辰",大火星及参伐作为纪时之标准星,文献多有记载。这里的北辰,古代注家或云北极,日人新城新藏认为是北斗,郑文光认为说得很对。③由于岁差的关系,天球北极不是总有什么亮星可以作为标志的,而观察处于北极附近的亮星北斗星的回转以定出天球北极就十分自然了。

《淮南子·天文训》:

> 日冬至则斗北中绳,阴气极,阳气萌。故曰冬至为德。日夏至则斗南中绳,阳气极,阴气萌。

马宗霍注云:

> 本文所谓绳,即《周髀算经》立表测日"以绳系表颠,引绳致地而

---

① 瞿昙悉达:《开元占经》,第620页。
② 《十三经注疏·周礼注疏》,第1661页。
③ 郑文光:《中国天文学源流》,第53页。

识之"之绳也。①

"斗南中绳"就是夏至午夜，斗影与系连圭表的表端与圭端的绳子合在一起，以确定夏至点的方法。《山海经》原图"羿射凿齿"所欲表现的当是"夏至"时"斗南中绳"之时，夏至这个时令在上古的时间系统中极为重要，所以古代天象家用"羿射斗"（羿射凿齿）这种独特的画面加以表现，大约也是为了突出"北斗"在天体中的地位的不凡。

综上所述，我们大致可以明白，《海外南经》中形形色色、稀奇古怪的诸如"交颈""穿胸""反舌""不死"等"国"及其"民人"，不能从地上去寻求，这些奇怪的国度与民人，原是上古星象家为天上星辰所立之象。《海外经》古图当为古代之星图，从《海外南经》"羿射凿齿"的图像及相关陈述看，《海外经》古图似乎尤为关注北斗九星，那时的星家已将夏至时节的北斗观察与其他星辰的观察结合进行，这就是后世所谓的"斗建"，是制定阴阳合历的农历的依据。吴晓东将《山海经·大荒经》二十八座"大荒之中"的"山"与天上二十八宿星对应。②《海外经》同样，应该也有二十八宿的存在，其实"交颈""穿胸""反舌""不死"等"国"即"七星""鬼宿""柳宿"等的确定，则《海外南经》中的其他一些"国"或"民"，也就较容易从"星象"上找到它们的原型了。这里说说"三首国"，《海外南经》中，紧接羿射凿齿后的文字是："三首国在其东，其为人一身三首。"三首人《海外西经》作"三头人"，《淮南子·墜形训》作"三头民"，自然界不可能有三头之人，遑论"三首国"了！此三头人之图像，乃是"心宿"三星，也即大火星之象，心宿三颗，故拟之为三头人。心宿是著名的定时星辰，虽属于东方苍龙之宿，但北斗九星的指向，正对着心宿也即大火星，所以《海外南经》予以著录。《山海经》时代，北斗指向与大火出没应该是一致的，如陈久金所云："北斗九星斗柄所指方向为大火星，以大火星定季节与用北斗九星指向定季节所得结果实际是一样的。"③

七、"欢头国""厌火国"与"翼宿""爟星"星象

再说"欢头国"，《海外南经》：

---

① 何宁：《淮南子集释》，第 208 页。
② 吴晓东：《〈山海经〉语境重建与神话解读》，中国社会科学出版社，2013 年，第 54—64 页。
③ 陈久金：《泄露天机——中西星空对话》，第 139 页。

> 欢头国在其南,其为人人面有翼,鸟喙,方捕鱼。一曰在毕方东,或曰欢朱国。

郭璞注:

> 欢兜,尧臣,有罪自投南海而死。帝怜之,使其子居南海而祠之,画亦似仙人也。

郝懿行笺云:

> 欢兜古文作鴅吺,见《尚书大传》注。鴅当为鶷。《玉篇》云:"鶷,呼丸切,人面鸟喙。"《史记正义》引《神异经》云:"南方荒中有人焉,人面鸟喙而有翼,两手足扶翼而行,食海中鱼。"即斯人也。①

《大荒南经》对于"欢头"(欢头之国)言之稍详:

> 大荒之中,有人名曰欢头。鲧妻士敬,士敬子曰炎融,生欢头,欢头人面,鸟喙,有翼,食海中鱼,杖翼而行。维宜芑苣,穋杨是食。有欢头之国。

"欢头"画成长有鸟嘴、翅膀的仙人状的人,所象之天上星象是"翼宿",翼宿二十二星,《史记·天官书》云:"翼为羽翮。"《开元占经》卷六十三引巫咸曰:"翼,天羽翼。"②意思是翼宿是南方朱鸟的翅膀。"欢头",大约是"换头"之意,"翼宿"在二十八宿中处于末宿之位置,又将回归至东方苍龙之"角宿"。

再说"厌火国",《海外南经》:

> 厌火国在其国南,兽身黑色,火出其口中。

图中口中吐火的黑色怪兽乃天上"爟"四星之象,《开元占经》卷六十九引

---

① 郝懿行:《山海经笺疏》,第285页。
② 瞿昙悉达:《开元占经》,第602页。

甘氏曰："爟四星,在轩辕尾南柳北。"①《石氏星经》云："爟亦曰烽爟。"②可见烽爟即烽火,"爟"四星主烽火,其星处于柳宿之北,柳宿是鸟嘴,则谓"厌火"国人口中能够"吐火",以此拟"爟"四星之象不可谓不形象。

　　前面已经指出,北斗九星所指与心宿(大火星)所指相一致,从《夏小正》"五月,大火中"及《书·尧典》"日永星火,以正仲夏"等记载看,《海外南经》古图描画的当是夏至时节的星象图,以此类推,《海外北经》《海外东经》《海外西经》则分别描画的是冬至、春分、秋分时节的星象图。这也说明上古时代的星家确有在分、至时节观察星空、制定历法之举。《书·尧典》陈述的"羲和四子"在四节之际观察四仲中星以确定四个时节,与《山海经》的图像描述可谓一脉相承。

---

① 瞿昙悉达:《开元占经》,第690页。
② 陈遵妫:《中国天文学史》,第254页。

第十二章
"建木"与"河鼓"星象

《山海经》"建木"赫赫有名,它在《山海经》以及其他古代文献中经常出现:

> 窫窳龙首,居弱水中,在狌狌知人名之西,其状如龙首,食人。有木,其状如牛,引之有皮,若缨,黄蛇。其叶如罗,其实如栾,其木如䓨,其名曰建木。在窫窳西弱水上。氐人国在建木西,其为人人面而鱼身。(《海内南经》)

> 有九丘,以水络之:名曰陶唐之丘、有叔得之丘、孟盈之丘、昆吾之丘、黑白之丘、赤望之丘、参卫之丘、武夫之丘、神民之丘。有木,青叶紫茎,玄华黄实,名曰建木,百仞无枝,有九欘,下有九枸,其实如麻,其叶如芒,大皞爰过,黄帝所为。(《海内经》)

> 夏至日行近道,乃参于上。当枢之下无昼夜。白民之南,建木之下,日中无影,呼而无响,盖天地之中也。高诱注:"白民之国,在海外极内。建木在广都南方,众帝所从上下也,复在白民之南。建木状如牛,引之有皮,黄叶如罗也。日正中将下,日直人下,皆无影;大相叫呼,又无音响人声;故谓盖天地中也。"(《吕氏春秋·有始》)

> 建木在都广,众帝所自上下。日中无影,呼而无响,盖天地之中也。若木在建木西,末有十日,其华照下地。高诱注:"众帝之从都广山上天还下,故曰上下。"(《淮南子·墬形训》)

一、"建木"原型为"牵牛星"

从上述文献的描述看,"建木"似乎是一种树名,现代学者多以为"建木"就是神话学上所谓的"天梯"或曰"宇宙树",但我们看《山海经》作者及注释者对它的形容为"其状如牛",树怎么可能如动物之牛!而"引之有皮,若缨,黄蛇。"郭璞注:"言牵之皮剥,如人冠缨及黄蛇状也。"①树如何牵引?又什么叫"皮剥"?是指剥下的树皮像人所戴的帽子的缨带及黄蛇吗?从这些描述以及《山海经》一书的体例看,建木不像是树名,当为天上"牵牛星"之象。作者说"其状如牛",又云"(牵)引之",不是可以理解为"牵牛"吗!但作者似乎又是说"树","其叶如罗,其实如栾"。说它的叶子如"罗",果实如"栾",且其名叫"建木",不就是一棵树吗!然这正是《山海经》作者的狡狯处,是作者所布下的陷阱与隐语。《山海经》中,这样的陷阱与隐语比比皆是。关于"建木",作者其实要说的就是"牵牛星"。当然,"建木"的命名也非随意为之,也有其恰如其分之处。②

《尔雅·释天》:"何鼓谓之牵牛。"郭璞注:"今荆楚人呼牵牛星为檐鼓,檐者,荷也。"③何鼓星就是牵牛星,又作河鼓,因在银河中,故名。今北方七宿之"牛宿"六星,在上古与"河鼓"三星等一起被视为"牵牛",④由于"河鼓"是一等亮星,也是全天第十一亮星,它在牛宿的北面,隔着银河与织女星相对,上古有名的牛郎、织女神话,演绎的就是河鼓星与织女星的

---

① 周明辑撰:《山海经集释》,第393页。
② 《魏书·术艺·张渊传》载张渊之《观象赋》云:"其列星之表,五车之间,乃有咸池、鸿沼、玉井、天渊、建树、百果、竹林在焉。"注:"列星之外谓之表,咸池三星在天潢东,天渊十星在龟星东南,建树、百果星在胃南,竹林二十五星在园西南。"(《魏书》,中华书局,1974年,第1948页)张氏所谓"建树""百果",似各指一星,"竹林"二十五星等星,不见它书记载,张氏谓"在胃南",似无关乎河鼓星。
③ 《十三经注疏·尔雅注疏》,第176页。
④ 郝懿行曰:"牵牛三星,牛六星《天官书》误以牛星为牵牛,故以何鼓牵牛为二星矣。牟廷相曰:'牛宿其状如牛,何鼓直牛头上,则是牵牛人也。《诗》云:"睆彼牵牛。"睆,明星貌也。何鼓中星最明,举头即见,而牛宿差不甚显。诗人触景抒情,不宜舍极明之何鼓而取难见之牛宿。睆彼之咏,谓何鼓不谓牛宿明矣。毛《传》取《尔雅》为释,精当不移。《月令》季春旦'牵牛中',仲秋昏'牵牛中',皆何鼓也。凡举中星,不必皆正指其宿,有仲春弧建之例。《夏小正》之织女、南门亦其比也。考诸经典,无名牛宿曰牵牛者,《天官书》云'牵牛为牺牲,其北何鼓',盖星家失传自此始。'今按牟氏此说,足订《史记》之误。"(见郝懿行:《尔雅义疏·释天》)

故事,这已为人们所熟知。牛宿六星皆是四五等暗弱之小星,故牛宿六星非河鼓三星可比,河鼓星在上古人观象授时(包括星占)中起到了尤为重要的作用。《诗·小雅·大东》:"睆彼牵牛,不以服箱。"毛《传》:"睆,明星貌。河鼓谓之牵牛。"①河鼓三星处于银河之边,此所以"建木"处"弱水上"了。

河鼓又是"军鼓",星占上主将领、军事等,《开元占经》卷六十五引黄帝曰:

> 河鼓一名天鼓,一名三武,一名三将军也。中央星,大将也,左星左将军,右星右将军,皆天子将也。

又引郗萌曰:

> 河鼓星主军鼓,主斧钺,主外关州。又主军喜怒。②

上古或将河鼓三星与左右旗九星视为一体,《史记》司马贞《索隐》引孙炎曰:"河鼓之旗十二星,在牵牛北,或名河鼓为牵牛也。"③《开元占经》卷六十五引石氏曰:"河鼓旗扬而舒者,大将出不可逆,当随旗之指而击之,大胜。"又引石氏曰:"河鼓旗星明者,则旗帜出,以日占其国,其星若戾,将军政乱,士卒强,将相凌。若旗星不正,有兵。"《晋书·天文志》也说:"河鼓三星,旗九星,在牵牛北,天鼓也,主军鼓,主铁钺。一曰三武,主天子三将军;中央大星为大将军,左星为左将军,右星为右将军。左星,南星也,所以备关梁而距难也,设守阻险,知谋征也。旗即天鼓之旗,所以为旌表也。左旗九星,在鼓左旁。鼓欲正直而明,色黄光泽,将吉;不正,为兵忧也。星怒,马贵。动则兵起,曲则将失计夺势。旗星差戾,乱相陵。旗端四星南北列,曰天桴,鼓桴也。"④

---

① 《十三经注疏·毛诗正义》,第 788 页。
② 瞿昙悉达:《开元占经》,第 632 页。
③ 司马迁:《史记》,第 1311 页。
④ 《史记·天官书》:"东北曲十二星曰旗。"张守节《正义》:"两旗者,左旗九星,在河鼓左也;右旗九星,在河鼓右也。皆天之鼓旗,所以为旌表。占:欲其明大光润,将军吉;不然,为兵忧;及不居其所,则津梁不通;动摇,则兵起也。"《史记·天官书》又说建星为旗,"南斗为庙,其北建星。建星者,旗也"。

河鼓星又象征军事上所用之军鼓,而军鼓,古代又名"建鼓",其形状为一楹柱状物穿鼓而成,使鼓可以树立于地,又易于搬移。《国语·吴语》云:"十旌一将军,载常建鼓,挟经秉枹,万人以为方陈。"韦昭注:"鼓,晋鼓也。《周礼》:'将军执晋鼓。'建,谓为之楹而树之。"①《仪礼·大射》:"建鼓在阼阶西。"郑玄注:"建,犹树也,以木贯而载之,树之趺也。"清人胡培翚《仪礼正义》卷十三引陈祥道云:"楹鼓,盖为一楹而四棱,贯鼓于其端。《周官》太仆建路鼓于大寝之门外。《庄子》曰:'负建鼓而止。'建鼓可负,则以楹贯之可知。"又引方苞曰:"建鼓即楹鼓,以木贯而建之,遂以建名。"②

甲金文中有旒的"中"字甚多,中间往往有"〇"形或"口"形,田树生以为有旒的"中"基本上是"建鼓"的形象。当中的〇是不可省略的主体,是鼓形,而杆上的飘带有时倒可省略。"凡是'中'的中间部分决不出两种类型,口像鼓的侧面,〇像鼓的正面。"他举出湖北随县曾侯乙墓出土的建鼓为例,还绘出战国铜鼓纹样所见有"游"者为证。③这种建鼓,可能源自殷代,《礼记·明堂位》:"夏后氏之鼓足,殷楹鼓。"郑玄注:"足,谓四足也。楹谓之柱,贯中上出也。"④《诗·商颂·那》:"置我鼗鼓。"郑玄《笺》云:"置读曰植。植鼗鼓者,乃楹贯而树之。"⑤所以《隋书·音乐志》云:"近代相承,植而贯之,谓之建鼓,盖殷所作也。"

也有学者注意到建鼓与建木性质的相似,如萧兵说:"别的鼓没有'立柱建鼓'这样强大的交通天地、神人的灵力,就因为没有这根'神柱'。建者,立也,'建鼓'与'建木'异质同构,准此,'建木'也可以是人工建造的'中心'标志,甚至中部也有类'鼓'的凸出物。"⑥那么天上的"建木"不就是"贯中上出"的建鼓之"楹"吗?统而言之,所谓的"建木"也就是"建鼓",即河鼓星之象也。而河鼓三星成直线状,排列正如"柱"形,故以河鼓为"建木",其契机当就在这里。

---

① 徐元诰:《国语集解》(修订本),第549页。
② 胡培翚:《仪礼正义》,江苏古籍出版社,1993年,第801—802页。
③ 田树生:《释中》,《殷都学刊》1991年第2期,转引自萧兵:《中庸的文化省察——一个字的思想史》,湖北人民出版社,1997年,第70页。
④ 《十三经注疏·礼记正义》,第948页。
⑤ 《十三经注疏·毛诗正义》,第1433页。
⑥ 萧兵:《中庸的文化省察——一个字的思想史》,第73—74页。

二、建木"其叶如罗"之"罗"当指建鼓之飘带；"其实如栾"，则是形容"鼓"之圆形之状

建木"其叶如罗"，郭璞注："如绫罗。"为郝懿行、袁珂所不解。郝氏谓："郭说非也。上世淳朴，无绫罗之名，疑当为网罗也。"①然建鼓上方有旗帜，旗帜正可用绫罗等织物制成。而"若璎，黄蛇"，郝懿行说："璎谓璎带也，引其皮，璎带若黄蛇之状也。"②而旗帜正有旒，所谓璎带也。河鼓星之有旗一如建鼓。至于"其实如栾"之"栾"，郭璞注："栾，木名，黄本，赤枝，青叶，生云雨山；或作卵，或作麻，音銮。"郭璞这里的注是用《大荒南经》云雨之山之"栾"为说，③但"或作卵，或作麻"一语却道破天机，此"栾"也作"卵"，果实为"栾"，根本不通，如"卵"，则正是对圆形之"鼓"的描述。而"或作麻"则似乎更清楚地点明此"树"与"建鼓"的关联。《尔雅·释乐》："大鼗谓之麻。"④建木之实如"麻"，正谓鼗鼓，否则麻子细小何足比拟建木之实！这又是《山海经》作者的狡狯处。至于"其木如苴"之"苴"，郭璞注："未详"，郝懿行以为是"刺榆"，刺榆是落叶小乔木，常呈灌木状，恐不足以拟建木。《山海经》作者，大约因为建木处于"当枢之下"的位置，而说之曰"其木如苴"的吧！"苴"当读为"枢机"之"枢"。

根据《海内经》的描述，建木"百仞无枝"，此符合"楹（柱）"的特点，但《海内经》又说它"青叶紫茎，玄华黄实"，这是对"建木"上方旗帜的夸张或曰神话式的传承。

而"有九椆，下有九枸"，郭璞注九椆："枝回曲也；音如斤斫之斫。"注九枸："根盘错也。"皆着眼于树木，然为什么"建木"上有九椆，下有九枸，从河鼓星左右有左旗九星和右旗九星看，正是对河鼓星及左右旗之象之描述。值得注意的是，《尔雅·释器》云："斫属谓之定。"郭注："锄属。"李巡曰："锄别名也。"⑤斫属又作"句椆"，是锄头之类的农具，河鼓又名牵牛，牵牛与农业耕种关联，《山海经》作者用"枸椆"加诸建木，其实正贴近"牵

---

①② 郝懿行：《山海经笺疏》，第344页。
③ 袁珂：《山海经校注》，第279页。
④ 郝懿行云："《周礼·小师》注：'鼗如鼓而小，持其柄摇之，傍耳还自击。'贾疏云：'后郑解鼗依汉法。'而知贾知郑依汉法者，据《诗》'置我鼗鼓'，郑笺：'置读曰植。植鼗鼓者，乃楹贯而树之。'以彼贯而树者为古法，即知持而摇者为汉法矣。"（见郝懿行：《尔雅义疏·释乐》）
⑤ 《十三经注疏·尔雅注疏》，第137页。

牛星"之旨,这恐怕也是作者的寓言,这类寓言《山海经》中随处可见,绝不能轻轻放过。再说上古时期"天子""诸侯"用"建鼓"集合民众,而集合民众更多的时候的是为了"狩田",狩田虽然也有军事训练的性质,但主要目的在于颁布历法、开垦荒地等,所以在牛宿东南又有天田九星,《星经》:"天田九星在牛东南,主畿内田亩之职。"①

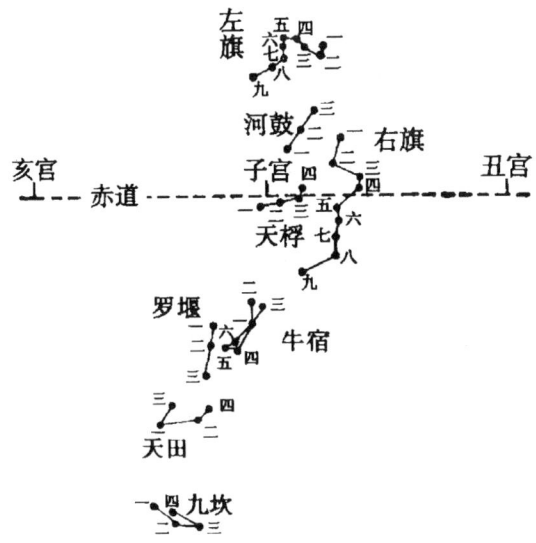

图 12-1　河鼓星图(采自陈遵妫:《中国天文学史》,第 238 页)

三、"大皞爰过,黄帝所为"的"建木"与河鼓星的"星纪"地位

为什么"建木"会被赋予"大皞爰过,黄帝所为"的不凡意蕴,甚至如《淮南子·墬形训》所谓的"众帝所自上下"的"天地之中"呢?这与河鼓星,也就是"建木"在天空中的位置以及在上古历法制定中的重要作用相关联。《尔雅·释天》:"星纪,斗、牵牛也。"郭璞注:"牵牛、斗者,日月五星之所终始,故谓之星纪。"这里的"牵牛"指的当是河鼓星。郝懿行疏云:

牵牛者,《律书》云:"言阳气牵引万物出之也。牛者,冒也。言地

---

① 丁緜孙:《中国古代天文历法基础知识》,第 87 页。

虽冻能冒而生也。牛者,耕植种万物也。"按牵牛即何鼓,非牛星也。牛六星,角上歧,腹下蹄废,其星微小。《尔雅》以牵牛为星纪,不以牛宿为星纪也。①

《逸周书·周月解》:"日月俱起于牵牛之初。"②《说文》"牛"部:"物,万物也。牛为大物,天地之数起于牵牛,故从牛,勿声。"清人桂馥义证:

> 天地之数起于牵牛者,《河图括地象》:"天左动起于牵牛。"《尚书考灵曜》"甲子冬至,日月五星皆起于牵牛,若编珠。"《星备》云"五星初起牵牛。"③

所谓的"太皞",郑玄注《礼记·月令》云:"太皞,宓戏氏。"宓戏又作伏羲、庖戏等。孔颖达《正义》云:"自古以来,木德之君,其帝太皞也。谓之皞者,按《异义》,《古尚书》说'元气广大谓之皞天',则皞皞广大之意,以伏牺德能同天,故称皞。以东方生养,元气盛大,西方收敛,元气便小,故东方之帝谓之太皞,西方之帝谓之少皞。"④有人解释为太阳,丁山云:"所谓太昊者,正是'东皇太一'(当为昊)的别名,日生于东,所以月令特祀大皞于'青阳大庙'。"⑤我怀疑"太皞"原也或作星名,《左传·昭公十七年》(前525年):"陈,大皞之虚也。……火房也。"⑥《楚辞·远游》:"历太皓以右转兮,前飞廉以启路。"牵牛星正是太阳等天体经过之处。

《淮南子·天文训》云:

> 太阴在寅,岁名曰摄提格,其雄为岁星,舍斗、牵牛,以十一月与之晨出东方,东井、舆鬼为对。

所谓的"太阴"就是"太岁"。"摄提格"是星名,左右摄提,各三颗星,夹在

---
① 郝懿行:《尔雅义疏·释天》。
② 黄怀信、张懋镕、田旭东:《逸周书汇校集注》,第575页。
③ 桂馥:《说文解字义证》,第118页。王应麟《困学纪闻》卷九谓:"《河图括地象》云:'天左动起于牵牛,地右动起于毕。'《尸子》云:'天左舒而起牵牛,地右辟而起毕昴。'"(辽宁教育出版社,1998年,第193页)
④ 《十三经注疏·礼记正义》,第446页。
⑤ 丁山:《中国古代宗教与神话考》,第377页。
⑥ 杨伯峻:《春秋左传注》,第1391页。

大角星的左右。《史记·天官书》曰:"大角者,天王帝庭。其两旁各有三星,鼎足句之,曰摄提。摄提者,直斗杓所指,以建时节,故曰摄提格。"①意思是,北斗斗杓所示方向还不太明确,于是在斗杓的下方以大角星和摄提星为标志,其方位就要具体明确得多。要知道,所谓的"黄帝",上古常常作为北斗星的象征,北斗星通过大角、摄提指向牵牛、南斗之间作为冬至之月也就是一年的起始之月,这大约就是"黄帝为之"的意蕴所在了。

据《海内南经》,建木"在窦窳西弱水上",龙首的"窦窳",是一怪兽图像,在"建木"的东边,而"窦窳"乃"东方苍龙"的大角星西沉后之象。②大角星正处于"龙头"的位置。大角一星,在角宿的东北,亢宿的北面,现在属于亢宿星座,但在上古,由于它是一等星,光度甚亮,人们常常将它作为识别星座和判别方向的标志,故列入角宿,并被列为二十八宿之首。③"窦窳"龙首之说,当渊源于此。此星在天空,正处于河鼓星的东边。

《海内南经》说"氐人国在建木西,其为人人面而鱼身。"郭璞注:"尽胸以上人,胸以下鱼也。"袁珂云:"氐人国民盖神话中人鱼之类也。《海内北经》云:'陵鱼人面,手足,鱼身,在海中。'即此之属。"④袁珂以"氐人国"民即《海内北经》之"陵鱼",甚是。此人面而鱼身之图像乃"鱼星"之象。《海外西经》云:"龙鱼陵居在其北。"《楚辞·天问》:"鲮鱼何所?"显然都是一物,后人或谓陵鱼为鲤鱼,或谓为娃娃鱼,或谓为穿山甲,皆不得要领。此陵鱼在传说中有巨大无比的一面,如《北堂书钞》卷一百三十七引书就有"鲮鲤吞舟"之说。作为《山海经》图像之"陵鱼",绝不是图人间之鱼,此"人面"之陵鱼乃"鱼星"之象,《开元占经》卷六十八引石氏云:"天鱼一星,在尾后河中。"⑤河鼓、鱼星正为银河中相距不远之星。陵鱼又名龙鱼,大约因为"尾宿"属于"龙尾",鱼星是尾宿的属星,所以就被以"龙鱼"之名了。

---

① 这段话,陈久金先生解释得很明确:"是说古人直接观察大角及摄提所指示的方向来确定时节。北斗斗杓所示方向还不大明确,但在北斗斗杓的下方以大角和摄提为标志,其方位就具体明确的多。"(见陈久金:《星象解码——引领进入神秘的星座世界》,第112页)
② 参见尹荣方:《〈山海经〉"贰负之尸"神话与"贯索"星座》,载向宝云主编:《神话研究集刊》第三集;又参见本书第二章。
③ 参见丁緜孙:《中国古代天文历法基础知识》,第61页。
④ 袁珂:《山海经校注》,第280—281页。
⑤ 瞿昙悉达:《开元占经》,第668页。

四、《海外北经》之"拘缨之国"为"天弁星"之象,"寻木"为"建木"

除了百仞之"建木",《山海经》还有一棵巨树"寻木":

> 拘缨之国在其东,一手把缨。一曰利缨之国。寻木长千里,在拘缨南,生河上西北。跂踵国在拘缨东,其为人大,两足亦大。(《海外北经》)

先说"拘缨之国",当也是星象。郭璞注:"言其人常以一手持冠缨也。"①则"拘缨之国"是一人手持帽子之飘带的形象,则其人必为一戴帽之人,而河鼓星之北有"天弁"九星,弁就是帽子的意思。郝懿行引《淮南子·墬形训》"句婴氏"高诱注:"句婴读为九婴,北方之国,即此也。"②九婴之拟天弁九星,自然更为贴近,高诱之注,当得之传承。"天弁"与"河鼓"相邻,《晋书·天文志》说得很清楚:"天汉起东方……其南经傅说、鱼、天籥、天弁、河鼓。"

此千里"寻木",又见《穆天子传》卷六:"仲冬甲戌,天子西征,至于因氏。天子乃钓于河,观姑繇之木。"郭璞注:"姑繇,大木也。《山海经》云:'寻木长千里,生河边。'谓此木之类。"③姑繇之姑,音同于鼓,河鼓星名亦曾讹作"黄姑"。④

跂踵国,则是织女星之象。⑤它正处于天弁星之东。织女三星成状,

---

① 郝懿行:《山海经笺疏》,第324页。
② 郝懿行:《山海经笺疏》,第323页。
③ 王贻樑、陈建敏校释:《穆天子传汇校集释》,中华书局,2019年,第298页。
④ 牵牛又名黄姑,《玉台新咏·歌辞二首》之一:"东飞伯劳西飞燕,黄姑织女时相见。"吴兆宜注引《岁时记》:"河鼓、黄姑,牵牛也。皆语之转。"唐元稹《古决绝词》之二:"已焉哉,织女别黄姑,一年一度暂相见,彼此隔河何事无。"龚明之《中吴纪闻》卷四"黄姑织女"条云:"昆山县东三十六里,地名黄姑。古老相传云:'尝有织女牵牛将于此地,织女以金篦划河,河水涌溢,牵牛因不得渡。今庙之西,有水名百沸河。乡人异之,为之立。'按《荆楚岁时记》:'黄姑者,河鼓也牵牛谓之河鼓。后人讹其声为黄姑。'潘子真云:'亦犹桑落之语,转呼为索郎耳。'乡人因以名其地。"(《中吴纪闻》,上海古籍出版社,1986年,第97页)
⑤ 吴晓东早认为跂踵国象征织女星:"所谓跂踵,说的也就是织女星叉开的两只脚。《大东》诗中强调了织女星的'跂踵'形象,也描绘了她能行善走,即所谓的'终日七襄'。"(见吴晓东:《〈山海经〉语境重建与神话解读》,第255页)

《诗·小雅·大东》："跂彼织女,终日七襄。"毛《传》："跂,隅貌。襄反也。"孔颖达正义："三星鼎足而成三角,望之跂然,故云隅貌。"①《开元占经》卷六十五引《荆州占》曰："织女一名天女,天子之女也,在牵牛西北,鼎足居,星足常向牵牛、扶筐。"②织女一为全天第五亮星,是零等大星,就北天众星而言,仅比大角星略暗些,其二、三颗星略小,似织女之足,三星鼎足而居。所以图像"其为人大,两足亦大"了。③应该指出,《山海经》原始图像的作者于天上星象,取象非一,同样的织女星,在《海内北经》中,是以"梯几而戴胜"的"西王母"形象出现的。④

五、《大荒东经》"夔兽"为"河鼓星"之象

《大荒东经》载流波山"夔牛"云：

> 东海中有流波山,入海七千里,其上有兽,状如牛,苍身而无角,一足,出入水则必风雨,其光如日月,其声如雷,其名曰夔。黄帝得之,以其皮为鼓,橛以雷兽之骨,声闻五百里,以威天下。

夔在传承的过程中,有"如龙"与"如牛"两说,许慎《说文》："夔,神魖也,如龙一足。"⑤它还有个显著的特点是只有一条腿,它后世演化成"山精""山缫""山魈""山都"等鬼物,在民间广泛流传,这些鬼物的共同特征是一足、独足。夔状如牛说较为早起,如龙说当为后世之附会。《国语·鲁语下》："木石之怪曰夔、魍魉,水之怪曰龙、罔象。"韦昭注："木石,谓山也。或云

---

① 《十三经注疏·毛诗正义》,第787页。
② 瞿昙悉达：《开元占经》,第625页。
③ 周悦让《倦游庵椠记·经隐·毛诗》云："'跂彼织女,终日七襄,虽则七襄,不成报章。'传：'襄,反也。'不能反报成章也。……按《说文》：'跂,足多指也。'《步天歌》：'参,两肩双足三为心,伐有三星足里深,玉井四星右足阴'云云,是星象枝分者得以足称也。织女三星,鼎足而成三角,望之跂然有张两足之象,与多指义合。凡织者,必以足蹑机,而其所蹑处即名曰蹑,或转借作锡。《西京杂记》记云'机用一百二十镊'是也。织文者必次第递蹑其蹑,而后采成。襄,反也。反,变义通,《猗嗟》'四矢反兮',《韩诗》作'变'是也。言织女两足终日七变,易其向而不能成章采也。以周天八方,七易其向,即复反其故所,是以言七襄矣。"(见刘毓庆等：《诗义稽考》,学苑出版社,2006年,第2364—2365页)
④ 参见尹荣方：《〈山海经〉"贰负之尸"神话与"贯索"星座》,载向宝云主编：《神话研究集刊》第三集；又参见本书第二章。
⑤ 朱骏声：《说文通训定声》,第606页。

'夔一足',越人谓之山缫。音骚。魍魉,山精,好效人声而迷惑人也。龙,神兽也。非常见,故曰怪。"①或将夔之原型视作龙,但《鲁语》明确将夔与龙区别开来,一则为"木石之怪",一则为"水之怪"。《庄子·达生》:"山有夔。"疏:"大如牛,状如鼓,一足行也。"又《释文》引司马云:"状如鼓而一足。"②作为兽之夔只有一只足。

夔兽作为《山海经》古图中的象,绝非描述人间之兽,从《山海经》之体例及内涵看,此兽所象征者为天上的"河鼓"星。《大荒北经》说得明白,"状如牛",河鼓有牵牛之称;"以其皮为鼓",正关合"河鼓"之名;"声闻五百里,以威天下"云云,是河鼓星作为建鼓也即战鼓的显著功能;而"一足",则是对"建鼓"中间之柱的形容。

夔所在的"流波山"似也透露出它与"河鼓"的联系。流者,旒也;波者,婆娑之"婆"也;流波,可以解释为旗帜飘扬之山。而河鼓星,与左旗星、右旗星相连系而成,正是旗帜飘扬之象。夔之"出入水",是因为河鼓、左旗、右旗等星正处于银河之中。

值得注意的是《博物志》卷三"异兽"云:"小山有兽,其形如鼓,一足如蠡。"③如鼓一足之兽,自然说的是夔,而又云"一足似蠡"。蠡,《说文》云:"蠡,虫啮木中也。"段玉裁注:"此非虫名,乃谓虫之食木曰蠡也。朱子注《孟子》曰:'蠡者,啮木虫。'则误矣。"④可见蠡字,亦措意于木,容易使人联想起"建鼓"中央之木,然则"其形如鼓,一足如蠡"之"兽",当为夔取象于河鼓星的曲折传承。《抱朴子·登涉》亦云:"又有山精,如鼓赤色,亦一足,其名曰晖。"⑤此"山精"的原型也是河鼓星,"其名曰晖",晖与夔一声之转。

《大荒经》中的夔,在《尚书·舜典》中变成了虞舜典乐的大臣:"帝曰:'夔,命汝典乐,教胄子。'"⑥这自然是神话的历史化,夔之所以称为"典乐"之官,是因为上古"鼓"在乐舞中具有引领的作用。历史化为虞舜大臣的夔传说中也只有一只脚,《韩非子·外储说左下》云:

鲁哀公问于孔子曰:"吾闻古者有夔一足,其果信有一足乎?"孔

---

① 徐元诰:《国语集解》(修订本),第191页。
② 郭庆藩:《庄子集释》,第653页。
③ 张华:《博物志》,上海古籍出版社,2012年,第17页。
④ 段玉裁:《说文解字注》,第1175页。
⑤ 王明:《抱朴子内篇校释》(增订本),中华书局,1985年,第303页。
⑥ 《十三经注疏·尚书正义》,第106页。

子对曰:"不也,夔非一足也。夔者忿戾恶心,人多不说喜也。虽然,其所以得免于人害者,以其信也。人皆曰:'独此一,足矣。'夔非一足也,一而足也。"哀公曰:"审而是,固足矣。"一曰:"哀公问于孔子曰:'吾闻夔一足,信乎?'曰:'夔,人也,何故一足?彼其无他异,而独通于声。尧曰:夔一而足矣,使为乐正。'故君子曰:'夔有一足。'非一足也。"①

《吕氏春秋》等也有类似的记载,这是很有意思的事,证明舜庭之"乐夔"原来出自夔兽,是神话历史化的一个典型事例。

六、"建木"及"都广"之地望考辨

"建木"之地望,《吕氏春秋》高诱注、《淮南子》以为在"都广之野"(或广都之野),但《山海经》作者并没有"建木"地望在都广之野之说,而是说建木"在窫窳西弱水上。氐人国在建木西"。又"建木"地望与"陶唐之丘"等九丘关联。显然,将"建木"地望置于"都广之野"(或广都之野)的,首见于《淮南子·墬形训》,高诱注《吕氏春秋》承之,于是"建木"地望在"都广之野"似乎成了定论。

然《山海经》之"都广之野"与建木似没有关系,而与历史上一个鼎鼎大名的人物"后稷"相关联。《海内经》:

西南黑水之间,有都广之野,后稷葬焉。爰有膏菽、膏稻、膏黍、膏稷,百谷自生,冬夏播琴。鸾鸟自歌,凤鸟自儛,灵寿实华,草木所聚。爰有百兽,相群爰处。此草也,冬夏不死。南海之内,黑水、青山之间,有木,名曰若木,若水出焉。

值得注意的是,作为"后稷"葬所的"都广之野"虽然没有所谓的建木,但有一棵叫"灵寿"的树,郭璞注:"灵寿,木名也,似竹,有枝节。"然则所谓建木在都广之野的说法,原来或是指"灵寿",灵寿树正位于都广之野,且临近有名的"若木",与《淮南子·墬形训》的记载一致。从"灵寿"命名看,它似是一棵神树。又郭璞注"后稷葬焉":"其城方三百里,盖天下之中,素女所

---

① 王先慎:《韩非子集解》,中华书局,1998年,第297页。

出也。《离骚》曰：'绝都广野而直指号。'"①据清代学者毕沅、郝懿行等研究，知郭璞注之"其城方三百里，盖天下之中，素女所出也"，为《山海经》原文。②《淮南子》作者既以"灵寿"为"建木"，灵寿处于后稷所葬的都广之野是"天下之中"，则"建木"所出也是"天下之中"了。

但"都广之野"，之"都广"，高诱注《淮南子》以为："南方山名也。"③后世如杨慎等人，以为即四川之成都，这种说法显然过于穿凿。从分野角度看，作为后稷葬处的都广之野，当是天上"天稷星"的地上分野。天上之"天稷"星，位于"南方朱鸟"的"星宿"之南。《晋书·天文志上》："稷五星，在七星南。稷，农正也，取乎百谷之长以为号也。"上古星占家将天上二十八宿与地上二十八座大山对应，与"星"宿对应的是岷山，所以都广之野大体处于岷山之南的位置。

七星、天稷星之重要，在于天上的银河，起于东北方的箕星、尾星之间，最后是通过天纪星、天稷星，在"星宿（七星）"之南，没于南方地平线的。而岷山值得注意的还有"沃焦山""鸿蒙山"之称。④如果我们以今日之岷山视之，会觉得非常不解，今日之岷山是处于四川境内，绵延四川、甘肃的一座大山，与传说中的沃焦山似乎风马牛不相及。

然而，岷山之又名沃焦山，自有其来历。沃焦山，又名尾闾。《庄子·秋水》："天下之水，莫大于海，万川归之，不知何时止而不盈；尾闾泄之不知何时已而不虚。"成玄英疏："尾闾者，泄海水之所也；在比海南之东，其处有石，阔四万里，厚四万里，居百川之下尾而为闾族，故曰尾闾。海水沃者即焦，亦名沃焦也。《山海经》（今本无）云：羿射九日，落为沃焦。此言迂诞，今不详载。"⑤

---

① 周明辑撰：《山海经集释》，第 538 页。
② 毕沅：《山海经新校正》云："'其城方三百里'以下十六字，旧本是郭注。案：王逸《楚辞章句》引此有'其城方三百里，盖天下之中'十一字，逸后，汉人则为本文无疑。"郝懿行《山海经笺疏》云："《楚词·九叹》云：'绝都广以直指号。'郭引此句于都广下衍野字，又作直指号。号即兮字之讹也。王逸注引此经，有'其城方三百里，盖天下之中'十一字，是知古本在经文，今脱去而误入郭注也。因知'素女所出也'五字，王逸注虽未引，亦必为经文无疑矣。"（见周明辑撰《山海经集释》，第 538 页）
③ 何宁：《淮南子集释》，第 328 页。
④ 吴任臣：《山海经广注》："岷山，即渎山也，亦谓之汶阜山。纬书曰：'岷山之精，上为井络，帝以会昌，神以建福。'刘会孟云：'岷山，今四川茂州，即陇山之南。《四川总志》曰：岷山在茂州之列鹅村，一名鸿蒙，为陇山之南首，又名沃焦山，江水所出也。'"（见周明辑撰《山海经集释》，第 279 页）岷山一名沃焦山，盖出于《华阳国志》："岷山一名沃焦山，其跗曰羊膊，江水所出。"
⑤ 郭庆藩：《庄子集释》，第 565 页。

除了沃焦、尾闾，古代还有"归墟"之说。《列子·汤问》：

> 渤海之东不知几亿万里，有大壑焉，实惟无底之谷，其下无底，名曰归墟。八纮九野之水，天汉之流，莫不注之，而无增无减焉。

张湛注：

> 事见《大荒经》。《诗含神雾》云："东注无底之谷。"称其无底者，盖举深之极耳。……《庄子》云"尾闾"。八纮，八极也；九野，天之八方中央也。世传天河与海通。①

然"归墟"名之由来，当关乎天上之夔牛，亦即河鼓星，夔与归可通。《书·舜典》中的"夔"，清代学者皮锡瑞云：

> 今文"夔"一作"归"。《水经注·江水篇》："《乐纬》曰：'昔归典协声律。'宋忠曰：'归即夔。'"《尚书·中候》："让于益、归。"注云："归读曰夔。"纬书多同今文，盖三家今文有作"归"者。②

夔、归通，夔为河鼓之象，则"归墟"所指必关乎"河鼓星"，河鼓星是大星，它与左旗等星位于银河之中，又河鼓与尾宿、箕宿、斗宿相距不远，都处于银河始流之处。

沃焦、尾闾及归墟的来历，其实不难理解，天上之银河至"星宿"南而没，正当西南方位，地上之水正好也归于"东（北）海"，而无边无际的东（北）海水又流向何处呢？为什么天地之水流入于此地而不见满溢呢？于是古人想象东（北）海之下，正当尾、箕及河鼓等星宿之下，有一个可以容纳天地之水的巨大的"尾闾"与"归墟"了。③

南方朱鸟"星宿"之分野山为"岷山"，当是银河水所没入之处，所以又

---

① 杨伯峻：《列子集释》，第151页。
② 皮锡瑞：《今文尚书考证》，第82页。
③ "尾闾"等名意味深长，尾闾者，盖尾宿之间，归墟，盖河鼓之墟也。尾宿、箕宿是银河始流之处，河鼓星是尾、箕等邻近之星宿，故古人想象其下必有大水也，故名之曰"尾闾"、曰"归墟"。"沃焦"，大约因东方是"扶桑树"所在地，日所出之处，所谓"海水灌之而即消，故水东南流而不盈。"海水流入这里会消解，盖古人想象海水遇日消解也。

名之为"沃焦"山了。《山海经》《尚书》中的"岷山",原绝非指今四川、甘肃之"岷山"。"岷山"从"民"得意,"民"之原意,当为冥茫之意,郑玄注《尚书·吕刑》"苗民弗用灵"时云:"民者,冥也。"①则"岷山"原意或为"冥山",取冥茫之山即鸿蒙之山之意。

古人的宇宙观,天地周流相通,天上银河之水流于地上,潜入地下,又将重回天上,如此周流不息。银河之初流之处,为天上尾、箕、斗之间。河鼓星正处于银河流经之处,最终经过天稷星、七星流入地平线,在古人的观念中,它终将回归原处。

前面提到张湛注《列子》云:"九野,天之八方中央也。世传天河与海通。"从"沃焦""尾闾""归墟"等名与岷山的对应,再看《海内经》"建木"位于"九丘"之陈述,与张湛说的"九野"或可相对应;而"建木"处于天地之中则与所云之"天之八方中央",可相通,则处于东北之"河鼓星",会与地处西南之"都广之野"连在一起,也就可以理解了。

---

① 孙星衍:《尚书今古文注疏》,第521页。

第十三章
"蔵民国"与天上"土司空"星象

《山海经》之《海外南经》《大荒南经》都载"羿射凿齿"传说,"凿齿"的真实身份是北斗斗柄前"玄戈""招摇"两星之象,它们与北斗七星一起构成北斗九星。"羿射凿齿"原图为表现古人夏至时节对北斗等星辰的观察。从星图的角度看,《大荒南经》中神奇的"射蔵是食"的"蔵民之国"也是天上的星宿之象;"射蔵"云云,也如后羿射凿齿那样,涉及观测星象之事。"蔵民之国"所象者,乃天上南方朱鸟轸宿的"土司空星"。《晋书·天文志》云:

  青丘西四星曰土司空,主界域,亦曰司徒。

司空掌界域,此"域"后来讹为"蔵",于是出现了离奇的"射蔵"传说。

一、前人对"蔵民之国""蔵人射蔵"的误读

《山海经·大荒南经》云:

  有人曰凿齿,羿杀之。有蔵山者,有蔵民之国,桑姓,食黍,射蔵是食。有人方扞弓射黄蛇,名曰蔵人。

  有宋山者,有赤蛇,名曰育蛇。有木生山上,名曰枫木。枫木,蚩尤所弃其桎梏。

  有小人,名曰焦侥之国,几姓,嘉谷是食。

《海外南经》也载"羿杀凿齿"事：

> 羿与凿齿战于寿华之野，羿射杀之。在昆仑虚东。羿持弓矢，凿齿持盾。一曰戈。

奇怪的"蜮民之国""蜮民"，而且蜮人"方扜（即挽）弓射黄蛇"，与"羿射凿齿"的画面相连，欲表现什么意思呢？"蜮"，古人大抵注解成一种能害人的毒虫，名称则有"短狐""射工""射影""水弩""水狐""溪鬼虫"等多种。郭璞注："蜮，短狐也，似鳖，含沙射人，中之则病死，此山出之，亦以名矣。"①今人所用成语"含沙射影"，即出于此虫。②古人又以"蜮"为"鬼"，《文选·东京赋》李善注："《汉旧仪》曰：'魊，鬼也。'"魊与蜮，古字通。李善注又引《汉旧仪》曰："昔颛顼氏有三子，一居若水为魍魎蜮鬼。"③以"蜮"为昆虫者，当以李时珍《本草纲目·虫部》第四十二卷之描述为最具体而生动：

> 射工长二三寸，广寸许，形扁，前阔后狭，颇似蝉状，故《抱朴子》言其状如鸣蜩也。腹软背硬，如鳖负甲，黑色，故陆玑言其形如鳖也。六七月甲下有翅能飞，作铋铋声。阔头尖喙，有二骨眼。其头目丑黑如狐如鬼，喙头有尖角如爪，长一二分。有六足如蟹足：二足在喙下，大而一爪；四足在腹下，小而歧爪。或时双屈前足，抱拱其喙，正如横弩上矢之状。④

此蜮，现代昆虫学家周尧考证为半翅目昆虫"田鳖"。⑤叫人不解的是，"蜮"这种害人的怪虫，似是水虫，何以处于"蜮山"？"射蜮是食"，这种毒虫岂

---

① 周明辑撰：《山海经集释》，第 484 页。
② 《诗·小雅·何人斯》："为鬼为蜮。"毛《传》："蜮，短狐也。"陆德明《释文》："蜮，状如鳖，三足。一名射工，俗呼之水弩。在水中含沙射人。一云射人影。"《说文》"虫"部："蜮，短狐也。似鳖，三足，以气射人。"郭璞之注蜮，盖取于毛传、许慎诸人之说。古人于"蜮"，因其生于水中，又名之曰"水神"，《太平御览》九百五十引《韩诗内传》："短狐，水神也。"又引《元中记》曰："水狐者，视其形虫也，其气乃虫也。长三四寸，其色黑，广寸许，背上有甲，厚三分许。其头有物向前，如角状，见人则气射，人去二三步即射。"（参见王先谦《诗三家义集疏》，第 714—715 页）
③ 萧统编、李善注：《文选》，第 123 页。
④ 李时珍：《本草纲目》，第 2365—2366 页。
⑤ 周尧：《中国昆虫学史》，天则出版社，1988 年，第 94 页。

是可以用箭射杀的？又岂是可食的？蛾民之国的人们所食物者乃黍也。①所以《大荒南经》之"射蛾而食"，必非指蛾人射杀水中之蛾而食之。"蛾人"之图像，除了"射蛾"，其人还有"方挽箭射黄蛇"，都涉及"射"之事。我们已经知道，羿之射"十日"与射"凿齿"关乎对日月星辰的观察以确定时空等事宜，则这幅"蛾人"射黄蛇以及"射蛾"图也具有与之相同或类似的内涵，所谓毒虫、鬼蛾害人之说，必是后世之附会。

二、"蛾人"射"黄蛇"与"南方朱鸟"之"轩辕"星象

"蛾人"所"射"之"黄蛇"，当为天上"轩辕星"之"象"，这里的"射"自然也不能理解为是射杀之举，而是如"射日""射凿齿"一样的关乎观察日影、北斗等星宿的测天事宜。轩辕十七星，今归属"南方朱鸟"之"七星"，在"七星"之北，其状蜿蜒如龙蛇，且常常呈黄色。《开元占经》卷六十六引石氏曰："轩辕一名昏昌宫，而龙蛇形，凡十七星。"②《史记·天官书》："权，轩辕，轩辕，黄龙体。"张守节《正义》曰："轩辕十七星，在七星北，黄龙之体，主雷雨之神，后宫之象也。"③《晋书·天文志上》云："轩辕十七星，在七星北。轩辕，黄帝之神，黄龙之体也。"

轩辕十七星在南方朱鸟"七星"之北，其中最明亮的是轩辕十四，是天上的一等亮星，而它"正处于北斗斗口的两颗星天权和天玑的连线"④。离北斗星的位置很近，通过北斗星，较容易找到轩辕星。"蛾人"射"黄蛇"的图像，当是表示对轩辕星的观察。由于黄道通过轩辕星的南部，"轩辕星"乃日月五星运行必经之星，因此古代星家对它极为重视。

轩辕是"黄帝"之星，轩辕十七星前人视之为黄帝之"象"，故黄帝称轩辕氏。《西次三经》"轩辕之丘"郭璞注："黄帝居此丘，娶西陵氏女，因号轩辕丘。"《楚辞·远游》："轩辕不可攀援兮。"王逸注："轩辕，黄帝号也；始作车服，天下号之为轩辕氏也。"⑤《海外西经》："轩辕之国在此穷

---

① 袁珂历举文献中有关蛾害人的记载后云："此经蛾民，乃'射蛾是食'，则亦除害之异人也。"（见《山海经校注》，第373页）这种理解，完全基于《大荒经》今日文本做出的推想，恐怕也并不符合此段文字及"蛾民"图像的真实蕴意。
② 瞿昙悉达：《开元占经》，第645页。
③ 司马迁：《史记》，第1301页。
④ 陈久金：《泄露天机——中西星空对话》，第113页。
⑤ 洪兴祖：《楚辞补注》（重印修订本），第166页。

山之际,其不寿者八百岁。在女子国北。人面蛇身,尾交首上。穷山在其北,不敢西射,畏轩辕之丘。在轩辕国北。其丘方,四蛇相绕。"郭注:"言敬畏黄帝威灵,故不敢向西而射也。"袁珂则谓:"古传黄帝或亦当作此形貌也。"①

上古有五帝之说,而黄帝是中央之帝,这种说法其源头大约还在天上,古代有四象二十八宿之说,四象自然与四方、四季相应;而"五帝"说则与五方、五季相应,在"五帝"系统中,黄帝是中央之帝,位于中央,时间上属于"季夏",五色分配属于黄色,区别于东方苍龙的青色,南方朱鸟的红色,西方白虎的白色,北方玄武的黑色。将"轩辕十七星"拟为"黄龙体",或有取于此。中央的黄帝其地位要高于其他四帝。值得注意的是,季夏处于夏季和秋季之间,在黄道带所对应的天区介于"南方朱鸟"和"西方白虎"之间。而这种分布,正与"苍龙""轩辕""朱鸟"三者之间的分布吻合。所以上古"五帝"之说,很有可能反映的是"轩辕"也是天上的一"象",处于中央的位置,与其他四象构成"五象"。陈久金先生指出:"无论是四象还是五象的观念,都是形成于二十八宿产生之前。现今看来如果将黄道带分成苍龙、朱雀、轩辕、白虎、龟蛇,似乎并不完全等分,但在三代以前,北极星在斗魁和左右枢轴之间的时代,当时朱雀、轩辕所占有的赤经范围要更广阔,北方、西方所占天区比现今也要小一些。故将其配为五象应该大致相合的。"②又明代方以智《通雅》十一《天文·历测》云:

> 中宫黄龙,谓轩辕也。《玄象博议》曰:"五行,五纬,五事,而二十八宿何不言中央耶?"石氏《星经》曰:"中宫黄帝,其精黄龙为轩辕,首枕星张。"又《灵宪》言:"黄龙轩辕于中,与苍龙、朱雀、白虎、玄武为五。"然后知土位夏季,轩辕亦寄居鹑火,主雷雨之神,雷电风雨雾霜露云虹蜺背矞抱珥十四变,皆主之。亦犹土之无定位,而金木水火,赖以成与。③

可见上古"五象"之说,是完全有可能的。

---

① 袁珂:《山海经校注》,第469页。
② 陈久金:《星象解码——引领进入神秘的星座世界》,第83—84页。
③ 侯外庐主编:《方以智全书》第一册《通雅》,第441页。

三、"蜮人射蜮"与上古司空(司徒)"制蜮"

再来说"射蜮",《大戴礼记·夏小正》四月有"鸣蜮"。卢辩注:"蜮也者,或曰屈造之属也。"①曲造就是蛤蟆,此"蜮",古人注多以为蛤蟆。或以为《山海经》"射蜮",亦为射蛤蟆,蛤蟆如何能射!且《山海经》之"蜮",古人注多以为指一害人之甲虫或"鬼蜮",它们与蛤蟆绝非一物。以"蜮"为甲虫也是对《山海经》的误读,"蜮"不能射,然上古有"正域""制域"之事,"蜮"当读为"域"。"正域""制域"正须"测"、须"射"也。也就是说,"正域""制域"关乎夏至测影,上古必有夏至测影之举。《周礼·地官·司徒》载司徒之职:

> 以土圭之法测土深,正日景,以求地中。日南则景短,多暑;日北则景长,多寒;日东则景夕,多风;日西则景朝,多阴。日至之景尺有五寸,谓之地中,天地之所合也,四时之所交也,风雨之所会也,阴阳之所和也,然则百物阜安,乃建王国焉,制其畿方千里而封树之。②

> 凡建邦国,以土圭土其地而制其域。诸公之地,封疆方五百里,其食者半;诸侯之地,封疆方四百里,其食者参之一;诸伯之地,封疆方三百里,其食者参之一;诸子之地,封疆方二百里,其食者四之一;诸男之地,封疆方百里,其食者四之一。③

《山海经》"射蜮"之"蜮"当训"域",上古有夏至用圭表测定土地以封邦建国之制。郑玄注云:"土其地犹言度其地。郑司农云:'土其地,但为正四方耳。其食者半,公所食租税得其半耳,其半皆附庸小国也,属天子。参之一者亦然。'"贾公彦疏云:

> 土,犹度也,以土圭度其地。假令封上公五百里,国北畔,立八尺之表,夏至昼漏半,得尺五寸景,与土圭等,南畔,得尺四寸五分。其

---

① 王聘珍:《大戴礼记解诂》,第36页。
② 《十三经注疏·周礼注疏》,第351—353页。
③ 《十三经注疏·周礼注疏》,第355页。

中减五分,一分百里,五分,则五百里。减四分,则四百里,封侯。减三分,则三百里,封伯。减二分,则二百里,封子。减一分,则一百里,封男。是土其地之法。"而制其域"者,自上公五百里已下,境界皆有营域封圻。①

《周礼》多处言及土圭度地制域事,《冬官·玉人》云:"土圭尺有五寸,以致日,以土(度)地。"郑玄注:"致日,度景至不。夏日至之景尺有五寸,冬日至之景丈有三尺。土犹度也。建邦国以度其地,而制其域。"②《春官·典瑞》:"土圭以致四时日月,封国则以土地。"郑玄注:"土地,犹度地也。封诸侯以土圭度日景,观分寸长短,以制其域所封也。"③

上古夏至日,必有"司徒"用圭表度量王国及封国等土地疆界之事。当然,公侯等所封土地未必如《周礼》所云如此规整,面积也可能没有如此之大,然上古分邦建国有专人用圭表测影之法加以度量,然后营域封圻,则是必有之事。孙诒让《周礼正义》卷十九云:

云"以土圭土其地而制其域"者,以土圭测影之法,定邦国之方位而正其疆域也。戴震云:"土圭之法,不惟建王国用之,封国必以度地,以此知某国偏东、偏西、偏南、偏北,然后可定各地之分至启闭,其疆域广轮之实,亦于是分明不惑焉。"案:戴说是也。④

"制域"也即"封邦建国",自是上古必有之事,封国有严格的等级之分,如贾公彦所说的公、侯、伯、子、男所封国之土地面积依次递减,反映在夏至圭表度地时的影长上,所以"制域"与夏至测影紧密关联。因分邦建国而"制域"之"域",音同于"蜮","制域"须测量日影,亦即"射",原指测量,讹成所谓的"射蜮",此中轨迹,不难寻觅。用土圭"度地制域"是商、周封建时代习见之事,也是当时重大的政治事项,星家因此于天上设一星座,名之曰"土司空"。土司空星一名司徒,但"土司空"一名当是更古的原名,用土圭测影度地制域,古代文献或谓是"司空"之事,司空所掌者,并非"百工"之事,而是土地。《礼记·王制》:"司空执度度地,居民山川沮泽,时四

---

① 《十三经注疏·周礼注疏》,第355—356页。
② 《十三经注疏·周礼注疏》,第1624页。
③ 《十三经注疏·周礼注疏》,第771页。
④ 孙诒让:《周礼正义》,第727—728页。

第十三章 "蛾民国"与天上"土司空"星象 229

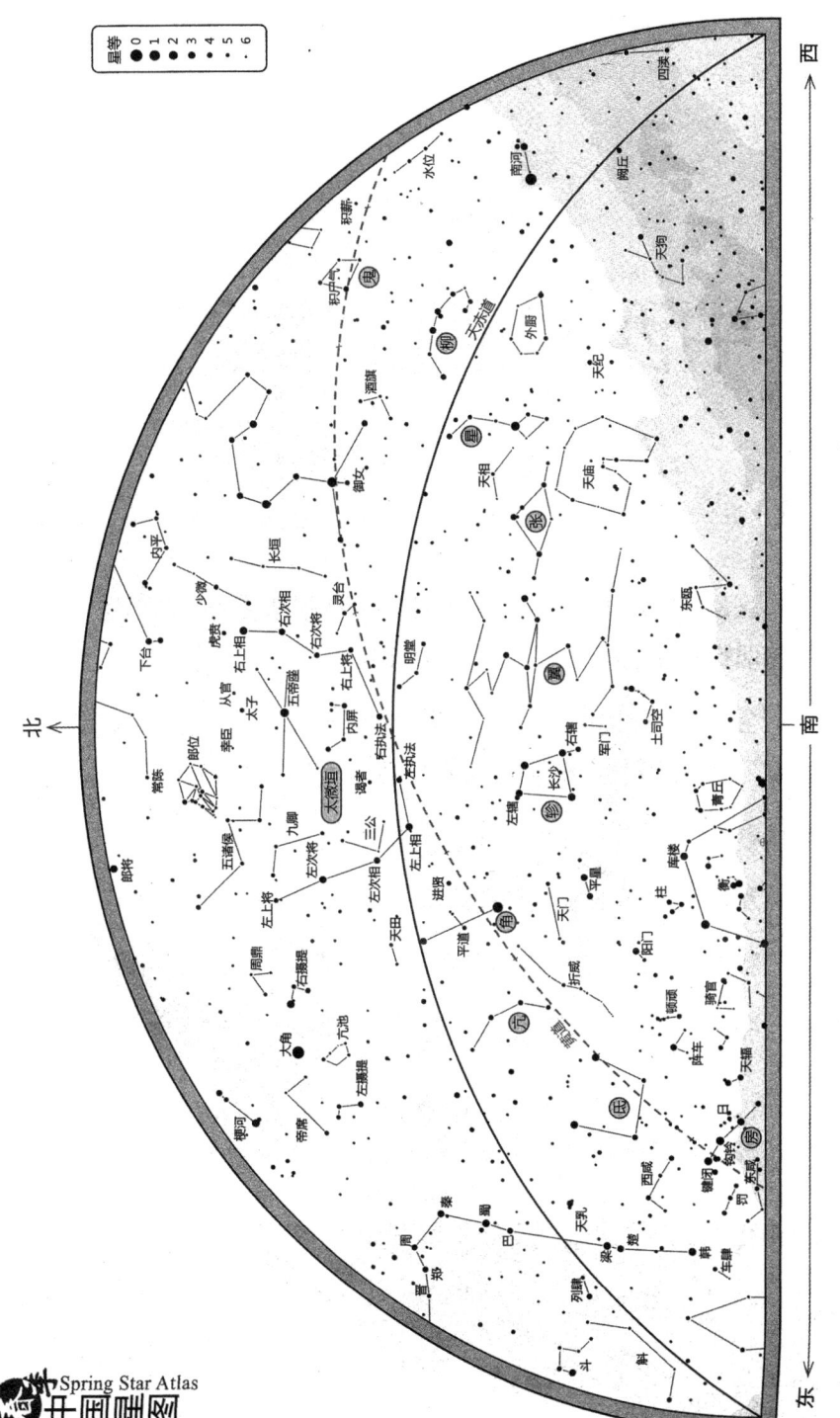

图 13-1 土司空星象（采自齐锐,万昊宜:《漫步中国星空》,第 200 页）

时,量地远近,兴事任力。"郑玄注:"司空,冬官卿,掌邦事者。度,丈尺也。"孔颖达正义曰:"言'司空执度度地'者,谓司空执丈尺之度,以度量于地,居处于民,观山川高下之宜,沮泽浸润之处。又必以时候此四时,知其寒煖。"①《诗·大雅·绵》:"乃召司空,乃召司徒,俾立家室。"郑玄笺:"司空掌营国邑,司徒掌徒役之事,故召之使立室家之位处。"②

"土司空"星名,于"司空"前加一"土",正是为了突出"司空"四星星占上主土地,包括土地界域的功能。《开元占经》卷七十引《合诚图》曰:"土司空主土城。"引石氏曰:"土司空四星,近青丘;司空,水土司察者,星黄润则吉。"又引巫咸赞曰:"土司空主界域、族神、土粪。"③

可见,上古司空主管土地测量,以营建社坛宫室宗庙等,而天子在分封诸侯之际,也由司空进行测量,确定封国的地域,这就是司空的"射域"。"测"与"射"义通;而"域"讹为"蜮",于是蜮人"射蜮"之传说起焉。

四、"宋山枫(封)木"与上古建国立社及"天社"星象

再来看《大荒南经》中紧接着"蜮人国""蜮人"后面的一段文字:

> 有宋山者,有赤蛇,名曰育蛇。有木生山上,名曰枫木。枫木,蚩尤所弃其桎梏。

郭璞注:

> 蚩尤为黄帝所得,械而杀之,已摘弃其械,化而为树也。④

宋山之"枫木"是"蚩尤"弃其"桎梏"而化,也是个非常有意思值得一探究竟的古老神话。上古盛传黄帝战蚩尤,此正可证明"蜮人射黄蛇"关乎轩

---

① 《十三经注疏·礼记正义》,第397页。
② 《十三经注疏·毛诗正义》,第987页。
③ 瞿昙悉达:《开元占经》,第704页。
④ 郝懿行:《山海经笺疏》,第404页。应该指出,宋山之宋,与"商"通,《国语·吴语》:"阙为深沟,通于商鲁之间。"韦昭注:"商,宋也。"而"商"有计量、度量之义,《书·费誓》:"我商赉尔。"孔安国传:"我则商度汝功,赐于汝。"《汉书·食货志上》:"时大司农中丞耿寿昌以善为算能商功利得幸于上。"颜师古注:"商,度也。"然则"宋山"者,度量之山也。

辕（黄帝）星，此图像又可说明其为夏至之行事。关于黄帝战蚩尤，《大荒北经》："蚩尤作兵伐黄帝，黄帝乃令应龙攻之冀州之野。"《逸周书·尝麦解》："赤帝大慑，乃说于黄帝，执蚩尤，杀之于中冀。"①上古正有蚩尤被"执"之事，则《大荒南经》"蚩尤所弃其桎梏"必古来传承。

"冀州之野""中冀"，不是后来九州概念形成后的州名，而是表示"中土""土中"的一个概念，所以郭璞注《大荒北经》云："冀州，中土也。"《楚辞·九歌·云中君》："览冀州兮有余，横四海兮焉穷。"将四海与冀州对举，冀州谓中土。《淮南子·墬形训》："正中冀州，曰中土。"确定"土中"与夏至之用圭表测量有关。确定"土中"，又是古人正域建国的先行步骤，而古代建国，有所谓"右社左祖"之制。《周礼·春官·小宗伯》："小宗伯之职，掌建国之神位，右社稷，左宗庙。"②同书《冬官·匠人》谈到匠人营国："左祖右社，面朝后市。"郑玄注："王宫所居也。祖，宗庙。面犹向也。王宫当中经之涂也。"③关于建国立社立（祖）庙，先秦古书多有记载，且较详细而具体。《墨子·明鬼下》：

> 昔者虞夏、商、周三代之圣王，其始建国营都日，必择国之正坛，置以为宗庙；必择木之脩茂者，立以为菆位（社）。④

《吕氏春秋·慎势篇》云：

> 古之王者，择天下之中而立国，择国之中而立宫，择宫之中而立庙。⑤

《周礼·地官·大司徒》之职：

> 辨其邦国都鄙之数，制其畿疆而沟封之，设其社稷之壝而树之田主，各以其野之所宜木，遂以名其社与其野。⑥

---

① 黄怀信、张懋镕、田旭东：《逸周书汇校集注》，第733页。
② 《十三经注疏·周礼注疏》，第698页。
③ 《十三经注疏·周礼注疏》，第1664页。
④ 孙诒让：《墨子间诂》，第213页。
⑤ 陈奇猷：《吕氏春秋校释》，第1108页。
⑥ 《十三经注疏·周礼注疏》，第335页。

古代封邦建国,必封土立社,以为疆界之标志,又为古人祭祀土地神、田主(神)之处。社以树为标记,又以所植之社树名社。《论语·八佾》:

> 哀公问社于宰我,宰我对曰:"社,夏后氏以松,殷人以柏,周人以栗。"①

郑玄注《周礼·地官·大司徒》也云:

> 所宜木,谓若松、柏、栗也,若以松为社者,则名松树之野,以别方面。②

上古之"社",以树为标志,然则《大荒南经》之"枫木",或为"封木"之讹,原图所欲示意者当为封土植社树,也即封邦建社之事了。正域建国必先确定地中,黄帝战胜蚩尤,意味着国之中的确定,国中确定后,就有树木立社坛即建社之举,蚩尤之桎梏化为树木,隐含的或就是这种承接关系而已。

又上古天子出征有祭祀黄帝(或蚩尤)之礼。《诗·大雅·皇矣》:"是类是祃,是致是附,四方以无侮。"毛《传》:"于内曰类,于野曰祃。"孔颖达疏:"初出兵之时。于是为类祭。至所征之地,于是为祃祭。"③《尔雅·释天》:"是禷是祃,师祭也。"郭璞注:"师出征伐。禷于上帝,祃于所征之地。"禷、祃都是与出师征伐有关的祭礼。禷是祭"上帝,似无疑义。"而"祃",《说文》"示"部:"师行所止,恐有慢其神,下而祀之曰祃。从示,马声。""祃"之礼,古人极为重视,先秦古书多有道及者,其字又作"貉",郑玄注《礼记·王制》云:"祃,师祭也,为兵祷。其礼亦亡。"④祃是师祭,且祭于"所征之地",于田猎、开荒之所行祃祭,就是所谓"祃于所征之地"了。⑤

---

① 程树德撰:《论语集释》,中华书局,1990年,第200页。
② 《十三经注疏·周礼注疏》,第335页。
③ 《十三经注疏·毛诗正义》,第1035页。
④ 见《十三经注疏·礼记正义》,第371页。或谓"祃祭"是祭马祖,这是望文生义之说,不确。《诗·小雅·吉日》"吉日维戊,既伯既祷。"毛传:"伯,马祖也。重物慎微将用马力,必先为之祷其祖。祷,祷获也。"周代祭马祖之礼称"伯"。(见《十三经注疏·毛诗正义》,第656页)
⑤ 如郝懿行所指出的:"按《公羊·庄公八年》'出曰祠兵',何休注:'将出兵必祠于近郊。'是祠兵即祃祭,古礼犹未亡也。祃借作貉。《肆师》云:'祭表貉,则为位。'郑注:'貉,师祭也。貉,音陌,读为十百之百,于所立表之处为师祭造军法者,祷气势之增倍也。其神盖蚩尤,或曰黄帝。'又《甸祝》云:'掌表貉之祝号。'杜子春读貉为百尔所思之百。书亦或为祃,貉,兵祭也,甸以讲武治兵,故有兵祭。引《诗》及《尔雅》。然则祃本兵祭,因田猎习兵,故亦依仿为之,实则祃宜于所征之地也。"(郝懿行:《尔雅义疏·释天》)

从上古文献的记载看,早期祃祭,更多的是指田猎、垦荒、练兵之际所行之祭礼。《周礼·春官·肆师》:"凡四时之大甸猎,祭表貉,则为位。"郑玄注:"貉,师祭也。貉读为十百之百。于所立表之处,为师祭造军法者,祷气势之增倍也。其神盖蚩尤,或曰黄帝。"①

祃祭是师祭,古人说法并无二致,也是祭兵神或曰战神,郑玄所谓"其神盖蚩尤,一曰黄帝",必古来传承,则所祭对象原关乎星象,黄帝是北斗之象,玄戈(天蜂)星处于北斗七星之前,亦可谓为黄帝之星。则其神黄帝,盖指"天蜂星",因天蜂,是一巨蜂之象,又是天上持戈盾之象,正是兵神、战神的形象,是"其神盖蚩尤"的由来了。所以"师祭"所祭之神为黄帝或蚩尤其内涵是一致的。必须指出的是,上古所谓"出师""出征",未必是后世战争性质的征伐,而包括授时、田猎、开荒、练兵、垦殖、选拔人才、封邦建国、立社立庙之类的大事,多关乎对丛林荒地的开发,关乎上古的"王制"。所以,上古黄帝、蚩尤的"事迹"中,除了"征战"等,必然包含封邦建国、建立"社稷""宗庙"这类王者的大事。而上古"圣王"在人间所创造出的这些伟大文化成就,在《山海经》所描述的天象图像及相关文字中得到反映,这是非常难得的。

《大荒经》原本是图,图上画"封木",当是拟"天社"六星之象,"天社"六星在南方朱鸟七宿"舆鬼"之南,郑玄注《周礼·春官·宗伯》云:

天社在东井、舆鬼之外,天社,地神也。

贾公彦疏引《星经》:

天社六星,舆鬼之南。②

《晋书·天文志》:

弧南六星为天社,昔共工氏之子句龙,能平水土,故祀以配社,其精为星。

---

① 《十三经注疏·周礼注疏》,第728页。
② 《十三经注疏·周礼注疏》,第848页。

社的标志是木(树),《山海经》用枫(封)树象征天上"天社"星,是十分巧妙的。

五、"后稷葬所"与"天稷"星象

上古社稷连称,反映到天上,有"天社星",则必有"天稷星",《海内经》:"西南黑水之间,有都广之野,后稷葬焉。爰有膏菽、膏稻、膏黍、膏稷,百谷自生,冬夏播琴。鸾鸟自歌,凤鸟自儛,灵寿实华,草木所聚。爰有百兽,相群爰处。此草也,冬夏不死。南海之外,黑水青山之间,有木名曰若木,若水出焉。"郝懿行引《鲁语》云:"'稷勤百谷而山死。'韦昭注云:'死于黑水之山。'"① 后稷死于"黑水之山",显是缘于《山海经》后稷葬"黑水之间"之说。"后稷"所葬之处,"鸾鸟自歌,凤鸟自儛",切合"南方朱鸟"之象。后稷葬处附近,似有若木、若水,"若木"所处,乃西南方位,天上之"天稷"星,在"七星"南,略近于西南角,此其所以出现"若木也"。而"都广之野",处于"西南黑水之间","南方朱鸟"之"七星",是天上银河所最终流入之处,而在古人的宇宙观念中,此"河"尚将潜回天上,而"黑水"就是这么一条地下潜流之河。

"天稷"星之星占功能,《开元占经》卷六十八引《黄帝占》曰:"稷星主五谷丰耗,其星温温而明,岁大熟,五谷成;其星不明若亡不见,岁不熟,天下饥荒,人民流亡,去其乡。"引石氏曰:"稷星不见,岁饥也。"②《晋书·天文志上》云:"稷五星,在七星南。稷,农正也,取乎百谷之长以为号也。"

古代关于炎帝(神农)兴农的传说,大约也与"天稷星"处于南方有关,清马骕《绎史》卷四引《周书》云:"神农之时,天雨粟。神农遂耕而种之,作陶冶斧斤,为耒耜钼耨,以垦草莽。然后五谷兴助,百果藏实。"③ 因为炎帝与南方对应,自然他会拥有"神农"的身份了。

六、"祖状之尸"与上古建国立庙及"天庙"星象

而《大荒南经》紧接着宋山"枫木""蚩尤"的文字是:"有人方齿虎尾,

---

① 郝懿行:《山海经笺疏》,第438页。
② 瞿昙悉达:《开元占经》,第678页。
③ 马骕:《绎史》,中华书局,2002年,第24页。

名曰祖状之尸。"尸是象,此尸象则是指"祖"(庙)了,所谓"右社左祖"也。《说文》"示"部:"祖。始庙也。"《礼记·檀弓下》:"殷朝而殡于祖,周朝而遂葬。"孔疏:"朝而殡于祖庙。"①"方齿",或是拟上古宗庙四方之形,"虎尾",或拟庙后之旗帜。《周礼·冬官·匠人》于"匠人"之职守"营国",谓营建"左祖右社",对于"祖"(庙),申说之以为即夏后氏世室,殷人重屋,周人明堂。世室、重屋、明堂,前人说法极为纷纭,王国维曾感叹:"古制中聚讼不决者,未有如明堂之甚者也。"②然古人多以为是庙制,如郑玄注"世室"云:"世室者,宗庙也。"又世室、重屋、明堂,古人常以明堂概之。古书多言及明堂形四方者,如《大戴礼记·明堂》专述明堂之制,卢辩注:"明堂之作,其代未得而详也。案《淮南子》言神农之世,祀于明堂,明堂有盖,四方。又汉武帝时,有献黄帝明堂图者,四面无壁,中有一殿。然其由或始于此也。"③明堂其详固不得而知,唯其早期形制必甚简单。

汪宁生《明堂考略》以为:"早期明堂的形制,并非如过去学者所复原的那样一种呈亚形的多室建筑,而只是较一般房屋为大的长方形或方形的简单建筑。"他又以为"所谓'亚形五室'或'九室'的明堂犬根据阴阳家的理想而设计。"④此说很值得重视。

著名的河南偃师二里头遗址,发现"一号宫殿"和"二号宫殿"的两座大型夯土建筑基址。"一号宫殿"和"二号宫殿"相距约150米。两殿都坐北朝南,殿址都有台基、长廊、柱洞及柱础石,说明它们是按照一定的设计营造原则建造的,反映了约四千年前二里头文化的宫室制度。值得注意的是,"一号宫殿"遗址中部的主体建筑未见隔墙,周围也未发现围墙的痕迹,可以认为是一种四面透光的大房子(与"二号宫殿"的主体建筑形成对照)。这使人很容易联想起所谓的"太室""明堂"。⑤1955年发现于河南郑州白家庄的郑州商城,宫殿区的面积较之偃师商城明显扩大,面积约达38万平方米,占城区总面积约百分之十二,由20余座夯土基址建筑组成。土台一般高1—2米,大者面积有2 000多平方米。宫室群至少可以分为三组。现已探明其中一座是带宽回廊的重檐高台式大型宫室,另有一座

---

① 《十三经注疏·礼记正义》,第276页。
② 王国维:《观堂集林》,中华书局,1959年,第125页。
③ 王聘珍:《大戴礼记解诂》,第149页。
④ 见汪宁生:《古俗新研》,敦煌文艺出版社,2001年,第1—2页。
⑤ 《河南偃师二里头早商宫殿遗址发掘简报》《河南偃师二里头二号宫殿遗址》,分别载《考古》1974年第4期及1983年第3期。

是面阔九间的重檐带回廊式宫室。而河南安阳殷墟的宫殿宗庙区,位于洹河南岸小屯村北面,占地面积 70 万平方米,大大超过郑州商城宫殿区的面积。已经发掘的夯土建筑基址 50 多座,可以分为甲、乙、丙三组,其中甲 6 基址被认为是宗庙建筑基址,或认为所祭祀之对象为商王室世系中大(天)乙成汤之前的 5 位先公近祖。丙组基址大都有台无础,一些台上有玉璧、人牲、兽牲、柴灰、燎牲、谷物、陶器等祭祀遗迹,应属祭坛一类建筑(也就是社坛)。①

上古建国立社立庙,不仅文献言之凿凿,而且有考古遗址的实物证据,而《大荒南经》之"祖状之尸",当为天上"天庙"十四星之象,《开元占经》卷七十引甘氏曰:"天庙十四星,在张南。"注:"天子之祖庙也。"②《晋书·天文志》:"张南十四星曰天庙,天子之祖庙也。"然则,"枫(封)木"即封树建立社坛与"祖状之尸"(祖庙)连属,正是因为人间有"左祖右社"之制也。

七、"焦侥国""小人国"与"积卒"星象

与"羿射凿齿"之图画相邻的尚有"周饶国",《海外南经》云:

周饶国在其东。其为人短小,冠带。一曰焦侥国在三首东。

这里的"三首国",所象者乃心(大火)宿三星。周饶国即焦侥国,也写作"僬侥国"。《大荒南经》:"有小人,名曰焦侥之国,几姓,嘉谷是食。"所谓的"焦侥国",是有名的小人国,郭璞注《海外南经》云:"其人长三尺,穴居,能为机巧,有五谷焉。《外传》云:'焦侥民长三尺,短之至也。'《诗含神雾》曰:'从中州以东西四十万里,得焦侥国,人长尺五寸也。'"③

焦侥国小人为先秦秦汉后人们所盛传,《国语·鲁语下》:"僬侥氏长三尺,短之至也。"韦昭注:"僬侥,西南蛮之别名也。"④《列子·汤问》:

---

① 参见《郑州商代城址试掘报告》,《文物》1977 年第 1 期;《郑州商代城区宫殿遗址区第一次发掘报告》,《文物》1983 年第 4 期。
② 瞿昙悉达:《开元占经》,第 702 页。
③ 郝懿行:《山海经笺疏》,第 294 页。
④ 徐元诰:《国语集解》(修订本),第 203 页。

从中州以东四十万里得僬侥国,人长一尺五寸。①

《淮南子·墜形训》:

西南方曰焦侥。

高诱注:

焦侥,短人之国也,长不满三尺。②

后人盛传之僬侥国小人,其源头自在《山海经》之图像及记载,而《山海经》原图像所绘之"僬侥人",原非对西方或西南方某小人族之描摹,此"小人"图像"冠带",即戴帽束带,所穿者为袍子,明为中土人之形象。

此"僬侥国",当为心宿附近小星之象,而心宿附近正有小星,《开元占经》卷六十引石氏曰:"心三星,帝座。……心为明堂……明堂旁多小星。"③今东方苍龙心宿除了心(大火)三星,尚有"积卒"十二星,《开元占经》卷六十八引石氏曰:"积卒十二星,在房心南。"又曰:"积卒十二星归明堂。"④心宿是大辰,拟为大人国之大人;积卒是暗弱小星,故拟为小人国之小人。

又说僬侥国人"能为机巧",说明此非寻常之人。又《大荒南经》说这个小人国人"嘉谷是食"。郭璞注《海外南经》也说此国"有五谷"。此种说法不仅可以进一步证明"焦饶国"与遥远的异族无关。《山海经》原图作者所欲表现并非远方有一小人国,而是表示夏至这个时节关乎粮食生产,而事实正是如此。《夏小正》五月:"初昏,大火中。"卢辩注:"大火者,心也。心中,种黍菽糜时也。"⑤《淮南子·主术训》:"大火中则种黍菽。"⑥《说苑·辨物篇》:"主夏者大火昏而中,可以种黍菽。"⑦而"黍",与"稷"齐名,

---

① 杨伯峻:《列子集释》,第155页。
② 何宁:《淮南子集释》,第334页。
③ 瞿昙悉达:《开元占经》,第58页。
④ 瞿昙悉达:《开元占经》,第667页。
⑤ 王聘珍:《大戴礼记解诂》,第39页。
⑥ 何宁:《淮南子集释》,第688页。
⑦ 向宗鲁:《说苑校证》,中华书局,1987年,第444页。

是上古重要作物,《诗·王风·黍离》:"彼黍离离,彼稷之苗。"大约为今之黄米,李时珍《本草纲目》"谷部"卷二十三云:"稷与黍,一类二种也。黏者为黍,不黏者为稷。"①《论语·微子》载荷蓧丈人:"止子路宿,杀鸡为黍而食之。"刘宝楠《正义》:"为黍者,治黍为饭也。盖食之贵者,所以敬礼客也。"②黍无疑当得嘉谷之称。则此测"夏至"之僬侥人"有五谷""嘉谷是食"云云,盖因夏至时节之指引种植、收获谷物而起也。

综上所述,可知《山海经》所云之地上之奇异的"国度"等,实际是天上星象之象征,《山海经》之言地理,也是在分野意义上谈的。"蜮民之国"是"土司空"星象;宋山枫(封)木是社木,也就是"天社星"之象;"后稷所葬",关乎天上的"天稷"星;"祖状之尸"是"天庙星"之象。"三首国(人)",所象者乃心(大火)宿三星。"僬侥国""小人国",当为心宿附近小星也即"积卒星"之象。天上不仅有"社"有"稷",作为神殿宗庙等也遵循"左祖右庙"的格局,被置于"南方朱鸟",与这些建筑物上古设立于国门的南方也相应。

《山海经》图是星象,其星座之设立与命名,有些与人间统治者的治理及神权宗教模式相应,所以天上星座有"土司空""天社""天稷""天庙"等名,星座之被称为星官,是并不奇怪的。

《山海经》的这种星象命名,给我们提供了一个它所产生时代的线索,即《山海经》必是上古完成了设官制度,且其国家的宫室制度给予"社""稷""宗庙"等以重要地位的时期。同时从《山海经》的叙事看,《山海经》时代当处于圣王"巡守",以敬授民时、狩猎开辟、分邦建国、营建宫室、设官制礼等方兴未艾的时代。关于上古设官制度之始,《尚书·舜典》有较为详细的记载:

> 舜曰:"咨!四岳:有能奋庸熙帝之载,使宅百揆。亮采惠,畴?"佥曰:"伯禹作司空。"帝曰:"俞。咨,禹:汝平水土,惟时懋哉!"禹拜稽首,让于稷、契暨皋陶。帝曰:"俞往哉!"帝曰:"弃:黎民阻饥,汝后稷播时百谷。"③

《舜典》所设具体官职有九,即司空、稷、司徒、士、共工、虞、秩宗、典乐、纳

---

① 李时珍:《本草纲目》,第 1473 页。
② 刘宝楠:《论语正义》,中华书局,1990 年,第 725 页。
③ 《十三经注疏·尚书正义》,第 97—99 页。

言。从这九官的设置及最初的负责官员的名字看,虽然《舜典》作者竭力将其作历史化处理,仍留下了明显的神话及天象痕迹,这是很值得注意的。如《舜典》又云:"帝(舜)曰:俞。咨,益,汝作朕虞。益拜稽首,让于朱虎、熊罴。"①"益"的传说多关乎鸟,其原型或关乎"南方之鸟",而这里的"朱虎、熊罴"是动物之名,神话元素也十分明显,其原当也是天上的星象符号。典乐的"夔",也是充满神奇色彩的"人物",它的原型当是《山海经》中东海之"夔",原来是动物之形,乃天上"河鼓星"之象。而被任命为"纳言"的"龙",《晋书·天文志》以为:"门内东南维五星曰尚书,主纳言,夙夜谘谋;龙作纳言,此之象也。"说"龙"是"尚书五星"之象,这种说法必上古之传承,不能轻易否定。

禹任九官之首的"司空",极有意味。司空的职能在"平水土"等,这涉及古人对天地的度量和星占。同时"禹敷土",伴随"随山刊木"等,反映的还包括上古时代的"巡守"之礼,早期的巡守礼包括敬授民时、垦荒辟地、开挖沟洫、封邦建国等。②

从天上星象有"土司空""天稷"等,我们不难发现与这种"天官"对应的人间社会的存在。然则从《山海经》星象的这类命名,不仅有助于我们推知《山海经》创作的时代及其作者等问题,而关于《山海经》早于《尚书》之《虞夏书》,《尚书》有取于《山海经》而成书,应该可以看得更清楚了。

---

① 朱虎、熊罴,孔《传》以为二人。或以为三人,或以为四人,四人即朱、虎、熊、罴。"朱"当指《山海经》中的"离朱",刘起釪说:"(朱)原是《山海经》神话中的神鸟离朱。而离朱常与熊罴虎豹在一起。《海外南经》云:'狄山,帝尧葬于阳,帝喾葬于阴。爰有熊、罴、文虎、蜼、豹、离朱、视肉。'又云:'一曰汤山,爰有熊、罴、文虎、蜼、豹、离朱、鸱久、视肉。'……《尧典》作者遇到的资料显然是朱、虎、熊、罴在一起,就采入篇中。神话资料变成了历史记载。"(见顾颉刚、刘起釪:《尚书校释译论》,第269页)这四人,显然是神话历史化的产物。
② 参见尹荣方:《"禹敷土"本义考辨及对大禹治水事迹的重新认识》,《文化艺术研究》2021年第2期;又参见本书第十七章。

第十四章
"王亥"故事与"室宿"星象

一、《山海经》等文献中的"王亥"形象

王亥故事,《山海经·大荒东经》谓:

> 有困民国,勾姓而食。有人曰王亥,两手操鸟,方食其头。王亥托于有易,河伯仆牛。有易杀王亥,取仆牛。河念有易,有易潜出,为国于兽,方食之,名曰摇民,帝舜生戏,戏生摇民。

《山海经·海内北经》则有"王子夜之尸"的记载:

> 王子夜之尸,两手、两股、胸、首、齿,皆断异处。

袁珂先生以为:"日本小川琢治《穆天子传地名考》谓'夜'即'亥'之形伪,疑是。若果如此,则此节亦王亥故事之片段,即《大荒东经》郭璞注引古本《竹书纪年》所谓'殷王子亥宾于有易而淫焉、有易之君绵臣杀而放之'、王亥惨遭杀戮以后之景象也。"[①]关于王亥与"王子夜"的同源性质,学者们大体无异词。王亥与王子夜作为一种图像,这点值得我们注意。"王子夜之尸"肯定是图像,所以郭璞为之作《图赞》云:"子夜之尸,体分成七。"王亥的图像则是令人费解的"两手操鸟,方食其头。"王亥的这两种图像作为先民"立象见意"的一种"象",是一种符号,其指代与象征的究竟是什么对象呢?而王亥托于有易,河伯仆牛,有易杀王亥取仆牛云云,又应该如何解读呢?起源明则本质明,解读王亥传说的关键之点在于对其图像的象征

---

① 袁珂:《山海经校注》,第 319 页。

意义的了解。

二、"王亥"原型与"营室"星象

让我们先从王亥的"亥"字说起,很多学者早已指出,十二辰中的"亥",当与王亥有关联。关于"亥"的起源,《左传·襄公三十年》(前543年)保存了一个有趣的传说,即史赵所云"亥有二首六身",古今学者对此作解释者甚众,然大抵是从字体笔画的角度求合,故杨伯峻先生认为"近似穿凿"①。郭沫若云:

> 亥为怪兽形而当于射手座。巴比仑之射手座每与临近之天蝎座相并,其星象每不一定,然其最可注意者有 Meli-sipak 所出土之界碑(约当西元前一二〇〇年代之物),上有射手象最为奇殊,今摹录如次(图从略)。此像二首,一人一犬,身则上体为人,下体为马,而有鸟翼、犬阴、牛尾、蝎尾。二者合计,恰当于"二首六身"。……故亥有二首六身之说,当即属于王亥,而王亥则十二宫中之射手座(箕斗)也。岁名之"大渊献"。②

郭沫若的意见可以给我们不小的启示,他的"亥有二首六身之说,当即属于王亥"的意见,十分正确;然谓王亥源于射手座(箕斗),似找不到任何文献的或传说的支持,并不能成立。郑文光认为王亥象征毕、昴两宿。③但我们结合其他传承,以为"亥"的"二首六身"的传说,很有可能是缘于先民对天上"室"宿的认识而来。室宿为二十八宿之一,又称营室、定星、水星等。《尔雅·释天》云:"营室谓之定,娵觜之口,营室、东壁也。"清人郝懿行疏解道:

> 营室者,二星相对出,旁缀离宫六星,两两而居。《律书》云:"营室者,主营胎阳气而产之。"《天官书》云:"营室为清庙,曰离宫、阁道。"东壁者,二星上下相掣曳,与营室连体而正方。《月令》云:"孟春

---
① 杨伯峻:《春秋左传注》,第1171页。
② 郭沫若:《甲骨文字研究》,大东书局,1931年,第60页。
③ 郑文光:《中国天文学源流》,第132页。

之月,日在营室。仲冬之月,昏,东壁中。"按,壁曰东者,据昏中视之,壁在营室东也。二宿皆值北方水位,故又谓之水。《左氏庄廿九年传》"水昏正而栽"是也。又谓之天庙。《周语》云:"日月底于天庙。"韦昭注:"天庙,营室是也。"定者,《诗·定之方中》传:"定,营室也。方中,昏正四方。"笺云:"定星昏中而正,于是可以营制宫室,故谓之营室。定昏中而正,谓小雪时,其体与东壁连正四方。"……娵觜,玄武宿也。营室、东壁,北方宿名。孙炎曰:"娵觜之叹,则口开方,营室东壁四方似口,故因名也。"《分野略例》云:"自危十六度至奎四度,于辰在亥,为娵訾。"①

《史记·律书》:

　　营室者,主营胎阳气而产之。东至于危,垝也,言阳气之垝,故曰危。十月也,律中应钟,应钟者,阳气之左,不用事也。其于十二子为亥,亥者,该也,言阳气藏于下,故该也。

《史记·律书》及郝懿行所引之《分野略例》皆明白无误地指出营室"于十二子为亥"及"于辰在亥"。我们的古人对天上星辰的认识,虽说笼罩着浓厚的阴阳五行的色彩,但他们通过对星辰的观测首先是为了确定时节,中国天文学向来有"观象授时"的传统,从人们将"营室"星对应于"亥"以及"营室"星在天体的形貌特征看,上述"亥有二首六身"应该是对"营室"二星及围绕其旁的"离宫"六星的一种描述,因为在彼时人们的心目中,"营室"是"亥"的象征。"营室"星在天体上的形貌特征,如郝懿行描述的:"二星相对出,旁缀离宫六星,两两而居。"《宋书·天文志三》也说:"离宫六星,两两相对为一坐,夹附室宿上星,天子之别宫也。"营室二星与离宫六星亦可统称"营室",《汉书·天文志》:"营室为清庙,曰离宫、阁道。"《开元占经》卷六十一引黄帝曰:"营室二星主军粮,离宫六星主隐藏。"引石氏曰:"营室二星、离宫六星,十六度。"②或称室二星,绕室为离宫,统称为营室。于此我们可以做出合理的推断:"亥"的"二首"可能就是源于营室的"二星相对出","亥"的"六身"则可能源于两两居之的离宫六星。营室二

---

① 郝懿行:《尔雅义疏》,中国书店,1982年(影印本)。
② 瞿昙悉达:《开元占经》,第587页。

星加上它两旁的离宫六星的星体特征不正好是"二首六身"吗？在人人都懂天文的上古时代，"亥有二首六身"的陈述应该是人们十分容易明白的。将天上的星辰拟人化，也符合彼时人们的思维习惯。

这里我们再来看《山海经》中所谓的"王子夜之尸"，如果王子夜之"夜"确是"亥"字之误，那么，这"王子夜之尸"自然很有可能是"亥"亦即营室星的一种早期形象符号，是古人为见"意"所立的一种"象"了。王子夜之尸，郭璞说"体分为七"，似与"二首六身"不合，但江绍原先生认为《山海经》描写王子夜之尸之"两手、两股、胸、首、齿，皆断异处"，其中的"齿字与首字形近而衍"。这个意见，袁珂先生十分赞同，他在引用了江绍原先生的说法后曰："如此，则王亥惨遭杀戮，系尸分为八，合于'亥有二首六身'（首二、胸二、两手、两股）之古代民间传说。"①

为天上的星辰"立象"，将其符号化，可以说是中国文化的一种传统，如我们的先人以东方苍龙、西方白虎、南方朱雀、北方玄武象征四方二十八宿星象，这是大家都清楚的。营室星"二星相对出"以及旁缀的离宫六星"两两而居"的形象，用一个头、胸、手、股一截为二，两两相分的"刑余之人"拟指、象征之，应该说是十分聪明的，这反映了先民的一种智慧。

正像高辛氏二子神话的源头在天上的参、商两星；牛郎、织女的传说源于牵牛、织女星。王亥的故事，是我们的先人通过营室星传衍出来的，王亥故事的源头在天上的营室星。根据《山海经》，王亥传说可分两部分：图像与陈述。其图像主要是"王子亥"之尸及"两手操鸟，方食其头"的怪异形象。其陈述部分，则包括"仆牛"，被"有易"所杀等。作为王亥故事中心内容的他的被杀，我相信是源于营室星"两两分离"的形象，营室星如此"拟人"，是很自然的。因为先民根据营室星的形状、特点为之立象后，这"象"的奇异性会进一步激发先民的想象力，于是营室星传说的内涵也会不断得到丰富。

三、王亥"食鸟头"与室宿的"营胎阳气"

正像中国古代的神话传说常常被后人历史化一样，王亥故事也被人们相信演绎的是真实的历史故事。然而，相信王亥故事为历史真实的论者对《山海经》图像所描述的王亥形象，似从未作出过合理的解释。例如，

---

① 江绍原：《江绍原民俗学论集》，上海文艺出版社，1998年，第351页。

"两手操鸟,方食其头"的神奇王亥形象,论者就往往避而不谈,不是他们不愿谈论,而是他们囿于历史事实的成见,不明白王亥之"原型"原为天上的星宿,不明白他是天上星宿的人格化,故无法对这种神奇图像做出合理解释。

王亥传说乃是天上星宿人格化的产物,根据神话、传说学的原理,王亥故事作为一种传承,其内容必定带有其原型的某些特质和先民的相关认识。我们联系先民对营室星的特质的认识,对王亥的某些神奇形象及传衍的某些故事,可以做出较为合理的解释。"观象授时"的时代,"营室"显然也是作为重要的"星辰"被人们观测并被作为"授时"的重要依据。《史记·律书》所谓"营室者,主营胎阳气而产之";而《诗·鄘风·定之方中》郑笺则明白谓:"定昏中而正,谓小雪时。"① 当然,将定星的"昏中而正"与二十四节气的小雪相联系,必是二十四节气概念形成后的推断,因此可能是较为后起的陈述,但这种说法其实是由营室"主营胎阳气而产之"引申出来的。从天地间阴阳二气消长的角度言,夏历十月为亥时,正是仲冬季节,是阳气藏于下,阴气用事的时节。到冬至方"一阳来复",阳气慢慢用事,许慎《说文解字》释"亥"为:"荄也。十月微阳起接盛阴。"段玉裁注曰:

> 许云荄也者,荄,根也,阳气根于下也。十月于卦为《坤》,微阳从地中起,接盛阴,即壬下所云"阴极阳生"。故《易》曰:"龙战于野。"战者,接也。②

"营胎"有"养育形成"之意,是对"亥"所主的这个虽"盛阴用事",仍属寒冷的冬季,但"阳气藏于下",春天已经不远的气象时节的描述。我们可以设想,对这样一种气象上的时节,在没有文字的时代,先民如用"象"来表达,一定是件不容易的事,然而这个时节的重要又使他们不能不考虑为之"立象",于是,他们创造了王亥食"鸟头"的神奇图像来象征之。"鸟"是阴阳两气中阳气的象征,这一点,我们可以找到无数的例证,王亥所食者不是鸟身鸟腿等鸟的其他部位,而是鸟头,这正是立此象的先民的匠心所在。鸟象征阳气,鸟头象征的乃是阳之所由起的"微阳",应是顺理成章的。

---

① 《十三经注疏·毛诗正义》,第196页。
② 段玉裁:《说文解字注》,第1304页。

"微阳"在"王亥"口中,而"营室、东壁四方似口",然则王亥"食鸟头"的神奇形象,不正是可以表达营室星"营胎阳气"的意思吗？如果不从象征的角度,不承认王亥的原型是天上的营室星,那么,对王亥"食鸟头"的离奇图像,是找不到任何合理解释的。

四、王亥"托于有易""仆牛"与室宿

王亥神话中,关于其托于有易,有易杀王亥,以及其"仆牛"或曰"服牛"的情节,也为人们津津乐道,历史学家据此演绎出种种历史故事,表面看,似乎也言之成理。但是,如果王亥传说乃是源于人们对营室星的认识的说法能够成立的话,那么,关于王亥的历史化演绎的前提性根据就是不牢靠的了。也就是说,将王亥视作历史人物是没有根据的,因此演绎的历史"故事"也完全是子虚乌有的。

中国古代的神话、传说有个"符号""语言"的解读问题。对神话、传说中一些特定的"符号""语言"的不同理解必然造成对整个神话、传说旨意解释的大相径庭。

王亥托于有易之"有易",不必是国名或地名,而是"日月之为易"之"易"。王亥托于有易,说的是王亥乃是天地间时间序列中的"过客"。《竹书纪年》说王亥"宾于有易",这个"宾"字说得再明白不过。先民之所以将某个星辰符号化,其最关键者,乃在它的指时意义。有意思的是《竹书纪年》云:"殷王子亥宾于有易而淫焉。"[①]这个"淫",我想乃是"隐"之谐音。营室(王亥)在"易"即天上日月星辰指时体系中,所指示者乃阴尽阳萌之时节,此时节过后,营室(王亥)即在特定的天象地区隐没不彰。它似乎是天上的一个过客,所以说它托于有易或宾于有易。刘师培曾说过:"古说互歧,恒由语凭口说,易由同音之字横生殊解。"[②]此可为一例。

营室(王亥)之"隐"讹为"淫",与杜宇、鳖灵神话中杜宇"淫鳖灵之妻"的形成机制正同。鳖灵神话中,杜宇(其原型是杜鹃鸟)象征的是春夏季节;鳖灵(其原型是龟鳖)象征的是秋冬季节。杜宇(杜鹃鸟)的隐去,鳖灵(龟鳖)的登位正是春夏季节过去,秋冬季节来临的喻指。然而,这个神话历史化后,是以杜宇王淫鳖灵妻被逼去位来传承的。这一神话称杜宇被

---

① 张玉春:《竹书纪年译注》,黑龙江人民出版社,2003年,第64页。
② 刘师培:《伊尹为庖说》,见《古史辨》,上海古籍出版社,1982年,第91页。

鳖灵所杀,与王亥被有易所杀亦有异曲同工之妙。有意思的是,《楚辞·天问》"眩弟并淫",论者或谓"眩"指王亥。①"眩弟并淫",指王亥、王恒兄弟并行淫乱之事。如此说能成立,也是很容易得到解释的。天上的室宿二星,其东面的"壁宿"亦二星,它们共同组成"娵觜之口";而室宿与壁宿星占上都为"主土功",则王亥为室宿象征,王恒为壁宿象征,室、壁两宿"两星相对出",以兄弟拟之,在先民那里,是顺理成章的。

关于王亥的"仆牛"或"服牛",研究者大体以为,"仆""服"音近可通,"服牛"前人解为"驯牛"。王亥因驯服牛,被人们视为"制作圣人"。然而,王亥之原始神格既为营室之星,而非如人们所认为的是殷之先王,因此,"服牛"云云,恐非指驯牛之事,驯牛一定是人间"制作圣人"的功业,天上星宿如何能与驯牛相联系。我们既证明所谓"王亥"乃是天上"营室"的化身,那么,其"服牛"云云,当从天上的"营室"与人间的"牛"所具有的某种关系来寻找。前面我们已经指出,《国语·周语上》:"营室之中,土功其始。"土功指治水筑城等工程。《诗·鄘风·定之方中》:"定之方中,作于楚宫;揆之以日,作于楚室。"《毛传》:"定,营室也。方中,昏正四方。楚宫,楚丘之宫也。仲梁子曰:'初立楚宫也。'"②《国语·周语上》谓:"农祥晨正,日月厎于天庙,土乃脉发。"此处的天庙,也指的是营室。营室又名定星,什么叫"定"?《尔雅·释器》云"斪斸谓之定",什么叫斪斸?斪斸就是锄头,所以营室星(定星)俗称锄头星。照郝懿行的看法,"锄头星"当是营室星最古的名称。因为"凡诸星名,起于古之田父,多取物象为名,营室名定,义盖本此"③。然则"营室"星在上古当是"土功开始之候"为无疑。钱宝琮先生谓:"定星在西周时期于立冬前后初昏时见于南中。农事已毕,可从事于建筑矣,故定星又有营室之称。"④而上古土功开始之时亦是用牛力之时,因此,所谓"王亥服牛",原当是指营室星"主时"之际,开始使用牛力之意。王亥被人格化及历史化后,他才摇身一变,成了所谓"制作圣人"。

---

① 袁珂:"王亥一名,在古书中最为纷歧:卜辞、《古本竹书纪年》及此经均作王亥;《楚辞·天问》作该,又作胲,云'该秉季德''眩弟并淫';《吕氏春秋·勿躬篇》作王冰,云'王冰作服牛';《初学记》卷二十九引《世本·作篇》作胲,云'胲作服牛';《御览》卷八九九引同书则作鲧:知胲可误鲧,胲亦可误为'眩弟并淫'之眩矣。"(《山海经校注》,第352页)
② 《十三经注疏·毛诗正义》,第196页。
③ 郝懿行:《尔雅义疏·释天》。
④ 钱宝琮:《科学史论文选集·论二十八宿之来历》,科学出版社,1983年,第331页。

五、"豕韦"传说与"室宿"星象

王亥在传说中,被称为殷之"高祖",这也可能与营室星在时空中的象征地位有关。让我们先谈谈营室星与"猪"的关系,《国语·周语上》:"农祥晨正,日月厎于天庙。"韦昭注曰:"厎,至也。天庙,营室也。孟春之月,日月皆在营室也。"①《广雅·释天》云:"营室谓之豕韦。"②由营室星的这个"豕韦"别称,我们可以联想到《庄子·大宗师》中"豨韦氏得之,以挈天地"的"豨韦氏"。这个"豨韦氏",成玄英疏以为是"文字以前远古帝王号也"。但从其"挈(开)天地"的伟力看,他似乎是一位开辟大神。"豨韦"之"豨",《庄子·知北游》"监市履豨"句郭象注曰:"豨,大豕也。"《说文》"豕"部:"豕,读与豨同。"段玉裁注云:

《左传》:"封豕长蛇。"《淮南书》作"封豨修蛇"。③

可以认为,所谓的"豨韦"也就是"豕韦"。所谓远古帝王的豨韦氏的原型应当就是"豕韦"了。赖有韦昭等古注,我们知道"豕韦"是营室星的又一别名。营室星之与"豕"相关,可以找到一些有趣的传承。《本草纲目·兽部》:"猪孕四月而生,在畜属水,在卦属坎,在禽应室星。"《周易·说卦》:"坎为豕。"坎为水,于后天四时卦为北方之属。上古天数观以一主坎位水,属豕,配北方。古人以猪与水及北方相应,故在传说中,猪常以水神的形象出现:山西霍山龙泉之神在传说中是头黑猪。宜兴人传说,古时天上银河里有只猪婆龙逃到凡间,钻入海底,又从海底钻至山涧,钻出无数地道,使山山俱有泉水,百姓饮水不愁。④《礼记·月令》:"孟冬之月,其帝颛顼,其神玄冥。"而营室又一别名也称"玄冥"。《观象玩占》:"室二星一曰玄宫,一曰玄冥。"这绝不是巧合,颛顼与玄冥都是主天时的时令神、季节神的代名词。《庄子·大宗师》:"夫道,颛顼得之,以处玄宫。"《左传·昭公十七年》(前525年):"卫,颛顼之虚也,故为帝丘,其星为大水。"

---

① 徐元诰:《国语集解》(修订本),第16页。
② 王念孙:《广雅疏证》,第288页。
③ 段玉裁:《说文解字注》,第793页。
④ 袁珂:《中国民族神话词典》,四川省社会科学院出版社,1989年,第32页。

杜预注:"卫星营室,营室,水也。"①把室宿(大水)与颛顼相应,室宿又名"玄冥",皆可见在上古传承中,室宿很有可能是作为代表空间的北方,以及时间的冬季的主要星宿而存在的。室宿的象征物是猪,然则猪也可代表空间的北方和时间的冬季了。《说文》"亥"部谓:"亥为豕,与豕同。"贾谊《新书·胎教》:"悬弧之礼义,北方之弧以枣,其牲以豥,豥者,北方之牲也。"耐人寻味的是,作为"北方"及"冬季"之大帝的颛顼,与"猪"也有不解之缘。《山海经·海内经》云:

  流沙之东,黑水之西,有朝云之国、司彘之国。黄帝妻雷祖,生昌意,昌意降处若水,生韩流。韩流擢首、谨耳、人面、豕喙、麟身、渠股、豚止,取淖子曰阿女,生帝颛顼。②

颛顼不仅出生于所谓的"司彘之国",而且作为其"生父"的韩流,具有"豕喙""豚止"(止即趾)等形貌特征,这绝不是偶然的。我相信这里面蕴藏着猪作为"北方""冬季"以及"水"的象征的远古信息,而这与具有"豕韦"之称的室宿有着密不可分的关系。陆思贤先生指出:"目前已知出土新石器时代的猪形装饰品不少,例如红山文化的猪首碧玉龙,大汶口文化的猪彝。更古老的如和姆渡文化遗址出土的陶猪,该遗址还出土了一件猪纹陶钵,猪的腹部刻画了表示天象的重圈纹,等等。这些猪形器,应是最古老的彝器……在商周彝器及动物形装饰中,却也少见猪形物,说明到了青铜时代,猪在装饰与信仰中的位置已下降。但在古神话中,猪的地位还可以。"③《史记·天官书》"奎为封豕",奎宿为"西方白虎"第一星座,以大猪的形象象征奎宿;《初学记》卷二十九引《春秋说题辞》:"斗星时散精为彘,四月生,应天理。"我相信都是后起的说法。猪最早是室宿的象征,但这些说法也反映了猪与北方之宿相联系的传承。《国语·周语下》云:"星与日辰之会皆在北维,颛顼之所建也。"在古代传说中,颛顼还具有"绝地天通"的神力,是开辟天地的大神,这与"豨韦氏"的"挈天地"是同一传承的分化,它们的原型都可以追溯到天上的室宿。王亥的真身是室宿,然则王亥在传说中,被人们尊崇为商的高祖,不是很容易理解的吗?

---

① 杜预:《春秋左传集解》,第 690 页。
② 袁珂:《山海经校注》,第 442—443 页。
③ 陆思贤:《神话考古》,文物出版社,1995 年,第 255 页。

第十五章
"刑天"神话与"觜""参"星象

《山海经》的"刑天"神话一向为人乐道：

> 大乐之野，夏后启于此儛九代，乘两龙，云盖三层。左手操翳，右手操环，佩玉璜。在大运山北。一曰大遗之野。三身国在夏后启北，一首而三身。一臂国在其北，一臂一目一鼻孔。有黄马，虎文，一目而一首。奇肱之国在其北，其人一臂三目，有阴有阳，乘文马。有鸟焉，两头，赤黄色，在其旁。刑天与帝至此争神，帝断其首，葬之常羊之山。乃以乳为目，以脐为口，操干戚以舞。（《海外西经》）

> 有人无首，操戈盾立，名曰夏耕之尸。故成汤伐夏桀于章山，克之，斩耕厥前。耕既立，无首，厥咎，乃降于巫山。（《大荒西经》）

> 西南海之外，赤水之南，流沙之西，有人珥两青蛇，乘两龙，名曰夏后开（即启，汉人避景帝讳改）。开上三嫔于天，得《九辩》与《九歌》以下。此天穆之野，高二千仞，开焉得始歌《九招》。（《大荒西经》）

一、"刑天"神话与"觜""参"星象

笔者曾解释过刑天神话的寓意，以为是对不按时耕作，造成作物"无首"，亦即歉收的神话叙事。[1]但今日已悟《山海经》图像为星象，刑天云云，必亦为星象，则我从前的假说恐需要修正。

---

[1] 参见尹荣方《神话求原》相关章节，上海古籍出版社，2003年。

《海外西经》的方位与西方星宿对应,这里我们暂不说"夏后启于此儛九代"的涵义。先说"三身国",当是"参星"之象,参三星是"西方白虎"的主星,故以"三身"拟之。

参星是非常明亮的一等大星,所以古人对它极为关注,称之为"大辰"。古代星占家将觜、参两宿想象成一只老虎,觜宿是虎首。《史记·天官书》曰:"参为白虎。三星直者,是为衡石。下有三星,兑,曰罚,为斩艾事。其外四星,左右肩股也。小三星隅置,曰觜觿,为虎首,主葆旅事。"张守节《正义》:"觜三星,参三星,外四星为实沈,于辰在申,魏之分野,为白虎形也。"①《开元占经》卷六十二引《西官候》曰:"觜觿主斩刈左足,一名白虎将,一名天将,斧钺。白虎首,主外军。"②觜宿三星是白虎的头,又名觜觿,这个星名非常奇怪。《说文》"角"部曰:"觜,鸱旧头上角觜也。"以鸱鸟头上的"毛角"名觜宿,正为说明它处于虎首的位置。而"觿",形似锥,觜宿位于参宿的正上方,三星鼎足而居正似锥子形,也即所谓的"觿"。

"觿",古人用来解绳结,解结用觿之尖锥处,所以也有"首"之义。觜宿与参宿原来是合在一起的,陈遵妫引什雷该尔说云:"觜、参本系一宿,到了殷代中叶(公元前11世纪)才分为两宿。"③这个说法值得重视,觜宿、参宿都是上古重要的指时与星占的星宿,《开元占经》记载此两星的星占内容甚多,至于指时方面,参宿是《夏小正》记载最多的指时大星,觜宿原来与参宿一体,都是古星家观测的重要星座。《海外西经》陈述的是秋天的天象,而觜宿是秋天的标志星之一,《礼记·月令》云:"仲秋之月,日在角,昏牵牛中,旦觜觿中。"④所以围绕此两星展开想象,从而形成瑰丽奇绝的神话传说,是很容易理解的。

然则"帝断其首"当是指将觜宿从参宿中隔断分开,作为周天的宿星独立存在的神话言说了。所谓置之"常阳之山",此"常阳之山"正与觜宿对应。而"死后"的刑天"操干戚以舞","干戚舞"是上古的一种祭祀乐舞,说的大约是"觜宿"独立出去后,无虎首的"参宿"之状,上古有星辰祭祀的

---

① 司马迁:《史记》,第1307页。陈久金说:"整体上说,参宿像一只坐着的白虎,四星的上面两颗为虎的左右肩,下面两颗为左右股。另外,在这四颗大星的上方有'小三星',被称为觜宿小三星。觜宿小三星呈三角状,是白虎的头。那么,三颗罚星,也就是白虎的尾巴了。"(见陈久金:《星象解码——引领进入神秘的星座世界》,第53页)
② 瞿昙悉达:《开元占经》,第594页。
③ 陈遵妫:《中国天文学史》,第250页。
④ 《十三经注疏·礼记正义》,第523页。

传统,也意味着参宿从此成为(无首)而独立的祭祀对象了。

二、"一臂国""奇肱之国"与"座旗"星象

(一)"奇肱国"与"座旗"九星

刑天与帝争神之处,还有"一臂国"与"奇肱之国"。"奇肱"是一个只有一条手臂,驾着文马拉的车,车两旁各有一鸟的图像。郭璞注:"其人善为机巧,以取百禽;能作飞车,从风远行。汤时得之于豫州界中,即坏之,不以示人。后十年西风至,复作遣之。""奇肱"的特点是"飞车",郭璞注得之传承,《山海经广注》引《河图括地象》云:"奇肱氏能为飞车,从风远行。"①觜宿之属星有"座旗"九星,《开元占经》卷六十九引甘氏曰:"座旗九星,在司怪东北。"又引甘氏赞曰:"座旗,旗表别异,殊居以旗。"②"奇肱"也即一条手臂,大约是旗杆之象,文马驾车,两旁有鸟,鸟能飞,是"飞车"之图形也。

"座旗"九星星占者为"别异""殊居",所以就有"奇肱"国人"从风远行"之说了。《博物志》说:"奇肱民善为拭扛以杀百禽。""拭扛"正为举旗之意,郝懿行以为"拭扛盖机巧二字之异"③,或非。

(二)"女祭""女戚"与"天尊"三星

"女祭""女戚"也与刑天相邻:"女祭、女戚在其北,居两水间,戚操鱼𩵋,祭操俎。"《大荒西经》云:"有寒荒之国。有二人,女祭、女薎。"郭璞注:"或持觯,或持俎。"④此"女祭""女戚"乃"天尊"三星之象,《开元占经》卷六十九引甘氏曰:"天尊三星,在东井北。"⑤

"觯",古代青铜制的酒器,用以饮酒。《说文》"角"部:"觯,乡饮酒角也。"尊亦盛酒器,俎则盛肉器,尊或作樽,古代樽俎连用,常用为宴席的代称。"或持觯,或持俎。"是以樽俎象"天尊星",而与"鱼𩵋"所谓的"鱼属"无关,王念孙指出:

---

① ③ 周明辑撰:《山海经集释》,第348页。
② 瞿昙悉达:《开元占经》,第691页。
④ 周明辑撰:《山海经集释》,第508页。
⑤ 瞿昙悉达:《开元占经》,第690页。

《大荒西经》:"有寒荒之国。有二人女祭、女薎。"注云:"或持觯,或持俎。"按此女戚亦当作女薎,因上文干戚文而误为戚也。鱼俎当为角觯,注内"觯,鱼属"当为"角觛,觯属"。《说文》(四):"觛,小觯也。"①

王氏所说甚是。《海外西经》:"鸢鸟、䳐鸟,其色青黄,所经国亡,在女祭北。鸢鸟人面,居山上。一曰维鸟,青鸟、黄鸟所集。"郭璞注:"此应祸之鸟,即今枭、鵩鹠之类。"毕沅《山海经新校正》云:"古无鸢、䳐字,是作维鸟云云是也。下丈夫国,亦云在维鸟北。"②维鸟必星辰象征。

(三)"维鸟"与"东井"八星

《大荒西经》:"有玄丹之山,有五色之鸟,人面有发。爰有青鸳、黄鹜,青鸟、黄鸟,其所集者其国亡。"袁珂以为:

《海外西经》云:"鸢鸟、䳐鸟,其色青黄,所经国亡。"又云:"青鸟、黄鸟所集。"即此是也。其云"其色青黄",可知彼经下文"青鸟、黄鸟"即上文"鸢鸟、䳐鸟",此经之下文"青鸟、黄鸟"亦即上文"青鸳、黄鹜"矣。《海外西经》又云:"鸢鸟人面居山上",可知此经所记"人面有发"之五色鸟即"鸢鸟、䳐鸟",亦即"青鸳、黄鹜"矣。③

袁珂所说甚是。此"人面有发"之"维鸟",当为"东井"八星之象,青鸟、黄鸟云云即《大荒西经》所说之"五色鸟",黄鸟又通"皇鸟",是所谓的凤凰。绝不能以"枭鸟、鵩鹠"之类的恶鸟视之。"东井"为南方朱鸟七宿之"首宿",又是十二次之"鹑首",与西方白虎七宿的末宿"参宿"相邻,主西南方向,故称之为"维鸟",意为"四维之鸟"之意。东井八星在"天尊星"的南面,与"在女祭北"正合。

"其所集者其国亡"则或与东井星所占卜者有关,《史记·天官书》:"东井为水事,其西曲星曰钺。"张守节《正义》云:

---

① 袁珂:《山海经校注》,第 217 页。
② 周明辑撰:《山海经集释》,第 349 页。
③ 袁珂:《山海经校注》,第 406 页。

> 东井八星，钺一星，舆鬼四星，一星为质，为鹑首，于辰在未，皆秦之分野。一大星，黄道之所经，为天之亭候，主水衡事，法令所取平也。王者用法平，则井星明而端列。钺一星附井之前，主伺奢淫而斩之。占：不欲其明；明与井齐，或摇动，则天子用钺于大臣。①

《开元占经》卷六十三引《黄帝占》曰："东井，天府法令也，天逸也。"引《圣洽符》曰："井钺星大而明，斧钺且用，兵起。"又引《海中占》曰："井钺一星司淫奢，其星不欲明，明则斧钺用，以斩伏诛之臣。"②

井星与它的附星钺星，所占象为法令的平衡及天子诛杀奢淫犯法之大臣，天子诛杀犯罪大臣意味着大臣所在之国的灭亡，这大概就是维鸟"其所集者其国亡"之来源了。

三、夏后启"舞九代"与夏启"巡守"测天

刑天神话被置于夏启"上三嫔于天，得《九辩》与《九歌》以下"，及舞"九代"等仪式化的语境中，显然关乎某种仪式。《大荒西经》的"开上三嫔于天"，郭璞解为："嫔，妇也。言献美女于天帝。"因为《楚辞·天问》有"启棘宾商"之语，此解不确。郝懿行云：

> 《离骚》云"启《九辩》与《九歌》"。《天问》云："启棘宾商，《九辩》《九歌》。"是宾嫔古字通，棘与亟同，盖谓启三度宾于天帝而得九奏之乐也。故《归藏·郑母经》云："夏后启筮御飞龙登于天。"正谓此事。《周书·王子晋篇》云："吾后三年上宾于帝所。"亦其证也。郭注大误。③

《山海经》关于"启"的"宾天"，是对仪式图像的描述，"夏后启于此舞《九代》"，明言是乐舞。"珥两青蛇，乘两龙"，是写"启"的装束和乘具；而"左手操翳，右手操环"等描述的是舞者所使用的道具。《山海经》原是图，它对启的描述大概是由图所生发的。郭璞注"九代"云："九代，马名。儛，谓

---

① 司马迁：《史记》，第 1302 页。
② 瞿昙悉达：《开元占经》，第 598 页。
③ 郝懿行：《山海经笺疏》，第 420 页。

盘作之令舞也。"郝懿行曰：

> 九代，疑乐名也。《竹书》云："夏帝启十年帝巡狩，舞九韶于大穆之野。"《大荒西经》亦云："天穆之野，启始歌九招。"招即韶也，疑九代即九韶矣。又《淮南·齐俗训》云："夏后氏其乐夏籥九成。"疑九代本作九成，今本传写，形近而讹也。……舞马之戏恐非上古所有。①

郭璞此注显然无据，当以郝懿行所说为是，即《大荒西经》的"《九招》"与《海外西经》的"《九代》"是同一对象，它就是历史上盛传的"韶乐"。

启的故事中，最让人费解的是他从天上得到《九辩》与《九歌》的神话，启得到的《九辩》与《九歌》是《楚辞》之前已经存在的更为古老的乐舞。除了《山海经》的记载，《楚辞·离骚》说："启《九辩》与《九歌》兮，夏康娱以自纵。"《天问》也说："启棘宾商，《九辩》《九歌》"。不少研究者把《九辩》《九歌》《九招》看成一个东西，或者说是一组乐舞的三个有机组成部分。如《九招》，姜亮夫先生认为就是《九韶》，也就是有名的韶乐，即《尚书·虞书》中说的："箫韶九成，凤凰来仪"的那种太古之乐。②应该说是有道理的。

笔者以为，《大荒西经》关于《九辩》与《九歌》是启得之天之说当是一种误读，其实乃是说"启"通过观测天象而完成历法的制定，从而"敬授民时"。上古敬授民时是通过特定的歌舞仪式实现的，这种歌舞在上古大约被称为《九辩》《九歌》。除了《大荒西经》，没有文献说《九辩》《九歌》是取自天上，而《海外西经》描述的就是一幅仪式乐舞的场景。古代似一直有关于《九歌》的传说，《左传·文公七年》（前620年）载郤缺之言：

> 《夏书》曰："戒之用休，董之用威，劝之以《九歌》，勿使坏。"九功之德皆可歌也，谓之九歌。六府、三事，谓之九功。水、火、金、木、土、谷，谓之六府。正德、利用、厚生，谓之三事。③

类似的关乎《九歌》内涵的记载又见于《书·大禹谟》：

---

① 郝懿行：《山海经笺疏》，第298页。
② 姜亮夫：《楚辞学论文集》，上海古籍出版社，1984年，第272页。
③ 杜预：《春秋左传集解》，第239页。

禹曰："於，帝念哉！德惟善政，政在养民。水、火、金、木、土、谷，惟修，正德、利用、厚生惟和。九功惟叙，九叙惟歌。戒之用休，董之用威，劝之以《九歌》，俾勿坏。"帝曰："俞。地平天成，六府、三事允治，万世永赖，时乃功。"①

要认识《九歌》的内涵，这两段文字至关重要。《九歌》传说是"虞夏"时代的产物，是舜、禹用来"养民""劝民"的，所谓的《九歌》，其功用主要用于"劝"（勉）民，也包括"戒"与"董"（督）民的，如孔《传》云："休，美；董，督也。言善政之道，美以戒之，威以督之，歌以劝之，使政勿坏。"孔颖达疏云：

言九功之德皆可歌者，若水能灌溉，火能烹饪，金能断削，木能兴作，土能生殖，谷能养育。古之歌咏，各述其功，犹如汉魏已来乐府之歌词，歌其功用，是旧有成辞。人君修治六府以自劝勉，使民歌咏之，三事亦然。②

孔氏之解说，纯属望文生义，古今歌舞，未见有歌咏金木水火土这五行的，孔氏将《九歌》比拟为汉魏以来之乐府，甚不确，无论汉魏乐府从未见这样的歌词，且汉魏乐府哪里谈得上"九功之德""养民"云云。"五行"后世谓为五种物质，其实就是五气，关乎上古历法，《史记·历书》云："黄帝考定星历，建立五行，起消息，正闰余，于是有天地神祇物类之官，是谓五官。"《史记·五帝本纪》则说黄帝"修德振兵，治五气，艺五种"。裴骃《集解》引王肃曰："五行之气。"司马贞《索隐》云："谓春甲乙木气，夏丙丁火气之属，是五气也。"③"五种"就是五谷。《书·洪范》"五行"孔颖达疏云："谓之'行'者，若在天，则五气流行；在地，世所行用也。"④《白虎通义·五行》：

五行者，何谓也？谓金木水火土也。言行者，欲言为天行气之义也。"⑤

---

① 《十三经注疏·尚书正义》，第126—127页。
② 《十三经注疏·尚书正义》，第128页。
③ 司马迁：《史记》，第4页。
④ 《十三经注疏·尚书正义》，第452页。
⑤ 陈立《白虎通疏证》云："《书·洪范》：'初一曰五行。'《永乐大典·鉴字部》载郑《书注》云：'行者，言顺天行气也。'《释名·释天》云：'五行者，五气也。于其方各施气也。'《汉书·艺文志》：'五行者，五常之形气也。'"（见陈立：《白虎通疏证》，第166页）

所谓的"五行"原指"五气",与五季历法相应。①好的历法利于农业生产特别是粮食种植,故五行之后有"谷",而成所谓"六府"也。《史记·五帝本纪》"治五气,艺五种"之说与《左传》《大禹谟》"六府"之说涵义正同。

再来看所谓的"正德、利用、厚生",这里的关键是对"正德"的理解,孔《传》以下论者将此置于君王的道德层面加以解释,所谓"正德以率下",恐怕也是以后世之情事绳上古之事,未达其旨。"正德"说的其实也是"正(天)时"罢了。

早期文献,关于"德",常赋予它"化育万物"之义,《管子·心术上》:"虚无无形谓之道,化育万物谓之德。"这里的"德"表现为"道"的功能,就是生殖、化育万物的功能。《礼记·月令》:"某日立春,其德在木。"这里的"德",表示"四时旺气"。所以《韩非子·解老》说:"道有积而德有功;德者道之功。"②

因为"德"关乎时气,时气是生育、生殖之气,所以"德"字可以训"生"。《易·系辞》:"天地之大德曰生。"《庄子·天地》:"泰初有无,无有无名。一之所起,有一而未形。物得以生,谓之德。"《庄子·应帝王》:"乡吾示之以地文,萌乎不震不正,是殆见吾杜德机也。"这里的"德"前人就解为"生","德机"就是"生机"。③关于"德"的化育万物义,《管子·心术上》上的文字尤可注意:

> 天之道,虚其无形。虚则不屈,无形则无所位赿。无所位赿,故遍流万物而不变。德者,道之舍,物得以生生,知得以职道之精。故德者,得也。得也者,其谓所得以然也。以无为之谓道,舍之之谓德。故道之与德无间,故言之者不别也。间之理者,谓其所以舍也。

---

① 如《管子·五行篇》对"五行历"的表述十分清楚:"五声既调,然后作立五行,以正天时五官。日至,睹甲子木行御,七十二日而毕;睹丙子火行御,七十二日而毕;睹戊子土行御,七十二日而毕;睹庚子金行御,七十二日而毕;睹壬子水行御,七十二日而毕。"五个七十二日,是三百六十日,正是一年。陈久金指出:"正因为很多人相信将五行作为一种哲学观念来解释,人们也就弄不懂司马迁为什么要将五行当作黄帝时创立的历法来介绍。但实际上,五行是中国上古曾经行用过,后来又被人们所遗忘的一种历法。"(陈久金、张明昌:《中国天文大发现》,第25页)黄任轲也以为"五行"源于一种古历。(见黄任轲:《论中国文化的两个主要来源——阴阳、五行两种古历的创制》,《临沂大学学报》1991年第1期)
② 王先慎:《韩非子集解》,第133页。
③ 郭庆藩:《庄子集释》,第299页。

尹知章注：

> 谓道因德以生物，故德为道舍。……道之所舍之谓德也。道德同体，而无外内先后之异，故曰无间。

《管子》将"德"与"道"相提并论，所谓"德者，道之舍"，是说"德"是"道"的馆舍，"德"寓居于"道"之中的意思，如黎翔凤所注："道为虚位不可见，道即寓于德中。"①这里的"道"指"天道""天数"，也就是天上的日月星辰运行之轨道。《国语·周语下》："吾非瞽史，焉知天道？""德"则是"天道""天数"的外在表现，也即"天道""天数"所表现出的功能。"德"离不开"道"，"道"则借"德"而发挥其"生生"的大能。"道"与"德"的关系是体之与用的关系，"道"是体，"德"则是用。所以"正德"，其原意当为正天道，也即正（天）时，正时或者说"时"能够正，才谈得上"利用"与"厚生"，所谓"利用"，孔《传》："利用以阜财，厚生以养民。"②是在得时的基础上从事生产，主要是农业生产，不夺农时，以获取财富，使人民能休养生息。

《九歌》的功用关乎"善政""养民"，这些与百姓息息相关之政事就是通过歌舞形式展示，所以名之为"歌"，为（韶）乐"，其展示的对象自然是百姓。

《左传》《大禹谟》关于《九歌》功用、内容、形式及所施之对象的陈述，一定是上古之传承，必有某种根据。那么所谓的用《九歌》来劝勉百姓，或者说实施"善政"的记载到底蕴含着怎样的上古信息呢？我以为，它反映的其实就是《书·尧典》中说的"历象日月星辰，敬授民时"及"四时巡守"之礼罢了。《山海经》叙事与《诗经》《尚书》叙事多有相同之处。

今本《虞夏书》有羲和四子观测四仲中星以定时的记载，又载舜四时巡守。《山海经》关于启"宾天"的神话中，就有"祭祀"（观测）日月星辰的内容，这在启宾天时所用之道具可以窥见一二。先说启左手所执之"翳"，《说文》"羽"部："翳，华盖也。"③《文选·西京赋》："华盖承辰，天毕前驱。"薛综注："华盖星覆北斗，王者法而作之。毕，网也，象毕星也，前驱载之。"李善注："刘歆《遂初赋》曰：'奉华盖于帝侧。'"④则启所执之"翳"，象征北斗也。

再说右手所持之玉"环"，环是璧的一种，边阔大于孔径的叫璧，边阔

---

① 黎翔凤：《管子校注》，第770页。
② 《十三经注疏·尚书正义》，第126页。
③ 段玉裁：《说文解字注》，第250页。
④ 萧统编、李善注：《文选》，第68页。

与孔径相等的就叫环。①《春官·典瑞》:"圭璧,以祀日月星辰。"贾公彦《疏》:"祭日月,谓若春分朝日,秋分夕月,并大报天主日,配以月。其星辰所祭,谓《小宗伯》'四类亦如之',注云:'礼风师雨师于郊之属。'"②又《考工记·玉人》:"璧羡度尺,好三寸,以为度。圭璧五寸,以祀日月星辰。"圭璧之类的玉器,从《周礼·玉人》"以为度"等的记载看,不仅作为祀日月星辰之礼器,又是作为度量之器使用的,郑玄注:"羡犹延,其袤一尺而广狭焉。"贾公彦《疏》:"造此璧之时,应圆径九寸。今减广一寸,以益上下之袤一寸,则上下一尺,广八寸,故云其袤一尺而广狭焉。狭焉,谓八寸也。以为度者,天子以为量物之度也。"③璧可作为度量之器,而"璜",《说文》"玉"部及郑玄注《周礼·春官·大宗伯》皆曰:"半璧曰璜。"璜是璧之半,则也可作为度量之用。

王国维《观堂集林·说环玦》云:"余读《春秋左氏传》'宣子有环,其一在郑商',知环非一玉所成。岁在己未,见上虞罗氏所藏古玉一,共三片,每片上侈下敛,合三而成规。片之两边各有一孔,古盖以物系之。余谓此即古之环也……后世日趋简易,环与玦皆一玉为之,遂失其制。"④王国维所论之环,"合三而成规",规也是度量工具,可见上古之环必同时为度量之器。

上古典籍谈到圣王巡守时,除了"敬授民时",正有颁布度量衡等举动,如《书·舜典》说到舜接受尧的禅让登上天子之位后,"东巡守……协时、月正日,同律、度、量、衡"。孔传:"合四时之气节、月之大小、日之甲乙,使齐一也。律,法制。及尺、丈、斛、斗、斤、两皆均同。"⑤则《山海经》云启"宾天"时之"右手操环,佩玉璜",所陈述者或关乎"同律、度、量、衡"之举。

---

① 《尔雅·释器》:"璧大六寸谓之宣。肉倍好谓之璧,好倍肉谓之瑗,肉好若一谓之环。"(见《十三经注疏·尔雅注疏》,第 151 页)
② 《十三经注疏·周礼注疏》,第 770 页。
③ 《十三经注疏·周礼注疏》,第 1626 页。孙诒让《周礼正义》曰:"陈祥道云:'璧圆九寸,好三寸,延其袤为一尺,旁各损半寸,则广八寸矣。《说文》曰:人手郤一寸动脉谓之寸口。'十寸为尺。周制寸、尺、咫、寻、常、仞诸度量,皆以人之体为法。又曰:'中妇人手长八寸谓之咫,周尺也。'然则璧羡袤十寸,广八寸。以十寸起度,则十尺为丈,十丈为引。以八寸起度,则八尺为寻,倍寻为常。度必为璧以起之,则围三径一之制,又寓乎其中矣。程瑶田云:'《典瑞》曰:"以起度",《玉人》曰:"以为度",盖造此以度物,犹《周髀算经》所用之折矩也。'案:陈、程说是也。璧羡度尺者,据其袤言之。其广则中咫,经不著广度者,文不具也。古人度数有以十起者,尺、丈、引是也。有以八起者,咫、仞、寻、常是也。以十起者,视璧羡之度尺;以八起者,视璧羡之广咫。起度之说盖如是。"(见孙诒让《周礼正义》,第 3335—3336 页)
④ 王国维:《观堂集林》卷三,中华书局,1959 年(影印本),第 160 页。
⑤ 《十三经注疏·尚书正义》,第 82 页。

第十六章
"蚩尤"传说与"天蜂"星象及商周器物之"饕餮纹"

一、"万"与"万舞"及"天蜂"星祭

上古盛传所谓"万舞",此舞亦必与"万"亦即与天上的"天蜂星"有关。关于"万舞",古今学者,议论极多。万舞得名之由,很早就引起古人的关注,《墨子·非乐》:"昔齐康公兴乐《万》,万人不可衣短褐,不可食糠糟。"①是说万舞用人之多,故名。孔颖达疏《礼记·月令》云:"于舞称《万》者,何休注《公羊》云:'周武王以万人服天下。'《商颂》:'万舞有奕。'盖殷汤亦以万人得天下,此《夏小正》是夏时之书,亦云《万》者,其义未闻,或以为禹以万人以上治水,故乐亦称《万》。"②这种望文生义的说法,未必合理。

万舞,早期文献多有记载,首先谓为武舞,《逸周书》:"籥人奏《武》。王入,进《万》,献《明明》三终。"孔晁注:"《明明》诗篇名。《武》以干羽,为《万舞》也。"③《大戴礼记·夏小正》"二月……丁亥,万用入学。"卢辩注:"丁亥者,吉日也。万也者,干戚舞也。入学也者,大学也,谓今时大舍采也。"④《礼记·文王世子》:"春夏学干戈。"郑玄注:"干戈,万舞,象武也,用动作之时学之。"⑤这种舞,又叫干戚舞、干戈舞,舞者手拿戈、盾(干)、戚(斧)之类礼仪性的武器作为道具行舞。年轻人春季习万舞又见《礼记·月令》。万舞具有军事表演、军事训练的性质,它和天上的"天蜂星"也即玄戈星有密切的联系。

---

① 孙诒让:《墨子间诂》,第231页。
② 《十三经注疏·礼记正义》,第479—480页。
③ 黄怀信、张懋镕、田旭东:《逸周书汇校集注》,第428页。
④ 王聘珍:《大戴礼记解诂》,第31页。
⑤ 《十三经注疏·礼记正义》,第625页。

天蜂星也即玄戈星处于北斗之首,是指示时令的重要星辰,又是兵象,所以古人在仲春时节常常手持盾、戈跳起"万舞",有祭祀同时习武的意味。①

万舞也包括"文舞",文舞手执籥、翟,所以又叫籥舞、羽舞。②文舞与季节时令的关系密切,也为古人所重视。《左传·隐公五年》(前718年):

> 九月,考仲子之宫,将万焉。公问羽数于众仲,对曰:"天子用八,诸侯用六,大夫四,士二。夫舞,所以节八音而行八风。故自八以下。"

值得庆幸的是《诗经》中还保留了一些"万舞"的原貌。《诗·邶风·简兮》对万舞有着非常难得的记载:"简兮简兮,方将万舞。日之方中,在前上处。硕人俣俣,公庭万舞。有力如虎,执辔如组。"郑玄《笺》云:"简,择。将,且也。择兮择兮者,为且祭祀当《万舞》也。"③诗中所谓的"日之方中",毛《传》:"教国子弟,以日中为期。"即选择二月春分时节。唐代孔颖达的说法:

> (郑玄注):"《月令》仲春之月,命乐正习舞。入学者必释菜以礼先师,谓萍藻之属也。"……引此者以证此"日之方中",即彼"春,入学"是矣,谓二月日夜中(日与夜的时间相等)也。《尚书》云"日中星鸟",《左传》曰"马日中而出",皆与此同也。④

---

① 《左传·庄公二十八年》(前666年):楚令尹子元欲蛊文夫人,为馆于其宫侧,而振万焉。夫人闻之,泣曰:"先君以是舞也,习戎备也。今令尹不寻诸仇雠,而于未亡人之侧,不亦异乎!"文夫人关于万舞"习戎备"之说必为古代传承,与《礼记·乐记》宾牟贾问孔子的"夫武之备戒之已久"有相同之处。
② 芮城《鲍瓜录》卷三云:"舞有文武之别,曰文舞则不兼干戚,曰武舞则不兼羽籥,曰万舞则兼言文武,故谓之万。专言羽籥亦可谓之万,专言干戚亦可谓之万也。"(见刘毓庆等:《诗义稽考》第2册,学苑出版社,2006年,第527页)马瑞辰也指出:"万兼二舞,如《夏小正》'二月丁亥,万用入学',传:'万也者,干戚舞也。'与《文王世子》'春夏学干戈'合。又《左传》楚令尹子元欲蛊文夫人,为馆于其宫侧,而振万焉。"夫人言:'是舞也,先君以是习戎备焉。'此武舞称万之证也。《左传》'考仲子之宫,将万焉',继以'公问羽数于众仲',是羽即万也。此文舞称万之证也。"(见马瑞辰:《毛诗传笺通释》,第145页)
③ 《十三经注疏·毛诗正义》,第161页。
④ 《十三经注疏·毛诗正义》,第163页。

季节性的宗教仪式与歌舞是紧密联系在一起的。事实上,这些歌舞是这些仪式的组成部分,除了有娱乐、膜拜神灵的因素外,在没有文字或文字只为极少数人掌握的时代,它们还是保存和传播天文历法知识的最为有效的途径,此所以二月春分日要举行万舞的原因了。由于北斗星是指示季节的重要星辰,因此名为"万舞"的文舞和武舞,在其早期阶段,完全有可能是和对"天蜂星"等星辰的祭祀(也包括星占)结合起来的。

二、"祃""貉"与上古"天蜂"星祭

上古有所谓"祃祭",也是重要的祭祀仪式,如"万舞"一样,后人大抵已不明白其祭祀对象为谁了。《诗・大雅・皇矣》:"是类是祃,是致是附,四方以无侮。"毛《传》:"于内曰类,于野曰祃。"孔颖达疏:"初出兵之时。于是为类祭。至所征之地,于是为祃祭。"①《尔雅・释天》:"是禷是祃,师祭也。"郭璞注:"师出征伐。禷于上帝,祃于所征之地。"②禷、祃都是与出师征伐有关的祭礼。禷是祭上帝,似无疑义,而"祃",《说文》"示"部:"师行所止,恐有慢其神,下而祀之曰祃。从示,马声。"③"祃"之礼,古人极为重视,先秦古书多有道及者,其字又作"貉",郑玄注《礼记・王制》云:"貉,师祭也,为兵祷。其礼亦亡。"④祃是师祭,且祭于"所征之地",但上古所谓"出师",未必是后世战争性质的征伐,而包括田猎、开荒、练兵、垦殖之类的大事。于田猎、开荒之所行祃祭,就是所谓"祃于所征之地"了。

从上古文献的记载看,早期祃祭,更多的是指田猎、垦荒、练兵之际所行之祭礼。《周礼・春官・肆师》:"凡四时之大甸猎,祭表貉,则为位。"郑玄注:"貉,师祭也。貉读为十百之百。于所立表之处,为师祭造军法者,祷气势之增倍也。其神盖蚩尤,或曰黄帝。"⑤

祃祭是师祭,古人说法并无二致,也是祭兵神或曰战神,郑玄所谓"其神盖蚩尤,或曰黄帝",必古来传承,则所祭对象原关乎星象,黄帝是北斗

---

① 《十三经注疏・毛诗正义》,第 1035 页。
② 《十三经注疏・尔雅注疏》,第 180 页。
③ 段玉裁:《说文解字注》,第 10 页。
④ 见《十三经注疏・礼记正义》,第 371 页。或谓"祃祭"是祭马祖,这是望文生义之说,不确。《诗・小雅・吉日》"吉日维戊,既伯既祷。"毛《传》:"伯,马祖也。重物慎微将用马力,必先为之祷其祖。祷,祷获也。"周代祭马祖之礼称"伯"。(见《十三经注疏・毛诗正义》,第 656 页)
⑤ 《十三经注疏・周礼注疏》,第 728 页。

之象,天蜂星处于北斗七星之前,亦可谓为黄帝之星。则其神黄帝,盖指"天蜂星",因天蜂,是一巨蜂之象,又是天上持戈盾之象,正是兵神、战神的形象。"天蜂"名"万",故此祭又名之为"祃""貉",此两字古音相近,为表示"十百"之"百"之数字,与"万"字亦正可关联。①

三、"蚩尤"传说与"天蜂"星象

(一)"蚩尤"传说的星象解释

在上古文化中,"蚩尤"是一个非常奇怪的存在,但"祃祭"祀蚩尤之说有助于我们认识它的原初真面目。刘起釪注《尚书·吕刑》从三个方面谈蚩尤,即作为九黎族君长、三苗族先王的蚩尤,神话中的蚩尤和史籍中的蚩尤,洋洋万余言。②一条注释而用万余言,可见所解释的对象的复杂性。然我们读他的解释,仍然觉得茫然。

我们提纲挈领,从蚩尤的原型为"天蜂"星这个认识出发,许多上古的记载,不管是神话的,或是典籍的,还是作为君王与黄帝作战的蚩尤,都不难得到较为合理的说明。将古代文献所涉之蚩尤稍作梳理,可以发现蚩尤传说所涉及者包括三个方面:即第一,作为作兵者、战神的蚩尤;第二,明时,即指示时间的蚩尤;第三,是与黄帝战于"涿鹿"或曰"阪泉"失败的蚩尤。

蚩尤是兵器的制造者,因此他是"兵主""战神",一直是人们祭祀的对象。《史记·高祖本纪》载刘邦起兵,"祠黄帝、祭蚩尤于沛庭而衅鼓"。同书《封禅书》载秦始皇东游海上,到齐地,齐祀"八神","三曰兵主,祀蚩尤"。蚩尤之为兵神,必是古来传承。蚩尤应当是"天蜂星"之象征,其名字所由来,必出自上古星家。③《世本·作篇》:"蚩尤以金

---

① 贾公彦云:"云'其神盖蚩蚘,或曰黄帝'者,按《史记》,黄帝与蚩尤战于逐鹿之野,俱是造兵之首。案《王制》云:'天子将出,类乎上帝。'注云:'帝谓五德之帝。'是黄帝以德配类,则貉祭祭蚩尤。是以《公羊》说曰:'师出曰祠,兵入曰振旅。祠者,祠五兵矛、戟、剑、楯、弓、鼓及祠蚩尤之造兵者。'谨案:《三礼记》曰'蚩尤,庶人之强者',何兵之能造? 故郑云或曰黄帝也。故《礼说》云:'黄帝以德行。'蚩尤与黄帝战,亦是造兵之首,故汉高亦祭黄帝、蚩尤于沛庭也。"(见《十三经注疏·周礼注疏》,第728页)
② 顾颉刚、刘起釪:《尚书校释译论》,第1914—1930页。
③ 《史记·天官书》云:"蚩尤之旗,类彗而后曲,象旗,见则王者征伐四方。"古代有彗星主战争之说,蚩尤之旗之名,当为后起之说,因蚩尤主兵事而连类及之。

作兵器。"①《管子·地数篇》："葛卢之山发而出水,金从之,蚩尤受而制之以为剑、铠、矛、戟。""葛卢之山",清人孙星衍云:"《史记·五帝本纪·索引》引作'蚩尤受卢山之金而作五兵'。"②"卢山"之"卢"通炉,冶炼铜铁作兵器舍"炉山"不得,可见其乃寓言,非实事无疑。蚩尤作兵之记载甚多,兹不俱引。又《书·吕刑》似谓蚩尤有"作五虐之刑"之说,扬雄《廷尉箴》:"昔在蚩尤,爰作淫刑,延于苗民,夏氏不宁。"故杨宽以为蚩尤乃"刑神"。③上古兵刑不分,蚩尤"刑神"之说与其兵神、战神之说实无别。

可见,蚩尤"作兵"为"战神"之传说,与上古"万舞"及"祃祭""貉祭"祭祀对象之传说同出一源,今天我们可以明白说是源于天上"主兵"之"天蜂（玄戈）"星了。

蚩尤的"明时",如《管子·五行》所云:"昔者黄帝得蚩尤而明于天道。……蚩尤明乎天道,故使当时。"刘师培引《云笈七签》卷一百《轩辕本纪》云:"黄帝得蚩尤始明乎天文。"④《韩非子·十过》:"昔者黄帝合鬼神于泰山之上,驾象车而六蛟龙,毕方并辖,蚩尤居前,风伯进扫,雨师洒道。"⑤天蜂星处于北斗七星之前,在上古它是构成北斗九星的星座之一,具有非常重要的指时的功能,也成为重要的星占对象,所以说它"明于天道"。黄帝是北斗之象,天蜂星在北斗之前面,就是所谓"蚩尤居前"之真意了。

蚩尤的"主兵"为"战神","主时"为"明乎天道",正切合"天蜂星"之主时及其星占特点,上古关于蚩尤的此类种种传说,皆衍生于天上的"天蜂（玄戈）"星。

（二）"蚩尤"之"蚩"释义

值得注意的是,蚩尤之名,或亦昭示其作为蜂类蚩虫的原意,"蚩"字从虫,《说文》"虫"部:"蚩,蚩虫也。从虫,屮声。"⑥但蚩字或从"束"字得

---

① 秦嘉谟等辑:《世本八种》,中华书局,2008 年,第 5 页。
② 黎翔凤:《管子校注》,第 1359 页。
③ 见《古史辨》第七册上,上海古籍出版社,1982 年,第 206 页。
④ 黎翔凤:《管子校注》,第 865 页。上古有所谓"风后",或亦指蚩尤,蚩字与风字形近。《史记·五帝本纪》:"黄帝举风后、立牧以治民,顺天地之纪,幽明之占。"《后汉书·张衡传》注引《春秋内事》:"黄帝师于风后,风后善于伏羲之道,故推演阴阳之事。"《汉书·艺文志·兵书略》有《风后兵法》十三篇,图二卷,黄帝臣依托也。
⑤ 王先慎:《韩非子集解》,第 65 页。
⑥ 段玉裁:《说文解字注》,第 1160 页。

声,《说文》"朿"部:"朿,木芒也,象形。"木芒是木刺,"虿"意当为有毒刺之虫,原义指蜂。《广雅·释虫》:"杜伯、蠆、䖟、蝎也。"①《广雅》之说或有误。"蠆"即"虿"字,为蜂。《庄子·天运》:"其知憯于蛎、䖟之尾。"《释文》:"蛎,敕迈反,又音例。本亦作厉。郭音赖,又敕介反。'䖟'许谒反,或敕迈反。或云:'依字,上当作蠆,下当作蝎。'"②"蛎"字陆德明例五音,可见它的真实读音及本义时人早不明白了。郭庆藩引王引之说:"朿与蛎,古同声。《庄子》作蛎,《广雅》作䗍,其实一字也。"③蛎、䖟读音肯定不同,明指两类毒虫,蛎䖟连文,犹蜂䖟连言,此蛎必指蜂也,又作"蠆""䗍"。《诗·小雅·都人士》:"彼君子女,卷发如虿。"郑《笺》:"虿,螫虫也。"《释文》:"虿,敕迈反,又敕界反,蠚虫也。"④《说文》又有"䖝"与"蠹"字,桂馥《说文解字义证》此字下引汉《李翊夫人碑》云:"飞蠹兮害仁良。"⑤以为飞蜂而非蝎子。

(三) 关于"涿鹿之战"

最难解的似是关于蚩尤与黄帝的"涿鹿之战"或曰"阪泉之战",其实涿鹿之战或阪泉之战关乎"天蜂星"也不难索解。逐鹿之战是个非常古老的传说,《书·吕刑》已说蚩尤作乱:"若古有训,蚩尤惟始作乱。"后来"皇(黄)帝哀矜庶戮之不辜,报虐以威,遏绝苗民,无世在下。乃命重黎绝地天通。"

《逸周书·尝麦解》云:

> 昔天之初,□作二后,乃设建典,命赤帝分正二卿,命蚩尤于宇少昊,司□□上天未成之庆。蚩尤乃逐帝,争于涿鹿之河,九隅无遗。赤帝大慑,乃说于黄帝,执蚩尤,杀之于中冀。以甲兵释怒,用大正顺天思序,纪于大帝,用名之曰绝辔之野。乃命少昊清司马鸟师,以正五帝之官,故名曰质。天用大成,至于今不乱。⑥

---

① 王念孙:《广雅疏证》,第 359 页。
② 郭庆藩:《庄子集释》,第 530 页。
③ 郭庆藩:《庄子集释》,第 531 页。
④ 《十三经注疏·毛诗正义》,第 917 页。
⑤ 桂馥:《说文解字义证》,第 1163 页。
⑥ 黄怀信、张懋镕、田旭东:《逸周书汇校集注》,第 731—735 页。

杀蚩尤后,"正五帝之官",使"天用大成,至于今不乱",说的绝不是人间之历史,而显然是"天事",古今注家于此多有清醒之认识。①杀蚩尤于"冀中",此"冀",也不是后来九州概念形成后的冀州,而是具有特定含义的表示"中土"的一个概念。《左传·哀公六年》(前489年)引《夏书》曰:"惟彼陶唐,帅彼天常,在此冀方。"《山海经·大荒北经》"冀州之野",郭璞注:"冀州,中土也。"②《淮南子·墬形训》:"正中冀州,曰中土。"高诱注:"冀,大也。四方之主,故曰中土也。"③

确定"中央"是历法制定的关键,所以"杀蚩尤于中冀""正五帝之官""天用大成"云云,说的也都是历法修订后天地次序化之事。关于涿鹿之战,《逸周书·史记解》则谓:

> 武不止者亡。昔阪泉氏用兵无已,诛戮不休,并兼无亲,文无所立,志士寒心,徙居之于独鹿,诸侯畔之,阪泉以亡。④

此"阪泉氏"指的自然是蚩尤。《左传·僖公二十五年》(前635年):"遇黄帝战于阪泉之兆。"《北堂书钞》卷一一三引《六韬》云:"昔烦厚氏用兵无已,诛战不休,至于逐鹿之野。诸侯叛之,烦厚氏以亡也。""阪""烦"字与"蜂"皆一声之转。《大戴礼记·用兵》:"公曰:'蚩尤作兵与?'子曰:'否。蚩尤,庶人之贪者也,及利无义,不顾厥亲,以丧厥身。蚩尤惛欲而无厌者也,何器之能作!蜂虿挟螫而生见害,而校以卫厥身者也。'"王聘珍注:"蜂虿挟螫,譬蚩尤也。"⑤这段假托孔子的文字大有意味,或上古本有蚩尤

---

① 《逸周书汇校集注》引丁宗洛云:"思序纪于天帝,犹言正天帝之四行五常也。"又引潘振云:"五帝,五行之帝也。"又引庄述祖云:"乃命少昊清,言以蚩尤所居曰清。清,青田也。司鸟师以正五帝之官,故名曰质,鸟师,《春秋内传》备矣。以其能,正官师以成天事,故锡以嘉名。五帝,五行之帝,主四时者。"(见黄怀信、张懋镕、田旭东:《逸周书汇校集注》,第734—735页)陈久金据《史记·历书》"少昊氏之衰也,九黎乱德,民神杂扰,不可放物。……三苗服九黎之德,故二官咸废所职,而闰余乖次,孟陬殄灭,摄提无纪,历数失序",以为旧历(陈氏以为是农历)出了问题,黄帝用"阴阳五行历"代之。(参见陈久金:《中国天文大发现》)
② 袁珂:《山海经校注》,第431页。
③ 刘文典:《淮南鸿烈集释》,第131页。
④ 《逸周书汇校集注》引刘师培云:"《玉海》四十六引'阪泉'作'阪原'。《书钞》引《六韬》作'烦厚',厚即原讹,与此合。"(见黄怀信、张懋镕、田旭东:《逸周书汇校集注》下册,第965页)
⑤ 王聘珍:《大戴礼记解诂》,第210页。

为"蜂蚕"之说也。①

四、蚩尤是《山海经》也是鼎上之图像,其原型是"天蜂"星象

(一)"蚩尤"是上古铜器上的图像

我们为什么在上面花那么多笔墨谈蚩尤,是因为蚩尤必是鼎上之图像,是所谓"饕餮"之一,弄清蚩尤的真实身份,对认识古器物纹饰,认识"古人之象"包括上古之象形文字皆有意义。我相信《书·吕刑》及《逸周书·尝麦解》关于黄帝杀蚩尤的传说源自《山海经》:

> 蚩尤作兵伐黄帝,黄帝乃令应龙攻之冀州之野。应龙畜水,蚩尤请风伯雨师,纵大风雨。黄帝乃下天女曰魃,雨止,遂杀蚩尤。(《大荒北经》)

这段文字的内蕴与《逸周书》等所载无异,看似扑朔迷离,实际上讲的是星象历法之事。关于"蚩尤"的"形象",《初学记》卷九引《归藏·启筮》云:"蚩尤出自羊水,八肱八趾疏首,登九淖以伐空桑,黄帝杀之于青丘。""八肱八趾"的蚩尤,切合"天蜂星"之形象,因其为北斗第八星。而"疏首",《说文》云:"疏,通也。从㐬,从疋,疋亦声。"又云:"'㐬'或从到(倒)古文子。"②意思是"㐬"字像个倒写的"子"字,因以称逆子。"疋"字,《说文》云:"足也。上象腓肠,下从止。《弟子职》曰:'问疋何止。'古文以为《诗·大雅》字。亦以为足字。或曰,胥字。一曰,疋,记也。凡疋之属皆从疋。"段

---

① 涿鹿之战之"涿鹿"之字义亦耐人寻味,"涿鹿"有用刀伤人头之意。王引之曰:"《御览·刑法部》黥下引《尚书刑德放》曰:'涿鹿者,笞人颡也。黥者,马羁笞人面也。'又引郑注曰:'涿鹿、黥,皆先以刀笞伤人,墨布其中,故后世谓之刀墨之民也。'然则墨刑在面谓之黥,在额谓之涿鹿。涿古读若独。涿鹿,叠韵字也。'头庶剸'即涿鹿黥。头、涿古同声,庶即鹿之伪耳。"(见皮锡瑞:《今文尚书考证》引,第 440 页)"涿鹿"是叠韵字,涿古读若独,所以《逸周书·史记解》有"阪泉氏"徙居"独鹿"之说。这自然不是文字上的一种巧合,考虑到"天蜂星"正处于北斗星斗柄处,头、涿古同声,则所谓的"涿鹿之战"原说的是"天事",不是更为清楚了吗?《左传·僖公二十五年》(前 635 年):"使卜偃卜之,曰:吉。遇黄帝战于阪泉之兆。"黄帝战阪泉就是所谓的涿鹿之战,然则"涿鹿之战"或出于星占家之占词,其星占,关乎"天蜂星",天蜂星所占者固多为战事也。

② 段玉裁:《说文解字注》,第 1291 页。段

玉裁注:"雅,各本作'疋'误。此谓古文假借疋为雅字,古音同在五部也。……记下云:'疋也。'是为转注。后代改疋为疏耳。疋、疏古今字。此与'足也'别一义。"①"疋"与"疏"为古今字,此字必含有丰富的文化内涵。《诗·小雅·鼓钟》:"以雅以南,以籥不僭。"郑玄《笺》:"雅,万舞也。……周乐尚武,故谓万舞为雅。雅,正也。"②而"万舞"所祭祀的对象,就是天上的"天蜂星"。

关于蚩尤,《山海经·大荒南经》尚有一说:

> 有宋山者,有赤蛇,名曰育蛇。有木生山上,名曰枫木。枫木,蚩尤所弃其桎梏,是为枫木。

郭璞注以为,这里的蚩尤仍与黄帝有关:"蚩尤为黄帝所得,械而杀之,已摘弃其械,化而为树也。"宋山赤蛇名"育蛇",而"蠚"有"螫"名,《尔雅·释虫》曰:"蠚丑螫",郭璞注:"垂腴也。"郝懿行疏曰:"螫者,《说文》云:'蠚丑螫。腹腴也。'《尔雅翼》引《孝经援神契》曰:'蜂虿垂芒。'按蠚类腹多肥腴下垂,以自休息,非必欲螫人也。《说文》得之。徐锴本蠚作蠆。盖蠚古文作蠚,与蠆形近,故伪耳。"③郝氏所说甚是。段玉裁《说文解字注》误作"蠚丑螫"。又"枫木"之"枫"音同"蠚",则此传说当关合"蠚",亦即天上之"天蜂星"也。袁珂于此条后作按语云:

> 《路史·后纪四·蚩尤传》于记蚩尤被杀之后,复说云:"后代圣人著其像于尊彝,以为贪戒。"其说当有所本。罗苹注云:"蚩尤天符之神,状类不常,三代彝器,多著蚩尤之像,为贪虐者之戒。其状率为兽形,傅以肉翅。"[吴任臣《山海经广注》(大荒北经)引《博古图》略同此说]揆其所说,殆饕餮也。④

宋人之名鼎图为"饕餮",绝非随意为之,而是追本朔源,具有文献根据。宋人还认识到鼎图未必如《吕氏春秋》所说的是周鼎,而可能是夏商之物,也说明他们的眼光不凡。值得注意的是蚩尤之像"其状率为兽形,傅以肉

---

① 段玉裁:《说文解字注》,第151页。
② 《十三经注疏·毛诗正义》,第807页。
③ 郝懿行:《尔雅义疏·释虫》,中国书店,1982年(影印本)。
④ 袁珂:《山海经校注》,第374页。

翅"之说,蜂胸部背面有双翅能飞,正是有"肉翅"者。

蜂之类的昆虫,在上古文化中的作用不可小视,故古人常常将它们神化甚至成为崇拜的对象,这种崇拜蜂类昆虫现象,绝不限于中土,例如在贝加尔湖布里亚特族的巫师跳神礼中,跳神者会被视为黄蜂的化身。在美洲,蜂、蜻等都是原住民的传统崇拜对象。古埃及人不仅崇拜金龟子,也崇拜大黄蜂(Vespaorientalis),埃及第一王朝的开国之君曾以大黄蜂作为下埃及王国的象征。埃及第五王朝的寺庙中则存有刻着养蜂人向蜂窝吹烟驱蜂的浮雕。西伯利亚考古学家 C. B. 阿尔金在研究红山文化所谓的"猪龙",推论红山"猪龙"形象和猪没有关系,而是源自古人对幼虫的观察。阿尔金与昆虫学家合作,确认了这些"猪龙"实际上是模仿自叶蜂(Tenthredinoidea)金龟子科的甲虫(Scarabaeidae)等类昆虫的幼虫。他更进一步推测,殷商玉龙形貌来源应该也和"猪龙"相同。[①]

《山海经·中次六经》:"中次六经缟羝山之首,曰平逢之山,南望伊洛,东望谷城之山,无草木,无水,多沙石。有神焉,其状如人而二首,名曰骄虫,是为螫虫,实惟蜂蜜之庐。其祠之:用一雄鸡,禳而勿杀。"郭璞注:"在济北谷城县西,黄石公石在此山下,张良取以合葬耳。"郝懿行案云:"《地理志》云'河南郡谷城盖县因山为名,山在今河南洛阳县西北。'郭云在济北者,《晋书·地理志》云'济北国谷城'是矣。《水经》'济水过谷城县西',注引《魏土地记》曰:'县有谷城山,山出文石。又云有黄山台,黄石公与张子房期处也。'"[②]

这里的"如人而二首"的"骄虫"神显然与"蜂"有关,"是为螫虫,实惟蜂蜜之庐",说得很清楚,而蜂类昆虫,幼时尾巴上有带犬齿的假头或尾刺,也就是说,它的前面可见头嘴,后面可见尾犬齿,呈现前后"有头"的"二首"现象。郭静云推测古代礼器上的"双首龙""双首饕餮"源于自然界

[①] 郭静云:《天神与天地之道——巫觋信仰与传统思想渊源》,上海古籍出版社,2016 年,第 33 页。

[②] 郝懿行:《山海经笺疏》,第 227 页。作为"蜂蜜之庐"的"谷城之山"是所谓黄石公所在地,意味深长。《史记·留侯世家》载张良年轻时遇圯上老人,老人给他一本书说:"读此书则为王者师矣。后十年兴。十三年孺子见我济北,谷城山下黄石即我矣。"老人给张良的书是《太公兵法》,张因此惊异,常诵读此书。后十三年从刘邦到济北,果然见到谷城山下黄石,取而保存之,张良死后,与黄石合葬。黄石公的神奇故事乃张良的故弄玄虚,但黄石所在之地,或上古祀"天蜂(玄戈)"之所,则黄石公为"天蜂"化身,故赐张良兵书也,张良必通天文者,编此故事为神化自己,谓为得天上天蜂(战神)之助也。而《山海经》以"谷城山"作为"蜂蜜之庐"是此山乃"天蜂星"之分野,故亦为祭祀"天蜂"之地。可见张良以"黄石"在谷城山,亦并非空穴来风,而谷城之为祀"天锋(蜂)星"之山,由来久矣。

昆虫的幼虫。她指出，昆虫代表羽化再生、神妙变形以及胚胎的多生发育等三种互相关联的概念。从而推断："自然界里的幼虫尾巴上有犬齿，与红山出土双头龙的造型相似，有些红山玉器造型非常写实地重现了幼虫的身体特征。在商周礼器上也随处可见头尾双嘴龙，或双头夔龙，或尾端简化为尾刺等神龙的造型。三代礼器上频繁出现这些张开嘴的双首龙、双尾龙、尾刺龙、成对夔龙、双龙饕餮等，都是双嘴龙的变形体。"①

（二）商周青铜器"蝉纹"为"蜂纹"之误读

郭静云的观点值得重视，古代礼器之纹饰肯定存在昆虫因素，特别是蜂类昆虫。我们这里要强调指出的是，商周青铜器向来被认为是"蝉纹"的纹饰，可能是一种误读，所谓的蝉纹，很有可能是"蜂纹"。这种"蝉纹"，宋代金石学家开始命名，一直沿用至今。朱凤瀚《中国青铜器综论》概括"蝉纹"的特点云："蝉纹皆具有共同特征：两只大目，体躯作长三角形，上部作圆角，腹部有条纹。可分为有足与无足两种。"容庚《商周彝器通考》把"蝉纹"分为五类。辛爱罡《商周青铜器上的蝉纹》一文则把"蝉纹"分成无足蝉纹、有足蝉纹和异形蝉纹三类。辛氏之分类为很多研究者所采用。这种纹样，在殷墟文化期极为盛行，青铜器上最为常见，到西周初期，这种纹样还持续了一段时期，以后就逐渐消失了。然而这种纹样，真的是所谓"蝉纹"吗？

蝉纹之说，完全有可能是对"蜂纹"的误读。蜂纹的神圣性涵义可以在它所象征的天上的星辰得到体现，同时可以得到上古文献的有力印证，蝉纹说则否。其实怀疑这类纹饰是所谓的"蝉纹"的也大有人在，如丁山在20世纪40年代末就认为这种昆虫不是蝉，而是《庄子·达生》所云"灶有髻"的鬼物。②刘敦愿认为，存世青铜器有"蝉纹"的为数不少，大体可分为繁、简两种形式。繁体的以武丁时期的铜器、玉器为较早；简体的运用范围较宽，除了仍然会以鼎上最多之外，觚上也常见到，不过形体很小，其他如卣、罍、斗、俎等器上也偶然有之。他说："这类纹样，形体较大，繁简皆有，性质介于纹饰与文字之间，应是一种含有神圣意味的符号，但用意何在，也有待研究。这种纹样约定俗成地称之为'蝉纹'已经千年之久，但

---

① 郭静云：《天神与天地之道——巫觋信仰与传统思想渊源》，第42页。
② 丁山：《中国古代宗教与神话考》，第324页。

这种高度装饰化了的昆虫,是否真的就是蝉类呢?这个问题很值得考虑。"①刘敦愿的怀疑有充分的理由,"蝉纹"未必着意于蝉。但他提出所谓的"蝉纹"是灶马却未必站得住。这种高度装饰化了的昆虫更有可能是蜂,因为它是天上天蜂星所取象者,故含有神圣的意味,且它的确介于纹饰与文字之间,它与"万"字的渊源关系我们上文已作了较为详细的阐释。

这类被解读成"蝉纹"的蜂纹多见于鼎、簋、觚、爵等礼器,蜂纹下衬底的往往有云雷纹,显示"蜂"关乎天象。殷周先民重祭祀,鼎、簋等礼器是祭祀天地神灵的重器,作为"天蜂星"象征的"蜂"成为祭祀对象并不奇怪。

青铜器之"蜂纹",除了头部有两个大大的眼睛外,我们注意到一般有突出的前吻,此前吻,有的刻画成"箭头"状或"心"字形;而其尾部则往往饰有倒三角形或倒"⊥"形及"丨"形,当是蜂的尾刺符号,表现蜂的刺击(武)的能力。又身上有所谓"波浪形体节",乃蜂身上之条纹。如1976年河南安阳小屯5号墓出土的属殷中期的青铜觯,蜂纹饰于口沿,竖置,大眼,箭头形蜂吻突出,尾部有三角标示(图16-1)。1995年河南安阳郭家庄东南26号墓出土的属殷商中期的分裆鼎,蜂纹饰于口沿,无吻,其躯干尾部有明显的倒"⊥"符号(图16-2)。属殷墟晚期之'射女鼎',蜂纹饰于腹部,前吻突出似箭头,尾部有"丨"线(图16-3)。

图 16-1　殷中期青铜觯纹饰　　图 16-2　殷商中期分裆鼎纹饰　　图 16-3　殷墟晚期射女鼎纹饰

值得注意的是,殷墟出土的矛、钺、弓形器等兵器上均刻画有"蜂纹",这是因为蜂是天蜂星,天蜂星是天上的"兵神",将"兵神"形象刻画于所用之武器,其祈求获得神助,以战胜对手之意十分明显。若解释成蝉,兵器上刻画蝉何意?或谓:"兵器上的蝉表达了人们的一种希冀,既希望可以获得神灵庇佑,也希望即便是战死,同样可以灵魂不朽获得重生。"②不说蝉与勇武无关,刻画蝉纹求灵魂不死,是考虑到战死,战死不吉之至,商周

---

① 刘敦愿:《美术考古与古代文明》,人民美术出版社,2007年,第167页。
② 胡蔚波:《商周青铜器上的蝉纹之美》,《文物鉴定与鉴赏》2021年第2期。

人避之不及,岂肯刻画于自己所用的武器!

大蜂之"武",在所谓"有足蝉纹"上更有充分的体现,有足蜂纹,分二足、四足、六足三类,其足均有夸张的表现,布满两侧,而有明显的钩牙,显示的是一种张牙舞爪的姿态,如殷墟晚期之"箙鼎",蜂纹饰于口沿,横置一周带,首尾相连,六足,前两足向上伸出,后足伸出在尾端两侧,均有钩牙(图16-4)。同属殷墟晚期的"父丁卣",蜂纹饰于盖侧,后足上部及中段也均有钩牙(图16-5)。西周早期陕西宝鸡出土的铜斗,蜂纹饰于斗柄,头部三角形前两足从肩部伸出至头部两侧,后两足从肩部向下至尾端两侧,后足上部与中段有钩牙(图16-6)。全然是武备森严的样子,与所谓表示"饮食清洁"的蝉的象征意味全然无涉。

图16-4　殷墟晚期　　　图16-5　殷墟晚期　　　图16-6　西周早期
　　　　箙鼎纹饰　　　　　　　父丁卣纹饰　　　　　　铜斗纹饰

抽象的蜂纹在商周青铜器上亦常见,往往将蜂足作极为夸张的表现,如1986年出土于河南信阳的西周早期之父壬卣,上下都有的长长的蜂足加上钩牙,让我们很容易联想到钩形的刀、戈之类的兵器,而"玄戈"正是天蜂星的另一名字,如此武装到牙齿的"兵象",显然也是为了突出"大蜂"作为战神的"武"的特征(图16-7)。而西周早期之父辛卣,同样四足伸展成弯刀、戈之类的兵器,四足中间具有钩牙,完全是张牙舞爪的样子(图16-8)。

图16-7　西周早期父壬卣纹饰　　　图16-8　西周早期父辛卣纹饰

(三)商周青铜器"饕餮纹"原型与天上"天蜂"星象

上文指出,古来一直有"饕餮纹"(或云"兽面纹")是"蚩尤"之说,而蚩尤之原型是大黄蜂之类的大蜂,也即天上天蜂星之事实之揭示,也为我们探索兽面纹的动物原型以及它的底蕴找到了新的线索,商周青铜器上所谓的"蝉纹"颇有些接近于"饕餮纹"的,后者有些被认定为"饕餮纹"的与"蝉纹"几无区别。如湖北黄陂盘龙城李家嘴2号墓出土的鼎腹纹饰,以双圆目为主体,双目上有"T"形符,下则呈弯钩状,眼眶之左右两边除了伸出弯钩,则是常见的夸张的钩刀状四足。

与此相近的纹饰还见于河南郑州铭功路商墓出土鼎上,两个大圆目,双目上有"T"形符,上下各有一对钩刀状的足,中间均有钩牙,向左右两旁伸展,杭晓春目为"刀状"及"羽化刀状尾"。① 与图 16-7、图 16-8 之所谓"蝉纹"异曲同工,主要的区别在于,"蝉纹"之头部是横置的而已。

殷墟出土之"寝出爵",饰于口沿之纹饰,论者也以为是"蝉纹"(图 16-9),呈三角形,有两对云雷纹,上面一对可以理解为是"蝉"的双目。同为殷墟出土的兽面纹鼎,腹部饰所谓"蝉纹",竖置一周,头部朝上,上下皆由云雷纹组成。这样的由云雷纹组成的"蜂纹",在其他青铜器纹饰上均有发现,是天上天蜂星的象征,同时它本身即与"饕餮纹"(兽面纹)极为相似。我以为"饕餮纹"与往往置于器物口沿、足部等处的所谓"蝉纹"未必就是两种不同纹饰,它们可能是不同表现的具有相同内涵的纹饰。河南安阳武官村出土的簋纹(图 16-10),云雷纹变得繁缛、复杂,但中间的"戟"与"斗"状,似乎昭示着它作为"天蜂星"的性格,很值得注意。

图 16-9　殷墟寝出爵纹饰　　　图 16-10　商代簋纹

再看相对较典型的河南信阳父丁簋"饕餮纹"(图 16-11),双目上方的"T"形之一竖省略,中间有箭头状,箭头左右上方各有一把弯刀,与两边之弯钩及钩牙,显示的还是"武"的特征。上海博物馆藏西周旅鼎"饕餮纹"(图 16-12),双目上面之"T"形状有所变异,而中间之箭头,箭头上方有弯刀两把,两侧之弯钩、钩牙则与"父丁簋"之纹饰完全一致。这样的例子还

---

① 杭春晓:《商周青铜器之饕餮纹研究》,文化艺术出版社,2009 年,第 60 页。

可以举出很多。

图 16-11　西周父丁簋纹饰

图 16-12　西周旅鼎纹饰

笔者欲指出的是，所谓"饕餮纹"，其原型，过去有羊、牛、虎、蚩尤等多种说法，林巳奈夫还提出"金雕"说。①段勇以为是"幻想动物"，它把兽面纹大致分成牛角类、羊角类和豕耳类三类。②其中的蚩尤之说，最值得注意，但论者于蚩尤之本质，尚缺乏正确之认识，故前人论证"饕餮"为蚩尤，亦少见圆融者。其实，蚩尤乃天上"天蜂星"（玄戈星）的人格化，蚩尤的形象以及围绕蚩尤产生的种种神话、传说，大多能够在天蜂星象的特征及属性中得到解释。天蜂星取象人间之大蜂，则所谓"饕餮"，其原型，应该是人间黄蜂之类的大蜂。商周青铜器之"饕餮纹"，皆有一对大圆目，这切合蜂之大眼特点，这且不说。"蜂纹"展示"武"的特征十分明显，这在被认为是"蝉纹"的无足形的纹饰中已经表露无遗，而有足类型的蜂纹饰中，蜂足大多被刻画成弯刀、弯戈形，那种张牙舞爪的样子与天上的"玄戈星"正相应合，而"饕餮纹"与有足的"蜂纹"，大多极为相似，与蜂足向上下伸展的形象不同的是，"饕餮纹"是向左右两边伸展其兵器的足的，这可能与"饕餮"在器物上的位置有关，"饕餮"若被置于器物的腹部而非口沿等部位，其足势必无法主要向上下伸展，而只能向左右两边拓开了，仔细观察"饕餮"两边之纹饰，与所谓"蝉纹"其实并无二致。所以结合《山海经》及其他典籍的相关记载，可以确定"饕餮"正是天上"天蜂星"之象。

综上所述，我们大致可以明白，万字本义乃天上之"天蜂（锋）星"，天蜂（锋）星取象者乃人间之大蜂，故以头上双角拟其形，蜂与万音近可通，上古"万舞"，当为祭祀"天蜂"之仪式舞蹈，"祃（貉）祭"祭祀的对象同样是天蜂（锋）星，祃、貉上古音与万亦相近故通用。祃祭它与"万舞"的区别，万舞有较为固定的时节，目的在于确定时间与训练等；而"祃祭"则是在动用大众进行狩猎、垦荒或出征等大事时，在狩猎垦荒之地祭祀"天蜂（锋）

---

① ［日］林巳奈夫：《神与兽的纹样学——古代中国诸神》，常耀华等译，第31页。
② 段勇：《商周青铜器幻想动物纹研究》，上海古籍出版社，1980年，第28页。

星",以求士气倍增,获得有效成果的祭神祷告仪式。"天蜂(锋)星"而衍为作为兵神、战神、明时之神等的"蚩尤",不仅因为"天蜂(锋)星"的星占、主时等特点与"蚩尤"相应,这种衍变也有文字的轨迹可寻,如"蚩"字,当是"蠚"字之省,又作"蠚",原或指"万"。而后出之"虿"字,笔者以为指蝎字,或是对"天蜂(锋)星"象之"万"之去魅化所致。这里我们借用马克斯·韦伯的理论,说明文字说解中也存在所谓的"合理化""理性化"的趋向,这种文字解释的去魅化很早就已开始,今日尤甚。然这种文字解释的去魅化实在是古文字认知的大敌,古文字中的"魅"是客观存在。如"万"字表星辰之本义(此为其魅)已不为人知,故尽量去牵合人间之虫。然文字初创之神权时代,其所创之文字,必涵蕴该时代之特有文化与思想。文字者,文化之产物也,今日我们研究古文字,绝不能离舍文字产生之时之文化,而仅仅于其字形状结构以及声音为说也。

而上古器物上的所谓"蝉纹",乃是对"蜂纹"的误读,古人在青铜礼器上刻画表现"饮食清洁""重生复活"是不可思议的。商周时确有"玉蝉"之类小器物的制作,但那只是人们把玩、佩戴的对象,那时的人们没有将蝉看作神圣对象。青铜重器上刻画的"象",我相信主要是星象,而且是重要的星象,蝉并非什么星象的符号,所以刻画在青铜重器上的可能性不大。

"饕餮纹"或曰"兽面纹",它们都是"神灵"的象征,这种神灵,其原型,应该都是天上的星辰。商周及它们以前的古人存在星辰信仰不容置疑。天上星辰不一,则不同之"兽面"表现的星辰亦不一。我们若从这个角度去研究商周时代甚至更早时代的器物纹饰,或许能够早些真正解开古人给我们留下的这个大谜。

第十七章
"禹敷土"本义考辨及对大禹治水事迹的重新认识

一、前人对禹"敷土"的解释

大禹治水的传说今日可谓尽人皆知,然上古典籍多载禹"敷土",如《书·禹贡》开首即言:"禹敷土,随山刊木,奠高山大川。"①《诗·商颂·长发》:"洪水芒芒,禹敷下土方。"西周中期的青铜盨,所谓《豳公盨》铭文曰:"天命禹尃土。"裘锡圭先生以为"尃"实"敷土"之"敷"的本字。②

禹"敷土"到底是什么意思?虽说古今学者都以"大洪水"与"敷土"为相承接之事,也就是说他们都是在禹治理洪水的背景下理解禹之"敷土"的,但对"敷土"的解释仍不尽一致,关于敷土之"敷"字,大别之有四种解释:

一谓"交付"。此"敷",《史记·夏本纪》云:"禹乃遂与益、后稷奉帝命,命诸侯百姓兴人徒以傅土,行山表木,定高山大川。"司马贞《索隐》云:"《大戴礼》作'傅土',故此纪依之。傅即付也,谓付功属役之事。"③

二谓"分"。《书·禹贡》孔《传》云:"洪水泛溢,禹分布治九州之土,随行山林,斩木通道。"④马融也训"敷"为"分",裴骃《史记集解》引马融曰:"敷,分也。""分"通"别",所以"禹敷土"或谓即禹治理洪水后的"别九州"。《禹贡》序:"禹别九州,随山浚川,任土作贡。"《史记·河渠书》引《夏书》云:"禹抑洪水十三年,过家不入门。陆行载车,水行载舟,泥行蹈毳,山行即桥。以别九州,随山浚川,任土作贡。通九道,陂九泽,度九山。"

三谓以"敷"为"大"。《周礼·春官·大司乐》有乐舞名"大夏",郑玄

---

① ④ 《十三经注疏·尚书正义》,第191页。
② 裘锡圭:《中国出土古文献十讲》,复旦大学出版社,2004年,第49页。尃、傅、旉、敷,属于所谓的古今字,意义相同。《尚书》敦煌唐写本及日本古写本、内野本皆作"旉",薛居宣本作"尃"。
③ 司马迁:《史记》,第51页。

注云:"大夏,禹乐也。禹治水傅土,言其德能大中国也。"①《诗·商颂·长发》:"禹敷下土方。"郑玄《笺》云:"乃用洪水,禹敷下土,正四方,定诸夏,广大其竟界之时,始有王天下之萌兆。"②

四谓"布"。此说其实出现最早,亦为古代经师所较普遍地认同。《山海经·海内经》云:"洪水滔天,鲧窃帝之息壤以堙洪水,不待帝命,帝令祝融杀鲧于羽郊。鲧复生禹,帝乃命禹卒布土,以定九州。"又曰:"禹鲧是始布土,均定九州。"郭璞注:"布犹敷也。《书》曰:'禹敷土,定高山大川。'"③《山海经·海内经》之"布土"与《尚书》之"敷土"是一个意思,则"敷土"的本义当为"布土"。

除了以"敷"训"付",其他训"分"训"大"之说,皆以"禹别九州"为出发点,其实大旨略同而小有区别,汉代经师大致尚知"敷"为布之古训,知"敷土"与"别九州"之内涵相通也,而不知"布土"之"布"另有星祭之义,故于禹"敷土"之认识,终未能达其旨也。

二、"布土"与上古的天象观测及分野确定

(一) 祭星曰布

《说文》"寸"部:"尃,布也。从寸,甫声。"④《诗·小雅·小旻》:"旻天疾威,敷于下土。"毛《传》"敷,布也。"郑玄《笺》:"其政教乃布于下土。"《诗》《书》等上古典籍之"敷土",可作"布土",或来源于《山海经》之说。那么,"布土"到底是什么意思?"布",《尔雅·释天》:"祭星曰布。"郭璞注:"布散祭于地。"《释文》引李巡曰:"祭星者以祭布露地,故曰布。"又引孙炎曰:"既祭,布散于地,似星布列也。"⑤祭星为什么叫"布",郭璞等人的解释是祭星时祭品布散于地,像天空中星辰的布列。当然上古祭星不单纯是一种祭祀仪式,它还包括对星辰的观测以确定时节等,此所以古人祭星还要立坛。《礼记·祭法》云:"幽宗,祭星也。"郑玄注云:"宗,皆当为禜,字

---

① 《十三经注疏·周礼注疏》,第834页。
② 《十三经注疏·毛诗正义》,第1453页。
③ 郝懿行:《山海经笺疏》,第448页。
④ 段玉裁注云:"《汉书》《上林赋》'布结缕',《史记》布作尃。徐广曰:'尃,古布字。'按,尃训布也,非一字。"(段玉裁:《说文解字注》,第217页)
⑤ 《十三经注疏·尔雅注疏》,第181页。

之误也。幽荣，亦谓星坛也，星以昏始见，荣之言营也。"①布土，是在分野的意义上，将天上的星宿与地上之山川土地做对应性安排的概念，并非单纯的对所谓九州之地的划分，《书·大禹谟》中所谓的"地平天成"就是这个意思。其前提是对天象的观测与历法的制定。

尧、舜、禹时代所谓的大洪水，以及所谓的治水，"凿龙门，辟伊阙"等，皆是不可能的事情，这一点很多学者已经指出，这里不必赘述。洪水是混沌的象征，禹治水的真意，首先乃是指他的规天划地，也就是通过对日月星辰（包括二十八宿在银河的位置）的观测，制定历法，同时将天上的星辰与地上的区域做对应性的划分，形成所谓的分野。②这些工作的完成就意味着"地平天成"，天地的次序建立起来了，意味着混沌（大水）之被克服。

(二)"布土"与"保章氏"之"星土"

布土，古代典籍亦谓之"星土"，《周礼·春官·保章氏》谈到"保章氏"之职守："以星土辨九州之地，所封封域，皆有分星，以观妖祥。"郑玄注：

> 星土，星所主土也。封犹界也。郑司农说星土以《春秋传》曰"参为晋星""商主大火"，《国语》曰"岁之所在，则我有周之分野"之属是也。玄谓大界则曰九州，州中诸国中之封域，于星亦有分焉。其书亡矣。《堪舆》虽有郡国所入度，非古数也。今其存可言者，十二次之分也。星纪，吴越也；玄枵，齐也；娵訾，卫也；降娄，鲁也；大梁，赵也；实沈，晋也；鹑首，秦也；鹑火，周也；鹑尾，楚也；寿星，郑也；大火，宋也；析木，燕也。此分野之妖祥；主用客星彗孛之气为象。③

古代很早就有分野之说，不仅《左传》《国语》有明确记载。表面看这种记

---

① 《十三经注疏·礼记正义》，第1296页。郝懿行云："祭星者，盖为坛祭之。《祭法》云：'幽宗祭星也。'郑注：'宗当为崇字之误也。幽亦谓星坛也。星以昏始见。崇之言营也。'布者《释文》引李巡曰：'祭星者，以祭布露地。故曰布。'孙炎曰：'既祭，布散于地，似星辰布列也。'《埤雅》二十引《释名》云：'祭星曰布，布取其象之布也（今《释名》无）。'按《封禅书》有诸布、诸岩、诸逑织女属。《索隐》引《尔雅》或云：'诸布是祭星之处。'《淮南·氾论篇》云：'羿除天下之害而死，为宗布。'高诱注：'羿，尧时诸侯，有功于天下，故死托于宗布。或曰司命旁布也。'按司命是星名，祭星之布义，或本此。"（见郝懿行：《尔雅义疏》）
② 参见尹荣方：《大禹治水祭仪真相》，《中原文化研究》2018年第1期。
③ 《十三经注疏·周礼注疏》，第1020页。

载只限于少数星辰与地上区域的对应,如"参为晋星""商主大火"等,但可以说明古代的分野说一定还涉及其他星辰与区域,所以郑玄认为九州州中诸国皆有分星,只是"其书亡矣",这是非常可惜的,差可告慰的是,十二次之分野尚存。

关于禹治水关乎对天地的测量等(这种测量建立在对日月星辰运行的观测的基础上),在早期文献《诗·商颂·长发》中其实说得很清楚:"洪水芒芒,禹敷下土方。外大国是疆,幅陨既长。"郑玄《笺》云:"禹敷下土,正四方。"《毛传》:"诸夏为外,幅,广也;陨,均也。"①大意是说禹正四方,定诸夏,扩大了疆界。然《管子·七法》云:"犹立朝夕于运均之上。"尹知章注:"均,陶者之轮也。立朝夕,所以正东西也。"②是"均"即"轮"也。《周礼·地官·大司徒》:"以天下土地之图,周知九州之地域广轮之数。"贾公彦《疏》引马融注:"东西为广,南北为轮。"③然则"幅陨"两字,指东、西、南、北四方也,则此两句意为"内外疆界既定,四方(极)既正"。此地之"长",当训为"正"也。④则"禹敷下土,正四方"之后所说的"外大国是疆,幅陨既长",说的乃是"禹敷土"后,完成了对天地的测量。

《山海经·海外东经》的具体表述为:

> 帝命竖亥步,自东极至于西极,五亿十选九千八百步。竖亥右手把算,左手指青丘北。一曰禹令竖亥。一曰五亿十万九千八百步。⑤

可见这种对"天地"的测量是何等古老。又《后汉书·郡国志》刘昭注:

> 《山海经》称禹使大章步自东极,至于西垂,二亿三万三千五百里七十一步。又使竖亥步(自)南极,北尽于北垂,二亿三万三千五百里七十五步。四海之内,则东西二万八千里,南北二万六千里。⑥

---

① 《十三经注疏·毛诗正义》,第 1452 页。
② 黎翔凤:《管子校注》,第 107 页。
③ 《十三经注疏·周礼注疏》,第 334 页。
④ 《尔雅·释诂》:"正、伯,长也。"《诗·曹风·鸤鸠》:"正是四国。"毛《传》:"正,长也。"《小雅·斯干》:"哙哙其正。"毛《传》:"正,长也。"《国语·楚语上》:"天子之贵也,唯其以公侯为官正。"韦昭注:"正,长。"皆其例。
⑤ 袁珂:《山海经校注》,第 258 页。
⑥ 范晔撰、李贤等注:《后汉书》,中华书局,1965 年,第 3387 页。

《淮南子·墬形训》所记略同。禹或"帝"之使竖亥和大章的"步",是推步、测量之意。①这种推步、测量,首先建立在立表测影的基础上,还要运用规、矩(主要是矩)等测量工具,《淮南子·本经训》云:"天地之大,可以矩表识也。"高诱注:"矩,度也。表,影表。识,知也。"②关于用"矩表"测量天地,《周髀算经》卷上通过周公与商高的对话对此有详细的说明:

> (周公)请问数安从出?商高曰:"数之法出于圆方,圆出于方,方出于矩,矩出于九九八十一。故折矩,以为勾广三,股修四,径隅五,既方之外,半其一矩。环而共盘,得成三四五。两矩共长二十有五,是谓积矩。故禹之所以治天下者,此数之所生也。"③

> 请问用矩之道?商高曰:"平矩以正绳,偃矩以望高,覆矩以测深,卧矩以知远,环矩以为圆,合矩以为方。方属地,圆属天,天圆地方。方数为典,以方出圆,笠以写天。天青黑,地黄赤,天数之为笠也,青黑为表,丹黄为里,以象天地之位。是故,知地者智,知天者圣。智出于勾,勾出于矩。夫矩之于数,其裁制万物,惟所为耳。④

二十八星宿也是人们观测的对象,《周髀算经》卷下又曰:

> 立二十八宿,以周天历度之法。术曰:倍正南方,以正勾定之。即平地径二十一步,周六十三步。令其平矩以水正,则位径一百二十一尺七寸五分,因而三之,为三百六十五尺四分尺之一,以应周天三

---

① 刘宗迪指出:竖亥步天是禹的授意,竖亥用的正是"禹所以治天下"的方法,图中竖亥手中所执之"算"或许就是测量之规矩,而非计数之算筹,经文所谓"竖亥右手把算,左手指青丘北",正是描绘的竖亥手把规矩尺进行测量时的动作情态,而不是运筹推算的动作情态:手臂伸直,竖立矩尺,眼睛顺手臂的方向经过矩尺与远方的目标取准,根据相似三角形原理就可以很简单地测得目标的尺度和距离(见刘宗迪:《失落的天书——〈山海经〉与古代华夏世界观》,商务印书馆,2006年,第117页)。
② 何宁:《淮南子集释》,第570页。
③ 程贞一、闻人军:《周髀算经译注》,第1—2页。商高之名意味深长,赵爽注云:"商高,周时贤大夫,善算者也。"不知根据何在。唐李淳风《晋书·天文志》论盖天说云:"其本庖牺氏立周天历度,其所传,则周公受于殷高,周人志之,故曰'周髀。'"殷高很有可能是殷人,善测天制历。周公学于殷高,殷人之观天测算能力原高于周人。《山海经》中禹或大章之度测天地,说的原是殷人业绩。
④ 程贞一、闻人军:《周髀算经译注》,第8页。

百六十五度四分度之一。审分定之，无令有纤微。①

可见，禹的"平治水土"，是用规矩测度天地，《周髀算经》详言步数与度数之换算，犹存古法。值得注意的是，这里说到"立二十八宿，以周天历度之法"，说明二十八宿星在人们观测天象制定历法过程中具有重要意义。这与《书·尧典》的观察四仲中星以确定一年的季节同一机杼。

用矩不仅可以测方，亦可用来测圆。关键是古人终于进步到用圭表、矩等仪器测量天地，制定适合天时的历法，使天地的运行变得更易理解，也使得人们的生产活动变得更为有效，相应地，他们的生活品质也会得到提升。在这些仪器发明之初，它们的奇异功能以及使用它们从事测天等活动的人，在人们心目中一定是非常了不起的人，于是就会出现神化这些仪器和人的现象，所谓"治水"的圣人大禹，其原型之一大约就包括"矩"这样的仪器。

（三）"禹"与"矩"的通用

有迹象表明，"禹"字与"矩"字在上古或是一字，两字可互用。《周礼·考工记·轮人》："是故规之以眡其圆也，萭之以眡其匡也。"郑玄注云："故书萭作禹。"又引郑司农云："读为萭，书或作矩。"②是禹字与矩字确可互用。

《说文》"工"部"矩"作"巨"云："规巨也。从工，像手持之。"又作"榘"，《说文》："巨或从木矢。矢者，其中正也。"③《说文》"矢"部："短，有所长短，以矢为正。从矢豆声。"④矢也作为丈量的工具使用。

字之义系乎声，禹、矩音同，原有矩义，然则"禹"治水的内蕴，或是古人用"矩"这种工具规天划地（治水）之讹传，这种规天划地，是建立在盖天说天圆地方基础上的。

明乎此，则可以知道禹的所谓治水，同于《书·尧典》所谓的"历象日月星辰，敬授民时"。孔《传》曰："星，四方中星；辰，日月所会。历象其分

---

① 程贞一、闻人军：《周髀算经译注》，第 111—112 页。
② 《十三经注疏·周礼注疏》，第 1547 页。该书 1564 页："郑司农读为萭"阮元校云："'云'下当脱'禹'字。"
③ 段玉裁：《说文解字注》，第 357 页。
④ 段玉裁：《说文解字注》，第 401 页。

节,敬记天时,以授人也。"①观天测天,上古时代是头等大事,但绝非人人可为,原本是"王官之学",上古时代,从事这类活动掌握这类知识的人往往被称为"圣人",圣人懂得天地、天人之间所蕴藏的很多秘密。除了制历,卜问、探求天意,肯定是彼时统治者政治生活中的重要事项,由于这种知识的过分深奥与专业,在传承的过程中渐渐走样,衍变成了世俗意义上的所谓治水,治水之类的传说流传于世后,又产生了很多变异。是不是这类传说的真实蕴意将永远被掩盖,不得而知了呢?未必,幸好古代文献尚保留了这类传说的一些原始材料,虽然对这些原始材料的解读充满了曲解、误读,但我们今天仍有可能通过这些材料还原历史原貌,至少是还原部分原貌。

(四) 禹与"巫"

上古"知天者",大约称"巫"或"史",如殷代大巫"巫咸"就是有名的上古"传天数"者。"巫""史"为上古观测天象,制定历法之"圣人",可以通天达地,似见诸文字的构造,甲骨文和金文的"巫"字,是由两把矩尺交合而成。矩尺的矩字写作"工"。矩尺是测量天地的工具,使用这种工具的人便是通晓天地的"圣人"。②汉代的画像石,常见伏羲、女娲执矩(或一执矩,一执规),就是为了说明他们具有通天知地的神性。有意思的是,上古的"巫",主体似是"工"字,《说文》"巫"部:"巫,祝也,能事无形,以舞降神者也。象人两袖舞形,与工同义。上古巫咸初作巫。"而《说文》"工"部:"巧饰也。象人有规榘,与巫同意。凡工之属皆从工。卫,古文工从彡。"段玉裁注:"卫有规榘,而彡象其善饰。巫事无形,亦有规榘,而⑨象其两袖,故曰同意。"③

大禹在上古被认为关乎"巫",古代有"禹步"之说,《太平御览》卷八二引《尸子》:"禹于是疏河决江,十年不窥其家。生偏枯之病,步不相过,人

---

① 《尧典》孔《传》以此句说(尧)观测日月星辰之运行,从而确定季节、制定历法以授人,大体不错,但似不够全面。金景芳、吕绍纲云:"王安石说:'历者步其数,象者占其象。'(盛百二《尚书释天》引)要言不烦,最为的当。其实历就是计算亦即推步,察就是察看亦即观象,'历象'的对象必是'日月星辰','日月星辰'有必要'历象'。"(见《〈尚书·虞夏书〉新解》,第27页)古代圣人,观测天上的日月星辰,的确既为制历,又为星占也。
② 张光直:《商代的巫与巫术》,见《中国青铜时代》二集,生活·读书·新知三联书店,1990年。
③ 段玉裁:《说文解字注》,第356页。

曰禹步。"《史记·夏本纪》说禹："声为律,身为度。"司马贞《索隐》云："今巫犹称'禹步'。"①湖北云梦睡虎地秦简中也有"禹步三"的记载："行到邦门囷(阃),禹步三,勉一步,呼:皋,敢告曰:某行无咎,先为禹除道。"②而马王堆汉墓帛书有《五十二病方》,多记用"禹步三"行巫术治病。③大禹为"巫"及所谓"禹步"的古代记载,其所蕴含的无疑当是"禹"关乎"天事""天数"的远古信息。④

三、禹"随山刊木"与上古圣王的"巡守"礼制

（一）禹"随山刊木"之"随"训"行",指巡行

《书·禹贡》说禹"随山刊木",《史记·夏本纪》作"行山表木"。司马迁释"随"为"行"。《禹贡》孔《传》云："洪水泛溢,禹分布治九州之土。随行山林,斩木通道。"⑤《淮南子·脩务训》作"随山栞木,平治水土,定千八百国"。高诱注："随,循也。"⑥《广雅·释诂》："随,行也。"循、行义同,通巡,故《大戴礼记·五帝德》说禹"巡九州,通九道,陂九泽"⑦。

清人于鬯以为"随山"之"随"当读为"堕"：

> 随盖读为堕。《管子·白心篇》："其事也不随。"王念孙《读书杂志》云："随当为堕。"《荀子·王制篇》："非存亡安危之所堕也。"俞荫甫太史《诸子平议》云："堕当读为随。"足见二字之通用……然则堕山即凿山之谓矣。堕山与刊木对文。《传》解为随行九州之山。其误实承《史记》,史公于《夏纪》以行字代随字。然诚行山,何不直云行山而曰随山。行山而曰随山,义究安乎。《汉书·沟洫志》云："禹之治水,

---

① 司马迁:《史记》,第 51 页。
② 睡虎地秦墓竹简整理小组:《睡虎地秦墓竹简·日书甲种》111 背,文物出版社,2001 年,图版第 112 页、释文第 223 页。
③ 马王堆汉墓帛书整理小组:《马王堆汉墓帛书》(四),文物出版社,1985 年。
④ 战国秦汉之际,以禹为名号,进行巫术活动的甚多,如方士用所谓的"禹符""禹跻符",就是用禹的名义来厌服鬼魅的符箓等。王晖以为这是因为禹在平水土的过程中"主名山川",后人于是认为禹具有知晓万事万物的神力,这种现象就是"语言巫术"。(参见王晖:《古史传说时代新探》第七章,科学出版社,2009 年)
⑤ 《十三经注疏·尚书正义》,第 191 页。
⑥ 刘文典:《淮南鸿烈集解》,第 631 页。
⑦ 方向东:《大戴礼记汇校集注》,第 729 页。

凿龙门,辟伊阙,折底柱,破碣石,凡山陵当路者毁之。"此即禹随山之谓。①

于鬯以禹凿山治水为实有之事,故解"随"为"堕",以为堕山即凿山,"随"固可以释为"堕",然所谓大禹时代之人们,即使有所谓大洪水,怎么可能有"凿山"之举! 故刘起釪云:

> 于鬯《校书》谓"随当读为堕",举《管子·白心篇》"其事也不随"王念孙《杂志》以为"随当为堕"以证,而堕山即凿山。谓禹凿龙门,辟伊阙,折砥柱,破碣石,皆禹堕山之事云。可谓求之过深反失之近者。无论凿龙门、辟伊阙等本为荒唐传说,本无其事,禹并无凿山之事,即"堕山刊木"一词亦非事理之常,故于说不确。②

于鬯之说,不能成立,不待多言。禹之"随山刊木,奠高山大川",应该关乎上古时代的"巡守"礼制,原是后人对"巡守"的追忆,后世史官对上古的"巡守"已不甚了然,按照自己的理解写成《禹贡》等篇章。但他们的著作中,尚保留了不少原始资料,使我们今人通过对这些文字材料的识读,可以一定程度还原上古时代的历史。"随"为"行"或"循"的旧训,就是很好的一例。"行""循"皆通"巡"。尧、舜、禹的事迹,原就相互纠结,难解难分。尧舜巡守,特别是舜四时"巡守"的内涵,与禹的"随山(巡山)"应该是一致的,虽然禹的"巡山",古人常置于"治水"的语境中。

(二) "刊木"与巡狩焚田

"随山"与"刊木"并列,为一事之两面,孔《传》解为:"随行山林,斩木

---

① 于鬯:《香草校书》,中华书局,1984年,第91页。
② 顾颉刚、刘起釪:《尚书校释译论》,436页。裘锡圭释《豳公盨》铭文"天命禹尃土",亦以"随"为"堕",他说:"《书序》和《河渠书》说禹'随山浚川',必有已失传的古书为据。这种古书或其所从出的更早的古书,应该像本铭一样,是以'堕山'与'浚川'并提的,但是'堕'字后来误读成了'随'。《禹贡》的'随山刊木'也应有所据,而且原来大概也是以'堕山''刊木'二事并提的。《左传·襄公二十五年》'当成隧者,井堙木刊','木刊'意即树被砍除。《禹贡》伪孔传以'斩木通道'释'刊木',可供参考。《夏本纪》将'随山刊木'说成'行山表木',其意似谓禹巡行山陵,刊削树木以为表识。这显然是附会之说。"(见裘锡圭:《中国出土古文献十讲》,复旦大学出版社,2004年,第52页)所说略同于鬯,然"堕山"非事理之常,恐不能从。

通道。"将"刊"字解为"斩",也就是砍伐树木之意,郑玄、孔颖达等等的说法大致相同。"刊木"就是砍伐树木,砍伐树木是为了焚烧山林,开荒辟地,开荒辟地自然也会形成"通道"的客观效果,但它的原意绝不是为了通道。关于"刊木",有一种说法谓在山林中砍去树皮,做行道的标记。①恐怕没有什么根据,我们很难设想,在茫茫山林之中,禹从事这样的标识工作的意义。

禹的"巡山",也即"巡守",在《尚书·益稷》篇中禹所说的一段话中可以看出几分端倪的:

> 洪水滔天,浩浩怀山襄陵,下民昏垫。予乘四载,随山刊木。暨益,奏庶鲜食。予决九川,距四海;濬畎、浍,距川。暨稷,播奏庶艰食鲜食。懋迁有无化居,蒸民乃粒,万邦作乂。②

这段看似佶屈聱牙、不易理解的文字,蕴藏着上古圣王"巡守"的丰富信息。"巡守"事项包括观测天象,确定分野,制定历法,敬授民时,颁布统一的度量衡以外,还包括垦荒辟地,封邦建国,宗庙建设等。上古垦荒,必砍伐林木,而加以焚烧,焚烧山林是猎获禽兽的好时机,所以垦荒与狩猎往往并举,应当指出的是,垦荒狩猎对于时令的要求极强,因为涉及庄稼的种植等,所以上古时代垦荒狩猎与"敬授民时"是同时进行的,它们是上古时代所谓的"王制"。

"巡守"又作"巡狩","狩"之一字,即有"火田"之义。《说文》"犬"部"狩":"火田也,从犬,守声。"段玉裁注云:

> 火,各本作"犬",不可通。今依《韵会》正。《释天》曰:"冬猎为狩。"《周礼》、《左传》、《公羊》、《穀梁》、《夏小正》传、《毛诗》传皆同。又《释天》曰:"火田为狩。"许不称"冬猎",而称"火田"者,火田必于冬。《王制》曰:"昆虫未蛰,不以火田。"故言火以该冬也。《孟子》曰:"天子适诸侯曰巡狩。巡狩者,巡所守也。"此谓六书假借以守为狩。③

---

① "刊",《说文》"木"部引《夏书》作"栞",释为"槎识也"。《史记·夏本纪》云:"行山表木。"司马贞《索隐》:"表木,谓刊木立为表记。"颜师古《汉书注》亦同。孙星衍《尚书今古文注疏》引韦昭注《国语》云"古者刊叔以为表道",也用来证明此释。
② 《十三经注疏·尚书正义》,第161—162页。
③ 段玉裁:《说文解字注》,第831页。

段玉裁这个说法是符合实际的,也与古籍记载相应,《礼记·王制》云:"草木零落,然后入山林;昆虫未蛰,不以火田。"①

益,又名"伯益""伯翳",当是彼时焚烧山林的主持者,他后来成为虞舜朝廷管山林禽兽的"虞官"。②益的传说中,常关乎焚烧山泽以及鸟兽事宜,且也被置于洪水泛滥的语境之中。《孟子·滕文公上》云:"当尧之时,天下犹未平,洪水横流,泛滥于天下,草木畅茂,禽兽繁殖,五谷不登,禽兽偪人,兽蹄鸟迹之道交于中国。尧独忧之,举舜而敷治焉。舜使益掌火,益烈山泽而焚之,禽兽逃匿。"赵琦注:"掌,主也。主火之官,犹古火正也。烈,炽也。益视山泽草木炽盛者而焚烧之,故禽兽逃匿而远窜也。"③

益在传说中甚至被认为知禽兽、懂鸟语,都是他作为"焚田"的主持者传讹而成。《益稷》篇说益"奏庶鲜食",孔《传》云:"奏,谓进于民。鸟兽新杀曰鲜。与益槎木,获鸟兽,民以进食。"④焚烧山林获取野兽,作为食物的来源是一方面,但要取得更为大量、稳定的食物,还得依赖粮食种植。所以焚烧山林的更主要的目的是开荒种粮。

《益稷》篇将益与稷并列,是因为狩猎(焚烧山林)与开垦种植原是前后相承之事。《尚书》之"稷"或来自《山海经》。《海内经》:"后稷是播百谷。"《大荒西经》:"帝俊生后稷,稷降以百谷。"稷又名弃,《书·舜典》:"帝曰:'弃,黎民阻饥,汝后稷,播时百谷。'"孔《传》:"阻,难;播,布也。众人

---

① 《十三经注疏·礼记正义》,第 373 页。
② 《书·舜典》云:"帝(舜)曰:'畴若予上下草木鸟兽?'佥曰:'益哉!'帝曰:'俞,咨益,汝作朕虞。'益拜稽首,让于朱、虎、熊、罴。帝曰:'汝谐。'"孔《传》:"朱虎、熊罴,二臣名。"而袁珂引梁玉绳《汉书人表考》"江东语豹为朱",认为:"朱、虎、熊、罴四臣,实豹、虎、熊、罴四兽。而益者,燕也。"益的历史乃由神话而来。《史记·秦本纪》有关秦始祖的记载:"秦之先,帝颛顼之苗裔。孙曰女修,女修织,玄鸟陨卵,女修吞之,生子大业。大业取少典之子,曰女华。女华生大费,与禹平水土。已成,帝锡玄圭。禹受曰:'非余能成,亦大费为辅。'帝舜曰:'咨尔费,赞禹功,其赐尔皂游。尔后嗣将大出。'乃妻之姚姓之玉女。大费拜受,佐舜调驯鸟兽,鸟兽多驯服,是为柏翳。舜赐姓嬴氏。大费生子二人:一曰大廉,实鸟俗氏;二曰若木,实费氏。其玄孙曰费昌,子孙或在中国,或在夷狄。费昌当夏桀之时,去夏归商,为汤御,以败桀于鸣条。大廉玄孙曰孟戏、中衍,鸟身人言。"柏翳后裔所谓"鸟俗氏""鸟身人言"云云,又《后汉书·蔡邕传》:"伯益综声于鸟语。"谓其懂鸟语云云,神话之痕迹犹存。(参见袁珂:《中国神话传说词典》,第 325—326 页)
③ 焦循:《孟子正义》,第 374—376 页。
④ 《十三经注疏·尚书正义》,第 162 页。这个"鲜"字,司马迁《史记》解为多少的少。然《释文》引马融:"鲜,生也。"鲜为生者,《周礼·庖人》注:"郑司农云:'鲜,谓生肉。'"清人孙星衍云:"盖兼六畜、六兽、六禽言之。马意以益焚山泽,禽兽逃匿,可以为民食也。"(孙星衍:《尚书今古文注疏》,第 91 页)"鲜"当解为鲜肉之"鲜"。

之难在于饥,汝后稷,布种是百谷,以济之。"①弃也是一个传说中的人物,据《诗·大雅·生民》《诗·鲁颂·闷宫》及《史记·周本纪》载,稷是姜嫄所生,被认为是周人的始祖,他的特点是擅长农业生产。②

所谓的尧舜时代,中原一带,森林密布,沼泽遍野,焚烧山林行狩辟地,是必有之事,焚烧山林除了狩猎之需,更在于开辟土地以种粮食,这就是禹"治水"的事业离不开"益",也离不开"稷"的原因了。稷是作物的名称,又是官名,在《尚书》中,他是农业生产的主管。他教人开荒辟地,种植五谷,有了收成,原来少食的人民才可以吃上谷物,由于益、稷的功劳,人民猎获禽兽、种植粮食,还可以从事互利交易,"懋迁有无化居",孔《传》:"化,易也。居,谓所宜居积者。勉劝天下徙有之无,鱼盐徙山,林木徙泽,交易其所居积。"③说的就是物资之间的流通交易,如此则"烝民乃粒",百姓才有食物及其他物资的保障,这样国家的根基也就牢固了。

四、垦辟山林荒地与经营"沟洫"

(一)"奠高山大川"与建立分野

上古典籍中,禹的功业还有《禹贡》所谓的"奠高山大川"。孔《传》云:"奠,定也。高山,五岳。大川,四渎。定其差秩,祀礼所规。"④然后人或以《书·吕刑》之"禹平水土,主名山川"为据,以为"奠高山大川"说的是定高

---

① 《十三经注疏·尚书正义》,第99页。
② 稷又为谷物之名,古人以为五谷之长,宋陈元靓《岁时广记》卷十四引《孝经纬》:"稷,五谷之长也,谷众不可遍祭,故立稷神以祭之。"汉蔡邕《独断》云:"稷神,盖厉山氏之子柱也。柱能植百谷,帝颛顼之世,举以为田正,天下赖其功。周弃亦播殖百谷。以稷五谷之长也,因以稷名其神。""厉山氏"之名号很值得注意,又作"烈山氏"。《国语·鲁语上》:"昔烈山氏之有天下也,其子曰柱,能殖百谷百蔬。"韦昭注:"烈山氏,炎帝之号也,起于烈山。"丁山以为"作烈山者较为近实":"烈山氏就是象征'烈山泽而焚之',以驱除野兽,这还是相当原始的生产技术,不一定是古代帝王的名号。如其刻舟求剑要举出人来,说他是炎帝可也,说他是伯益亦无不可。"(丁山:《中国古代宗教与神话考》,第28—29页)所说甚是。
③ 《十三经注疏·尚书正义》,第162页。
④ 《十三经注疏·尚书正义》,第191页。孔《传》以为此句说的是定五岳(岱、霍、华、恒、嵩)、四渎(江、河、淮、济)的祭礼,虽为马融、郑玄等认同,然宋以后的学者很少相信。孔《传》此说,是以后世礼制绳上古之事,"奠高山大川"的原意,当关乎"禹"时代人们的垦荒事业。

山大川之名。①或以这是禹以高山大川为九州划界。②都是从地上的角度解释"奠高山大川",而从"敷土"为"布土",关乎确定天地的对应,即分野的事实看,可知这样的解释显然并不正确。

而《禹贡》所载禹"导山",正好是二十八座山:"导岍及岐山,至于荆山,逾于河。壶口、雷首,至于太岳。砥柱、析城,至于王屋。太行、恒山,至于碣石,入于海。西倾、朱圉、鸟鼠,至于太华。熊耳、外方、桐柏,至于陪尾。导嶓冢,至于荆山。内方,至于大别。岷山之阳,至于衡山,过九江,至于敷浅原。"

《禹贡》中禹的"导山",古代注家也往往置于"治水"的背景加以理解,从"岍山"至"敷浅原",正好是二十八座山。唐人李淳风《乙巳占》卷三引纬书《洛书》,将此二十八山与天上二十八宿星对应。③

禹的"导山",实际上是以二十八宿星为蓝本,以地上一座山对应天上一座星宿,形成天地相应的格局,所谓分星、分野也。《禹贡》"导水"部分,所导水次序为:弱水、黑水、河水、漾(羊)水。此四水不仅名称源于《山海经》,且其流向为西北东南四个方向,与《山海经》昆仑"四色水(或五色水)"大体可以对应。可知,禹的"奠高山大川",首先是在测天(对天上日月星辰的观察)基础制定历法以及确定分野等,它反映的是上古时代之测天者在"社"或"明堂""灵台"这样的圣地进行的观测与祭祀等活动,乃是"禹敷土"的直接结果。④所以《大戴礼记·五帝德》云:"(舜)使禹傅土,主名山川。"⑤上古文献之记载原本或蕴涵这种天人合一之意,只是后人的解释出现了问题而已。

---

① 如《书·吕刑》孔颖达《正义》云:"山川与天地并,生民应先与作名。但禹治洪水,万事改新,古老既死,其名或灭,故当时无名者禹皆主名之。"
② 如林之奇《尚书全解》:"奠高山大川者,本其风俗之异,以为九州经界之准也。"蔡沈《书集传》:"定高山大川以别州境也。"金景芳、吕绍纲引之以为是"定高山大川"乃是利用改善大川定九州之边界。(见金景芳、吕绍纲:《〈尚书·虞夏书〉新解》,第303页)
③ 纬书《洛书》二十八山与天上二十八宿星的对应为:(东方七宿)角,岍山;亢,岐山;氐,荆山;房,壶口山;心,雷首山;尾,太岳山;箕,砥柱山。(北方七宿):斗,析成山;牛,王屋山;女,太行山;虚,恒山;危,碣石山;室,西倾山;壁,朱圉山。(西方七宿):奎,鸟鼠山;娄,太华山;胃,熊耳山;昴,外方山;毕,桐柏山;觜,陪尾山;参,嶓冢山。(南方七宿):井,荆山;鬼,内方山;柳,大别山;星,岷山;张,衡山;翼,九江;轸,敷浅原。(转引自江晓原:《历史上的星占学》,第301—302页)纬书《洛书》所云,当是古代星占学的传承。
④ 参见尹荣方:《大禹治水祭仪真相》,《中原文化研究》2018年第1期。
⑤ 王聘珍:《大戴礼记解诂》,第124页。

(二)《诗经》所载禹"甸山""浚川"的原意

但关于禹的上古记载中,似乎确然有"甸山""浚川"之说,如:

《诗·小雅·信南山》:"信彼南山,维禹甸之。"
《诗·大雅·韩奕》:"奕奕梁山,维禹甸之。"
《诗·大雅·文王有声》:"丰水东注,维禹之绩。"
《史记·河渠书》引《夏书》:"禹抑洪水……以别九州,随山浚川,任土作贡。"
《书序》:"禹别九州,随山濬川,任土作贡。"

这些记载,特别是《诗经》的记载,还要早于《禹贡》的"奠高山大川"之说。《禹贡》的禹"奠高山大川"之说,既有源自《山海经》的部分,大概也是蕴含《诗经》的有关记载以及相关的传说的罢。那么,让我们看看《诗经》的相关文字究竟传达了什么信息吧。《诗·大雅·韩奕》:"奕奕梁山,维禹甸之。"毛《传》:"奕奕,大也。甸,治也。禹治梁山,除水灾。"郑玄《笺》:"梁山之野,尧时俱遭洪水。禹甸之者,决除其灾,使成平田,定贡赋于天子。"①

我们可以设想,禹之治梁山之野,不必是因为这里遇有洪水,而是这里原是未曾开垦的荒山野林,所谓的治水,实际指的是对荒田的开垦。②这里的"甸",孔颖达《正义》云:"甸者,田也。治为平田,故曰'甸','治'。"③甸当训"田",《周礼·宗伯·序官》"甸祝",郑玄注:"甸之言田也,田狩之祝。"④《周礼·小宗伯》:"若大甸,则帅有司而馌兽于郊,遂颁禽。"郑玄注:"'甸'读曰'田'。"贾公彦疏:"言大甸者,天子四时田猎也。"⑤《周礼·小宗

---

① 《十三经注疏·毛诗正义》,第1227页。
② 我们在不少洪水遗民神话中,也可以看到洪水退后,土地得到开垦,或某族的始祖获得粮种等与农业生产有关的情节,如在巴比伦的创世神话中,马尔杜克杀死了代表混沌之神的提阿马特,并用它的身体创造出大地及人类。而在最古老的马尔杜克画像中,他被描绘成手持三角铧或锄的神灵。有的神话表述说,第一片土地被开垦出来,就意味着混沌状态的结束。《圣经》的"创世记"说走出方舟后的挪亚:"作起农夫来,栽了一个葡萄园。他喝了院中的酒便醉了,在帐篷里赤着身子。"
③ 《十三经注疏·毛诗正义》,第1228页。
④ 孙诒让云:"《职方氏》'甸服'注云:'甸,田也,治田入谷也。'甸有治田之义,故引申为田狩之称,亦以声兼义也。"(《周礼正义》,第1285页)
⑤ 《十三经注疏·周礼注疏》,第708页。

伯》又云:"甸祝,掌四时之田表貉之祝号。"贾公彦疏:"四时田,即《大司马》所云春蒐、夏苗、秋狝、冬狩。"①《左传·隐公五年》(前718年):

> 故春蒐、夏苗、秋狝、冬狩,皆于农隙以讲事也。

《尔雅·释天》:

> 春猎曰蒐,夏猎曰苗,秋猎曰狝,冬猎曰狩。

说的都是四时行猎礼制,古代记载,也有说三时行猎礼的,不管四时或三时猎礼,其中最重要的是"冬狩"之礼,《夏小正》除了十一月的"王狩",其他三时没有行猎的记载,郑玄注《礼记·月令》也说:"凡田之礼,惟狩最备。"②然则此"甸",正是"狩田","狩田"包括"浚(又写作濬)川"。③上古时代,山麓林地,大抵沼泽遍野,狩猎严格说就是渔猎。《诗·小雅·鱼丽》篇就专门谈到上古的猎鱼、祭鱼之礼。毛《传》用了少见的大段文字申说《鱼丽》的主旨:

> 太平而后微物众多,取之有时,用之有道,则物莫不多矣。古者不风不暴,不行火。草木不折,不操斧斤,不入山林。豺祭兽然后杀,獭祭鱼然后渔,鹰隼击然后罝罗设。是以天子不合围,诸侯不掩群,大夫不麛不卵,士不隐塞,庶人不数罟,罟必四寸,然后入泽梁。故山不童,泽不竭,鸟兽鱼鳖皆得其所然。④

---

① 《十三经注疏·周礼注疏》,第989页。
② 《十三经注疏·礼记正义》,第551页。
③ 《书·舜典》:"封十有二山,浚川。"唐写《释文》作"濬川,荀俊反,深也。"孔《传》:"有流川则深之,使通利。"《说文》"谷"部:"睿,深通川也。"从前注家皆以"浚川"为疏通河流。然《舜典》之"浚川"之"川"与"十有二山"相对,是指"四渎"之类的大川,禹的时代,疏浚这样的大河既无必要也无可能。"濬"的原义是"深",《尔雅·释言》:"濬,幽,深也。"郭璞注:"濬亦深也。"而《释言》又云:"潜,深也。潜,深,测也。"郭璞注:"测者水深之别名。"郝懿行云:"测者,《说文》云'测深所至也。'《淮南·原道篇》注:'度深曰测',是测兼度深及深所至之名。"[郝懿行:《尔雅义疏·释言》,中国书店,1982年(影印本)]可见,濬原义训深,深训测,"浚川",原来盖包括测度天上的银河及银河与地上"河"的分野对应而言。"濬"字后来才作为疏浚意义使用。陈梦家以为"浚川"是祭川之名,如此封、濬就显得一致。(见《尚书通论》,中华书局,2005年)测度与祭祀原相互依存,陈说不为无据。
④ 《十三经注疏·毛诗正义》,第605—606页。

上古时代的这种渔猎(田),涉及狩猎与开荒的两重意义,当然这两者在所谓禹的时代原是一事。而且此"甸山""浚川",与《书·舜典》的"四时巡狩"的内涵完全一致。

(三) 山林垦辟与"沟洫制"的建立

而垦辟山林沼泽也即垦辟荒地为可以种植黍、麦等的农田,须经营灌溉系统,这个灌溉系统,古人称为"沟洫制"。《书·益稷》所谓的禹"濬畎、浍,距川"就是指此,孔安国《传》云:"距,至也。决九州名川,通之至海。一亩之间广尺深尺曰畎,方百里之间广二寻深二仞曰浍。浍畎深之至川,亦入海。"而郑玄注较简洁明了:"畎浍,田间沟也。浍所以通水于川也。"①

沟洫制与后来所谓的井田制连在一起,《周礼·冬官·考工记》详载沟洫之法:

> 匠人为沟洫,耜广五寸,二耜为耦;一耦之伐,广尺,深尺,谓之甽。田首倍之。广二尺深二尺,谓之遂。九夫为井,井间广四尺,深四尺,谓之沟。方十里为成,成间广八尺,深八尺,谓之洫;方百里为同,同间广二寻。深二仞,谓之浍。专达于川,各载其名。②

这里的甽、遂、沟、洫、浍等指的是人工挖掘的田间行水的沟渠,因它们深广规模的不同而有不同的名称。"专达于川",说的是田间的水通过甽、遂、沟、洫、浍流入大河大川。《论语·泰伯篇》云:"(禹)卑宫室而尽力乎沟洫。禹,吾无间然矣。"③说的就是"禹"所从事的人工挖掘沟渠之事。

上古肯定有垦荒之举,大片土地被开垦之际,也是农业社会的出现之时,人们的生活状态因此发生了巨大的变化,这是文明开始诞生的伟大时代,所以一直被后世的人们所传颂。所谓禹的时代处于早期垦荒开辟时代,焚烧山林是彼时开荒的主要手段,而在新开垦的土地上排除积水,开挖沟渠,既利于成片耕地的形成,也利于耕地的灌溉耕作,而"井田制"大约是后来土地垦辟越多,且连成一片后出现的模式。

---

① 《十三经注疏·尚书正义》,第 162 页。
② 《十三经注疏·周礼注疏》,第 1673—1680 页。
③ 程树德:《论语集释》,第 561 页。

（四）"禹乘四载"与上古垦荒所用工具

这里再来说说"禹乘四载"的问题，《书·益稷》："予乘四载，随山刊木。"孔《传》云："所载者四，谓水乘舟、陆乘车、泥乘輴、山乘樏。"①指为四种乘行工具。这所谓的四种乘行工具中，水行的舟，陆行的车比较明白，但泥行的"輴"与山行的"樏"似疑问多多。《史记·夏本纪》作："予陆行乘车，水行乘舟，泥行乘橇，山行乘檋。"先秦古书《尸子》《吕氏春秋·慎势篇》，及汉代之《淮南子》《史记》《汉书》《说文》等亦皆以四种乘行工具释"乘四载"，然于"泥行""山行"所乘之对象仍说法纷纭。禹治水之说既为虚无，则此"四载"必误读。"四载"放在禹与益、稷共同"治水"的语境，亦即火田开垦的历史背景才能理解。

而上古之垦辟荒地，离不开相应的开荒及农作工具，此"四载"之"四"，原来当是指四种主要农作工具。"乘"，指车，车载农具，为的是狩猎开辟。

先说"山行"之工具，计有四说："樏""檋""梮""桥"。

"樏"，除了上述孔《传》《尸子》卷下作"山行乘樏"，《吕氏春秋·慎势篇》亦作"山用樏"。而"樏"义为盛土之器。"樏"又作"梩"，《孟子·滕文公上》"盖归反虆梩而掩之。"赵岐注："虆梩，笼臿之属，可以取土者也。"

《汉书·沟洫志》"山行则梮。"②《国语·周语中》："收而场功，待而畚梮。"韦昭注："梮，举土之器。"《史记·河渠书》此梮作"桥"，《史记·夏本纪》作"檋"，段玉裁注《说文》云："檋、梮、桥三字，以梮为正，桥者，音近转语也。樏与梮一物异名，梮自其盛载而言，樏自其牵引而言。"③《管子·形势解》："禹身决渎，斩高桥下，以致民利。"④斩高，就是"刊木"，说得通俗点就是"砍树"，垦辟必有砍树之事，焚田之前先要砍树，"桥下"，就是整理田地。则此"桥"，必整理田地之工具无疑，此所以"桥"可通"梮""樏"，而绝非所谓的"山行"工具。上古砍树用斧，斧乃禹"随山"必带之物。

---

① 《十三经注疏·尚书正义》，第161—162页。
② 《汉书补注》引如淳曰："梮谓以铁如锥头，长半寸，施之履下，以上山，不蹉跌也。"韦昭曰："梮，木器，如今舆床，人举以行也。"照如淳之说，梮为放置于鞋子下面的防跌之物，它就不是什么乘载之物，照韦昭之说，梮为须人抬的舆床，则仿佛禹之入山为由人抬，更是匪夷所思，所谓天方夜谭。（见王先谦：《汉书补注》，第2859页）
③ 段玉裁：《说文解字注》，第469页。
④ 黎翔凤：《管子校注》，第1183页。

再说"泥行乘橇"之"橇",又作"毳""橇""蕝"、"欙"等,《尚书》孔《传》作"辁"。①《说文》作"欙"。辁、欙皆为车名,上古绝无用于泥行之车,所以才有如淳"以板置泥上"之说。《史记·河渠书》云"泥行蹈毳",《史记·夏本纪》作"泥行乘橇"。裴骃《集解》引孟康曰:"橇形如箕,摘行泥上。"②

值得注意的是"橇"音"qiāo",同于"锹"。"锹"是古代田器之名,安知"橇"非"锹"之假借与!《管子·海王篇》:"耕者必有一耒一耜一铫。"尹知章注:"大锄谓之铫。"③然则"橇"或为锄头也!

上古本有"辇辇"载垦田工具之说,《周礼·地官·乡师》:"大军旅会同,正治其徒役与其辇辇。"郑玄注引《司马法》曰:"周曰辎辇。辇一斧、一斤、一凿、一梩、一锄。"④《管子·海王篇》也云:"行服连轺辇者,必有一斤、一锯、一锥、一凿,若其事立。"⑤上古士兵亦农民,亦兵亦农。狩猎垦辟,其组织形式类同军事,所以狩猎辟地常被看成军事训练,这且不说。我们从"乡师"在所谓"大军旅,会同",⑥也就是周代的天子巡守(田猎)之际要准备类似后代的辎重车及斧斤、锹臿、锄头等农具,可知其关乎狩猎及农事,而非战事。再看禹的"予乘四载,随山刊木",禹之砍伐树木,当用斧斤,而

---

① 《书·益稷》释文:"辁,丑伦反。《汉书》作'橇',如淳音'蕝',以板置泥上。服虔云:'木橇,形如木箕,摘行泥上。'《尸子》云:'泽行乘蕝。'"(《十三经注疏·尚书正义》,第162页)
② 司马迁:《史记》,第52页。
③ 黎翔凤:《管子校注》,第1255页。
④ 《十三经注疏·周礼注疏》,第407页。孙诒让云:"(《释名》)'辎,厕也,所载衣物厕其中也。'《左传》宣十二年,孔疏云:'辎重,载物之车也。'《说文》'辎一名軿,前后蔽也'。蔽前后以载物谓之辎车,载物必谓之重车,人挽以行谓之辇,辎重辇一物也。云'辇一斧、一斤、一凿、一梩、一锄'者,斧斤凿所以攻木,梩者所以发土。《说文》'木'部云:'梩,臿也。一曰徙土辇,齐人语如。重文梩,或从里。'《方言》:'臿,东齐谓之梩。'贾疏谓梩者或解以为臿,或解以为锹,锹臿亦不殊是也。锄者所以薅草,《说文》'金'部云:'鉏,立薅所用也。'锄即鉏之俗。"(见孙诒让:《周礼正义》,第824页)所谓的"辎辇"车,所载衣物,必有斧斤、锄头等农作工具,可见用于垦荒,晚间又是农民休憩之所,这样的车子,是上古狩猎必不可少之物,所以在"禹治水"的传说中会有"予乘四载"之说。
⑤ 黎翔凤:《管子校注》,第1255—1256页。又《管子·轻重乙》云:"一车必有一斤、一锯、一釭、一钻、一凿、一銶、一轲,然后成为车。"孙诒让《正义》云:"釭盖鉏之误,轲即斧柯也。其所说并与《司马法》略同。"(《周礼正义》,第825页)
⑥ 《周礼·乡师》贾公彦《疏》云:"云'大军旅',谓王行征伐。云'大会同'者,谓王于国外与诸侯行时会殷同也。"所谓的"会同",就是天子巡守(狩田)及向诸侯颁政(时令)之举,《尧典》所谓的"敬授民时"与"肆觐东后"也。《诗·小雅·车攻》述周宣王"复古",行"会同之礼",诗中有:"田车既好,四牡孔阜,东有甫草,驾言行狩。……驾彼四牡,四牡奕奕。赤芾金舄,会同有绎。"可见,会同之礼与狩田并行不悖。孔颖达《正义》云:"王为坛于国外,合诸侯而命事焉。"又云:"朝礼既毕,王为坛合诸侯,以命政焉。"(《十三经注疏·毛诗正义》,第652页)则会同礼,必行"命政"亦即"敬授民时"也。

平整土地等，则需用梩、锄等。所以，禹的"予乘四载"原当指他带人巡守辟地时所用之车及车上所载的垦辟农具等，后人误读为四种乘行工具也。

五、余　论

综上所述，我们大抵可以知道，古代典籍盛传的"大禹治水"故事，神话与历史交织一起，首先，大洪水绝无其事，当属神话，"大洪水"乃是一种"象"，即"混沌"的象征。尧舜禹时代的"大洪水"故事，与世界及我国少数民族地区的很多洪水故事一样，属于洪水神话的范畴。历法及天地秩序的确定就意味着洪水的被克服，天地的被开辟。所以禹的治水故事伴随着他的"步天"，即对天上日月星辰的观测，以制定历法、确定分野，占卜天意等。"禹敷土"，就是对这种具有天人合一意义的天地一体看法的简明概括，禹完成治水工作后，《书·大禹谟》的表述是"地平天成"，其实较确切地表达了不仅历法，天地之间的对应也已完成。可惜古代注家大多错解了它的本义。上古"步天""测天"，包括"丈量"大地的主要工具是"矩"，而作为治水英雄的"禹"与作为测量工具的"矩"，两字上古可以通用，为什么上古是"禹"而不是其他什么人最终完成了对洪水的治理，从这里我们显然可以得到某些启示。

有迹象表明，上古的"巫"常常担负"步天"及探询天意的职责，而恰恰又是"禹"，被认为是一个"大巫"，而所谓的"禹步"成了后世巫师作法的典型步伐。

中国上古的"洪水"神话，被置于尧舜禹时代，而尧舜禹时代最伟大的成就是所谓的"四时巡守"，也就是后人津津乐道的"王制"。这启示我们，"治水"与"巡守"两者之间，必然有紧密的关联性，而这里则蕴含了很多真实的历史信息，所以我们说大禹故事交织着神话与真实的史实。

《书·尧典》等古代文献，对尧舜的"四时巡守"有较为具体的陈述，而禹的"巡守"，则表述为"随山刊木，奠高山大川"等。"四时巡守"的内涵，除了观测天象、敬授民时、确定分野外，还包括焚烧林地、狩猎垦荒、封邦建国等。禹的"奠高山大川"，汉代经师皆训"奠"为"定"，而"高山大川"，《尚书大传》谓"高山大川，五岳、四渎之属"[①]。孔《传》同，然《舜典》已载舜巡四岳之事，原不待禹定也。四时巡守这样的"王制"，施之尧舜可，施之

---

① 王先谦:《尚书孔传参正》,第245页。

禹、益亦可，甚至施之稷、契皆可。"四时巡守"关乎狩猎焚田、开荒辟地，所以禹"治水"之业，有益、稷相助，益、稷分别是当时"焚烧山林"和"粮食生产"的象征。而焚烧山林、种植粮食依赖于时令的确定、土地的平整等，此所以"禹"的作用显得尤为突出了。①

由于焚荒垦殖被误读误解为"治水"，因此焚荒垦殖所用的工具也被误解成禹治水之乘行工具了。

当然焚荒垦殖必然伴随对土地的平整，包括排除沼泽地的积水以及建立灌溉系统等，而我国上古文献的确有关于"沟洫制"的记载，并且将它与禹的努力联系在一起。田间灌溉沟洫的挖掘以及田地的耕种分配等都涉及计算的问题，"禹"与"矩"通，则"禹"被认为致力于"沟渠"。是否有这样的因素呢？因为禹作为历史人物存在的可能性几乎是没有的。

《尚书》等古代文献中有关"禹敷土"及治水的传说，源自《山海经》及《诗·商颂》的相关记载，《商颂》陈说的无疑是殷民族的早期历史，今本《商颂》存诗五篇，关于它们的创作年代，存在不少争议，我认为它们是殷商旧作，《国语·鲁语下》中闵马父的一段话说得十分清楚："昔正考父校商之名颂十二篇于周太师，以《那》为首，其辑之乱曰：'自古在昔，先民有作。温恭朝夕，执事有恪。'先圣王之传恭，犹不敢专，称曰'自古'，古曰'在昔'，昔曰'先民'。"②毛、郑及后来的孔颖达等也皆以为是商诗。但司马迁《史记·宋世家》却认为《商颂》是宋襄公时大夫正考父所作，司马贞《索隐》驳斥《商颂》"美襄公说"云："今按：《毛诗·商颂序》云：正考父于周之太师'得商颂十二篇，以《那》为首'。《国语》亦同此说。今五篇存，皆是商家祭祀乐章，非考父追作也。又考父佐戴、武、宣，则在襄公前且百许岁，安得述而美之？此谬说耳。"③

晚清的一些今文经学家多认为《商颂》为宋诗，如皮锡瑞、魏源、王先谦等都曾加以论证。但晚近以来《商颂》商诗说因证据充分渐渐为多数学者接受，梁启超、陈子展、张松如、杨公骥等，提出大量证据，证明《商颂》为

---

① 《书·舜典》云："伯禹作司空。帝曰：'俞，咨禹，汝平水土，惟时懋哉。'"禹在虞廷中，任"司空"，司空的主要职责是"平水土""定四时"。《礼记·王制》："司空执度度地，居民山川沮泽，时四时，量地远近，兴事任力。"《大戴礼记·千乘篇》："司空司冬，以制度制地事。准揆山林，规表衍沃，畜水行衰灌浸，以节四时之事。"都说司空拿着"度"丈量土地，而且"时四时"，即度测、确定四季适合耕作的时令。"惟时懋哉"之"时"，过去都解为"是"，但恐应作时令之时解为确，是"舜"希望"禹"勉力于"时四时"也。
② 徐元诰：《国语集解》（修订本），第205页。
③ 司马迁：《史记》，第1633页。

商诗。如陈子展认为《商颂·烈祖》说到的"车"是"殷辂",所以《烈祖》符合殷礼。①

另外,不少古文字学家发现《商颂》与卜辞在礼制、称谓等方面的很多契合处,也可以证明《商颂》确为商诗。但今本《商颂》在语言形式上与周诗无别,说明它也是经过一定的增删、修饰后才写定的。

《山海经》当也是殷人的著作,甲骨文的发现在很大程度上可以证明此书与殷人的联系。胡厚宣在其名文《甲骨文四方风名考证》中发现,甲骨文"四方风"名与《山海经·大荒经》《书·尧典》之"四方风"名一脉相承,说明三者之间具有紧密的关联性。②虽说关于《山海经》的著作年代至今仍众说纷纭,但它与殷文化的关系已日益为人们知晓,譬如王国维论殷代的先公先王,就将甲骨文与《山海经》的记载相互印证。而有些古人,早已发现《山海经》与殷文化的密切关系,唐代陆淳《春秋啖赵集传纂例》云:"啖子曰:……《山海经》广说殷时,而云夏禹所记。自余书籍,比比甚多。是知三传之义,本皆口传。后之学者乃著竹帛,而以祖师之目题之。"③

所以"禹敷土,随山刊木,奠高山大川",这种关乎上古圣王"四时巡守"的陈述,所反映的大约是殷人的早期功业。

---

① 陈子展:《诗三百解题》,复旦大学出版社,2001 年,第 1250 页。
② 胡厚宣:《甲骨文四方风名考》,载《责善半月刊》第 2 卷第 19 期,1941 年。
③ 《春秋啖赵集传纂例》,《丛书集成初编》本,中华书局,1985 年,第 3 页。

第十八章
《穆天子传》之"穆王巡行"与古代星象

西晋时魏襄王墓(一说为魏安釐王)出土的《穆天子传》(又名《周王游行记》),是一部充满争议曲解的奇书。此书今存六卷,六千余字,以浪漫、瑰丽的想象,描述周代穆王"巡行"四方之事迹。书中写穆王巡行之时间、地点、随从、车乘、会见之人物以及穆王之言动举止等,生动而又具体,仿佛作者乃穆王巡行的亲历者,所以后世不少人认为此书是一部"起居注",属历史文献。近代很多学者也相信它的真实性,因而对穆王巡行之地名,作翔实的考证。有人以为穆王西巡不仅到了西域一带,还远至中东的尼尼微,甚至到了今波兰的华沙等地。这些考证大多缺少文献史实的支持,而且对穆王所到之地的说法也多有不同,故很多学者以为属穿凿附会,难以相信。

由于《穆天子传》所记穆王之登"昆仑""悬圃","观黄帝之宫",会见"河宗氏"及"西王母"等,为古代儒家经典所不载,而往往同于《山海经》《楚辞·天问》等古书,故清代《四库全书》的编者,把它列为小说类。今人杨宽则认为,此书说的是河宗氏祖先的神话传说。河宗氏是游牧部落,这个部落"从西周以来,世代口头流传着祖先河宗柏夭参与周穆王长途西游的神话传说,从一个引导者变成了周穆王的随从官员,结果得封为'河宗正'的官职,从而使这个部族得以兴旺起来。他们认为这是他们整个部族的光荣历史,世代口头相传而不替,直到战国初期才被魏国史官采访所得,成为《穆天子传》的主要内容"①。杨宽此说也缺少确实根据,多推测之语,殊难成立。

笔者以为,《穆天子传》所载穆王巡游事,除了人间巡守,所涉多为"天事"。书中许多国名、人名(包括河宗氏)以及车乘、马匹等,都关乎星辰天

---

① 杨宽:《西周史》,上海人民出版社,1999年,第604页。

象,或者说,此书所出现的国名、人名等,都是天上星象的象征或曰符号。所以此书所载,与其说是穆王巡游四方,不如说是穆王巡游天庭。《穆天子传》书中之国名、人名等,其实是在分野意义上的述说。将天上之星象与地上区域相对应并视为一体,是我国具有悠久历史的文化传统。《易·系辞上》云:"在天成象,在地成形,变化见矣。"[1]《史记·天官书》张守节《正义》引张衡之说曰:"众星列布,体生于地,精成于天,列居错峙,各有所属,在野象物,在朝象官,在人象事。"[2]都是这种观念的反映。古人的观念中,天地对应,穆王在地上的巡行,自然具有巡天的性质。由于上古天文学家的努力,战国之世,已形成较为完整的星官及分野体系,此书作者,当是熟悉天文的"史官"或"星官",他糅合早期的一些穆王传说,以穆王巡狩为主线,运用"隐喻"的手法,以曲折地展示"天象"。作者创作这样一部"巡天"奇书,当然不是为了消遣,而可能是出于传播他的天文、历法以及分野思想的需要。循此思路,我们对《穆天子传》一书的性质,或可获得崭新的也是符合实际的认识。

一、早期文献关于穆王"出征"的记载及穆王"出征"(巡守)的真实蕴意

《穆天子传》这样的作品之所以能够在战国时代出现,首先是因为关于周穆王的早期记载带有相当多的传奇色彩,而且这些记载似乎都指向穆王的"出征"(即巡狩)和"经营四方"。

《左传·昭公十二年》(前530年):

> 昔穆王欲肆其心,周行天下,将皆必有车辙马迹焉。祭公谋父作《祈招》之诗,以止其心。

《国语·周语上》说穆王不听祭公谋父"先王耀德不耀兵"之谏言,征伐犬戎,"得四白狼四白鹿以归,自是荒服者不至"[3]。对于穆王的"出征"及政治上的作为,上古载籍并非一味地如上引文献那样地讥议贬低,《尚书》的

---

[1] 《周易注疏》,中央编译出版社,2013年,第338页。
[2] 司马迁:《史记》,第1289页。
[3] 徐元诰:《国语集解》(修订本),第9页。

《君牙》《冏命》《吕刑》等篇都关乎穆王，展示的主要是穆王警悟敬戒、励精图治的一面，特别是《吕刑》一篇，关乎穆王的"经营四方"，最值得注意。《吕刑》开首言："惟吕命王享国百年，耄荒度作刑，以诘四方。"大意说，继昭王之后，穆王长久享国，国家政令未免有废弛不张之处，于是穆王在耄耋之年，起而整顿时令刑律，以告示四方。这句话古人或于"耄荒"断句，谓形容穆王之老耄，然《尚书·益稷》有云："禹曰：'启呱呱而泣，予弗子，惟荒度土工。'"孔《传》："启，禹子也。禹治水过门不入，闻启泣声，不暇子名之，以大治度水土之功故。"①这段文字涉及禹治水的传说，说禹治水经过自己家门，听到儿子启的哭声而不入，是因为大治水土的缘故。此"荒"训"大"。苏轼《书传》云："'耄荒度作刑'者，以耄年而大度作刑，犹禹曰'予荒度土工'。"②自然很有道理。

又《逸周书》之《职方志》传为穆王所作，所说大约也是"定四方"之事。而禹之"大度土功"，我们从《书·禹贡》等记载看，正为"定九州"，所以穆王之经营四方与禹之作为这两者之间的内蕴本有相通之处。上古时代，空间的确定与时间的确定是同步的，空间与时间完全可以对应。禹的治水土、定九州也伴随着对时间的确定，也即历法的制定或修订。《山海经·海外东经》有云："帝命竖亥步，自东极至于西极，五亿十选九千八百步。竖亥右手把算，左手指青丘北。一曰禹令竖亥。一曰五亿十万九千八百步。"③可见这种对"天地"的测量是何等古老。

又《后汉书·郡国志》刘昭注：

> 《山海经》称禹使大章步自东极，至于西垂，二亿三万三千五百里七十一步。又使竖亥步（自）南极，北尽于北垂，二亿三万三千五百里七十五步。四海之内，则东西二万八千里，南北二万六千里。④

《淮南子·墬形训》所记略同。禹或"帝"之使竖亥和大章的"步"，是推步、测量之意。这种推步、测量，首先建立在立表测影的基础上，还要运用规、矩（主要是矩）等测量工具，以观测步算日月星辰的周天运行情况，分度天周，确立赤道周天（含大地）的广狭度数，以定天地之大小，以纪日月星辰

---

① 《十三经注疏·尚书正义》，第174页。
② 顾颉刚、刘起釪：《尚书校释译论》，第1912页。
③ 袁珂：《山海经校注》，第258页。
④ 范晔撰、李贤等注：《后汉书》，第3387页。

之行次，就是制定历法。《尚书·大禹谟》说禹使"地平天成"，表示的也是这个意思。①

"地平天成"，是指对天上的日月星辰进行观测、步算之后，建立符合天象运行规律的历法以及天地对应的分野体系。穆王在世时，必有类似于禹的作为，也就是历象日月星辰，修订历法，完善相应的分野系统。天上星宿之分野遍及地上之山河、国家，遍及东、南、西、北各地，于是被附会成穆王"出征"，所出征之路程达到三万五千里云云。

关于穆王的"出征"，同出土于魏王墓的《竹书纪年》的记载为：

穆王北征，行流沙千里，积羽千里。
（西征犬戎。）取其五王以东，（王遂迁戎于太原）。
十三年，西征，至于青鸟之所憩。
十七年，西征昆仑邱，见西王母。
三十七年，伐越，大起九师，东至于九江，叱鼋鼍以为梁。穆王南征，君子为鹤，小人为飞鸮。
穆王东征天下二亿五千里，西征亿有九万里，南征亿有七百三里，北征二亿七里。②

穆王之征伐，除了"北征犬戎"，似乎略为可信，其他之"征行"，多具神话传说色彩，而最后一条记载述穆王四方"征伐"之里数，显然是对天地进行测量的一种变相描述而已。

《国语·周语》等载籍中穆王的战争意义上的"征伐"，在《穆天子传》中完全看不到。《穆天子传》展现的是天子的四方"巡狩"，此书卷一："饮天子蠲山之上，戊寅，天子北征。"《尔雅·释言》："征，行也。"《左传·襄公十三年》（前560年）："先王卜征五年。"杜预注："征，谓巡狩征行。"③穆王之北征，包括后来的西征、南征等，都是巡守意义上的征行。所谓的"巡守"，反映的是上古时的一种"王制"，包括观象授时，祭祀天地山川，颁布月令、度、量、衡，还包括开荒狩田、训练士卒、分封诸侯、选拔人才等。如《尚书·尧典》"乃命羲和，钦若昊天，历象日月星辰，敬授人时"，说的是制

---

① 《十三经注疏·尚书正义》，第127页。
② 张玉春：《竹书纪年译注》，黑龙江人民出版社，2003年，第32—33页。
③ 杜预：《春秋左传集解》，第450页。

历授历。《舜典》则有更具体的舜四时巡守的描述："岁二月东巡守,至于岱宗,柴。望秩于山川,肆觐东后。协时、月正日,同律、度、量、衡……五月南巡守,至于南岳,如岱礼。八月西巡守,至于西岳,如初。十有一月朔巡守,至于北岳,如西礼。"①

《穆天子传》卷一明言"天子北征",后文又有"西征""南征""东征"之语,且明确标明征行之时令。又卷一云:"乃命正公郊父,受敕宪。"郭璞注:"宪,教令也。"②卷三云:"己酉,天子饮于溽水之上。乃发宪命。"郭璞注:"宪,谓法令。"③

又卷一穆王"赐七萃之士战"。此"战(戰)"字,于省吾谓即"兽(獸)",亦即"狩"之假字。④而所谓的"七萃之士",郭璞注:"萃,集也,聚也。亦犹传有舆大夫,皆聚集有智力者为王之爪牙也。"有望文生义之嫌。《礼记·月令》季秋之月:"是月也,天子乃教于田猎,以习五戎,班马政。命仆及七驺咸驾。"孔颖达《正义》"七驺"引皇氏云:"天子马有六种,种别有驺,则六驺也。又有总主之人,并六驺为七,故为七驺。"⑤七驺是管理马匹与车驾的官员,有分管者,也有总管者,数量为七,故称七驺。马匹车驾在巡狩中自是不可或缺之物。巡狩之狩猎,除了猎获野兽,还为了训练士卒,更为了开荒辟地,所以必有军队参与。

《穆天子传》卷三:"六师之人毕至于旷原。曰天子三月舍于旷原。……六师之人翔畋于旷原,得获无疆,鸟兽绝群。六师之人大畋九日,乃驻于羽之□。收皮效物,债车受载,天子于是载羽百车。"这段文字,描写了穆王的一次"大蒐",它带领的所有军队参与此次蒐礼,时间延续了三月之久,收获无比巨大。卷二云:"甲子,天子北征,舍于珠泽,以钓于流水。曰珠泽之薮,方三十里,爰有萑苇、莞蒲、茅苪、兼、蒌。"蒐礼包括渔猎,《礼记·月令》季冬云:"是月也,命渔师始渔,天子亲往。乃尝鱼,先荐寝庙。"郑玄注:"天子必亲往视渔,明渔非常事,重之也。此时鱼洁美。"⑥《大戴礼记·夏小正》十二月也载"虞人入梁"⑦。文中的"虞人"就是上文

---

① 《十三经注疏·尚书正义》,第82页。
② 郭璞注、王贻樑、陈建敏校释:《穆天子传汇校集释》,中华书局,2019年,第63页。
③ 郭璞注、王贻樑、陈建敏校释:《穆天子传汇校集释》,第152页。
④ 王天海译注:《穆天子传全译》,贵州人民出版社,1997年,第6页。
⑤ 《十三经注疏·礼记正义》,第537页。
⑥ 《十三经注疏·礼记正义》,第560页。
⑦ 王聘珍:《大戴礼记解诂》,第47页。

《月令》中的"渔师"。"梁"是捕鱼用的网罟,到了十二月虞人就布下网罟捕鱼。则《穆天子传》作者,是将穆王置于"巡狩"语境来展开其叙事的。

"巡守"肯定关乎天事历法,《书·尧典》中羲和四子观测"四仲中星"以确定分、至等时节,从而制定历法。所谓"期三百有六旬有六日,以闰月定四时成岁",说得非常清楚。对日月星辰进行观测以制定历法,并将所定之历法颁示出去,是巡守的首要任务。《穆天子传》中,关联于星象、历法者可谓贯穿始终,只是它的表述却十分隐晦与曲折。

二、《穆天子传》所述穆王巡行之地关乎天上星象

(一)"河宗氏"与"天河(银河)"星象

除了穆王,《穆天子传》中最重要的人物当属"河宗氏":

> 戊申,天子西征,鶩行至于阳纡之山,河伯无夷之所都居,是惟河宗氏。河宗柏夭逆天子燕然之山。劳用束帛加璧。①(《穆天子传》卷一)

> 曰柏夭既致河典,乃乘渠黄之乘,为天子先,以极西土。乙丑,天子西济于河。□爰有温谷乐都,河宗氏之所游居。(同上)

《穆天子传》之作,其出发点为天庭,又结合神话传说展开,这种特点开篇即显露无遗。如"鶩行",说的是如鸟那样的飞行。"阳纡之山"又见《山海经》等,是充满传奇色彩的一座神山,从分野的角度,它原来当是与天河最灿烂处所对应的人间之地,具有虚拟的性质,"阳纡"当与银河始流之处的"尾""箕""南斗"对应。《尔雅·释天》:"箕、斗之间,汉津也。"②也可能与"天津"九星对应,因为银河始流时分南北两道,流到"天津星"处南北两道汇合。《开元占经》卷六十五引《黄帝占》云:"天津者,一名天潢,一名潢中,一名巨潢。"引郗萌云:"天潢者,天津也,一名天汉。"③这里是所谓"河

---

① 此段首句"戊寅",《穆天子传汇校集释》引檀本作"戊申"云:"陈逢衡、翟云升、吕调阳、顾实等俱从之。"(见郭璞注,王贻樑、陈建敏校释:《穆天子传汇校集释》,第38页)
② 《十三经注疏·尔雅注疏》,第175页。
③ 瞿昙悉达:《开元占经》,第634页。

伯",也就是河神的居住地,"阳纡山"后人比附多端,它的地望总难以确指,这是必然的。

为什么不是别人,偏偏是作为河神的"河伯"成为穆王的向导呢?这里其实蕴含着一个古代天文学上银河所起作用的考量。古人观测天上的日月星辰,以明时制历,是以观测二十八宿在银河中的位置及运行作为参照的,也就是说,银河是古人建立二十八宿星,从而确定时节、方位,制定历法的重要坐标。如《书·禹贡》中禹"导山"的顺序与天上银河起没行径就相一致。①

《穆天子传》书中"河宗氏"成为穆王的"向导",与禹"治水"内蕴显然相通。而穆王之巡行所经行之"国",我们发现也多是位处银河之中或银河边上的星座,且与禹"导山"的线路也颇有相似之处。

(二) 北征"犬戎"与"狗国"星座

穆王之征行,是从北方开始的:

> 北循虖沱之阳。乙酉,天子北升于□。天子北征于犬戎。犬戎□胡觞天子于当水之阳。天子乃乐,□赐七萃之士战。(《穆天子传》卷一)

穆王征犬戎,似乎与历史文献的记载吻合,这大约也是一些学者坚信此书是所谓信史的直接证据,但这完全有可能是作者的狡狯处,或者说是作者使用的障眼法,因为天上有"狗国星"四颗,位于斗宿之东。在斗宿的东北,"狗国"的西北,还有"狗星"两颗。《山海经·海内北经》云:"犬封国曰犬戎国,状如犬。"《开元占经》卷七十引甘氏赞曰:"狗国:鲜卑、乌丸、沃沮。"②斗宿为"北方七宿"的首宿,临近箕宿,它们与"狗国星""狗星"都处于黄道的北方,故与所谓"北方玄武"的星空相对应。

南斗、箕宿之间,是银河中极为醒目的始流之处,向为星家所关注,《尔雅·释天》:"箕斗之间,汉津也。"所以穆王北征首选"犬戎",也能找到天文学的依据。且犬戎胡人宴请穆王,穆王感到很快乐,随从的"七萃之

---

① 参见尹荣方:《大禹治水祭仪真相》,《中原文化研究》2018年第1期。
② 瞿昙悉达:《开元占经》,第696页。

士"则尽情行猎。这样的语境与战事毫无关涉。

对照《墨子·兼爱中》关于"禹治水"的一段话,则可明白穆王之"北征"与禹"治水"的相通:

> 古者禹治天下,西为西河渔窦,以泄渠孙皇之水;北为防原派,注后之邸,呼池(沱)之窦,洒为底柱,凿为龙门,以利燕、代、胡、貉与西河之民。①

《穆天子传》中穆王的"北循虖沱之阳",与《墨子》中禹治水之"呼池(沱)之窦(渎)"可以对应;"当阳之水"可以与"砥柱""龙门"相对应。禹"治水"的实质是以天上的银河作为坐标,建立星宿体系以测定时、空,建立天地相应的分野体系。所谓的"虖沱河",是大禹治水所使用的概念,当对应天上某段银河。当然也有可能地上的虖沱是天上某段银河的分野,《穆天子传》的作者是在分野的基础上展开其叙事的,但即使如此,其着眼于天庭的本意却不难窥知。

(三)"八骏"与"王良""造父"星座,"西王母"与"织女"星座

《穆天子传》一书,最为后人传颂的是穆王乘"八骏",到西方的西王母国会见"西王母"的情节,唐代李商隐诗"八骏日行三万里,穆王何事不重来",使穆王的这个故事成为家喻户晓的佳话。然这个故事的星象根源也不难找到:

> 丙寅,天子属官效器。乃命正公郊父,受敕宪,用申八骏之乘。以饮于枝洔之中,积石之南河。天子之骏:赤骥、盗骊、白义、踰轮、山子、渠黄、华骝、绿耳。狗:重工、彻止、雚猳、□黄、南□、来白。天子之御:造父、三百、耿翛、芍及。曰天子是与出□入薮,田猎钓弋。②

---

① 孙诒让:《墨子间诂》,中华书局,1986年,第99—100页。
② 郭璞注,王贻樑、陈建敏校释:《穆天子传汇校集释》,第62—70页。《拾遗记》云:"穆王巡行天下,驭黄金碧玉之车,傍云乘风,起朝阳之岳,自明及晦,穷寓县之表,有书史十人,记其所行之地。又副以瑶华之轮一乘,随王之后,以载其书也。王驭八龙之骏,一名绝地,足不践土;二名翻羽,行越飞禽;三名奔霄,夜行万里;四名超影,逐日而行;五名踰辉;六名超光,一形十影;七名腾雾,乘云而奔;八名挟翼,身生肉翅。蹑而驾焉,按辔徐行,以匝天地之域。王神(转下页)

天上有"王良星"与"造父星",各有星五颗,从前星家以"王良""造父"各主一星,为御者,各御驷马所驾之车,则为八天马也。《开元占经》卷六十五引石氏:"王良五星,在奎北。"引《元命苞》曰:"天骑四星,在汉中,一名天驷,傍一名王良,主天马。"①《晋书·天文志》云:"王良五星,在奎北,居河中,天子奉车御官也。其四星曰天驷,旁一星曰王良,亦曰天马。"造父、王良各驾四匹马,成为天上人们乐道的星象。八骏,也就是天上的骏马,它们正好是八匹。造父五星,又名司马、伯乐。位于天津星东北的银河之中。造父也是有名的御手,则造父五星,四星为马。《晋书·天文志》:"传舍南河中五星曰造父,御官也,一曰司马,或曰伯乐。星亡,马大贵。"《开元占经》卷六十九引甘氏曰:"造父五星,在传舍南河中。"②造父之故事,亦见于《史记·秦本纪》,云造父为衡父所生,是秦人祖先:"造父以善御幸于周缪王,得骥、温骊、骅骝、騄耳之驷,西巡狩,乐而忘归。徐偃王作乱,造父为缪王御,长驱归周,一日千里以救乱。"

王良星的旁边是长长的"阁道星"六星和"附路"星。在王良星相同的纬度往西看,首先遇到的就是造父五星。造父星的南面是车府七星,再往西去便是"羲仲"四星。"羲仲"星的南面为"辇道"五星。织女星就临近于辇道旁边。陈久金说:"这些分布在同一天区与车马有关的星座,构成了星空中的车马世界。"③"天子属官效器",可以与"车府"七星、"羲仲"四星对应。"车府""羲仲"都是"主器"之官。王良、造父驾驭的天马,行走在天上的阁道、附路及辇道上。《开元占经》卷六十九引甘氏曰:"辇道五星,属织女西足。"④可以直达辇道边的明亮的"织女星"。而赫赫有名的"西王母",正是织女星之"象"。然则穆王之御八骏,西见王母,正是对此种天象的神话描述了。

《穆天子传》之西王母,出于《山海经》,而《山海经》之西王母,乃是天上"织女星"之象。"西王母"的最大特征是"戴胜",《山海经》中,西王母共三见,皆有"戴胜"之描述。汉代的西王母画像,头上也一定戴"胜"。

(接上页)智远谋,使迹榖遍于四海,故绝异之物,不期而自服焉。"(马骕:《绎史》,第776页)八骏之名,与《穆传》异,《拾遗记》所叙之八骏,如"足不践土""夜行万里""逐日而行""乘云而奔"等,哪里是形容人间之骏马,而是对天上"神马"之陈述。谓穆王"自明及晦,穷寓县之表……按辔徐行,以匝天地之域",似《拾遗记》作者明白穆王"巡守"所说关乎天事。

① 瞿昙悉达:《开元占经》,第635页。
② 瞿昙悉达:《开元占经》,第682页。
③ 陈久金:《星象解码——引领进入神秘的星座世界》,第28页。
④ 瞿昙悉达:《开元占经》,第687页。

"胜",是古代织机上的经轴,是织机上的主要部件,因此可以成为织机与纺织工作的象征。而"梯几"则是对织机的一种直观描述,在我国纺织机械发展史上,首先使用的是原始腰机,然后才出现较先进的有机架的织机。有架织机在外形上正是"梯几"的,它下部有台(几),台上置梯架,梯架用来承置经轴和控制提综。①可见所谓西王母的"梯几而戴胜",正是对上古时代梯架式织机的一种描述,《山海经》即以此织机之象来象征天上的"织女星"。《淮南子·览冥训》云:"西老(姥)折胜,黄神啸吟。"高诱注:"西王母折其头上所戴胜,为时无法度。黄帝之神伤道之衰,故啸吟而长叹也。"②西姥即西王母,可见汉代已有西母之名了。

《大戴礼记·夏小正》七月:"初昏,织女正东乡。"《集解》引汪照曰:《春秋佐助期》:"织女神,名收阴。"《诗汜历枢》:"立秋促织鸣,女工急促之候。"《星经》:"织女三星在天市东,常以七月、一月六、七日见东方,色赤精明,女工善。"③故中土西王母的传说常集中于七月七日、一月七日,如《汉武故事》所传西王母七月七日、一月一日会见汉武帝的故事,她来的时候,头上戴的是"七胜"。《汉武故事》谓西王母七月七日会见汉武帝,而《荆楚岁时记》:"正月七日为人日,以七种菜为羹;剪彩为人,或镂金簿为人,以贴屏风,亦戴之头鬓;又造华胜以相遗,登高赋诗。"隋杜公瞻注曰:"华胜起于晋代,见贾充《李夫人典戒》云:'像瑞图金胜之形,又取象西王母戴胜也。'"④西王母之源头在"织女星",其蛛丝马迹,不难寻觅。

(四) 昆仑之丘、黄帝之宫与"轩辕"星座

《穆天子传》卷二:

> 吉日辛酉,天子升于昆仑之丘,以观黄帝之宫。而封□隆之葬。癸亥,天子具蜀齐牲全,以祀□昆仑之丘。

---

① 参见尹荣方:《〈山海经〉"贰负之尸"神话与"贯索"星座》,载向宝云主编:《神话研究集刊》第三集;又参见本书第二章。
② 孙诒让云:"老当作姥。《广韵·十姥》云:'姥,老母。'古书多以姥为母,故西王母亦称西姥。"(见刘文典:《淮南鸿烈集解》,第211页)
③ 方向东:《大戴礼记汇校集解》,第266页。
④ 谭麟:《荆楚岁时记译注》,湖北人民出版社,1985年,第25页。

这里的"昆仑之丘"上的"黄帝之宫",郭璞注:"黄帝巡游四海,登昆仑山,起宫室于其上,见《新语》。"①昆仑山,是上古之神山,古今说者极纷繁,有喜马拉雅山、祁连山、慕士塔格(冰山)、前后藏、新疆间之昆仑山、泰山、嵩山等说。而"黄帝之宫"亦有学者坐实之,谓在"今昆仑山脉之北,阿勒腾格岭之上";或谓"黄帝宫即阿耨达宫也"②。诸家说昆仑尤其黄帝之宫地望为无据,不必多论。所谓"昆仑山",在汉代以前,是神话学、宗教学上的"世界山",是世界之最高点,又是大地的中心,与北极星或北斗星对应,所以有"天柱""地脐"之称。中国上古以北斗星为北极,故古代传说多将"昆仑山"对应北斗星,《山海经·西次三经》:"昆仑之丘,是实惟帝之下都,神陆吾司之。其神状虎身而九尾,人面而虎爪;是神也,司天之九部及帝之囿时。"③这里的帝,指黄帝。九尾的陆吾神象征北斗九星。上古有北斗九星之说,古人将北斗九星与地上区域对应,形成"天之九部",说的其实是北斗之分野。北斗星又具有"指时"之功能,则所谓"囿时"也。古代文献,或直接指出昆仑山对应天上北斗星:

> 北斗居天之中,当昆仑之上,运转所指,随二十四气,正十二辰,建十二月。(萧吉:《五行大传》引《尚书纬》)
>
> (昆仑山)上通璇玑……此乃天地之根纽,万度之纲柄也。(《海内十洲记》)
>
> 昆仑山有昆陵之地,其高处日月之上……昆仑山者,西方曰须弥山,对七星下,出碧海之中。(《拾遗记》卷十)
>
> 地部之位,起(其)形高大者有昆仑山,广万里,高万一千里……其山应于天最居中,八十城市布绕之。(《博物志》卷一)

《穆天子传》多言天象,我们将目光移向天上,即可明白所谓"黄帝之宫"之所指了。天上有轩辕十七星,在"南方朱鸟"之"柳宿""七星"的北面,与北斗星只隔着"三台"六星。北斗、三台与轩辕星组成上古天象上的"中宫",黄帝正是"中央之帝"。《晋书·天文志上》云:"轩辕十七星,在七星北。轩辕,黄帝之神,黄龙之体也。"

---

① 郭璞注,王贻樑、陈建敏校释:《穆天子传汇校集释》,第87页。
② 郭璞注,王贻樑、陈建敏校释:《穆天子传汇校集释》,第88—89页。
③ 袁珂:《山海经校注》,第47页。

轩辕是"黄帝"之星,轩辕十七星前人视之为黄帝之"象",故黄帝称轩辕氏。《西次三经》"轩辕之丘。"郭注:"黄帝居此丘,娶西陵氏女,因号轩辕丘。"①《楚辞·远游》:"轩辕不可攀援兮。"王逸注:"轩辕,黄帝号也;始作车服,天下号之为轩辕氏也。"②《海外西经》:"轩辕之国在此穷山之际,其不寿者八百岁。在女子国北。人面蛇身,尾交首上。穷山在其北,不敢西射,畏轩辕之丘。在轩辕国北。其丘方,四蛇相绕。"郭注:"言敬畏黄帝威灵,故不敢向西而射也。"袁珂则谓:"古传黄帝或亦当作此形貌也。"③

关于轩辕星,《开元占经》卷六十六引石氏曰:"轩辕星,王后以下所居宫也。一曰帝南宫,中央土神,女主之象也。女主之位,黄帝之舍也。"④《史记·天官书》:"权,轩辕,轩辕,黄龙体。"张守节《正义》:"轩辕十七星,在七星北,黄龙之体,主雷雨之神,后宫之象也。阴阳交感,激为雷电,和为雨,怒为风,乱为雾,凝为霜,散为露,聚为云气,立为虹蜺,离为背璚,分为抱珥。二十四变,皆轩辕主之"⑤昆仑山何以会有"黄帝之宫",因为轩辕星为黄帝之星,而在星占学上,它正为"王后所居住的宫殿",或者说是"(黄)帝之南宫"。石氏关于"一曰"轩辕星是"帝南宫"的说法很值得注意,轩辕星正位于北斗星之南也。

"封□隆之葬",郭璞注:"'隆'上字疑作'丰',丰隆筴御云,得大壮卦,遂为雷师。亦犹黄帝桥山有墓,'封'谓增高其上土也,以标显之耳。"⑥丰隆是雷神,而轩辕星正是主雷雨之神。从星占的角度,看昆仑山之"黄帝之宫"与"丰隆之葬",这里的契机是不难明白的。

(五)"珠泽"与"稷泽"及"天稷"星

《穆天子传》卷二云:

甲子,天子北征,舍于珠泽,以钓于流水。曰珠泽之薮,方三十里,爰有蘺苇、莞蒲、茅萯、蒹葽。

---

① 袁珂:《山海经校注》,第 51 页。
② 洪兴祖:《楚辞补注》,第 166 页。
③ 袁珂:《山海经校注》,第 469 页。
④ 瞿昙悉达:《开元占经》,第 646 页。
⑤ 司马迁:《史记》,第 1301 页。
⑥ 郭璞注,王贻樑、陈建敏校释:《穆天子传汇校集释》,第 87 页。

此"珠泽",丁谦云:"珠泽,《山海经》作稷泽。"①《山海经·西山经》:"又西北四百二十里,曰崒(密)山。其上多丹木,员叶而赤茎,黄华而赤实,其味如饴,食之不饥。丹水出焉,西流注于稷泽。"郭璞注:"后稷神所凭,因名云。"汪存:"此稷泽盖《禹贡》雍州潴野也。"②天上之"天稷"星,正位于"南方朱鸟"的"七星"之南。《晋书·天文志上》:"稷五星,在七星南。稷,农正也,取乎百谷之长以为号也。"《新唐书·历志三上》:"鹑火直轩辕之虚,以爰稼穑,稷星系焉。"稷星在空间上即处"轩辕"十七星之南,所以穆王离开"黄帝之宫"后,就来到这里。"后稷"又处所谓"泑泽",《西山经》:"不周之山……东望泑泽,河水所潜也,其原浑浑泡泡。"③天上的"后稷"星,处于银河流入处的位置。前面我们已经指出,天上的银河,最后经过天狗星、天纪星、天稷星,在"星宿(七星)"之南,银河没于南方地平线。

"天稷"紧靠"七星",是银河没处。地上的河水与银河相应,河水流入地下后将重新回到天上,如此循环不已。所以,"后稷"所处之地也就是"黑水""泑泽"之类的"河水所潜"之地了。

《书·禹贡》:"原隰底绩,至于猪野。"此"猪野",《史记·夏本纪》《水经》《广雅》作"都野"。《汉书·地理志》作"猪野",以为在武威东北:"休屠泽在东北,古文以为猪壄泽。"然"猪"与"珠"音同,"猪野"今文作"都野",而《山海经》之"都广之野"正是"后稷"之野。《海内经》:"西南黑水之间,有都广之野,后稷葬焉。爰有膏菽、膏稻、膏黍、膏稷,百谷自生,冬夏播琴。鸾鸟自歌,凤鸟自儛,灵寿实华,草木所聚。爰有百兽,相群爰处。此草也,冬夏不死。南海之外,黑水青水之间,有木名曰若木,若水出焉。"④都广之野是后稷葬处,有树名若木等,若木是西方之扶桑,指日落之处,可见其虚拟的性质。

"都广之野"即"猪野""都野",或谓"都广之野"在成都,是不知所谓的"都广之野""都野"乃天上"天稷星"在地上的分野,天稷星处于银河之中,所以与它对应的地下必为"泽"也。天象上,天稷星处于"轩辕"(黄帝)星的南面,轩辕之分野难以确定,天稷星之分野亦同样。

---

① 郭璞注,王贻樑、陈建敏校释:《穆天子传汇校集释》,第91页。
② 周明辑撰:《山海经集释》,第68页。
③ 袁珂:《山海经校注》,第40页。
④ 袁珂:《山海经校注》,第445—447页。

(六)"赤乌""赤乌氏"与"南方朱鸟"星象

《穆天子传》卷二：

> 壬申,天子西征。甲戌,至于赤乌。赤乌之人其献酒千斛于天子,食马九百、羊牛三千,穄麦百载。天子使邠父受之。曰:"赤乌氏先出自周宗。大王亶父之始作西土,封其元子吴太伯于东吴,诏以金刃之刑,贿用周室之璧。封丌璧臣长季绰于春山之虱,妻以元女,诏以玉石之刑,以为周室主。天子乃赐赤乌之人□丌墨乘四、黄金四十镒、贝带五十、朱三百裹。丌乃膜拜而受。"

这个奇特的出自宗周的"赤乌"国,乃天上"南方朱雀"也。以"十二次"云,主要指"鹑火"之次,对应南方朱雀的柳、星、张三宿。柳宿之属星有"酒旗"三星,《晋书·天文志》:"轩辕右角南三星曰酒旗,酒官之旗也,主宴飨饮食。五星守酒旗,天下大酺,有酒肉财物,赐若爵宗室。"《开元占经》卷六十九引甘氏曰:"酒旗三星,在轩辕北。"又甘氏赞曰:"酒旗燕会,情意欢娱。"[1]这显然就是"赤乌之人"献酒,献食用的马、牛、羊等给天子的契机所在了。送给天子的食物中,还有"穄麦百载",此穄麦,郭璞注:"穄,似黍而不黏。"[2]此"穄"必为"稷",是上古重要的粮食作物,而南方朱鸟"七星"之南,有"稷星"五颗。《晋书·天文志上》:"稷五星,在七星南。稷,农正也,取乎百谷之长以为号也。"《新唐书·历志三上》:"鹑火直轩辕之虚,以爰稼穑,稷星系焉。"

"赤乌氏先出自周宗",这也是从分野角度可以明白的,所谓鹑火之次正与周对应,《开元占经》卷六十三引石氏也说:"七星北十三度是中道,周之分野。"[3]

《开元占经》卷六十三引《列宿说》:"张主赏与,星动者有赏与之事。"又引石氏赞曰:"张主赐客,客主嬉,故置之。"[4]《晋书·天文志》:"张六星,主珍宝、宗庙所用及衣服,又主天厨饮食赏赉之事。"《穆传》中穆王赏赐赤乌之人若干珍宝,也是从南方朱鸟之星占特征所演绎的。

---

[1] 瞿昙悉达:《开元占经》,第690页。
[2] 郭璞注,王贻樑、陈建敏校释:《穆天子传汇校集释》,第107页。
[3] 瞿昙悉达:《开元占经》,第600页。
[4] 瞿昙悉达:《开元占经》,第601页。

(七)"曹奴"与"天纪"星象,"长肱"与"张宿"

《穆天子传》卷二:

> 庚辰,济于洋水。辛巳,入于曹奴。曹奴之人戏觞天子于洋水之上,乃献食马九百、牛羊七千、稷米百车。天子使逢固受之。……壬午,天子北征,东还。甲申,至于黑水,西膜之所谓鸿鹭。于是降雨七日,天子留骨六师之属。天子乃封长肱于黑水之西河,是惟鸿鹭之上,以为周室主,是曰留骨之邦。

"曹奴"之"曹",《说文》"曰"部:"狱两曹也。从棘,在廷东也。从曰,治事者也。"①则"曹奴"与治狱相关。天上之"天纪"九星,《开元占经》卷六十五引黄帝曰:"天纪,天纬也,主正理冤讼。星齐明,王法正直,无有偏党,天下纲纪。"引石氏曰:"天纪绝,天下大乱,主凶。天纪星明,天下多词讼者,亡则政理坏。"又引《荆州占》:"纪星驰散,则国纲纪乱。"②

《晋书·天文志》:"天纪九星,在贯索东,九卿也。主万事之纪,理冤讼也。"又载另一"天纪"星:"柳南六星曰外厨。厨南一星曰天纪,主禽兽之齿。"③《开元占经》卷六十九引甘氏曰:"天厨六星,在紫微宫东北维外。"④是正当"天纪"九星之位置。古代星家于天上设立这一南一北两"纪星",必有理由,这里之"曹奴",切合南纪星象之位置,此星正当"七星"之南,而"七星"与"张宿"相连,上古"七星"与"张宿"常并称,所以"曹奴"之人可以与"长肱"出于统一环境。

"长肱",郭璞注:"即长臂人也。身如中国,臂长三丈,魏时在赤海中得此人裾也。长脚人又在赤海东,皆见《山海经》。"《穆传》之"长肱",出于《山海经》无疑,当为《大荒南经》之"张弘国",乃南方朱鸟"张宿"之象。"是惟鸿鹭之上",正指其为鸟之象。柳、七星、张三宿为周之分野,所以以"长肱"为"周室主"也。

---

① 段玉裁:《说文解字注》,第369页。
② 瞿昙悉达:《开元占经》,第624—625页。
③ 此"天纪",陈遵妫先生入"鬼宿","纪"字误作"记"。(见陈遵妫:《中国天文学史》,第254页)
④ 瞿昙悉达:《开元占经》,第682页。

(八)"剞闾氏""铁山"与"尾闾""嵎夷"

《穆天子传》卷二：

> 戊戌,天子西征。辛丑,至于剞闾氏。天子乃命剞闾氏供食六师之人于铁山之下。壬寅,天子祭于铁山,乃彻祭器于剞闾之人,温归乃膜拜而受。天子已祭而行,乃遂西征。

这里的"剞闾氏",郭璞注："音倚。"①当为有名的"尾闾"。《庄子·秋水》："天下之水,莫大于海,万川归之,不知何时止而不盈；尾闾泄之,不知何时已而不虚。"成玄英疏："尾闾者,泄海水之所也；在碧海之东,其处有石,阔四万里,厚四万里,居百川之下尾而为闾族,故曰尾闾。海水沃著即焦,亦名沃焦也。《山海经》(今本无)云：羿射九日,落为沃焦。此言迂诞,今不详载。"②"尾闾"又作"微闾",《楚辞·远游》："朝发轫于太仪兮,夕始临乎于微闾。"《尔雅·释地》："东方之美者,医无闾之珣玗琪焉。"《周礼·夏官·司马》："东北曰幽州,其山镇曰医无闾。"

"铁山"必"剞闾氏"所处之山。《书·尧典》："宅嵎夷,曰旸谷。"《史记·夏本纪》："嵎夷既略。"司马贞《索隐》云："今文《尚书》及《帝命验》皆作'嵎铁'。"《说文》"山"部："嵎。首阳山也,在辽西。一曰嵎铵嵎谷也。"段玉裁注："铵,宋本作'铁',此即《尧典》之'嵎夷旸谷'也。"③

此"嵎谷",也即大名鼎鼎之"汤谷"。清人沈涛《铜熨斗斋随笔》"旸谷"条云：

> 《史记·五帝纪》"曰旸谷",《索隐》曰："《史记》旧本作'汤谷',今并依《尚书》字。"然则旸谷者,小司马所改也。史迁从安国问故,则古文《尚书》必作汤谷。《山海经》黑齿国下有汤谷,汤谷上有扶桑,十日所浴。④

然则《穆天子传》之"铁山",即指"嵎铁",也就是《山海经》中赫赫有名的

---

① 郭璞注,王贻樑、陈建敏校释：《穆天子传汇校集释》,第130页。
② 郭庆藩：《庄子集释》,第565页。
③ 段玉裁：《说文解字注》,第767页。
④ 《清人考订笔记(七种)》,上海古籍出版社,2004年,第563—564页。

"汤谷",其地乃天上"尾宿""箕宿"之间的分野,而尾宿、箕宿则是上古星家测天以明历及占象的重要星宿。

(九)"玄池"与"天渊星","竹林"与"天桴星"

《穆天子传》卷二:

> 庚戌,天子西征,至于玄池。天子三日休于玄池之上,乃奏广乐,三日而终,是曰乐池。天子乃树之竹,是曰竹林。癸丑,天子乃遂西征。丙辰,至于苦山,西膜之所谓茂苑。天子于是休猎,于是食苦。丁巳,天子西征。己未,宿于黄鼠之山。西□乃遂西征。癸亥,至于西王母之邦。

箕宿是东方七宿之末宿,箕宿与北方七宿的斗宿相邻,这里的"至于玄池",正好与属于"斗宿"的"天渊"十星相应。《开元占经》卷七十引巫咸曰:"天渊十星,在鳖东南九坎间,一名天渊,一名天海,主灌溉之官。"①《晋书·天文志》云:"九坎间十星曰天池,一曰三池,一曰天海,主灌溉田畴事。"天渊一名天池,也即玄池。"玄"可解作"天"。"天渊"也是天河所经过之星座。下面的"竹林",檀萃以为关乎《山海经》之"帝俊竹林"。《大荒北经》曰:

> 东北海之外,大荒之中,河水之间,附禺之山,帝颛顼与九嫔葬焉。……丘方圆三百里,丘南帝俊竹林在焉,大可为舟。竹南有赤泽水,名曰封渊。有三桑无枝。丘南有沈渊,颛顼所浴。②

这里的"竹林",郭璞注:"言舜林中竹一节则可以为船也。"郝懿行指出,文中帝俊应该是颛顼,应为下面有"颛顼所浴",很对。此"竹林"当对应于"天桴"四星。《开元占经》卷七十引巫咸曰:"天桴四星,在河鼓左旗端,南北列。"又引《黄帝占》:"天桴者,一名冥仲星,在河鼓东。"③

桴为竹木筏子(舟),《论语·公冶长》:"道不行,乘桴浮于海。"何晏

---

①③ 瞿昙悉达:《开元占经》,第707页。
② 袁珂:《山海经校注》,第419页。

《集解》:"大者曰筏,小者曰桴。"《说文》有"泭"字,许慎解为:"编木以渡也,从水,付声。"段玉裁注:"《周南》:'江之永矣,不可方思。'传曰:'方,泭也。'即《释言》之'舫,泭也'。《尔雅》字多从俗耳。"《释水》曰:'大夫方舟,士特舟,庶人乘泭。'《方言》曰:'泭谓之篺,篺谓之筏。筏,秦晋之通语也。'《广韵》曰:'大曰篺,曰筏,小曰泭。'按《论语》:'乘桴于海',假'桴'为泭也。凡竹木芦苇皆可编为之,今江苏、四川之语曰篺。"①"天桴"四星在牛宿西北,与织女星同属牛宿,下面经过"苦山"与"黄鼠之山",就到"西王母之邦"了。西王母正是指织女星。

(十)"苦山"与"匏瓜"星象,"黄鼠之山"与"河鼓"星象

"竹林"之后之"苦山",天子"于是食苦",穆王食者注家都以为"苦菜",然上古似未有以苦菜名星者,以蔬果类食物名星者,只有"匏瓜",《史记·天官书》:"匏瓜,有青黑星守之。"司马贞《索隐》引《荆州占》云:"匏瓜,一名天鸡,在河鼓东。匏瓜明,岁则大熟也。"张守节《正义》:"匏瓜五星,在离珠北,天子果园。"②匏瓜,就是葫芦,葫芦在古汉语中,又写作瓠、瓠瓜、壶等,《夏小正》:"五月,参则见,浮游有殷,鴂则鸣,时有养日,乃瓜。"卢辩注:"乃者,急瓜之辞也。瓜也者,始食瓜也。"《夏小正》又有"八月,剥瓜"的记载,③卢辩注:"畜瓜之时也。"《礼记·月令》:"仲冬之月……行秋令,则天时雨汁,瓜瓠不成。"④《诗·豳风·七月》也有:"七月食瓜,八月断壶。"这里的"壶",《毛传》:"壶,瓠也。"王先谦《诗三家义集疏》云:"壶,瓠也。楚南人谓之'瓠瓜',古食瓠叶,亦断壶为卣。"⑤《逸周书·时训解》则说:"王瓜不生,困于百姓。"⑥葫芦等瓜类可食可腌渍,有可用作器

---

① 段玉裁:《说文解字注》,第966页。
② 司马迁:《史记》,第1310页。
③ 清代学者于鬯说:"此'剥'字盖读为箓,箓、剥并谐录声,故得通借。箓即籚字。《说文》'竹'部云:'籚,竹高箧也。或体作箓。'箓盖以蓄瓜,故传云:'畜瓜之时也。'畜瓜即蓄瓜,畜瓜正训剥瓜之义,传于此不别释'剥'字,而于下文'剥枣始发'传云:'剥也者取也',则此'剥'字不训取可知。且五月已记'乃瓜',传云'始食瓜也',食之则必取之矣,又奚自八月而始记取瓜乎?则必此'剥'字读为箓,于记传始并可通。《楚辞·愍命叹》云:'飕飗蠹于筐籚。'飕飗为瓠类,瓜瓠并称。瓠蓄于籚,瓜亦宜蓄于籚矣。《周礼·场人职》云:'果蓏珍异之物,以时敛而藏之。'箓瓜必亦其一端也。"(见方向东:《大戴礼记汇校集解》,第271页)
④《十三经注疏·礼记正义》,第557页。
⑤ 王先谦:《诗三家义集疏》,第520页。
⑥ 黄怀信、张懋镕、田旭东:《逸周书汇校集注》,第591页。

皿,所以尤受古人重视。可见,瓜瓠的成熟与否是关乎国计民生的,所以古人在天上设立一个星座以预卜它们的生长情况。

"苦"与"瓠"音近相通。"苦山"当读为"瓠山",穆王所食者,也是瓠也。《天子穆传》说苦山是"西膜之所谓茂苑",而"瓟瓜星"在星占上正是"天子果园"。《开元占经》卷六十五引郄萌曰:"天子果园,为献食者。"①

离开了"苦山",穆王又"西征"来到"黄鼠之山",此"黄鼠之山",所对应者应该是"河鼓"星。《尔雅·释天》云:"何鼓谓之牵牛。"河鼓星正在瓟瓜星之西。河鼓又名"黄姑",《玉台新咏·歌辞二首》之一:"东飞伯劳西飞燕,黄姑织女时相见。"吴兆宜注引《岁时记》:"河鼓、黄姑,牵牛也。皆语之转。"唐元稹《古决绝词》之二:"已焉哉,织女别黄姑,一年一度暂相见,彼此隔河何事无。"

"黄鼠"之"鼠"与"黄姑"之"姑"音近,此抑或作者故弄狡狯之处。河鼓星与织女星隔河相望,穆王之下一站正是来到与织女星对应的"西王母"之国,会见这个神秘难测的人物。

《穆天子传》在接下来的卷三中,花了较多篇幅描述了穆王会见西王母时,两人兴致勃勃对歌的情景,其中"西王母"的"自述",很多文字较容易使人联想到天上之"织女星":

> 西王母又为天子吟曰:"徂彼西土,爰居其野。虎豹为群,於鹊与处。嘉命不迁,我惟帝女。"

"於鹊"就是"乌鹊",唐韩鄂《岁华纪丽》卷三引《风俗通》云:"织女七夕当渡河,使鹊为桥。"又宋陈元靓《岁时广记》卷二六引《淮南子》云:"乌鹊填河成桥而渡织女。"乌鹊搭桥,牛郎织女七夕渡河相会的神话故事广泛流传,这里"西王母"说自己"於鹊与处",正隐含自己的真实身份。

西王母自称"帝女",顾实说:"西王母自陈为穆王之女也。"②顾氏此说大谬不然。此帝,指的是天帝,织女星在星占上正是"天女"。《史记·天官书》:"婺女,其北织女,织女,天女孙也。"张守节《正义》:"织女三星,在河北天纪东,天女也,主果蓏丝帛珍宝。"司马贞《索隐》:"织女,天孙也。"③

---

① 瞿昙悉达:《开元占经》,第633页。
② 郭璞注,王贻樑、陈建敏校释:《穆天子传汇校集释》,第149页。
③ 司马迁:《史记》,第1311页。

《开元占经》卷六十五引《合诚图》曰:"织女,天女也。"① 都以织女为天女。

《穆天子传》卷三:

> 天子遂驱升于弇山,乃纪丌迹于弇山之石,而树之槐,眉曰:"西王母之山。"

郭璞注:

> 弇,弇兹山,日入所也。铭题之,言是西王母所居也。②

陈逢衡:"《太平御览》六百七十二引作'于是天子升于崦嵫'。"③《山海经·西山经》云:"鸟鼠同穴之山……西南三百六十里,曰崦嵫之山。"又《大荒西经》:"有弇州之山,五采之鸟仰天,名曰鸣鸟。爰有百乐歌儛之风。有轩辕之国。江山之南栖为吉。不寿者乃八百岁。西海陼中,有神人面鸟身,珥两青蛇,践两赤蛇。名曰弇兹。"《楚辞·离骚》:"望崦嵫而勿迫。"王逸注:"崦嵫,日所入山也。"④"弇兹山"是人们想象中的"日入"之山,太阳落于西方,所以它也被认为是西极之山,而难以与现实中的山比拟。

织女星属北方玄武七宿,何以被认为居西方,有"西王母"之称?这是因为织女星是秋天的指时大星,《夏小正》七月:"初昏,织女正东乡。"织女星与牛郎星是秋季夜空最明亮的两颗大星,而织女星尤为醒目,它是全天第五亮星,所以很早就受到人们的特别关注。秋天与西方对应,所以西王母也就与"西方"结下不解之缘了。

(十一)"旷原"与"五车"星象

《穆天子传》卷三:

> 丁未,天子饮于温山。□考鸟。己酉,天子饮于滦水之上。乃发

---

① 瞿昙悉达:《开元占经》,第 625 页。
② 郭璞注,王贻樑、陈建敏校释:《穆天子传汇校集释》,第 143 页。
③ 郭璞注,王贻樑、陈建敏校释:《穆天子传汇校集释》,第 150 页。
④ 洪兴祖:《楚辞补注》,第 27 页。

宪命,诏六师之人□其羽。爰有□薮水泽,爰有陵衍平陆,硕鸟解羽。六师之人毕至于旷原。曰天子三月舍于旷原。

郭璞注:

> 言将猎也。下云:"北至旷原之野,飞鸟之所解其羽。"《山海经》云:"大泽方千里,群鸟之所生及所解。"《纪年》曰:"穆王北征,行积羽千里。"皆谓此野耳。①

可见《穆传》之"旷原"出自《山海经》。《大荒北经》:"有大泽,方千里,群鸟所解。"郝懿行笺疏以为此大泽即《穆传》之"旷原"。②又《山海经·海内西经》:"大泽方百里,群鸟所生及所解,在雁门北。"郭璞怀疑《大荒北经》与《海内西经》之"大泽",非一地。我们认为,此"大泽"也即《穆传》中的"旷原",乃与天上"咸池"星所对应之所,亦即分野也。"咸池"星是"西方"之大星,在毕星东北,非常明亮。《史记·天官书》:"西宫咸池,曰天五潢。五潢,五帝车舍。"《正义》:"咸池三星,在五车中,天潢南,鱼鸟之所托也。"③咸池又名五潢、五车。《开元占经》卷六十六引郗萌曰:"五车一名咸池,一名为五潢,一名为重华,居丰隆也。五车,天子大泽也,主轻车。"④明言"咸池"是"天子大泽",而"潢"与"泽"本有相通之处。

《楚辞·离骚》:"饮余马于咸池兮,总余辔乎扶桑。"王逸注:"咸池,日浴处也。"⑤《淮南子·天文训》:"日出汤谷,浴于咸池。""硕鸟解羽",袁珂解为鸟旧羽换新羽,恐不确。《楚辞·天问》:"羿焉彃日?乌焉解羽?"王逸注:"《淮南》言尧时十日并出,草木焦枯,尧命羿仰射十日,中其九日,日中九乌皆死,堕其羽翼,故留其一日也。"⑥则"解羽"或指死去之"天鸟"。"□考鸟"郭璞注:

> 《纪年》曰:"穆王见西王母,西王母止之,曰'有鸟䎃人',疑说此

---

① 郭璞注,王贻樑、陈建敏校释:《穆天子传汇校集释》,第152页。
② 郝懿行:《山海经笺疏》,第426页。
③ 司马迁:《史记》,第1304页。
④ 瞿昙悉达:《开元占经》,第640页。
⑤ 洪兴祖:《楚辞补注》,第27页。
⑥ 洪兴祖:《楚辞补注》,第96页。

鸟。脱落不可知也。"①
《集释》引金蓉镜:"有本作鸱,亦无可训。"②

《海内西经》:"孟鸟在貊国东北,其鸟文赤、黄、青,东乡。"郝懿行笺疏:"《太平御览》九百十五卷引《括地图》曰:'孟亏人首鸟身,其先为虞氏,驯百兽。'"③郝懿行以为此"孟鸟"即《海外西经》之"灭蒙鸟":"灭蒙鸟在结匈国北,为鸟青,赤尾。"当然是对的。则"考鸟"或"孟亏"之亏之省也。"亏"字形略同"考"字也。则"考鸟"前脱落者当为"孟"(或蒙)字也。《尔雅·释地》:"西至日所入为大蒙。"郭璞注:"即蒙汜也。"《楚辞·天问》:"出于汤谷,至于蒙汜。"《淮南子·览冥训》云:"遭回蒙汜之渚。"高诱注:"蒙汜,日所入之地。"蒙汜又称蒙谷,《淮南子·天文训》:"(日)至于虞渊,是为黄昏;至于蒙谷,是谓定昏。"这个"蒙谷",也就是《书·尧典》中的"昧谷",孔《传》:"昧,冥也。日入于谷而天下冥,故曰昧谷。"④则郭璞注之"鸟䳟人"必为有据也。

"咸池"星之为"日浴处"与蒙谷之为"日入处",涵义相同。其所以为"蒙鸟"之形象者,当为上古以动物之"象"名星象的传统所致。

(十二)"采石之山"与轸宿之"器府"星,"长沙之山"与"长沙"星

《穆天子传》卷四:

> 爰有采石之山,重氏之所守。曰枝斯、璿瑰、瑅瑶、琅玕、玲珑、毛瑌、㺿琪、徽尾,凡好石之器于是出。孟秋癸巳,天子命重氏共食天子之属。五日丁酉,天子升于采石之山,于是取采石焉。天子使重之民铸以成器于黑水之上,器服物佩好无疆。曰天子一月休。……乙丑,天子东征,䚻送天子至于长沙之山。□隻,天子使柏夭受之。柏夭曰:"重氏之先,三苗氏之□处。"

---

① 郭璞注,王贻樑、陈建敏校释:《穆天子传汇校集释》,第 152 页。
② 郭璞注,王贻樑、陈建敏校释:《穆天子传汇校集释》,第 154 页。
③ 郝懿行:《山海经笺疏》,第 353 页。
④ 《十三经注疏·尚书正义》,第 39 页。

此"采石之山",当是与天上"器府"三十二星所对应之地,《晋书·天文志》:"轸南三十二星曰器府,乐器之府也。"《开元占经》卷七十引甘氏曰:"器府三十二星,在轸南。"① 器府星属"南方朱鸟"之末宿,分野上与楚国对应。

离开"采石之山",穆王到达"长沙之山",而"长沙"正是轸宿的另一星座名。《史记·天官书》:"轸……其旁有一小星,曰长沙。"《正义》:"长沙一星在轸中,主寿命。"

关于柏夭说的"重趋氏之先,三苗氏之□处"之语,也不难从天象学的角度作出说明,所谓的"三苗氏",早先也是一个分野地理概念,《山海经·海外南经》:"三苗国在赤水东,其为人相随。一曰三毛国。"郭璞注:

> 昔尧以天下让舜,三苗之君非之,帝杀之,有苗之民,叛入南海,为三苗国。②

郭璞注大约取自《尚书》。《尚书·舜典》:"(舜)流共工于幽州,放欢兜于崇山,窜三苗于三危,殛鲧于羽山,四罪而天下咸服。"孔《传》:"三苗,国名,缙云氏之后,为诸侯,好饕餮。三危,西裔。"③ 又《尚书·禹贡》:"导黑水至于三危,入于南海。"孔《传》:"黑水自北而南,经三危过梁州入南海。"④ 此种解释,让人有不知所云之感觉。⑤ 这里的"三危",或以为指"西极之地",照《禹贡》说,则为南方。郭璞解"有苗之民,叛入南海",则以为南方之地。《楚辞·天问》:"黑水玄趾,三危安在?"似认为处于"黑水",与《穆天子传》"重趋之民"处于黑水同。《禹贡》"三危既宅,三苗丕叙",孔颖达疏云:

> 郑玄引《地记书》云:"三危之山,在鸟鼠之西,南当岷山。"则在积

---

① 瞿昙悉达:《开元占经》,第 702 页。
② 袁珂:《山海经校注》,第 193 页。
③ 《十三经注疏·尚书正义》,第 89 页。
④ 《十三经注疏·尚书正义》,第 230 页。
⑤ 刘起釪指出:"(黑水)是一由神话中引来的水名,难于实定而又偏说成为梁、雍二州州界,分歧异说遂多。'三危',原亦神话中山名……各地附会为三危的不少,较多倾向于三危在敦煌。'南海'泛指中国以南之海。然从《山海经》引来的南海,原指西北一些海子称为北海、西海一样称呼为南海之海,大抵在神话故事及历史传说中,黑水、三危是都主要在西北。"(见顾颉刚、刘起釪:《尚书校释译论》,第 785 页)

石之西南。

孔颖达不相信《地记》之说,云:"《地记》乃妄书,其言未必可信。要知三危之山,必在河之南也。禹治水未已,窜三苗,水灾既除,彼得安定,故云三危之山已可居,三苗之族大有次叙,此记事以美禹之功也。"盖因孔颖达不知《虞夏书》多记天事,《山海经》多言分野,故以《地记》为妄,《地记》以三危山南当岷山,此"岷山"自是南方之山。孔氏以后世所认为的西方之岷山当之,自然觉得不可信了,因为从孔安国以下,皆以"三危"为"西裔"之山。这条材料很重要,岷山者,"南方朱鸟"之"七星"所分野之山,为银河流入之所。它在以银河为坐标体系,标示二十八宿在天空位置的天地结构中,正是处于"南极"的位置。其实,南方朱鸟之轸宿处于东南,所以有处于黑水与处于赤水两说也。

(十三)"文山""岷山"与"七星"星象

《穆天子传》卷四:

> 丙寅,天子东征南还。己巳,至于文山。

"文山"又见《山海经·中山经》:"凡岷山之首……文山、勾㭪、风雨、骓之山,是皆冢也。其祠之,羞酒。少牢具,婴毛一吉玉。"郝懿行云:

> 此上无文山,盖即岷山也,《史记》又作汶山,并古字通用。《穆天子传》云:"天子三日游于文山,于是取采石。"郭注云:"以有采石,故号文山。"案,经云岷山多白珉,传言取采石,盖谓此。然则文山即岷山审矣。[1]

《穆天子传》之文山,郝懿行谓为"岷山",可谓卓见,虽认同者极少。《穆传》之"山",皆是与天上星宿对应之分野之"山",岷山也是禹"治水"语境中的名山。前面我们已经指出,它与"南方朱鸟"中"星宿"七星对应,是天河最后流入之处。

---

[1] 郝懿行:《山海经笺疏》,第 260 页。

据晋人常璩《华阳国志》载:"岷山一名沃焦山。"①如果我们以今日之岷山视之,会觉得非常不解,今日之岷山是处于四川境内,绵延四川、甘肃的一座大山,与传说中的"沃焦山"似乎风马牛不相及。

天上之银河至"星宿"南而没,正当东南方位,地上之水正好也归于"东海",而无边无际的东海水又流向何处呢?为什么天地之水流入于此地而不见满溢呢?于是古人想象东海之下有一个可以容纳天地之水的巨大的"沃焦""尾闾"了。

《山海经》《尚书》中的"岷山",原绝非指今四川、甘肃之"岷山"。"岷山"从"民"得意,"民"之原意,当为冥茫之意,郑玄注《尚书·吕刑》"苗民弗用灵"时云:"民者,冥也。"②则"岷山"原意或为"冥山",取冥茫之山之意。后人以今四川之岷山当《禹贡》导山之"岷",当然是不明上古这种分野说的底细所致。

《山海经·中山经》谓"文山"等山"是皆冢也"。冢当是祭祀坛之谓。则穆天子所至之"文山"乃一祭祀天上"七星"的所在,《穆天子传》写到穆王的"祭祀"之礼:"天子之豪马、豪牛、尨狗、豪羊,以三十祭文山。"古代帝王祭祀社稷等用所谓"太牢",即牛、羊、豕三牲。"以三十祭文山"或指以"三牲"祭文山。

(十四)"巨蒐氏"与"天狗"星象

《穆天子传》卷四:

> 天子乃遂东南翔行,驰驱千里,至于巨蒐氏。巨蒐之人䍂奴,乃献白鹄之血,以饮天子。

此"巨蒐",当通于《书·禹贡》之"渠搜":"织皮昆仑、析支、渠搜,西戎即叙。"③也即《逸周书·王会》之"渠叟":"渠叟以鼩犬。鼩犬者,露犬也,能

---

① 吴任臣:《山海经广注》:"岷山,即渎山也,亦谓之汶阜山。纬书曰:'岷山之精,上为井络,帝以会昌,神以建福。'刘会孟云:'岷山,今四川茂州,即陇山之南。'《四川总志》曰:岷山在茂州之列鹅村,一名鸿蒙,为陇山之南首,又名沃焦山,降水所出也。'"(见周明辑撰:《山海经集释》,第 279 页)
② 孙星衍:《尚书今古文注疏》,第 521 页。
③ 《十三经注疏·尚书正义》,第 225 页。

飞，食虎豹。"[1]鼩字，李善注《文选》作"豽"，王念孙认为作豽是。[2]渠叟为地名又为神兽名，此能飞能食虎豹的神兽"豽犬"盖源自《山海经·海内北经》的蜪犬："蜪犬如犬，青，食人从首始。"郭璞注："音陶，或作蚼。蚼，音钩。"[3]《说文》"虫"部："蚼，北方有蚼犬，食人。从虫，句声。"世间不可能存在能飞的吃虎豹的狗，渠叟乃是一种"象"，所象者为天上的"天狗"星，渠叟与"豽犬"其义为一。《说文》"犬"部："獀，南越名犬獿獀也。"段玉裁注云："南越人名犬如是，今江浙尚有此语。"[4]

可见"獀"是狗。"巨蒐"原义当为巨大的狗亦即天狗。《开元占经》卷七十引甘氏曰："天狗七星，在狼东北。"又引《元命苞》曰："天狗主守御。"[5]《晋书·天文志》："狼北七星曰天狗，主守御。""天狗"七星属"鬼宿"，"鬼宿"属南方朱鸟。

"渠叟"，古人似相信为国名，孔晁注《王会》云："西戎之别名也。"《隋书·西域传》："钹汗国都葱岭之西五百余里，古渠搜国也。"也是附会之说。孔晁"西戎"别名之说及《隋书·西域传》以为即汉朔方郡之渠叟县，然此渠叟只是采用古名，与古渠叟无关。其实，所谓的"渠叟"国，乃是星家想象的"天狗星"与地上对应的区域，在分野上，秦国与井、鬼两宿对应，秦国在西方，所以"渠叟"也被置于西土了。《海内北经》"鬼国"与"蜪犬"相邻接，也是因为天象上鬼宿与天狗星相邻接也。

这里出现的"𠬸奴"，檀萃云："《说文》：'叒，读若弱。'阁者，主若水之义。不流为奴，故曰𠬸奴，当音弱。"洪颐煊曰："钱詹事云：'𠬸疑即若字。古文若作，《说文》叒即若木字。'"[6]𠬸即若木，则𠬸奴是人格化的若木神树了，天狗星处于银河没处，与西极相应。《山海经·大荒北经》云："大荒之中，有衡石山、九阴山、灰野之山。上有赤树，青叶、赤华，名曰若木。"郭璞注："生昆仑西，附西极，其华光赤下照地。"若木即扶桑，郝懿行笺疏云：

---

① 黄怀信、张懋镕、田旭东：《逸周书汇校集注》，第851页。

② 王念孙云："《海内北经》曰：'蜪犬如犬，青，食人从首始。注曰：音陶，或作蚼，音钩。'亦以作蚼者为是。《说文》蚼字解曰：'北方有蚼犬，食人。从虫，句声。'即本于《海内北经》也。彼言海内西北陬以东，此言渠叟；彼言食人，此言食虎豹，地与事皆相近。彼作蚼犬，是本字，此作豽犬，是假借字，故李善引作豽犬，而卢以为字伪，则未达假借字旨也。"（王念孙：《读书杂志》，凤凰出版社，2000年，第24页）

③ 周明辑撰：《山海经集释》，第416页。

④ 段玉裁：《说文解字注》，第826页。

⑤ 瞿昙悉达：《开元占经》，第701页。

⑥ 郭璞注，王贻樑、陈建敏校释：《穆天子传汇校集释》，第188页。

若，《说文》作叒，云："日初出东方汤谷，所登榑桑，叒木也，象形。"今案：《说文》所言是东极若木，此经及《海内经》所说乃西极若木，不得同也。《离骚》云："折若木以拂日。"王逸注云："若木在昆仑西极，其华照下地。"《淮南·墬形训》云："若木在建木西。末有十日，其华照下地。"皆郭注所本也。又《文选·月赋》注引此经若木，下有"日之所入处"五字。《水经·若水》注引此经，若木下有"生昆仑山，西附西极"八字，证以王逸《离骚》注"若木在昆仑西极"，则知《水经注》所引八字，古本盖在经文，今误入郭注耳。①

郝懿行所言甚是，所谓的扶桑、若木，生于汤谷的为东极若木，《大荒北经》《海内经》说的是西极若木。又《海外东经》说："汤谷山有扶桑，十日所浴，在黑齿北。居水中，有大木，九日居下枝，一日居上枝。"扶桑"居水中"之语值得注意，此水自然指银河及昆仑下的"弱水"，然则扶桑、若木一位在银河源起处，一位在银河没落处，扶桑、若木一体相通，或许是作为银河的象征而存在的。

（十五）"皇天子山"与"酒旗"星象

《穆天子传》卷四：

> 乙亥，天子南征阳纡之东尾。……河之水北阿，爰有鬊溲之□，河伯之孙，事皇天子之山。有模堇，其叶是食明后。天子嘉之，赐以佩玉一隻。柏夭再拜稽首。癸丑，天子东征，柏夭送天子至于䣝人。䣝柏絮觞天子于澡泽之上，鼽多之汭，河水之所南还。曰天子五日休于澡泽之上，以待六师之人。

"皇天子之山"，清人陈逢衡云："事皇天子之山，犹《海内南经》之三'天子鄣'，《海内东经》之'三天子都'也，又《西山经》有'天帝之山'，此或类之。"②陈氏所说甚确。《海内南经》："三天子鄣山在闽西海北。一曰在海中。桂林八树在番隅东。""三天子鄣山"又名"三天子之都"，《海内经》：

---

① 周明辑撰：《山海经集释》，第531页。
② 郭璞注，王贻樑、陈建敏校释：《穆天子传汇校集释》，第193页。

"南海之内,有山名三天子之都。"郭璞注:

> 今在新安歙县东,今谓之三王山,浙江出其边也。张氏《土地记》曰:"东阳永康县南四里有石城山,上有小石城,云黄帝曾游此,即三天子都也。"①

郭璞注文显是后世附会之说。"三天子鄣山"当为"酒旗"星之象。"酒旗"三星属"柳宿",《晋书·天文志》:"轩辕右角南三星曰酒旗,酒官之旗也,主宴飨饮食。"位于"轩辕"(主黄帝)之南,故得称天子也。《开元占经》卷六十九引《元命苞》曰:"酒旗主上尊大帝,运枢阴阳。"②酒旗星所主者为"上尊大帝",故其称"三天子",契机正在这里。

再说"桂林八树",郭璞注:"八树而成林,言其大也。"③仿佛述图者是在描述八棵桂树,然《逸周书·王会》:"正南瓯邓桂国。""桂林八树"又名"桂国",《山海经》之"国"每每与天上星宿对应,与"桂林八树""桂国"对应者,是"南方朱鸟"的"柳宿",柳共八星,《史记·天官书》:"柳为鸟注,主草木。"柳星为南方朱鸟之"嘴",在星占上主"草木",柳星正好是八颗,故以"八桂"象之也。

"有模堇,其叶是食明后",郭璞注"模堇"为"木名",檀萃直言为"即木槿也,其花可食"④。此"模堇"当是"主草木"之"柳星"之象。

"澡泽"即卷一之"渗泽",是与"参宿"所对应之所谓地上之"泽"也。参三星,与"井宿"相邻,是有名的大星,处于银河的边上,"五车嘉上北河南,东井水位入吾渗"。其中之"渗"即指"参"也。"剸多之汭",檀萃:"音伐。"⑤甚是。此必"伐"字。《史记·天官书》:"参为白虎,三星直者,是为衡石。下有三星,兑,曰罚。"张守节《正义》云:

> 罚,亦作"伐"。《春秋运斗枢》云:"参伐事主斩艾也。"⑥

参、伐两星常连言,《开元占经》卷六十二引甘氏曰:"参伐动者,有斩伐之

---

① 袁珂:《山海经校注》,第 268 页。
② 瞿昙悉达:《开元占经》,第 690 页。
③ 袁珂:《山海经校注》,第 269 页。
④⑤ 郭璞注,王贻樑、陈建敏校释:《穆天子传汇校集释》,第 194 页。
⑥ 司马迁:《史记》,第 1307 页。

事."又引《孝经章句》云:"参伐,市府廷也,又为天尉."①"澡泽之上,伐多之汭"连言,犹如参伐之为一体。《穆天子传》这一节文字,所述者乃井、参这一天区,井宿,《天元历理》:"井八星,横列河中。"属于"井宿"之"北河""南河"分列天河之南北,都是天河流经之处,穆王先至"河水之北阿",后又"河水之所南还",正好可以对应"北河""南河"两星。

(十六)"雷首山"与"心宿"星象

《穆天子传》卷四:

> 孟冬壬戌,至于雷首。犬戎胡觞天子于雷首之阿,乃献良马四六,天子使孔牙受之,曰:"雷水之平寒,寡人具犬马羊牛。"爰有黑牛白角,爰有黑羊白血。"

"雷首"为山名,郭璞注:"雷首,山名,今在河东蒲坂县南也。"②注家之解"雷首"地望,不尽相同。"雷首"乃禹治水"导山"之二十八山之一。《书·禹贡》:"壶口、雷首至于太岳。"孔《传》:"三山在冀州。"③禹之治水导山,原有确定分野之义,此"雷首山"所对应者乃天上的"心宿"三星。正因为雷首是"心宿"之分野,所以它的地理位置甚至山名都充满了不确定性,且洋溢着诸多神话色彩。《括地志》云:"蒲州河东县(即汉蒲坂县)雷首山,一名中条山,亦名历山,亦名首阳山,亦名襄山,亦名甘枣山,亦名猪山,亦名独头山,亦名薄山,亦名吴山。"除了以上十名,尚有首山、尧山、陑山诸名。《汉书·郊祀志》载黄帝采首山铜,即此山。又《书·汤誓》序:"伊尹相汤伐桀,升自陑,遂与桀战于鸣条之野,作《汤誓》。"孔《传》:"陑在河曲之南。"④《寰宇记》云:"尧山在河东县南二十八里,即雷首山。山有九名,亦即陑山,'汤伐桀,升自陑。'注:'在河曲之南。'即此也。"也指此山。⑤

《穆天子传》之地名,很多出自《山海经》,除了上面提及者,尚有"阳纡""流沙""九河""太行""洛水""三苗氏"等不一而足,说明两者之间密切

---

① 瞿昙悉达:《开元占经》,第595页。
② 郭璞注,王贻樑、陈建敏校释:《穆天子传汇校集释》,第195页。
③ 《十三经注疏·尚书正义》,第227页。
④ 《十三经注疏·尚书正义》,第283页。
⑤ 顾颉刚、刘起釪:《尚书校释译论》,第771—772页。

关联。"九河"是天纪九星之分野,"流沙"或是"天市垣星"分野,"太行"与北方七宿的"女宿"对应。虽然《穆天子传》还有一些地名、人物似暂时难以考定与之相应的星象,但从已经考知的而言,穆王巡守,必关乎天象的测定,关乎相关的历法等事宜。

从我们上面的考证可知,《穆天子传》所述之穆王巡守,所对应的星象,可考的有"银河"、"狗国"、"王良"、"造父"、"织女"、"轩辕"、"天稷"、"井宿"、"天纪"、"张宿"、"尾闾"(尾宿)、"天渊"、"天桴"、"匏瓜"、"河鼓"、"五车"、"器府"、"长沙"、"七星"、"天狗"、"酒旗"、"心宿"等,可能还有"天市垣""参宿"等。有意思的是,从星象角度看,这些星宿全处于银河中或银河边,它们基本上由北方星宿向西方星宿,再向南方星宿,与天上银河的流经方向一致,这就可以解释为什么穆王巡守,"河宗氏"作为向导出现了。《山海经》中记载禹测量天地,起始点正在天上银河的起始处,也就是尾、箕、南斗所载的银河最灿烂之处,禹时代的天文大地观测特别是天象观测,是以银河在二十八宿中的位置作为坐标的,这可能是我国上古天象学的特色之一。而由《穆天子传》的叙事,我们可以推知,直到周代穆王时期,天象学依然尊重并维持这样的传统。

《穆天子传》之叙穆王之巡行,是巡守礼制意义中的产物,而巡守的实质,是包括测天礼天、敬授民时、开荒辟地、封邦建国等内容的,其实周人,尤其是周初,一直有天子巡守之举,这是最重要的礼制,是上古时代的所谓"王制",《诗·周颂·般》云:"於皇时周,陟其高山,嶞山乔岳,允犹翕河。"《小序》:"《般》,巡守而祀四岳河海也。"郑玄笺曰:

> 皇,君。乔,高。犹,图也。於乎美哉,君是周邦而巡守,其所至则登其高山而祭之,望秩于山川。小山及高岳,皆信案山川之图而次序祭之。河言合者,河自大陆之北敷为九,祭者合为一。①

《诗·周颂·般》,一般认为叙周公、成王之时之天子巡守。后来的康王、昭王也行巡守之礼,穆王当不例外。《穆天子传》卷四说穆王最后回到"宗周",到宗周祖庙祭告先王,总结它的巡守壮举,历数巡守里程云:

> 庚辰,天子大朝于宗周之庙,乃里西土之数,曰:自宗周瀍水以

---

① 《十三经注疏·毛诗正义》,第 1375 页。

西,北至于河宗之邦、阳纡之山,三千有四百里。自阳纡西至于西夏氏,二千又五百里。自西夏至于珠余氏及河首,千又五百里。自河首襄山以西南至于春山、珠泽、昆仑之丘,七百里。自春山以西,至于赤乌氏、春山,三百里。东北还至于群玉之山,截春山以北。自群玉之山以西,至于西王母之邦,三千里。□自西王母之邦北至于旷原之野,飞鸟之所解其羽,千有九百里。□宗周至于西北大旷原,万四千里。乃还,东南复至于阳纡,七千里。还归于周,三千里。各行兼数,三万有五千里。①

这段文字同样难读,历数巡守里程之里数,为三万五千里,但实际相加只有二万四千里,可能致错的原因是"三"或许原来是"二"。这我们不去管它,这段文字所道及的穆王足迹所至的地名,同样几乎全能在《山海经》中找到。《山海经》所言之高山、国度、氏族等所指往往关乎天上的星象,《穆天子传》所述穆王巡行,与《山海经》类似,穆王巡行的高山、大河、国度以及会见的人物等,都关乎天上的星象,他们指的是分野的意义上的地上高山、国度以及人物等。所以要认识穆王巡守到底去了那些地方,可以在相关星象的分野基础上获知其大概。《史记·天官书》说:"天则有列宿,地则有州域。"把天上的星宿与地上的区域联系起来,列宿配州国,这就是所谓的"分野"。"分野"后来为占星术利用,产生很大的影响。"分野"的方法,或按金木水火土五行星,或按北斗,或按十二次,或按二十八宿,《吕氏春秋·有始览》与《淮南子·天文训》也都有各自不同的分野系统。

让我们看看现存的按十二次及二十八宿的分野系统,按二十八宿分配,见《史记·天官书》:

角、亢、氐,兖州。房、心,豫州。尾、箕,幽州。斗,江、湖。牵牛、婺女,扬州。虚、危,青州。营室至东壁,并州。奎、娄、胃,徐州。昴、毕,冀州。觜觿、参,益州。东井、舆鬼,雍州。柳、七星、张,三河。翼、轸,荆州。

按十二次分配,见郑玄注《周礼·春官·保章氏》。《保章氏》云:"保章氏,掌天星,以志星辰日月之变动,以观天下之迁,辨其吉凶。以星土辨九州

---

① 郭璞注,王贻樑、陈建敏校释:《穆天子传汇校集释》,第204—205页。

之地,所封封域,皆有分星,以观妖祥。"郑玄注:

> 星土,星所主土也。封犹界也。郑司农说星土以《春秋传》曰"参为晋星""商主大火",《国语》曰"岁之所在,则我有周之分野"之属是也。玄谓大界则曰九州,州中诸国中之封域,于星亦有分焉。其书亡矣。《堪舆》虽有郡国所入度,非古数也。今其存可言者,十二次之分也。星纪,吴越也;玄枵,齐也;诹訾,卫也;降娄,鲁也;大梁,赵也;实沈,晋也;鹑首,秦也;鹑火,周也;鹑尾,楚也;寿星,郑也;大火,宋也;析木,燕也。①

上古的分野之说博学的郑玄已经不太知道了,因为"其书亡矣",这是十分可惜的事,但他陈述的十二次分野,也有相当的历史,故郑玄以为"存而可言",是为古代星家所重视者。

十二次可以与二十八宿对应,如果我们将《穆天子传》中穆王巡行所涉及的天上星象按其分野来看的话,则穆王巡行的范围主要还是在中原一带,而且,在二十八宿中,穆王巡行涉及"南方朱鸟"之星象为最多,而"南方朱鸟"之柳、七星、张三宿,其分野为周,所以,穆王巡行在周地停留的时间可能最长。

三、从《穆天子传》所用历法看穆王之"巡守"

《穆天子传》所用历法,论者极多,因文中用干支纪日,丁谦、顾实、刘师培、张闻玉等学者都详细推论所谓穆王西行的起始,因《艺文类聚》卷九十一引《竹书纪年》云:"穆王十三年,西征至于青鸟之所憩。"大抵以穆王十三年为其巡行起始之年,然后根据书中干支日之记录,推断穆王巡行历时两年。张闻玉云:

> 《穆天子传》记录周穆王西行的史事,历时两年,远行到今之中亚,文字中干支历日明明白白,地名记载清清楚楚,即便是经过春秋、战国间人整理,作为穆王的史事,还是可信的,不当有什么疑义。……因为传文残缺,无明确年月,只有日干支记录。我们仅能据

---

① 《十三经注疏・周礼注疏》,第1020页。

干支将行程一一复原,再现三千年前穆王西行的史事。①

张氏以穆王西行历时两年,是据全书六卷而言。我们在前文指出,《穆天子传》叙穆王巡行,主要见于前四卷,而《穆天子传》除了用干支纪日,尚出现季节名称,如卷二:"季夏丁卯,天子北升于舂山之山。""孟秋丁酉,天子北征。"卷四:"孟秋癸巳,天子命重趠氏供食天子之属。""秋癸亥,天子觞。""孟冬壬戌,至于雷首。""仲冬壬辰,至鼌山之上。"季节名称又见于卷五:"仲夏甲申……季夏庚□……仲秋丁巳……孟冬鸟至……仲冬丁酉。"卷五叙事不同于前四卷,显然说的是第二年的事。

从今本《穆天子传》用孟、仲、季标示四季,结合干支,可以清楚指明时日。同于《礼记·月令》,虽前四卷只见此六处,但可以推断其他指示季节语句当为脱落阙文,而本书第一卷叙事当关乎冬季或春季行事,因为第四卷叙事终于仲冬。今本《穆天子传》卷一开篇云:

饮天子蠲山之上。戊寅,天子北征,乃绝漳水。

"饮天子"前肯定有阙文,或即为季节语。从卷二有"季夏""孟秋"等语,知卷一"戊寅"为季冬或春季时日,具体所指无法确知,顾实以为是穆王十三年闰二月初十;卫挺生定为穆王十二年十一月初七。

从穆王巡守的角度,顾实与卫挺生所说似乎都可以成立,顾实以为《穆天子传》历法用周正,与卫挺生所说差别不大。四时巡守,大体以春、夏、秋、冬为序,如《书·舜典》所反映的,且卷二已标"季夏",从时间顺序,卷一言春季巡行可能性自然很大。卫挺生之说,是参考了今本《竹书纪年》及下文"天子北征犬戎"而作出的。②穆王十二年十一月至《穆天子传》卷四"仲冬丁酉",也恰一年之数。

在中国上古文化中,历法的制定从来就不单单是纵的时节确定的问题,时间与空间对应,上古的月令系统为东方句芒,主春;南方祝融,主夏;西方蓐收,主秋;北方玄冥,主冬;中央后土,主季夏。巡守既为确定时间,

---

① 张闻玉:《古代天文历法讲座》,广西师范大学出版社,2008年,第286页。
② 王天海注云:"据今本《竹书纪年》载:'十二年,毛公班、井公利、逢公固,帅师从王伐犬戎,冬十月,王北巡狩,遂征犬戎。'下文即言'天子北征于犬戎',故以卫说近是。"(见王天海:《穆天子传全译》,第2页)虽说《竹书纪年》的记载是否有根据,难以确定,但此说以前一年仲冬之月为《穆传》起始之月,与第四卷"仲冬壬辰",前后呼应,正为一年之数。

也意味着空间的确定。《穆天子传》前四卷所显示的历日,我相信是一年四季,与四方空间对应,《穆天子传》显然展现了这种时空对应的关系,但《穆天子传》作者是用象征手法、传说故事加以展现的。如关于穆王见西王母的叙事,卷三为多,两人兴致勃勃地对歌,其时为七、八月之秋季,而七、八月正是天上织女星最为灿烂的时候。

论者或谓《穆天子传》展示了穆王的西征,其实此书除了"西征",明载"北征""南征""东征",是四方之征,穆王之巡狩四方,是有"历象日月星辰,敬授民时"的功能的,但这种功能似乎被四方巡行遮蔽了。

主要参考文献

袁珂:《山海经校注》,上海古籍出版社,1980年。
袁珂:《中国神话传说词典》,上海辞书出版社,1985年。
周明辑撰:《山海经集释》,巴蜀书社,2019年。
郝懿行笺疏:《山海经笺疏》,中国致公出版社,2016年。
吴晓东:《〈山海经〉语境重建与神话解读》,中国社会科学出版社,2013年。
丁山:《中国古代宗教与神话考》,上海文艺出版社,1988年(影印本)。
马昌仪编:《中国神话学百年文论选》,陕西师范大学出版社,2013年。
艾兰:《龟之谜——商代神话、祭祀、艺术和宇宙观研究》(增订版),汪涛译,商务印书馆,2010年。
王小盾:《中国早期艺术与宗教》,东方出版中心,1998年。
徐元诰:《国语集解》(修订本),中华书局,2002年。
杜预:《春秋左传集解》,凤凰出版社,2010年。
《十三经注疏·毛诗正义》,北京大学出版社,1999年。
《十三经注疏·周礼注疏》,上海古籍出版社,2010年。
孙诒让:《周礼正义》,中华书局,1987年。
《十三经注疏·礼记正义》,北京大学出版社,1999年。
孙诒让:《墨子间诂》,中华书局,1986年。
黎翔凤:《管子校注》,中华书局,2004年。
郭庆藩:《庄子集释》,中华书局,1982年。
杨伯峻:《列子集释》,中华书局,1979年。
洪兴祖:《楚辞补注》(重印修订本),中华书局,1983年。
陈奇猷:《吕氏春秋校释》,学林出版社,1984年。
何宁:《淮南子集释》,中华书局,2006年。

王充撰,北京大学历史系《论衡》注释小组注:《论衡注释》,中华书局,1979年。

郦道元注,杨守敬、熊会贞疏:《水经注疏》,江苏古籍出版社,1989年。

《十三经注疏·尔雅正义》,北京大学出版社,1999年。

郝懿行:《尔雅义疏》,中国书店,1982年(影印本)。

罗愿:《尔雅翼》,黄山书社,2013年。

段玉裁:《说文解字注》,凤凰出版社,2010年。

李时珍:《本草纲目》,人民卫生出版社,1982年。

汪灏:《广群芳谱》,上海书店,1985年(影印本)。

瞿昙悉达:《开元占经》,九州出版社,2012年。

郑文光:《中国天文学源流》,科学出版社,1979年。

陈遵妫:《中国天文学史》,上海人民出版社,2016年。

丁緜孙:《中国古代天文历法基础知识》,天津古籍出版社,1989年。

冯时:《中国天文考古学》,社会科学文献出版社,2001年。

陈久金:《星象解码——引领进入神秘的星座世界》,群言出版社,2004年。